グローバル・サウスはいま
4

安定を模索するアフリカ

木田 剛／竹内幸雄
[編著]

Africa in Search of Stability

ミネルヴァ書房

「グローバル・サウスはいま」刊行にあたって

　本シリーズは，「南」の国々と地域の歴史的な形成と発展の過程を踏まえ，21世紀を迎えた現時点におけるその政治，経済，社会，文化の諸分野の全体像を，変容するグローバルな世界秩序の視点から再考し，その複雑に絡み合った諸問題とこれからの課題を展望する試みである。執筆者は，主に「南の世界」を専門にしている。今日，21世紀の世界の現実を「北の世界」との対比された「南の世界」といった従来の区分では分析するのは十分でない。それゆえ，本書では「グローバル・サウス」という概念を使う。

　「グローバル・サウス」は新自由主義の文脈において特別の意味を持つ。新自由主義型資本主義の帰結は，一方で，グローバルかつナショナルに，富の激しい集中があり，超富裕層と大多数の人々との格差の拡大がある。他方，ローカルからの異議申し立てが見られる。それは，新自由主義型グローバル化のもとで搾取，疎外，周辺化の共通した経験を有するすべての人々，グループ，諸階級，そして諸民族を包含する。これは「抵抗のグローバル・サウス」である。

　冷戦後の世界では21世紀に入り，人類は深刻な政治的，経済的，社会的な出来事に直面した。2001年9月11日の同時多発テロをはじめとして，2008年のリーマンショック，そして，2011年3月11日の東日本大震災と原発事故である。今日，ポスト9.11のこの世界を見通すことはきわめて難しい。われわれは何を目指し，どこに向かっているのか。そこでは，ポスト国民国家とグローバル化は不可避な前提となる。そして，世界秩序をめぐるヘゲモニーの動向やリージョナルなガヴァナンス構築，また，ナショナルな安全保障の再構築が重要な課題となる。こうした視点からすると，中国の存在は決定的であるが，その役割は多面的な側面を持っている。

　現在，世界各地でポピュリズム的潮流が急浮上している。他方で，新しい社会運動の台頭に突き動かされて，民主主義の定着や新しい社会構想が実験，模索されている現実にも注目する必要がある。わが国では，いまだ歴史的な負の遺産を主体的に克服できていない。むしろ，貧困格差の拡大や非正規雇用の常態化を背景とし，社会的不安の浸透，自由な精神と思考の萎縮傾向，そして狭隘なナショナリズムの拡がりがある。だが，こうした現状に対する若者の異議申し立ての動きも生まれ始めている。

　今や「グローバル・サウス」を考えることは，すべての人々が「現代」をいかにとらえ，生きていくのか，この切実な「問いかけ」を考えるうえで不可欠な条件となろう。

　本シリーズは，創立55周年を迎えた特定非営利活動法人（NPO法人）アジア・アフリカ研究所の企画として始まったが，今日の複雑な世界を捉えるため，研究所を越えて第一線の多数の研究者の協力を仰いだ。

2016年4月

松下　冽

藤田和子

はしがき

　サハラ以南のアフリカは世界の陸地全体の約5分の1を占めるアフリカ大陸のなかにあり，2016年の人口は10億人に達しようとしている。本書では1990年代より進行を加速化してきたグローバル化現象のなかで，サハラ以南のアフリカが国や地域のレベルでどのような社会経済的影響を受け，どのように変容してきたのか，また直面するさまざまな課題にいかに対応しようとしているのか，という問いについていくつかのテーマや国ごとに明らかにしようとする。
　長期にわたりヨーロッパの植民地支配を受けたアフリカの途上国は，経済的にも政治的にも脆弱であるとはいえ，変化しようとしている。構造調整以来，貿易構造やODAパートナーは変化し，新たな地域主義や国際関係が進展している。一部の国では政治ガヴァナンスに改善の兆しが見られるが，安全保障環境はいまだ厳しい。地球温暖化の影響は無視できず，国連の「ミレニアム開発目標（MDGs）」に続く「持続可能な開発目標（SDGs）」に基づき，持続的社会の構築へ向けた努力がなされつつある。政情は依然として不安定ではあるが，旧宗主国の影響力の低下，貨幣や地域経済での統合の進展，治安維持のための協調的な取り組みなどが認められる。さらには，ジェンダー，公衆衛生，社会保障，都市化，エネルギー，食糧，民族，宗教，移民，言語，教育，価値観などの市民レベルの諸問題に関しても変化が見られ，グローバル・サウスの変容を捉える重要な側面をなしている。
　本書では，アフリカの歴史的経緯をふまえつつ，既存の脆弱性や新たな動きに注意を払いながら，これらの変化の背後に見え隠れする力学を考えてみたい。地理的にも歴史的にも異なる文脈にあるアフリカから，日本をはじめ世界中で人々が直面しているこのグローバル化という状況を見つめ直す機会となるであろう。

　　2016年11月

　　　　　　　　　　　　　　　　　　　　木田　剛・竹内幸雄

安定を模索するアフリカ

目　次

はしがき

序　章　グローバル化のなかの脆弱性とレジリエンス……木田　剛…1
　　　　地理・気候　　経済と社会　　国際関係と安全保障　　本書の構成

第Ⅰ部　アフリカの変容

第1章　アフリカにおける国際機関の役割……………………龍澤邦彦…19
　　　　――貧困・開発・民主主義・人権――
　1　開発における民主主義と人権の役割………………………………………19
　　　開発概念の変遷　　民主主義と人権の一体性
　2　人権と民主主義の確立に向けた国際開発援助戦略………………………21
　　　国連の開発援助戦略　　EUの開発援助戦略
　3　バンジュール憲章の人権保護制度…………………………………………24
　　　バンジュール憲章の人権の特徴　　アフリカ司法および人権裁判所の設立
　　　アフリカ人権委員会の権限拡大
　4　民主化促進のための制度……………………………………………………31
　　　開発と変化への人民の参加のためのアフリカ憲章　　グランドベイ宣言
　　　憲法に反する政府変更へのAUの対処
　　　ガヴァナンス憲章による違法な政府変更の禁止　　将来的展望

第2章　安全保障と軍事援助の国際比較………パレパ・ラウラ-アンカ…41
　　　　――フランス・米国・中国――
　1　安全保障援助――一般概念と歴史的経緯…………………………………41
　　　安全保障協力と安全保障援助――曖昧な概念
　　　独立からグローバリゼーションまで
　　　グローバル化と安全保障・開発ネクサス　　近年の安全保障状況
　2　従来の安全保障援助国，フランス…………………………………………45
　　　フランスの安全保障援助の特徴　　フランスによる軍事援助の進展
　　　近年の動向――新たな見直し

3　世界最大の安全保障援助供与国，米国……………………………………51
　　　　米国安全保障援助の大枠　　米国の対アフリカ安全保障援助の進展
　　　　米国安全保障援助の課題
　4　多元的安全保障援助の新興供与国，中国…………………………………56
　　　　冷戦前中国の対アフリカ安全保障援助　　冷戦後の中国安全保障援助
　　　　多国間枠組みでの対アフリカ安全保障援助
　5　アフリカ安全保障援助のこれから…………………………………………60
　　　　外交政策ツールとしての軍事援助　　安全保障援助の限界と危険

第3章　貨幣の諸相………………………………………………正木　響…67
　　　　――子安貝・植民地通貨・共通通貨・仮想通貨――
　1　アフリカから貨幣を考える…………………………………………………67
　　　　貨幣の起源　　貨幣の機能とその変化　　経済学と貨幣
　　　　貨幣から視る西アフリカ経済の分断と再統合
　2　植民地通貨導入以前の貨幣と取引…………………………………………71
　　　　西アフリカに持ち込まれた原始貨幣
　　　　西アフリカに持ち込まれた子安貝　　子安貝と奴隷貿易
　　　　原始貨貨の取引費用と取引空間
　3　植民地通貨の導入……………………………………………………………74
　　　　フランス領　　英領　　ポルトガル領　　リベリア
　　　　第2次世界大戦終了時点の西アフリカ通貨圏
　4　世界金融システムへの統合…………………………………………………79
　　　　ブレトンウッズ体制の誕生とアフリカ植民地
　　　　国民通貨の発行を選択する旧英領　　旧宗主国に庇護を求める旧フランス領
　　　　ユーロペグを選択した旧ポルトガル領
　　　　ドル依存を継続する独立国リベリア
　5　単一通貨導入に向けた取り組み……………………………………………82
　　　　西アフリカ全体を包括する経済通貨統合計画
　　　　UMOA/UEMOAの成り立ちと構造
　　　　ECOWASレベルでの経済通貨統合は可能か
　6　グローバル化と新たな貨幣の台頭…………………………………………87
　　　　市場が生んだ新たな貨幣　　アフリカで注目されるビットコイン

21世紀のマルチプル・マネー

第4章　日本と中国による対アフリカ開発援助
　………………………………………………マスワナ・ジャン＝クロード…92
1. 対アフリカ開発援助とは……………………………………………………92
2. アフリカの開発課題とアジアのパートナー………………………………93
　　アフリカの開発課題　　アフリカの開発に対する日本と中国の考え方
3. 中国の対アフリカ開発援助…………………………………………………96
　　開発の焦点と方針　　中国の対アフリカ開発援助のおもな特徴
　　中国の援助に関する懸念
4. 日本の対アフリカ開発援助………………………………………………100
　　開発の焦点と方針　　日本の対アフリカ開発援助のおもな特徴
　　日本の対アフリカ援助の課題と展望
5. 三角協力の可能性…………………………………………………………103
　　三角協力の背景と理由　　三角協力と南南協力の視点
6. 三角協力の実現に向けて…………………………………………………107
　　アフリカ開発に対する日中のコミットメント　　対アフリカ援助の今後

第5章　ジェンダー平等……………………………………戸田真紀子…110
　　——アフリカを通して日本を考える——
1. アフリカの女性とジェンダー……………………………………………110
　　ジェンダー平等が求められる理由　　誰が「アフリカの女性」か？
　　女性の地位
2. 植民地化がもたらした女性の周辺化……………………………………113
　　植民地化と女性　　西欧宗主国における女性の地位
　　独立後も受け継がれたジェンダーの壁
3. アフリカ女性の直面する問題……………………………………………116
　　貧困の女性化と貧困の連鎖　　慣習と暴力　　開発とジェンダー
　　女性の政治参加
4. 女子教育の重要性…………………………………………………………119
　　貧困層の女性と富裕層の女性　　識字率の男女格差と女性の地位の今後

コラム1　アフリカにおけるHIV/エイズ……………………牧野久美子…124

第6章　平和構築と正義の課題……………………………クロス京子…126
　　　　　――誰が誰の罪をいかに裁くのか――
　1　平和構築の実験場としてのアフリカ………………………………126
　　　冷戦終結と「新しい戦争」　紛争の要因としての国家の脆弱性
　　　アフリカと国連平和維持・平和構築活動
　　　アフリカにおける国家建設の意義と限界
　2　平和構築とアフリカにおける移行期正義…………………………132
　　　平和構築と移行期正義　国際的な関与による移行期正義の取り組み
　　　ルワンダ国際刑事裁判所（ICTR）　シエラレオネ特別法廷
　3　アフリカ諸国と国際刑事裁判所の軋轢……………………………139
　　　国際刑事裁判所（ICC）の設立　ICCによる司法介入
　　　ICCに対するアフリカの反発
　4　アフリカの問題に対するアフリカの解決法………………………144
　　　国際正義規範の受容　慣習的紛争解決法の活用
　　　紛争解決のオーナシップが意味すること
　　コラム2　ボコ・ハラム…………………ンウェケ・イケンナ＝スティーヴ…148

第7章　言語とグローバリゼーション……………………………木田　剛…150
　1　バベルの神話とアダム・スミス……………………………………150
　　　言語多様性と危機言語　バベルの神話　言語とアダム・スミス
　2　言語変容のプロセス…………………………………………………155
　　　公用語と多言語性　換金作物と植民地政策　経済移民と宗教
　　　「ムリッド荘園」の拡大　都市化にともなう変化
　3　主導権の争いと言語の地位…………………………………………164
　　　独立後の貿易構造の変化　換金作物と自給作物の葛藤
　　　宗教の都市化と農村の自由貿易化　交通インフラと政治力学の変化
　　　政治力学と言語使用
　4　言語状況の変容とグローバル経済…………………………………171

第Ⅱ部　アフリカ諸国の課題

第8章　セネガル……………………………………………鈴井宣行…177
────教育の改善と価値観の改革────

1　セネガルの教育と改革に向けた取り組み……………………………177
　「豊かな国」セネガル　　アフリカの優等生　　開発・改善と教育
　急ぎすぎた国家形成　　国家形成と教育　　生活改善と教育
　初等教育課程での「留年」という制度

2　教育機会の拡大と生活改善……………………………………………183
　伝統的ダーラ　　近代的ダーラ　　地域初等学校（ECB）
　メウアヌ小学校の事例

3　センベーヌ思想と女性…………………………………………………187
　センベーヌ・ウスマンという人物　　女性に対する思い
　家庭内での女性の"力"　　社会における女性の"力"

4　伝統的価値観から創造的価値観へ……………………………………190
　セネガルの伝統的価値観　　ゴルゴルイスムという価値観
　「サービス」という価値観　　「KAIZEN カイゼン（改善）」という価値観

第9章　リベリア……………………………………………岡野英之…198
────国境と紛争────

1　リベリア概要……………………………………………………………198

2　シエラレオネ・リベリアの成り立ち…………………………………199
　シエラレオネの成り立ち　　リベリアの成り立ち

3　内戦前史…………………………………………………………………202
　リベリア────ドー政権下で見られた中央政府での権力闘争
　シエラレオネ────政治経済政策の失政と反政府運動の台頭

4　ふたつのリベリア内戦とシエラレオネ内戦…………………………207
　第1次リベリア内戦　　シエラレオネ内戦　　第2次リベリア内戦

5　リベリア内戦と，その周辺国のかかわりから見えてくること……217
　隣国からの影響が国内の対立をエスカレートさせる
　アフリカに見る国境を越えた紛争の影響　　武力紛争の国内的な要因

　　　　　　周辺国からの影響によって助長される紛争
　　6　内戦後のリベリアとシエラレオネ……………………………………221
　　コラム3　南スーダンにおける日本の人道支援……………板倉純子…224

第**10**章　ガーナ………………………………………………日比保史…227
　　　　　――自然資本としての森林生態系と持続可能なカカオ生産――
　　1　ガーナの政治・経済・社会……………………………………………227
　　　　　概要　ガーナの歴史　部族社会　経済および産業
　　2　ガーナの社会・経済を支えるカカオ生産……………………………229
　　　　　ガーナ経済にとってのカカオ　ガーナのココ農業の社会・環境への影響
　　3　生物多様性と生態系サービス…………………………………………233
　　　　　ガーナの豊かな熱帯性森林　自然がもたらす恵み――生態系サービス
　　　　　ガーナの生物多様性の危機
　　4　持続可能な開発を目指す"コンサベーション・ココ"プロジェクト…236
　　　　　アグロフォレストリーによる持続的保全と管理の導入
　　　　　プロジェクトの成果
　　5　自然資本としての森林生態系と持続可能なココの今後………………239
　　　　　ガーナのココ農業の課題　自然資本のアプローチによる持続可能な開発へ
　　　　　自然資本アプローチのSDGsへの貢献
　　コラム4　マダガスカルの自然………ラジャオナリソン・ハジャ＝ミシェル…244

第**11**章　ケニア……………………………………ワンジル・メリッサ…246
　　　　　――都市のアイデンティティ――
　　1　ケニアにおける近代都市形成…………………………………………246
　　2　変わりゆくアイデンティティ――ナイロビの事例…………………248
　　　　　植民都市ナイロビ　多民族アフリカ都市　社会経済的分裂都市
　　3　空間の政治学……………………………………………………………253
　　　　　都市アイデンティティとさまざまなアクター
　　　　　ナイロビの将来と都市アイデンティティ

第**12**章　タンザニア ……………………………………………阪本公美子…257
　　　　　——社会主義国家の現在——
　1　タンザニアとは……………………………………………………………257
　2　「ウジャマー」の誕生……………………………………………………258
　　　　アルーシャ宣言　　国際的な評価　　民衆にとってのウジャマー政策
　3　構造調整と転換……………………………………………………………263
　　　　構造調整と経済自由化　　1990年代の転換　　民衆にとってのニエレレ
　4　経済自由化・開発とグローバリゼーション……………………………265
　　　　貧困削減・債務削減・経済自由化　　経済成長と格差拡大
　　　　ミレニアム開発目標　　環境問題
　5　「私たち」にとって………………………………………………………271
　　　　タンザニアと「私たち」　　将来の展望
　コラム5　タンザニアの女性と教育・保健 …………………矢口真琴…277

第**13**章　マラウイ ……………………………………………ムテンジェ・トム…279
　　　　　——社会保障システムの課題と展望——
　1　マラウイとは………………………………………………………………279
　2　社会保障の変遷……………………………………………………………280
　　　　伝統的社会保障　　植民地時代　　独立後
　3　現代の社会保障……………………………………………………………285
　　　　公的社会保障のメカニズム　　社会保障の波及効果
　　　　社会保障提供への課題
　4　社会保障の将来……………………………………………………………290

第**14**章　南アフリカ …………………………………………網中昭世…292
　　　　　——「虹の国」への道のり——
　1　アパルトヘイト廃絶後の風景……………………………………………292
　2　アパルトヘイトの起源と変遷……………………………………………293
　　　　人種隔離政策の前史　　労働空間から社会空間への拡大
　　　　国民党政権下の政策強化
　3　抗う民衆の歴史……………………………………………………………297

　　　　　　人種主義国家による法の支配　　植民地経済開発と労働者
　　　　　　社会空間の変容と思想の受容
　　4　国際的な連帯の時代……………………………………………301
　　　　　　南部アフリカにおける地域機構の原型　　国際関係のなかのアパルトヘイト
　　5　民主化後の取り組み……………………………………………305
　　　　　　民主的社会の産みの苦しみ　　南アフリカの挑戦とさらなる課題
　　6　アフリカの一国としての歩み…………………………………308
　　　　　　域内大国としての南アフリカ　　グローバル化のダイナミズムのなかで

終　章　アフリカ史とグローバリゼーション……………竹内幸雄…311
　　　　　コンゴそしてサハラ以南のアフリカの困難
　　　　　重商主義と大西洋経済――第1期グローバリゼーション
　　　　　19世紀「自由貿易の帝国主義」時代――第2期グローバリゼーション
　　　　　19世紀末帝国主義・アフリカの分割――第3期グローバリゼーション
　　　　　アフリカの分割　　分割と開発の開始
　　　　　第1次世界大戦，戦間期そして第2次世界大戦
　　　　　アフリカの独立――第4期グローバリゼーション？
　　　　　現代グローバリゼーションとサハラ以南のアフリカ

関係年表　319
人名索引　351
事項索引　353

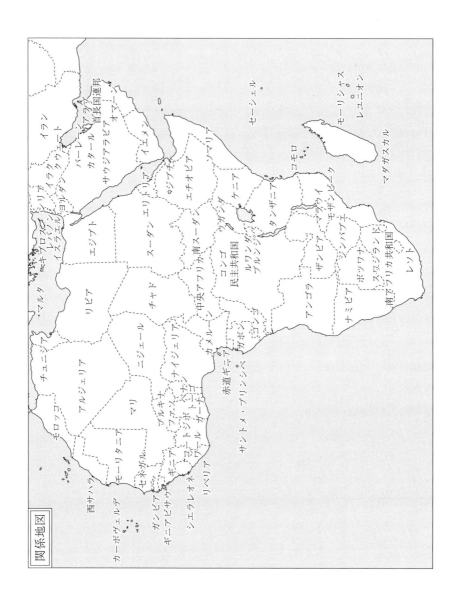

序章　グローバル化のなかの脆弱性とレジリエンス

木　田　　剛

　アフリカは世界の5大陸のひとつとして国連の1地域として認められ，大陸諸国の大部分が加盟するアフリカ連合（African Union : AU）のような国際地域機関（本部はエチオピアのアディスアベバ）も有している（1章参照）。しかしながら，サハラ砂漠を境として，かつて同じ文明圏を共有した中東と強い結びつきを持つためアラブおよびイスラーム文化が色濃く，地中海に面しながら大部分が乾燥した気候の北アフリカと，それ以南に位置するアフリカを分けて考えることが多い。この地域は，「サハラ以南のアフリカ」や「ブラックアフリカ」などと呼ばれ，サハラ砂漠から熱帯雨林や赤道を通り大陸の南端まで広がる。北アフリカに比して，気候的にも人類学的にも文化的にも政治的にも異なるこのサハラ以南のアフリカは，1つの大きな括りと捉えられている。本書ではこの地域が扱われている。ここでは紙面の許す限り各章を補足するために，読者に有益と思われる地域に共通する基礎情報を提供するに留めたい。

地理・気候
　アフリカ大陸は世界の陸地全体の5分の1を占め（諸島も含めて3000万km^{2}あまり），そこに11億人近くが住む。大陸は赤道および子午線をまたいで，北はチュニジアのアンジェラ岬（北緯37°33'35"，島まで含めるとガリテ諸島）から南は南アフリカのアガラス岬（南緯34°50'0"）の南北に延び，東西にはセネガルのアマルディ岬（西経14°44'27"）からソマリアのハーフーン岬（東経51°24'54"）まで広がる。北岸は欧州大陸を隔てる地中海に臨み，北西にはジブラルタル海峡がある。その北東にはスエズ運河がアラビア半島と大陸を隔て，そこから紅海が南東に細く伸びる。ジブチ辺りからアラビア半島の南岸を追うように北東へ突出する部分がある。その形状から「アフリカの角」と呼ばれており，その海域のアデン湾の治安悪化が近年問題になっている（2章参照）。そこ

から南側に下るとインド洋を臨む沿岸が続き，以前から中東との交易が盛んな東アフリカが広がる。その中間ぐらいにインド洋交易で栄えたザンジバル島が浮かび，そこで商人同士に使用された交易言語スワヒリ語が地域全体に広がった（7章参照）。さらに南下すると，面積が世界で2番目に広い島のマダガスカル島（コラム4参照）が浮かび，その他コモロ，マヨット，モーリシャス，レユニオン，セーシェルなどの風光明媚な島々も点在している。大陸側には東アフリカ最長のザンベジ川がインド洋に注ぎ，さらに南下すると次第に南部アフリカに入る。内陸にはマラウイ（13章参照）などの16ヵ国が位置する。

　地中海の西側に目を移すと，ジブラルタル海峡が欧州とアフリカを隔てる。沿岸のセウタから欧州大陸までの距離は最短で14km，目視できるほど近い。そこから緩やかな曲線を描くように大西洋岸が続き，中間あたりから西アフリカの各国（8,9,10章参照）がひしめき合う。海岸はリベリアの南端あたりから東進し，カメルーンあたりからまた南下をはじめる。ギニア湾と呼ばれるこの海域には油田が多く，また赤道もこの辺りを通る。沿岸部はかつて象牙海岸，黄金海岸，奴隷海岸などと呼ばれ，コートジボワールのように国名にもなった国もある。湾には西アフリカ各国を潤すニジェール川をはじめ，大小の河川が大西洋に水を注ぐ。さらに南下すると，南アフリカまでナミブ砂漠の海岸が続き，喜望峰へ近づく。

　世界最大のサハラ砂漠（約900万km^2）とその南周縁のサヘル地方（約300万km^2）が大陸を政治的にも文化的にも分ける。そのサヘルを貫通するのがニジェール川だ。大西洋に近い山地フータ・ジャロンから内陸方向へ流れ，への字を描きながら海へ向かうという特異な経路をたどる。マリやニジェールといった西アフリカの内陸国を潤した後，ナイジェリアを通りギニア湾に至る。この川はサハラ交易をはじめ，古くから地域に文明の開化をもたらした。

　アフリカ大陸には乾燥した高原が大陸南部と東部を占めるが，それほど標高が高いわけではない。エチオピア高原もその内の1つで，長い谷が南北に進む（約7000km）大地溝帯が分断している。この辺りには人類発祥の地といわれるアファール盆地がある。また，アフリカ最高峰のキリマンジャロ山（標高5895m）や第2のケニア山（5199m）が聳え，ヴィクトリア湖，タンガニーカ湖，マラウイ湖など巨大な湖沼が点在し，地中海へ向けて北上するナイル川の源流もある。大陸中央部は熱帯雨林で覆われたコンゴ盆地（約400万km^2）を擁し，

生物多様性のホットスポットであると同時に（10章参照），天然資源をめぐり争いが絶えない地域でもある（2章参照）。大陸で2番目に長いコンゴ川と4番目のザンベジ川はそこを水源とする。前者は西進して盆地を経て大西洋へ向かい，後者は東アフリカの南部を潤しながらインド洋に至る。南部にはサハラほど不毛というわけではない乾燥地帯がカラハリ砂漠と周辺のサヴァナを中心に広がる。

　気候と地勢にしたがい大陸を大きく分けると，①地中海沿岸とその南の不毛なサハラ砂漠を含む乾燥した「北アフリカ」，②サハラ砂漠の南に位置し東西に長く帯状に伸びる半乾燥気候の「サヘル地域」，③雨季乾季の明瞭なサヴァナ気候にある西アフリカ内陸を中心とする「スーダン地域」，④コンゴ盆地を中心として熱帯雨林が広がる「赤道アフリカ地域」，⑤高温乾燥のステップおよび砂漠気候にある低地と高山気候で降雨に恵まれる高地を含む「アフリカの角」，⑥熱帯森林地域の南に位置し，野生動物の棲息する草原および亜熱帯の「東アフリカ」，⑦乾燥温暖の地中海気候にあるアンゴラおよび「南部アフリカ地域」，⑧南部アフリカの高温乾燥地域。このように，アフリカ大陸は多様な気候に富んでいる。

経済と社会

　2016年現在，サハラ以南のアフリカ全体の人口は10億人に達しようとしている。アフリカといえば，貧困や紛争について語られることが多い。表序-1にサハラ以南のアフリカ全体の基礎情報をまとめてある。それによると，1人当たり国内総生産（GDP）は世界平均の6分の1にすぎず，数字のうえでも経済的脆弱性が認められる。国別で見ても（表序-2），アフリカで世界平均を超える国は3ヵ国のみで（赤道ギニア，セーシェル，ガボン），人口が少なくかつ天然資源または観光資源に恵まれている国に限られる。アフリカ最大の経済国ナイジェリアですら世界平均の3分の1にも満たない。赤道ギニアとセーシェルを除くすべてのアフリカ諸国は世銀の分類による「開発途上国」に該当し，さらに経済発展の遅れた「後発開発途上国（LDC）」——3年間の国民総所得の平均が1035ドル以下——に分類される国は34国に上る。そのほか，「重債務貧困国（HIPC）」（39ヵ国の内33がアフリカ）や「内陸開発途上国（LLDC）」（32ヵ国の内16がアフリカ）のようなリストにも挙げられる国も多い。

表序-1　サハラ以南のアフリカと世界の比較

2014年（世銀）	サハラ以南のアフリカ	世　界	日　本
国　数	49	206以上	1
面　積	2429万km^2	1億3432万km^2	37万7900km^2
人　口	9億7340万人	72億6071万人	1億2713万人
人口密度	41.3人/km^2	56.0人/km^2	348.7人/km^2
都市人口率	37.2%	53.4%	93.0%
国内総生産（GDP）	1兆7290億ドル	77兆8450億ドル	4兆6015億ドル
経済成長率	4.4%	2.5%	−0.1%
1人当たりGDP	1776ドル	1万721ドル	3万6194ドル
失業率	8.0%	5.9%	3.7%
インフレ率	3.6%	2.0%	1.6%
農業部門就業率	（データなし）	19.8%（2010年）	3.7%（2013年）
製造業部門就業率	（データなし）	28.8%（2010年）	25.8%（2013年）
サービス部門就業率	（データなし）	50.9%（2010年）	69.1%（2013年）
人口増加率	2.7%	1.2%	−0.2%
平均寿命（2013年）	58.1歳	71.2歳	83.8歳
貧困率（1日1.9ドル以下）（2012年）	16.9%	3.7%	（データなし）
初等教育卒業率（2013年）	69.1%	92.3%	100%
識字率（2010年）	60.3%	85.2%	（データなし）

出所：世界銀行2014年統計

　各国の輸出品目（表序-2）を見ると，産油国が比較的上位にランクされる傾向が認められるものの，多くの国々の収益は天然資源や換金作物の輸出に大きく依存しており，1あるいは2品目しか輸出していない国も少なくない（6頁，表序-3）。この経済多角化の未発達は付加価値を生み出しにくく，貧困の原因と考えられる。また国家財政が国際市場価格や天候に左右されるため，安定的な経済運営が難しいこともその一因だろう。

　その一方で，10%近くを誇った2000年代に比べて2010年代は見劣りするものの，経済成長率は依然として世界平均を上回っている。高い人口増加率のおかげで労働人口に占める若者の割合は高く，市場としても将来性のある地域といわれており，このことは日本と中国からのODA投資意欲と無関係でなかろう（4章参照）。また，かつて貿易相手国が旧宗主国に集中していたが，近年

序章　グローバル化のなかの脆弱性とレジリエンス

表序-2　1人当たり GNP の順位と主要輸出品目

順位	国名	地域	GNP/人(ドル)(2014年世銀)	輸出品目（％）(UNCTAD2013)
41	赤道ギニア	中	18918.3	石油(68)，天然ガス(23)
47	セーシェル	東	15695.6	加工魚(60)，魚介類(22)
66	ガボン	中	10772.1	原油(73)，マンガン鉱(8)
68	モーリシャス	東	10016.6	衣類(33)，加工魚(15)，砂糖(14)
76	ボツワナ	南	7123.3	ダイヤモンド原石(62)，ニッケル(13)
87	南アフリカ	南	6482.8	金(18)，ダイヤモンド(8)，プラチナ(7)，自動車，練炭
92	アンゴラ	中	5900.5 *	石油(95)
93	ナミビア	南	5435.5	ダイヤモンド(22)，各種鉱物(15)，船舶(14)，魚介類(12)
112	カーボヴェルデ	西	3641.1	船舶(38)，魚介類(25)，加工魚(19)
115	スワジランド	南	3477.1	化粧品(29)**，魚介類(20)，砂糖(17)
116	ナイジェリア	西	3203.3	石油(79)，石油ガス(11)
120	コンゴ共和国	中	3147.1	石油(66)，船舶(17)
135	スーダン	北	1875.8	石油(62)，家畜(11)，油種子(10)
136	ジブチ	東	1813.6	家畜(31)，炭(23)，コーヒー
137	サントメプリンシペ	中	1810.7	カカオ豆(66)
139	ザンビア	東	1793.5	銅(69)
141	コートジボワール	西	1545.9	カカオ豆(20)，船舶(13)，製油(12)，石油，ゴム，カカオペースト
143	ガーナ	西	1441.6	金(30)，カカオ豆(27)，石油(19)
144	カメルーン	中	1407.4	石油(49)，木材(13)，カカオ豆(10)，バナナ(7)，石油製品
145	ケニア	東	1358.3	茶(18)，石油(13)，切り花(12)，コーヒー，野菜
147	モーリタニア	西	1275.0	鉄鉱石(57)，魚介類(14)，銅鉱(9)，金，石油
151	南スーダン	東	1115.1	石油(99)
155	セネガル	西	1067.1	魚介類(32)，リン酸(7)，船舶
156	レソト	南	1034.2	衣類関連(56)***，電気機器(11)，毛織物(5)
157	チャド	中	1024.7	石油(96)
158	タンザニア	東	955.1	金(28)，タバコ，貴金属
159	ジンバブエ	東	931.2	タバコ(18)，金(15)，ニッケル(12)，ダイヤモンド(10)，鉄合金
160	ベナン	西	903.5	綿花(25)，ナッツ類(12)，金(10)，木材(9)
162	コモロ	東	810.1	クローブ(38)，魚介類(27)，バニラ(10)，化粧品
163	シエラレオネ	西	766.0	鉄鉱石(78)，チタン鋼(8)
164	ウガンダ	東	714.6	コーヒー(18)，石油製品，魚介類，タバコ
165	ブルキナファソ	西	713.1	金(56)，綿花(20)，製油(8)
166	マリ	西	704.5	綿花(60)，化学肥料(13)油種子
167	ルワンダ	東	695.7	コルタン(31)，スズ(12)，コーヒー(11)，茶，タングステン
168	トーゴ	西	635.0	金(14)，セメント(13)，リン酸カルシウム，石油製品
170	エリトリア	東	590.0	金(57)，銅鉱(25)
171	モザンビーク	東	585.6	アルミニウム(36)，石油製品(24)，石炭(13)，タバコ
172	エチオピア	東	573.6	コーヒー(19)，野菜(14)，脂肪種子(12％)，家畜(10)
173	ギニアビサウ	西	567.8	ナッツ類(69)，魚介類(22)
174	ソマリア	東	524.6	家畜(84)，油種子(10)
175	ギニア	西	539.6	アルミ鉱(43)，石油(35)
176	ガンビア	西	484.1 *	合成繊維(29)，木材(26)，ナッツ類(16)
177	リベリア	西	457.9	鉄鉱石(32)，船舶(29)，ゴム(17)
178	マダガスカル	東	449.4	衣類(23)，ニッケル(17)，魚介類，バニラ，クローブ
179	DRC	中	442.3	銅(41)，銅鉱(19)，石油(13)，コバルト(9)，コバルト鉱
180	ニジェール	西	427.4	タバコ(43)，放射能製品(30)，石油製品(12)
181	中央アフリカ	中	358.5	木材(52)，ダイヤモンド(20)，綿花(17)
182	ブルンジ	東	286.0	コーヒー(51)，茶(13)，鉱物(13)
183	マラウイ	東	255.0	タバコ(45)，ウラン(12)，放射能製品(9)，砂糖，茶
	サハラ以南のアフリカ		1776.0	石油(15)，自動車(4)，天然ガス(3)，電気製品(3)，機械(2)
	世界平均		10721.0	

* 2013年の数値　** 2007年の統計　*** 2012年の統計
出所：世界銀行データベースおよび UNCTAD データベース（ともに2016年1月閲覧）。

表序-3　75％以上を占める輸出品目の数（2013年）

品目数	国　名	国　数
1	アンゴラ，チャド，コンゴ共和国，ナイジェリア，南スーダン，シエラレオネ，ソマリア	7
2	ボツワナ（ダイヤモンド＋ニッケル），ブルキナファソ（金＋棉花），赤道ギニア（石油＋天然ガス），エリトリア（金＋銅），ガボン（石油＋マンガン），ギニア（アルミ鉱＋石油），ギニアビサウ（ナッツ＋魚介），セーシェル（魚介類＋加工魚）	8
3-5	ブルンジ，カメルーン，カーボヴェルデ，中央アフリカ，コモロ，DRC，ガンビア，ガーナ，レソト，リベリア，マラウイ，マリ，モーリタニア，モザンビーク，ニジェール，ルワンダ，サントメプリンシペ，スーダン，ザンビア	19
6以上	ベナン，コートジボワール，ジブチ，エチオピア，ケニア，マダガスカル，モーリシャス，ナミビア，セネガル，南ア，スワジランド，タンザニア，トーゴ，ウガンダ，ジンバブエ	15

出所：African Development Bank, *African Economic Outlook*（2015, p.138）を UNCTAD のデータで修正して筆者作成．

表序-4　サハラ以南アフリカの輸出品目および主要貿易パートナーの変遷

年	輸出品目（％）	貿易相手地域
1990	加工食品(48.3)，農作物(29.4)，肉・魚介類(6.4)，繊維衣料(5.7)，鉱物(3.2)，機械電気(1.2)，輸送(1.2)	ユーラシア(49.2)，東アジア太平洋(14.9)，SSA(11.2)，北米(14.4)，南アジア(1.0)，MENA(0.9)，中南米(0.8)，その他(7.7)
2000	化石燃料(43.8)，鉱石ガラス(8.3)，金属(7.3)，加工食品(5.5)，農作物(5.2)，繊維衣料(4.5)，木材(3.6)，機械電気(3.4)，化学(3.1)，輸送(3.1)，鉱物(2.9)，肉・魚介類(2.1)，ゴム・プラスチック(1.0)	ユーラシア(35.9)，北米(22.4)，SSA(13.9)，東アジア太平洋(9.0)，南アジア(6.3)，中南米(2.8)，MENA(2.5)，その他(7.3)
2010	化石燃料(41.1)，鉱石ガラス(10.5)，金属(9.4)，加工食品(6.0)，鉱物(5.8)，農作物(5.2)，輸送(4.9)，機械電気(4.0)，化学(2.9)，木材(2.2)，繊維衣料(2.0)，肉・魚介類(1.7)，ゴム・プラスチック(1.7)，皮革(1.4)	ユーラシア(28.0)，SSA(22.8)，北米(17.3)，東アジア太平洋(16.7)，南アジア(5.8)，MENA(3.5)，中南米(4.1)，MENA(3.5)，その他(1.9)
2014	鉱石ガラス(16.9)，金属(14.5)，化石燃料(12.4)，鉱物(10.1)，加工食品(8.4)，農作物(7.4)，輸送(7.3)，機械電気(6.9)，化学(4.9)，繊維衣料(2.7)，木材(2.2)，ゴム・プラスチック(2.1)，肉・魚介類(1.9)	ユーラシア(29.1)，SSA(29.1)，東アジア太平洋(19.3)，北米(6.5)，MENA(5.1)，南アジア(4.8)，中南米(1.1)，その他(7.7)

注：SSA＝サハラ以南のアフリカ，MENA＝中東北アフリカ
出所：UN Comtrade より筆者作成（2016年1月閲覧）．

は多様化が進んでおり，アフリカ内貿易や対アジア貿易が増加している（表序-4）。しかし，経済的な共同体に資する域内貿易はさほど活性化しておらず，地域で似たような産業を行っているのが現状である（木田 2014 3章参照）。

アフリカの雇用状況の最大の特徴は，インフォーマル就業の占める割合がきわめて大きいことだ。各国の産業構造の違いから国により多少の違いがあるが，試算によると，インフォーマル部門はGDPの50～80％，労働人口の60～80％に達するといわれる（Benjamin & Mbaye 2014）。業種別のGDPの割合（2012年）を見ると，農業部門が16％，製造業部門が34％，サービス部門が50％となっている（UNCTAD 2015：20）。サービス部門の所得が高いこともあるが，この産業部門はインフォーマルな労働も含めて多くの雇用を創出しながら，アフリカ経済を牽引している部門だと考えられる。部門別就業人口割合について，国際労働機関（ILO）の試算によると，2009～12年において農業部門が56.5％，製造業部門が11.0％，サービス部門が32.4％を占める。2000年以降の傾向として，アフリカの約60％の国々でサービス業（とくに運輸，倉庫，通信）が成長したものの，製造業が伸び悩んでいる。つまり，農業からサービス業に労働人口が転移したと推測される。しかし，製造業部門は雇用創出にも富の創出にもあまり貢献しておらず，工業の未発展がすくなくとも数字上の貧困の一因だろう。

国際関係と安全保障

組織により構成は異なるが，アフリカは北部，西部，中部，東部，南部の5つの地域に分けられ，4つがサハラ以南のアフリカを構成する（次頁，表序-5）。その構成には地理的な要素もあるが，旧宗主国の影響などの植民地時代から共有する歴史的要素があり，さまざまな問題を抱えながらも政治統合や経済統合の試みが進められている（3章参照）。これらの地域組織には，関税同盟や通貨同盟から経済協力を謳うものまでさまざまである（9頁，表序-6）。さらに1国が複数の組織に属する状況はきわめて複雑に映る。

これらの組織には地域の安全保障を担っているものもあり，紛争が起きれば国際機関と協力して介入するなど，一定の政治力を保持している。たとえば，西アフリカ諸国経済共同体（ECOWAS/CEDEAO）は多国籍部隊（ECOMOG）を組織しており，リベリア内戦（1989～96年），シエラレオネ内戦（1991～2002年），

表序-5　アフリカ地域構成

地域名（国数）	国　名[a]	2014年人口 （ECOSOC2015年）	2014年 GDP （IMF2015年10月）[b]
北アフリカ（7）	アルジェリア，エジプト，リビア，モロッコ，スーダン[c]，チュニジア，西サハラ[d]	2億1974万人	7795.9億ドル
西アフリカ（16）	ベナン，ブルキナファソ，カーボヴェルデ，ガンビア，ガーナ，ギニア，ギニアビサウ，コートジボワール，リベリア，マリ，モーリタニア，ニジェール，ナイジェリア，セネガル，シエラレオネ，トーゴ	3億5322万人	7252.6億ドル
中部アフリカ（9）	アンゴラ，カメルーン，中央アフリカ共和国，チャド，コンゴ共和国，コンゴ民主共和国（DRC），赤道ギニア，ガボン，サントメプリンシペ	1億4747万人	992.18億ドル
東アフリカ（18）[e]	ブルンジ，コモロ，ジブチ，エリトリア，エチオピア，ケニア，マダガスカル，マラウイ，モーリシャス，モザンビーク，ルワンダ，セーシェル，ソマリア，南スーダン，ウガンダ，タンザニア，ザンビア，ジンバブエ	3億8367万人	2243.13億ドル
南部アフリカ（5）	ボツワナ，レソト，ナミビア，南アフリカ，スワジランド	6263万人	6013.38億ドル

a．国名は国連による世界地理区分に準ずる。
b．数値はIMF2015年10月発表の統計から摘出し，国連による世界地理区分に沿って計算。
c．世銀のメタデータにはスーダンはサハラ以南のアフリカに加えられている。
d．西サハラは帰属問題から国家として認めていない国が多いが，ここでは統計の便宜上北アフリカに含める。
e．国連による世界地理区分に，フランス海外県のレユニオンとマヨットが東アフリカとして挙げられるが，これらのデータはフランスに含められるので，このリストから除外する。また，アンゴラ，ザンビア，ジンバブエ，マダガスカル，マラウイ，モーリシャス，モザンビーク，コモロは南部アフリカに含められることもあるが（どれも南部アフリカ開発共同体の加盟国）ここでは東アフリカに分類する。
出所：ECOSOC2015年統計，IMF2015年統計をもとに筆者作成。

表序-6 アフリカの地域組織

名　称（略称）	加盟国	設立年	種類および関連事項（関連条約）
西アフリカ諸国経済共同体（ECOWAS／仏CEDEAO）15ヵ国*	ベナン，ブルキナファソ，カーボヴェルデ，ガンビア，ガーナ，ギニア，ギニアビサウ，コートジボワール，リベリア，マリ，ニジェール，ナイジェリア，セネガル，シエラレオネ，トーゴ	1975	経済通貨共同体 2020年ECO導入予定（ラゴス条約）
西アフリカ経済通貨連合（仏UEMOA）8ヵ国	ベナン，ブルキナファソ，コートジボワール，ギニアビサウ，マリ，ニジェール，セネガル，トーゴ	1994	関税通貨共同体通貨：西アフリカCFAフラン（ダカール条約）
中部アフリカ経済通貨共同体（仏CEMAC）6ヵ国	カメルーン，中央アフリカ，チャド，コンゴ，赤道ギニア，ガボン	1996	関税通貨共同体通貨：中部アフリカCFAフラン（ンジャメナ条約）
中部アフリカ諸国経済共同体（ECCAS／仏CEEAC）10ヵ国	アンゴラ，ブルンジ，カメルーン，チャド，中央アフリカ，コンゴ，DRC，ガボン，赤道ギニア，サントメプリンシペ	1983	経済共同体・安全保障協力（関税通貨共同体を目指す）（リーブルヴィル条約）
東南アフリカ市場共同体（COMESA）20ヵ国	ジブチ，エリトリア，エチオピア，エジプト，リビア，スーダン，コモロ，マダガスカル，モーリシャス，セーシェル，ブルンジ，ケニア，マラウイ，ルワンダ，ウガンダ，スワジランド，ザンビア，ジンバブエ，DRC，南スーダン	1993	自由貿易圏（カンパラ条約）
東アフリカ共同体（EAC）5ヵ国	ブルンジ，ケニア，ルワンダ，タンザニア，ウガンダ	(1967) 2000	関税同盟
南部アフリカ関税同盟（SACU）5ヵ国	ボツワナ，レソト，ナミビア，南アフリカ，スワジランド	1910	関税同盟
南部アフリカ開発共同体（SADC）15ヵ国	アンゴラ，ボツワナ，DRC，レソト，マダガスカル，マラウイ，モーリシャス，モザンビーク，ナミビア，セーシェル，南アフリカ，スワジランド，タンザニア，ザンビア，ジンバブエ	(1980) 1992	経済・安全保障・司法協力

＊モーリタニアは2000年に脱退した。
出所：筆者作成。

表序-7　アフリカの主要紛争

時期	名称	時期	名称
1950年以前	・ズールー戦争（1879：南ア） ・エリトリア戦争（1885～88） ・第1次エチオピア（アビシニア）戦争（1889～96） ・南アフリカ戦争（1899～1902） ・第2次エチオピア戦争（1935～36）	1990年代	・ルワンダ内戦（1990～93） ・第2次トゥアレグ反乱（1990～95：マリ北部とニジェール） ・ジブチ内戦（1991～94） ・シエラレオネ内戦（1991～2002） ・ブルンジ内戦（1993～2005：ブルンジ，DRC） ・第1次コンゴ共和国内戦（1993～94） ・ルワンダ虐殺（1994） ・神の抵抗軍（LRA）反乱（1994～2002：ウガンダ） ・オガデンの反乱（1994～現在：エチオピア） ・第1次コンゴ紛争（1996～97：ザイール，現DRC） ・第2次コンゴ共和国内戦（1997～99） ・第2次コンゴ紛争（1998～2003：DRC） ・ギニアビサウ内戦（1998～99） ・ケニア米大使館爆破事件（1998） ・エチオピア・エリトリア国境紛争（1998～2000） ・第2次リベリア内戦（1999～2003）
1950年代	・ケニア・マウマウ団の乱（1952～60） （1955年4月18日：バンドン会議） ・第1次スーダン内戦（1955～72）		
1960年代	・コンゴ動乱（1960～65：コンゴ共和国） ・アンゴラ独立戦争（1961～74） ・エリトリア独立戦争（1961～91） ・第1次トゥアレグ反乱（1962～64：マリ） （1963年5月アフリカ統一機構 OAU 設立） ・ギニアビサウ独立戦争（1963～74） ・モザンビーク独立戦争（1964～74） ・ローデシア紛争（1965～79：現ジンバブエ） ・ナミビア独立戦争（1966～90） ・ビアフラ戦争（1967～70：ナイジェリア）		
1970年代	・ブルンジ虐殺（1972） ・ポリサリオ戦線（1973～現在：西サハラ） ・エチオピア内戦（1974～91） （1974：ポルトガルカーネーション革命） ・アンゴラ内戦（1975～2002） ・カビンダ紛争（1975～現在：アンゴラ） ・ソウェト蜂起（1976：南ア） ・モザンビーク内戦（1977～92） ・ウガンダ・タンザニア戦争（1978～79）	2000年代	・神の抵抗軍（LRA）反乱（2002～05） ・第1次コートジボワール内戦（2002～07） ・ダルフール紛争（2003～現在） ・ニジェールデルタ紛争（2004～現在：ナイジェリア） ・ブッシュ戦争（2004～07：中央アフリカ） ・チャド内戦（2005～10） ・トランスサハラ不朽自由作戦（2007～現在：サハラ砂漠周辺諸国） ・ケニア危機（2007～08） ・第3次トゥアレグ反乱（2007～09：マリ） ・ジブチ・エリトリア国境紛争（2008） ・ボコ・ハラム（2009～現在：ナイジェリア）
1980年代	・ウガンダ・ブッシュ戦争（1981～86） ・カザマンス紛争（1982～2014：セネガル） ・第2次スーダン内戦（1983～2005） ・クリスマス戦争（1985：マリ） ・神の抵抗軍（LRA）反乱（1987～94：ウガンダ） ・ソマリア内戦（1988～現在） ・セネガル・モーリタニア国境紛争（1989～91） ・第1次リベリア内戦（1989～96）	2010年以降	・第2次コートジボワール内戦（2010～11） ・マグリブ反乱（2002～現在：マリ，モーリタニア，セネガル，ブルキナファソ，ナイジェリア） ・南スーダン・スーダン国境紛争（2011～12） ・北部マリ紛争（2012～現在） ・中央アフリカ内戦（2012～現在） ・第4次トゥアレグ反乱（2012～現在） ・アルシャバブショッピングモール襲撃事件（2013：ケニア） ・RENAMO 内乱（2013～現在：モザンビーク） ・リビア内戦（2014～現在） ・ブルンジ反乱（2015～現在）

出所：筆者作成。

ギニアビサウ内戦（1998〜99年），コートジボワール内戦（2010〜11年），マリ軍事クーデター（2012年）での紛争後の治安維持や調停などを行った。しかし近年，グローバル化の進展にともなう過激派の台頭により安全保障の様相が変化しており，予断を許さない状況にある。ここでは詳細な記述は叶わないが（2，9章，コラム2，3参照），表序-7に主要な紛争史をまとめておいた。

　かつてサハラ以南のアフリカには数々の輝かしい王国，帝国，文明が開花した。大航海時代以降の奴隷貿易の時代を経て，19世紀後半には欧州列強の植民地政策がはじまり，1885年のベルリン会議以降15年間でアフリカ分割が完了した。2度の大戦を経て民族自決の確認，汎アフリカ主義の高揚，インドネシア・バンドンで開かれた第1回アジア・アフリカ会議（通称バンドン会議，1955年）があり，アフリカで独立の流れが1960年前後に起き，1963年には現アフリカ連合（AU）の前身であるアフリカ統一機構（OUA）が設立された。しかし独立後，経済が立ちゆかなくなり，1970年代に貧困が大陸に蔓延し，1980年代には国際機関が提案する構造調整プログラムの受け入れを余儀なくされる。1991年12月ソ連が崩壊し，東西冷戦が終結した。近年「グローバル化」といわれるものは冷戦終結後の地球規模の社会経済現象を指すことが多い。1994年，マンデラ政権が誕生し，ルワンダ虐殺が起きた。歴史家フレデリック・クーパー（Cooper 2002）はサハラ以南のアフリカにとって希望と失望が共存する象徴的な年だという。その後，2000年に国連「ミレニアム開発目標（MDGs）」が採択され，OUAは2001年に独自の開発目標「アフリカ開発のための新パートナーシップ（NEPAD）」を定め，国際社会と協調しながら貧困削減に向けて取り組むことになる。

　近年のグローバル化の波はサハラ以南のアフリカにも押し寄せており，国や地域のレベルでさまざまな変化が起きている。グローバル化をどのように捉えるかという設問は，あらゆる研究者に問われている。長期にわたり欧州の植民地支配を経験した途上国は経済的にも政治的にも脆弱ではあるが，新たな地域主義や国際関係が進展している。構造調整以来，貿易構造やODAパートナーは変化し，政治経済状況が改善したところもある。カルドアが「新しい戦争」と呼んだように，安全保障環境は劇的に変化した。地球温暖化の影響は無視できず，MDGsに続くポスト2015とも呼ばれる「持続可能な開発目標（SDGs）」では持続的社会構築へ向けた努力が続けられる。政情は依然として不安定であ

るが，旧宗主国の影響力の相対的低下，貨幣や地域統合の進展，平和構築への取り組み，ジェンダー，公衆衛生，社会保障，都市化，エネルギー，食糧，民族，宗教，移民，言語，教育，価値観などの市民社会の変化など，グローバル・サウスの変容として捉えられる側面は多い。

本書の構成

本書は特定のテーマに沿ってアフリカの状況を概説する第Ⅰ部と国別の状況を検証する第Ⅱ部に大きく分けられ，そのなかに現代的なトピックを扱うコラムを配する構成になっている。

第1章で龍澤邦彦はアフリカの人権保護や民主化促進を通して保障される人間の安全保障における国際機関の役割を述べる。国連やEUの取り組みを概説したあと，アフリカ初の人権条約であるバンジュール憲章（1981年）とそれを発展させたグランドベイ宣言（1999年）とAUガヴァナンス憲章（2007年）を詳述する。冷戦終結後の文脈で発展してきた持続可能な開発の概念のなかで議論されるべき人権，貧困，民主主義，開発とは何かを問う。

民族・宗教間の対立に加えて過激派が出現する今日，アフリカ諸国が直面する治安状況は厳しさを増しており，安全保障の専門的な分析がますます重要になっている。この分野を職業的に知る元外交官のラウラ-アンカ・パレパは第2章で安全保障とグローバル化との関係に着目し，仏米中による対アフリカ軍事援助の国際比較を行う。従来の援助国であるフランスと米国による関与の歴史（植民地時代前後，独立後，冷戦とそれ以降）が示されたあと，近年アフリカへの関与を深める中国の行動が分析される。従来型援助国のプレゼンスが後退するなか，平和維持活動や海賊対処をはじめ，援助を拡大する中国の動向には経済的利益や外交政策との関連性が垣間見られる。しかし近年，過激派などの非国家主体の台頭に際して，提供国と受益国との緊密な協力や長期的な目標設定による安全保障への新たなアプローチが必要になっているとパレパは説く。「戦争は発展を遅らせるが，逆に発展は戦争を遅らせる」というポール・コリアーの主張は的を得ているが，グローバル化が招いた安全保障環境の変化にアフリカや国際社会がどのように対処するかは課題のままだ。安全保障の専門家による分析はきわめて貴重である。

第3章の正木響は植民地経済と独立プロセスの延長上でアフリカ全土で導入

が検討されている共通通貨の可能性について西アフリカを例に論じる。アフリカ統一の理想は独立前の汎アフリカ主義に基盤を置き，経済統合の実現も一翼を成す。しかし，貿易構造の類似性や国際金融における通貨の位置付けの違いなど，実現にはさまざまな問題を抱える。近年のユーロの状況を鑑みても，アフリカ共通通貨の実現可能性は低く，むしろ仮想通貨の導入の方が現実的ではないかと正木は問う。

　第4章でジャン＝クロード・マスワナは，政府開発援助（ODA）の日中比較で国際援助を扱い，安全保障に特化した第2章を補足する。この分野でも中国の台頭が示される。日本の援助は南北協力として貿易や経済などの援助効果の側面に焦点を当てるのに対し，中国は貿易や投資に関連付けて，柔軟で制約の少ない南南協力として援助を行う。アプローチの違いから利害対立も垣間見られる。しかし，アフリカの経済成長，教育水準の向上，貧困削減，インフラ拡充などの開発課題解決のためには，日中がアフリカと緊密な協力関係を築きながら，自国の利益を越えた「三角協力」という新たな姿勢で臨むことが重要だとマスワナは主張する。

　第5章で戸田真紀子はジェンダー問題をアフリカの視点から論じる。現在流布している「男尊女卑」というアフリカ社会観には地域差や歴史的変遷が考慮されていない。伝統的に女性の地位の方が高い女家長制だったアフリカ社会に，植民地化のなかで当時のヨーロッパの古い女性観を押し付け，独立後もこれを引きずっている事例があるという。貧困家庭では男子にしか教育を受けさせる余裕がなく，「貧困の女性化」の悪循環が起きており，早婚問題の原因も同根だ。社会における富の創出で果たす女性の役割を指摘しつつ，女性地位の向上のためには，マララ・ユスフザイ同様，教育機会の重要性を戸田は指摘する。

　第6章でクロス京子は紛争後の司法プロセスを取り上げ，地域社会に受け入れられる正義を確立する難しさをシエラレオネ，ルワンダ，国際刑事裁判所（ICC）で例証する。国際社会主導で設置される法廷には，西欧型正義や司法基準の押しつけであるとして，現地の法曹を含める混合法廷や慣習法の活用も含めた裁判のあり方が議論される。

　第7章で木田剛は人間社会の根幹を成す言語を扱う。多言語状況のアフリカでは，歴史的な経緯や地理的関係により，旧宗主国の言語も含めて複数の言語を話す話者が少なくない。ところが近年，いくつかの言語の台頭の前に少数言

語が消滅する，いわば「言語浄化」という動向が見られる。木田は，セネガルを例に取り，国際関係，政治，社会，文化，経済，都市化，移民などの多領域を検証して，背後に隠れる社会経済力学の解明を試みる。そこからグローバル化が言語選択に与える影響を考察し，どのような社会文化的圧力のなかでわれわれが日々の言語生活を送っているのか再考する機会を，アフリカの事例で提案している。

テーマ部に続いて第8章から国別部に移り，セネガルがその初章を飾る。そこで鈴井宣行はアフリカ社会の本質的豊かさについて問う。識字率が比較的低いこの国では，教育が重要であるのはいうまでもないが，鈴井は現地調査をもとに教育環境整備の立ち遅れを指摘し，伝統的な宗教学校「ダーラ」が着手し職業訓練を含む包括的な社会教育について報告する。さらに，映画監督センベーヌの作品に見る女性の社会的地位を分析し，グローバル化がもたらす価値観とセネガル独自の価値観から地域に根ざした新たな価値観を創り上げ，それを生活のなかに取り入れている民衆の様を描く。

続く第9章も西アフリカだが，前章とは対照的に人間の争いを扱う。岡野英之はリベリアとシエラレオネの内戦を記述した後，アフリカにおける武力紛争の要因や発生プロセスについて述べる。国内要因として中央政府での権力闘争や反政府運動が挙げられ，物資調達や戦闘準備などの国外要素により紛争の長期化や悪化が起こることも少なくないという。これらの要因の複合性がリベリアとシエラレオネにおける内戦だと岡野と主張する。

森林保全や自然保護活動に携わる日比保史は，第10章でガーナの持続可能な農業を紹介する。同国は世界生産の2割を占めるカカオ大国だが，同時に絶滅危惧種が多く生息する生物多様性に富んだ熱帯林を有する。近年，人口の増加や貧困削減ニーズにともなう森林の農地転換が進むなか，淡水資源へのアクセスや土壌生産性の低下などの課題が浮き彫りになっている。持続可能かつ付加価値のある農業を確立すべく始動した技術移転プロジェクトの経過について日比は報告し，環境と開発を両立する自然資本モデルが国連が提唱するSDGsの達成に資することを示唆する。

第11章のメリッサ・ワンジルは，ケニアにおける前近代的な港湾都市から内陸の鉄道沿線に立地する都市へと中心が移行していくまでの都市形成史を通して，都市化にまつわる諸問題やグローバル化の影響について考察する。植民

地時代に移植された英国型都市構造は近年の人口増加に対応できず，無秩序な開発，住宅不足，交通麻痺，スラム増殖，空間による民族分断などの諸問題を抱える。しかし，独立後に着手された都市景観の「脱植民地化」やグローバル経済の流れに沿って現れた民間資本が都市アイデンティティを変化させている。新たな都市形成の動きとして，国際協力による社会資本整備や直接住民参加に代表されるボトムアップ的アプローチが挙げられている。

第12章で阪本公美子は独立後の社会主義政策「ウジャマー」から今日に至るタンザニアの足跡を振り返る。ウジャマー政策による社会の矛盾，経済の停滞，構造調整政策の1980年代，経済が自由化された1990年代，格差の拡大，MDGsの2000年代などの各時代を通して，住民目線で社会の変容を描く。クーパー（Cooper 2002）も述べるように，社会開発により乳幼児死亡率の低下という成果が見られるものの，経済格差の可視化が現在の問題だと阪本はいう。タンザニアが直面するさまざまな環境問題を挙げながら，同国の将来や日本のかかわり方を問う。

第13章でトム・ムテンジェは，伝統社会との比較において現代マラウイの社会保障について論じる。かつて，家族や共同体が中心だったものが，社会・文化・経済の変容とともにさまざまな変化が住民の間に認められる。現代では社会保障が国家主導になり，貧困層の生活を支えながら，貧困から抜け出す動きをつくり出すように努めている。しかしながら，伝統的な社会保障のメカニズムは現代でも依然として重要であり，公共サービスの提供とともに現代社会保障システムの機能を高める役割を果たしているとムテンジェは分析する。アフリカでも伝統と現代性の共存が重要だといえる。

第14章で網中昭世は南アフリカを取り上げ，現在発生している外国人排斥問題に焦点を当て，その歴史的背景を紐解きながら，現代南部アフリカ地域社会の直面する課題を分析する。かつて，アパルトヘイト政策により白人優遇の社会経済差別が行われたが，アフリカ系移民が導入されてきたという経緯がある。近年，黒人富裕層（ブラック・ダイヤモンド）の出現とともに別の格差拡大が進んでおり，体制変化にもかかわらず，社会経済問題が未解決である状況が描き出される。人種と民族の融合を目指した「虹の国」の精神を南アフリカは思い出す時に来ているのではないかと網中は問う。

終章で竹内幸雄はアフリカ大陸が見てきたグローバル化の歴史を振り返る。

先にほのめかしたように，グローバル化はいまにはじまったことではなく，歴史的には15世紀の大航海時代に遡る。そこからコンゴを例に取りながら，奴隷貿易のはじまる重商主義時代，産業革命後の自由貿易時代，アフリカ分割が大きな傷跡を残した帝国主義時代，大恐慌を中心とした戦間期そして第2次世界大戦の前後までの時期，経済の停滞が特徴的な独立以降，そして現代につづく冷戦終結以降の5種類の「グローバル化とアフリカ」が概説される。最終章に相応しく，歴史的な観点から論じるアフリカの展望を希望的な論考で竹内は本書を締めくくる。

　本書には，上記に紹介した15章に加えて5つのコラムを収録する。牧野久美子によるHIV/エイズ問題，イケンナ＝スティーヴ・ンウェケによるボコ・ハラムの政治的背景，板倉純子による南スーダンでの人道支援活動，ハジャ＝ミシェル・ラジャオナリソンによるマダガスカルにおける環境問題，矢口真琴によるタンザニアの女性と教育・保健，である。小論ではあるが，どのコラムも現地人あるいは実際に現地での活動を通して得た確かな知見をもとに書かれた非常に貴重な資料であることを付け加えておく。

参考文献

木田剛「アフリカの通貨共同体――CFAフラン圏を中心に」『経済』2014年6月号，70-83頁。

Benjamin N. & Mbaye A. A., *Informality, Growth and Development in Africa*. World Institute for Development Economics Research Working Paper, No. 2014/052. United Nations University, 2014.

Cooper, Frederick, *Africa since 1940. The Past of the Present*. Cambridge (UK): Cambridge University Press, 2002.

UNCTAD, *Economic Development in Africa Report 2015*. New York and Geneva, United Nations, 2015.

第Ⅰ部

アフリカの変容

第27回アフリカ連合サミットでの記者会見
（ルワンダ，首都キガリ，2016年7月）（AA/時事通信フォト）

第1章　アフリカにおける国際機関の役割
　　　　　——貧困・開発・民主主義・人権——

龍澤邦彦

1　開発における民主主義と人権の役割

開発概念の変遷

　国際社会において，1960年代の開発＝経済開発という図式が1970年代に入って見直されはじめ，開発とは，「経済的な目標のみならず，社会的な目標をも具体化する統合的な過程」であるとして，経済開発のみならず，社会開発＝人間の福祉と安寧達成のための人民の参加による社会構造の変革＝民主化を重視する方向にシフトした。同時に，1990年の冷戦構造の崩壊以降は，多数の行動主体ならびに多様な分野かつ事項を含み，多様なレベルでの政治的調整に基づく，グローバル・ガヴァナンスの進展のなかで，人間開発という概念が生じてきた。UNDP（国連開発計画）によると，人間開発とは，個人を恐怖と欠乏から自由にし，開発（ここでいう開発とは，人間とその属する社会，国家，そして世界の開発）に完全な貢献を行えるよう確保するための概念であり，安全保障の概念は，国家の領域的安全保障から人の安全保障へ，および軍備による安全保障から持続可能な開発による安全保障へとシフトされねばならないとされた。人間の安全保障はこの方向性を踏襲し，「人権の保護，その環境をも含めた人間社会のグローバルなかつ良き管理・運営（経済的，社会的な財の衡平な入手，環境保護など）を通じて個人が自己の可能性を発揮する機会と選択肢を提供する」ことを目指した。

　このような開発概念の深化や市場経済の導入をも含む経済活動の規制を通じていえるのは，社会階層間の発展の格差を肯定した従来の経済的正義からロールズのいう格差原理（社会の最貧困層の利益となる場合，財と負担を不公平な方法で配分できるとする考え方）への転換が認められることである。この転換に合わせて，物質的・精神的貧困状態から脱却し，開発を促進するためには，発展の権

利，すなわち，各人および各人民に認められた「社会により生産される財やサービスが衡平に享受され得る範囲で，自己の欲求に応じた必要を充足できる権利」（M'Baye 1992：209）が必要になる。この前提条件として，国際的には個人の政治への直接参加を意味する民主主義，および人権の完全な実現が必要となる。そのためには，国際社会全体，とくに，国家のみでなく，非国家主体（国際機関，NGO，多国籍企業，個人など）の役割が重要となる。このことは，アフリカでも変わらなかった。

民主主義と人権の一体性

開発概念の斬新的な明確化にともない，その前提条件としての民主主義と人権のかかわりが問題となる。これには2つの見解がある。1つは，両者にはかかわりがないとするもの。もう1つは，両者は密接に関連しているとするものである。前者によると，人権は民主主義的制度とは別個に概念化され得るし，そうされてきた。また，世界的な人権を概念化し，表現することと，この権利が実現され，かつ，実用化され，有効にされ得る条件を設定することとは同じではないとされる（Voice 2009：262）。しかし，民主主義は権力が個人または特定の個人集団に集中するのを妨げ，権力の乱用を監視するメカニズムを有する。そして，民主主義の第一義的な目的が，人民の自己統治の実現を通じた，各人の尊厳と自由の確立にあるとしたら，民主化は人権実現の必要条件であると同時に，人権は民主化の目的でもある。また，政治過程への人民の積極的な参加促進を意味する民主化は，開発（＝発展）とそれがもたらす利益の公平な配分への積極的，自由かつ有意義な参加を確保するものとみなされ，開発と民主化の密接な関係が認められる。

1997年のUNESCOの民主主義宣言によると，民主主義は，「本質的に，個人の尊厳と権利を保護し，促進し，社会正義を達成し，社会の経済的かつ社会的発展を助長」することを目的とするのであり，「多数の意見を正当に尊重して，政体の利益において，自由，平等，透明性および責任の条件に基づき行使される基本的な市民の権利」，すなわち，人権の保護と切り離すことはできない。それは，「人権がもっとも良く保護され得る政治的枠組みである（1993年6月14日のウィーンでの世界人権会議開会式での国連事務総長の演説）」。経済開発→社会開発→人間開発という開発戦略の移行の過程で，開発途上国における特定

の社会階層への富の過度な集中による貧富の格差の増大，ニポティズモ，教育機会の不平等，権力構造にかかわる社会的な可動性の欠如などの社会制度・構造上の欠陥と人権意識の欠如こそが効率的な開発の阻害要因であり，経済開発と社会開発は表裏一体で進められねばならず，開発の究極性は人間であるという認識が確立した。

2　人権と民主主義の確立に向けた国際開発援助戦略

国連の開発援助戦略

このようななかで，人権と民主化と開発の三位一体説が国連の開発戦略の中心を占める。1986年の国連のウィーン宣言第8節は，「民主主義，開発，ならびに人権および基本的自由は，相互に依存しかつ補完し合うものである」と述べる。また，1995年のコペンハーゲン社会開発宣言は，「あらゆる人権および人の基本的自由が尊重されない場合，社会開発および社会正義は存在し得ない」のであり，社会開発の実現には民主主義制度の確立と自由および基本的な権利の尊重が不可欠であるとする。1996年の「開発の課題」と題する国連事務総長報告も，「民主主義，開発および開発の権利を含む人権と基本的自由の尊重は相互に依存しあう」とする。2000年9月8日のミレニアム宣言もまた，加盟国元首および首相が，「民主主義を促進しかつ法規則を強化し，ならびに，開発の権利を含む，あらゆる国際的に承認された人権および基本的自由を享受するための努力を惜しまない」こと，ならびに，「アフリカにおける民主主義の強化を支援しかつアフリカ人の平和維持，貧困撲滅，および持続可能な開発のための戦いを援助し，それによってアフリカに世界経済の主流をもたらすものとする」旨宣言している（同宣言第24節および27節）。

国連は，1993年に国連人権高等弁務官を設置し，これが国連の機構改革により，1997年9月15日に国連人権センターを統合した新たな国連人権高等弁務官事務所を通じて，国連人権委員会に代わって，人権の状態を4年に1回定期的に再検討するため総会の下部機関として2006年3月15日に設置された国連人権理事会（総会が地理的配分の原則に基づき過半数での秘密投票により選出する47ヵ国で構成される。メンバーは人権の促進と保護の誓約を行い，重大かつ計画的な人権侵害を犯した場合，総会による2/3の多数決で資格を停止される）のようなそのほ

かの国連人権機関および開発援助機関（UNDP, UNICEF, UNHCR など）との協力により，加盟国の要請による技術協力および諮問役務の提供を調整していっている。また，2005年の世界サミット会議の最終文書の提案に基づき，国連民主主義基金が，世界各地で民主主義を促進すること，および，市民社会の意見を確固たるものにし，人権を促進し，あらゆる人の民主的な過程への参加を助長するプロジェクトに財政支出することを目的として同年7月に創設された。

EUの開発援助戦略

EUでは，民主主義および人権をEU条約第2条に定めるEUの基本的価値（これらの価値はEUから発して現在ではグローバリゼーションの憲法原則といえる位置を有していると考えられる）のなかに含めている。これらは規範性を有し，EUの国際関係のすべての分野における共通政策と活動の目的とされ，EUと国際開発協力に入る国は，これらの原則，とくに，民主主義，人権，法の支配などの原則の適用を受ける。1991年6月28日の欧州理事会の人権に関する宣言は，「民主主義，多様性，人権の尊重，憲法の枠組みに組み込まれる制度的かつ誠実な選挙で任命される責任ある政府ならびに社会における個人の合法的な重要性は持続可能な開発の基本的な条件を構成する」とし，「あらゆる持続可能な開発は人権の保持者かつ開発過程の利益享受者としての人を中心とすべきである。人権の侵害および個人の自由の撤廃は開発過程への個人の参加および貢献を阻害する」と述べている。

第3国との経済協力協定における民主主義／人権条項の挿入により，ECおよびその加盟国は，「とくに，女性の役割を考慮しつつ，人権の促進およびあらゆる個人または社会生活の集団の無差別な参加を積極的に継続する」と述べている。同年11月28日の理事会と理事会に集まった加盟国は「人権，民主主義，および開発に関する決議」を採択し，人権の尊重，法の支配および民主主義的合法性を享受する政治制度の存在は公平な開発の基礎を成すのであり，人権または民主主義原則の重大かつ執拗な違反の場合に，EC委員会および加盟国は状況に応じた適切な措置（このなかには，関係国との協力の停止をも含み得る）を検討すると述べている。1992年2月25日のラテン・アメリカおよびアジアの開発途上国との財政・技術援助および経済協力に関する理事会規則（le règlement du Conseil 443/92）第2条は，「共同体の開発・協力政策は人間開発を目

的」とし,「人の権利と基本的な自由ならびに民主主義的な原則の尊重および効果的な行使は現実かつ持続可能な経済・社会開発の前提条件」であると規定した。さらに,「人権と民主主義原則の執拗かつ基本的な違反の場合には,共同体は,それを必要とする人々の集団を直接的に利する活動のみに協力を限定しつつ,関係国との協力の履行を変更し,停止することさえできる」と定めた。これらの基礎に立ち,EU 条約第 5 編第 1 章第 21 条 1 項は,EU の国際的な活動が基づく原則として,民主主義,法の支配,人権と基本的自由の普遍性と不可分性,人間の尊重などを挙げており,2 項で,「民主主義,法の支配,人権……を強化し,維持すること」を挙げている。

　EU 司法裁判所は,人権と民主主義の重大な侵害の場合に,基本的な規定違反として協定の適用停止に至る措置を認める人権／民主主義条項を EU の協力協定に挿入する慣行を認めている (C-268/94, 6214〜6218)。1995 年の第 4 次ロメ条約に倣って,2000 年（2010 年に改正）のコトヌー条約第 9 条 1 項,2 節は,「基本的社会権の尊重を含む人権と基本的自由の尊重,法の支配に基づく民主主義,および公的問題についての透明かつ責任ある管理は持続的開発の不可分な一部」を成し,「ACP-EU の協力関係は人権,民主主義原則および法の支配の原則の尊重に基づいている。締約国の国内および国際政策もこれらに基づいており,この協定の基本的な要素を構成する」と定める。当事国間の政治的対話が定期的に行われているにもかかわらず,ほかの当事国が人権,民主主義原則および法の支配の尊重から生ずる義務を履行していないと一の当事国が考える場合,特別な緊急の場合を除き,当該当事国が受け入れ可能な解決策を求めるための状況の完全な検討に必要な関連情報をほかの当事国と閣僚理事会に提供すること,このために,一の当事国はほかの当事国に状況改善のために関係当事国により講ぜられるまたは講ぜられるべき措置に焦点を絞った協議を開催するよう促すことが定められている（同条約第 96 条 2 項 a）。協議の拒否または特別な緊急時（人権,民主主義原則および法の支配のとくに重大かつ明らかな違反の場合）に,協議が当事国にとり受け入れ可能な解決策に達しない場合,協定の適用中止にまでいたり得る,国際法に適合するかつ違反に均衡する適切な措置を講じ得ると定めている。この条項は,1994 年 4〜5 月の間にルワンダで行われたジェノサイドについて適用され,ルワンダ政府による責任者の処罰まで 2200 万ユーロの再建支援を停止した。

3 バンジュール憲章の人権保護制度

バンジュール憲章の人権の特徴

　AUの枠組みにおいてアフリカ地域で最初に作成された人権条約である「人および人民の権利に関するアフリカ憲章」(以下「バンジュール憲章」という)は，アフリカ統一機構(OAU)の場で専門家委員会により原案が作成され，バンジュールの閣僚会議で憲章案が作成され，1981年6月のOAU国家元首・政府首脳会議(以下，「OAU首脳会議」という)で採択されたもので，アフリカにおける固有の文化的価値と地域的特殊事情を考慮した価値相対説(人権というのは各地域に固有な価値体系に属するものであり，相対的なものであるとする。)に基づく地域的な人権の基本憲章としての役割を果たしている。この後，1999年7月の子供の権利と福祉に関するアフリカ協定(ここで子供とは18歳以下の人をいう。生命に対する権利や教育に対する権利などの従来からの権利に加えて，身障者の子供の権利，武力紛争時の子供の保護，難民の子供の保護，アパルトヘイトおよび差別に対する保護などが規定されている)，2003年7月11日の女性の権利に関するバンジュール憲章議定書(ここでいう女性には娘も含まれる。従来からの差別の除去，尊厳に対する権利，政治的決定作成過程への参加の権利などに加えて，平和に対する権利，武力紛争時の保護，持続可能な開発の権利，身障者や老人女性の特別の保護，住宅に対する権利，食料の安全に対する権利などが定められている)がバンジュール憲章に則って作成された。

　民主主義の確立と人権の尊重が指導原理となるグローバリズムの確立のなかで，この憲章は，OAUがアフリカ連合(AU)となった現在ますますその重要性を帯びている。この憲章の特徴は次の通りである。①人権のアフリカ的概念を反映していること，②第3世代の人権(開発の権利，平和の権利，健康権，および環境権)が，その他の民主主義確立に必要な人権(法の前の平等，差別の禁止，人間の尊厳，良心および信教の自由，表現の権利，移動の自由，庇護権，追放からの自由，家族，女性，子供，老齢者および障害者の権利，公正な裁判を受ける権利，財産権，参政権，教育権，労働の権利，結社の自由などの一般的な自由権および社会権)と併置されていること，③この憲章がAU加盟国の国内法秩序に導入されたこと。近年AUの設立およびグローバリゼーションの進展にともない，バンジュー

ル憲章の解釈と適用にあたって，新たな要素を導入することが必要になった。たとえば，国家が満たすべき最小限の核となる義務は，社会のもっとも弱く貧困な者達の権利の実現を優先すべきであること（バンジュール憲章における経済的，社会的および文化的権利の実施に関する原則とガイドライン第17節），市民社会がアフリカにおける経済的，社会的，文化的権利の実施において重要な役割を果たし，国家はバンジュール憲章の権利の実現において市民社会と積極的に提携すべきであること，また，市民社会組織は，自己の支援作業においてこれらの権利の監視と強制を優先すべきであること（同上第48節）などがアフリカ人権委員会により表明された。

バンジュール憲章については，他の本（松下冽編『途上国社会の現在』法律文化社，2006年所収，龍澤「国連の民主化政策およびアフリカの人権」）のなかですでに説明したので，憲章の中身については，これを参照して頂きたい。ここでは，それ以降生じた人権保護制度についての若干の変化を付け足すのみにする。

アフリカ司法および人権裁判所の設立

バンジュール憲章は，憲章の実効性確保の手段として，アフリカ人権委員会と人および人民の権利に関するアフリカ裁判所（以下，「アフリカ人権裁判所」という）の設立を定めていた。1998年6月9日のOAU首脳会議でアフリカ人権裁判所の設立に関するバンジュール憲章議定書が採択され，2004年に15ヵ国の批准を得て発効した。最初の裁判官達は2006年7月2日に選出され，2006～08年にかけては，事務局の組織，清算の準備などの裁判事務と活動の問題に忙殺された。2008年には，暫定的な内部規則を作成した。アフリカ人権委員会との間の相互の内部規則の調整作業が2010年4月と6月にそれぞれ終了し，アフリカ人権裁判所は最終の内部規則を採択した。

この間，1999年のOAU首脳会議で，アフリカ統一機構（OAU）を政治・経済統合を目指し，紛争の予防解決のための強化を図るアフリカ連合（AU）に改組する提案がリビアのカダフィによって提唱された。この提案が各国に受け入れられ，2000年7月のロメ・サミットでAU設立条約が採択され，2001年に発効し，2002年7月のOAU首脳会議を経て正式に発足した。このAU憲章第18条2項は，付属議定書による司法裁判所の設立を定めており，これに基づき，2003年7月11日のAU会議でAU司法裁判所設立議定書が採択され

たが，AU 会議の 2004 と 2005 年の総会決議でアフリカ人権裁判所とアフリカ司法裁判所の統合が決まった。2008 年 7 月 1 日の AU 会議で，アフリカ司法および人および人民の権利裁判所（以下，「アフリカ司法・人権裁判所」という）規程に関する議定書が採択された。この規程はさらに同裁判所の国際刑事裁判への権限拡大にともない，2014 年 6 月 27 日改正された。

　裁判所の構成については，AU 委員会委員長による裁判所候補者提出の勧誘から 90 日以内に，各締約国が，権能，両性の均衡に公平な考慮を払って提出した 2 名ずつの候補者について（裁判所規程第 5 条 1，2 項），AU 委員会（EU の委員会に類似）委員長が作成する，それぞれ国際法一般，人権，国際刑法において権能と経験を認められた候補者の名前を記載するリストAとリストB，リストCから，両性の均衡とアフリカの地理的均衡および主要法体系を代表することに基づき，執行理事会が，リストAおよびBから 5 名ずつ，リストCから 6 名の国籍の異なる裁判官を再選不可能な 9 年の任期（最初に選出された裁判官の内 5 名は 3 年，5 名は 6 年）で選出し，総会が任命する（裁判所規程第 7 条 1，4 および 5 項および改正裁判所規程第 4 条および 5 条に基づく裁判所規程第 6 条 1 および 3 項，第 8 条 1 項）。裁判所は 5 人の裁判官から成る一般問題部門と同数の裁判官から成る人および人民の権利問題部門および 6 人の裁判官から成る国際刑法部門で構成される。国際刑法部門は，予備審査部，第 1 審部および上訴部に分かれる（改正裁判所規程第 6 条に基づく裁判所規程第 16 条 1，2 項）。裁判所長官と副長官を除き，すべての裁判官は非常勤であり，総会は，裁判所の勧告により，裁判所のすべての裁判官がその任務を常勤で遂行する時期を決定する（改正裁判所規程第 5 条に基づく裁判所規程第 8 条 4 および 5 項）。裁判所は所長と副所長を再選可能な 2 年の任期で選出する。前者が会期に出席できない場合，後者が代替する（改正裁判所規程第 11 条に基づく裁判所規程第 22 条 1，2 および 4 項）。

　検察局は締約国により指名されたその国籍を有する候補者から総会が選出する任期 7 年の再選不可能な 1 名の検察官と任期 4 年の同じく再選不可能な 2 名の副検察官から成る（改正裁判所規程第 12 条に基づく裁判所規程第 22 条A 1，2，3 および 4 項）。検察局は裁判所規程に定める犯罪の調査と訴追につき責任を有し，裁判所の独立した機関として行動し，何れの締約国その他のソースからも支持を求めまたは受けてはならない（同条 6 項）。検察局は現場での調査を含む，被疑者，被害者および証人を尋問し，証拠を収集する権限を有する（同条 7 項）。

裁判所一般問題部門はほかの2つの部門に属する事項を除く次の事項に関して管轄権を有する（裁判所規程第28条）。①AU憲章の解釈と適用，②その他のAUの条約およびAUならびにOAUの枠内で採択されたすべての付随的な法文書，③国際法のいづれかの問題，④AUの機関のすべての決定，規則，命令，⑤締約国が相互でまたはAUの枠内で締結するそのほかの協定で裁判所に管轄権を与えるもの，⑥認定されれば，締約国またはAUに帰すべき義務の違反を構成する事実の存在，⑦国際的義務違反についての賠償の性質または範囲。一般部門に①〜⑦までの事件を付託できるのは次の者である（改正裁判所規程第15条に基づく裁判所規程第29条）。Ⓐ裁判所規程議定書締約国，ⒷAU会議，平和および安全保障理事会，全アフリカ議会（以下AU議会という），AU会議により許可されたその他のAU機関，ⒸAUの職員規定および規則に定める期間と条件に基づき，その限度で，係争中の事件の上訴を行うAUの職員，Ⓓ検察局。

裁判所人権部門は人権と人民の権利に関する事項に関して権限を有する。次の者は訴えを提起できる（改正裁判所規程第16条に基づく裁判所規程第30条）。①裁判所議定書締約国，②アフリカ人権委員会，③アフリカ子供の権利委員会，④AUまたはその機関において認証されたアフリカの政府間機関，⑤アフリカの諸国の人権機関，⑥アフリカの個人またAUまたはその機関でオブザーバーの資格を有するNGO。⑥については，裁判所が自己に直接的に付託される事件または申し立てを受理する権限を原告たる国家が受諾する宣言を行っていることを条件とする（同第30条および改正裁判所規程議定書第9条3項）。アフリカ人権裁判所はすでに発足しており，係争中の訴訟があった。これらの訴訟は人権問題裁判部に引き継がれ，人権裁判所設立に関するバンジュール憲章議定書の規定に基づき審議される（裁判所規程議定書第6条）。

裁判所国際刑事部門は次の事項についての裁判権を有する（改正裁判所規程第14条に基づく裁判所規程第28A条）。①ジェノサイド，②人道に対する罪，③戦争犯罪，④憲法に反する政府の変更に関する罪，⑤海賊，⑥テロリズム，⑦外人傭兵，⑧腐敗，⑨マネーロンダリング，⑩人身売買，⑪不法な麻薬取引，⑫危険な廃棄物の不法な取引，⑬天然資源の不法な開発，⑭侵略の罪。第28条B〜N項は主として定義にかかわるもので，世界的なまたはAUの諸条約の定義，たとえば，②については，国際刑事裁判所（ICC）のものを，④では，

次節に述べるAU枠組み宣言の定義に，憲法または法文書の改正で政府の民主主義的変更に違反するまたは憲法に適合しないもの，および政治的行為主体の過半数の同意を得ない選挙前6ヵ月の期間中の選挙法の実質的変更を加えたものを使用する。⑧については，「腐敗の防止と戦いに関するAU条約」第4条に定める定義（その公的な任務遂行に当たっての作為または不作為と引き換えに，公務員そのほかの人が，直接的または間接的に，贈与，恩恵，自身そのほかの者もしくは団体のための約束または利益のような金銭的価値を有する財そのほかの利益を要求しまたは受領すること，および，そのような作為，不作為と引き替えに，そのような財，利益を供与することも同様である。）を含んでいる。⑫についてはバマコ協定などを基本的に使用している。⑬の定義については，次の要素を挙げる。㋑天然資源に対する国家主権の原則に反する天然資源の開発協定（以下，「協定」という）の締結，㋺関係国の法規上の手続きに反する協定を国家当局と締結すること，㋩腐敗慣行による協定の締結，㋥明瞭に片務的な協定の締結，㋭環境および住民と職員の安全の保護に関する規範に従わない天然資源の開発，㋬関連天然資源の認証メカニズムにより確立された規範と基準に違反すること。

　アフリカ司法・人権裁判所が採用する法規は次のものである（裁判所規程第31条1項）。AU憲章，紛争当事国が締約国たる一般的または特別の国際条約，法として容認された一般的慣行の証拠たる国際慣習，普遍的にまたはアフリカ諸国により承認された法の一般原則，法規則の決定の補足的手段としての判例および各国のもっとも権能を有する公法学者の学説ならびにAUの規則，命令および決定，および，問題の決定に関連するあらゆる法。このほかに，裁判所は当事者が合意する場合，衡平と善に基づいて裁判できる（同条2項）。アフリカ司法・人権裁判所は，AUの主要機関（AU会議，AU議会，執行理事会，AU平和・安全保障会議，経済・社会・文化理事会）およびAU会議が許可した金融そのほかのすべての機関の求めにより，あらゆる法律問題に関する勧告的意見を与えることができる（同条第53条）。

　裁判所は一審終結の原則を採用している（同条第46条1項）。裁判所の決定に従わない当事者に対して，裁判所は，問題をAU会議に付託することができ，会議は，制裁を含む，決定に効果を与えるための措置を講ずることができる（同条4および5項）。裁判所は，AUの国家元首または政府首班その他の高級官僚がその資格で行動する場合を除いて，公的資格を有する者であろうと，個人

の犯罪責任も問い，また，国家を除き，法人に対する管轄権を有する（改正裁判所規程第22条に基づく裁判所規程第46条A，B1および2項およびC1および6項）。

アフリカ司法・人権裁判所と後述するアフリカ人権委員会の間の関係は明確ではない。裁判所規程議定書改正議定書第4条は，アフリカ人権委員会の人および人民の権利の保護の任務を補完するとしか定めていない。勧告的意見やバンジュール憲章の解釈の権限はアフリカ人権委員会と競合する。裁判所は，アフリカ人権委員会と異なり，出訴基準としての国内救済手続きの原則を勘案するがこれに拘束されない。しかし個人の出訴権は制限される。

アフリカ人権委員会の権限拡大

バンジュール憲章第30条は，人および人民の権利の促進とアフリカでのそれらの保護のためにOAU（現在AU）内での「人および人民の権利に関するアフリカ委員会」（以下，アフリカ人権委員会という）の設置を定めている。同委員会は，個人の資格で任務を遂行する，6年の任期で再選可能な（バンジュール憲章第36条）11人（同第32条により，一国の国民は1名に限定される）の最高の徳性，高潔さ，および公平性で知られた最高の尊敬を得ており，人と人民の権利に関して権限あるアフリカ人のなかから選出された委員で構成される（同第31条）。選出に当たっては，法律に関して経験を有する者の参加に特別な考慮を払う。

バンジュール憲章第45条に定められた委員会の主たる任務は，①人および人民の権利の促進（同条1項），②人および人民の権利の保護（同条2および3項）である。委員会のもとでの保護手続きは2種類である。1つは，締約国により行われるもので，次の2つがある。㋑バンジュール憲章の規定に違反しているとみなされるほかの締約国ならびにAU事務局長およびアフリカ人権委員会委員長に対する一の締約国による文書での注意喚起（同憲章第47条），および㋺一の締約国が，アフリカ人権委員会委員長，AU事務局長，および当該他の締約国に宛てた通報によりアフリカ人権委員会に行う直接的な付託である（同第49条）。委員会は，㋑，㋺，何れの場合も，国内救済措置が尽くされたことを前提条件として問題を扱い得る（同第50条）。もう1つの保護手続きは個人およびNGO，国家機関および国際機関を含む法人により行われる憲章の規定違反の通報で，とくに1970年の「人権および基本的自由の侵害に関す

る通報を取扱う手続」と題する国連 ECOSOC 決議第 1503 号に倣っている。アフリカ人権委員会委員は委員の絶対多数の要求により通報を受理する（同第 55 条）。委員会のバンジュール憲章第 57 条の解釈によれば，通報者は被害当事者である必要はなく，通報を行うことあるいはそれを許可することができない状態にあることで足りる。また実質的な検討前に，委員会の委員長は，関係国にすべての通報を通知する（同第 57 条）。審議の後，通報が人および人民の権利の重大なまたは大幅な侵害の存在を示す特別な事態に関連していると認められる場合，委員会は AU 会議にこの事態に関して注意を喚起する。同会議は，委員会に対して，当該問題に関して詳細な研究を行い，結論と勧告をともなう詳細な報告を行うよう要請できる。委員会が緊急事態であると正当に認めた場合は，AU 会議の議長に付託され，同議長は詳細な研究を要請できる。この結果を受けて，同会議が適切な措置を講ずることになる。

　このアフリカ人権委員会の権利の保護の権限は，アフリカ人権憲章第 27 条 2 項の「各個人の権利と自由は他者の権利，集団の安全，道徳および共通の利益に妥当な考慮を払って行使されるものとする」という規定によって制限されてきた。この規定は，いわゆる回収条項（clawback clauses）と呼ばれるものである。これは，通常の状況下で一定の公の理由で国際的義務違反を認める条項であり，緊急性を有する具体的な特定の場合（たとえば，戦争その他の非常事態）のみの義務の停止または違反を認める適用除外条項（derogation clauses）とは異なる。アフリカ人権委員会は，メディアの権利アジェンダ対ナイジェリア事件（ナイジェリアの軍事政権により制定された 3 つの命令がそれぞれ特定の新聞の刊行と配給を禁止し，民主主義活動家やそのシンパを不当に逮捕したり，暴漢を送って暴行を働かせたりしたことなどが問題になった事件）についての 1999 年 11 月 5 日の決定で，「他の国際的な人権文書に比して，アフリカ憲章は適用除外条項を含んでいない。したがって，憲章に定められた権利と自由に関する制限は緊急性または特別な状況により正当化され得ない。アフリカ憲章の権利と自由の制限のための唯一の合法的な理由は，すなわち，憲章の権利は他者の権利，集団の安全保障，道徳性および共通の利益に妥当な考慮を払って行使されるものとすると定める第 27 条 2 項に見出される」とし，「制限の正当性はそれから得られる利益と厳格に均衡せねばならず，かつ，それに絶対的に必要でなければならない」と述べた。またこの措置を行う政府が自己の措置を正当化するための証拠

を提出せねばならないとした。この決定以降，アフリカ人権委員会は，さまざまな事件（たとえば，1999年のアムネスティ・インターナショナル対ザンビア人権と自由に関する国家委員会事件などの決定）において，回収条項を実質的に無効にする見解を表明している。これにより委員会の権限が拡大され，国家の自由裁量権を実質的に制限している。

4 民主化促進のための制度

開発と変化への人民の参加のためのアフリカ憲章

　人権保護制度に比して民主化促進のための制度は脆弱であったが，冷戦体制の崩壊以降，リベラルな民主化の制度確立の動きは加速した。その最初のものとして，「開発と変化への人民の参加のためのアフリカ憲章」（以下，アフリカ人民参加憲章という）が1990年2月にタンザニアのアルーシャで開催されたアフリカにおける回復および開発過程への人民の参加に関する国際会議で採択された。この憲章は，とくに，NGOや草の根組織のイニシアティブにより作成されたこと，および，参加型民主主義の原則を取り入れたことが特徴的である。同憲章第11節は，「人民の参加」を，「本質的に，あらゆる者の利益に役立つ構造を創設し，そのような政策および計画を策定ないし作成するに当たって，効果的に人民を含めるように人民に権限を与えることをいう」としている。「人民の参加」は，人民が自身の利益決定過程に参加することが，同時に，公益決定にあたって重要な役割を果たすことになるというリベラリズムの基本原理を体現するものである（同様の見解として，Kufor 2010：106-107）。同憲章第10節によれば，人民の参加は手段と目的の両方である。「開発の道具として，人民の参加は人民に基礎づけられた開発過程の決定についての集団的な誓約を推進する力を与えかつ人民による犠牲を快く引き受けさせ，その実施のための彼らの社会的エネルギーを喜んで費やさせる。目的それ自体としては，人民の参加は自分達の生活に影響する決定の採択につねにあらゆるレベルで完全にかつ効果的に参加する人民の基本的な権利である」。

　第8節によれば，人間中心の究極的かつ全体的な開発目標がアフリカの開発目標の中心になければならない。この目標は，人民の生活水準の持続的な改善による人民の全体的な福祉並びに開発政策，計画および過程の計画策定および

その実現への貢献に完全かつ効果的に人民が参加することを確保するものである。この目標達成のためには，一方では，まず，人民の緊急の必要を満たし，経済的かつ社会的正義を達成し，自立を重視する，かつ，他方では，開発の方向性と内容を決定し，必要な生産と生産性の向上に貢献するため資源を向け直すことが必要になる（第9節）。「アフリカは，人間中心的かつその性質上参加型の，長期にわたる自給自足的な成長と開発を達成するようにその経済構造を変化させる責務を緊急かつ直ちに開始する以外に選択肢がない」（第11節）。さらに，社会，経済，政治的な分野での女性による平等権の達成は「民主的かつ参加型の開発パターンの中心的な特性になる」（第12節）。

女性に関しては，「家族の安寧および維持において女性が演じる活気あるかつ中心的な役割および彼女らの子供の生存，保護および成長ならびに社会の存続への彼女らの特別な参加，およびアフリカの回復および再建の過程」における彼女らの重要な役割を考慮して，すべての人民が，とくに，「女性の負担の軽減に関する偏見を除去すること」，および，彼女らの開発過程への完全に衡平かつ効果的な参加を確保するために積極的に活動すべきである（第14節）。女性の負担軽減のための具体的措置として，共同体に基礎づけられた保育園を設置し，適切に機能させること，土地に対する権利の確保や信用へのより大きなアクセスの保証による経済的な公平性を達成することなどが挙げられている（第23節F）。

憲章はまた経済的な過程への人民の参加に重点を置いており，社会的かつ加速する社会・経済的な開発の共同利益におけるアフリカの諸政府と人民の間の新たな協力関係が遅滞なく確立されねばならない（第16節）。憲章は，収入の公平な配分，土地，信用，技術などのような生産を刺激するものの入手を容易にすることで人民の生産力を支援しかつ経済における女性の中心的役割を反映するように，人民の経済的権力をより拡大することを政府に促している（第23節A，3，1）。

第13節は，人民参加を実現させるためのNGOなどの民間組織の中心的役割の重要性を指摘し，「純粋に草の根的な任意の，民主的に管理される自給自足的な，かつ，社会の伝統と文化に根差した，独立した人民の組織をさまざまなレベルで確立すること」が社会への権限の付与および自力開発を確保するために重要となると指摘する。準地域的，地域的，南南的，南北的基礎にたって

協力と相関関係を促進するために国家の境界を超えるリンクを発達させるべきことが緊急の課題であり，経験の教訓を共有し，人民の連帯性を発展させ，民主主義的参加に関する政治的な意識を向上させることが必要であるとしている。

憲章は，国際社会に対しても，人民参加への支援を要求している。IMF，世銀そのほかの2国間または多国間ドナーがアフリカ地域限定で企画された開発および変化計画を構想し，策定しかつ実施するためのアフリカのイニシアティブを受け入れ，支援するよう促すこと，また，開発過程の分権化，開発戦略および経済改革計画の形成過程における人民とその組織の積極的参加並びに開発と改革問題に関する公開討論とコンセンサスを支援することによりアフリカ諸国の開発の民主化を強化すること。

これらの原則は参加者の過半数が非国家主体であった民間主導の会議であったからこそ採択できたのである（73名の国家代表に対して，実に205名がNGOの代表であった）。このことは，また，バンジュール憲章中の国家に対する義務に対していかなる考慮も払っていないことにも示されている。この義務に関しては，アフリカ諸国の政府が，しばしば人権に比して過重な国家に対する義務を課すことにより，実質的な権利侵害を行ってきたとNGOがみなしていたことのあらわれである。この憲章における女性の開発への民主的参加の権利とあいまって，これは，人権の価値相対主義に対する挑戦であるともいえる。

グランドベイ宣言

OAUは，1999年4月16日のモーリシャスのグランドベイでの閣僚会議でグランドベイ宣言および行動計画を採択した。グランドベイ宣言はソフト・ロー（その権利・義務関係が緩やかな法規則）ではあるが，従来の人権保護制度の方向転換の契機となった文書である。

同宣言第2節は，開発権，一般的に十分に健康な環境に対する権利，国家的および国際的な平和および安全保障に対する権利が普遍的かつ譲渡不可能な権利であり，基本権の不可分な一部を成す旨確認している。また，法の支配の発展，民主主義および人権は独立，透明，アクセス可能かつ公正な法体系に必要である。この法体系は，速やかにかつ金をかけずに正義を行うことができる（同宣言第4節）。

人権は，あらゆる文化が共有する，生命と人間の尊厳の神聖な性格，差異に

対する寛容，自由，秩序，繁栄および安定性の希求という基本的価値に基づいている（同宣言第5節）。また，女性と子供の権利の問題はあらゆる者の関心事である。すべてのアフリカ諸国はたえず女性に対する差別の除去および女性と子供の人間性を失わせ，品位を落とす文化的慣行の廃止に向けて作業するよう勧誘される。また，国家は子供兵士の慣行を停止し，紛争状態における民間の住民，とくに子供の保護を強化するのに必要な措置を講ずること，および女性と子供に対する暴力，児童労働，子供の性的搾取，子供の取引を撲滅し，紛争状態下に置かれた子供ならびに難民たる子供の法律による保護を勧告される（同宣言第6節）。アフリカ諸国は，身体障害者，エイズ患者の人々の権利，とくに，女性と子供の権利の完全な尊重の確保に向けて作業するよう勧誘される（同宣言第7節）。他方，アフリカの市民社会，とくに，アフリカの現実に根差したNGOを助長することの重要性が認識され，アフリカの諸政府に対して，民主主義と持続可能な開発を強化するために，これらに建設的な援助を与えるよう求めている（同宣言第17節）。メディアは政府と人民の間の懸け橋となる重要な行為主体であり，締約国は，報道機関がアフリカにおける人権の促進において役割を果たすことができるように自己の領土内でこれらの機関の自由と独立を保証するよう求められる（同宣言第21節）。

　宣言第8節は，アフリカにおける人権侵害の原因を挙げているが，次のものは，国家が第一義的な侵害者であることを認めたものである。調整計画の若干の面の実施に起因し得る社会的動揺，対外債務，管理の誤り，悪しきガヴァナンスおよび腐敗，公的事務の管理における責任の不在，権限の行使の独占，司法機関の独立の不在，人権機関の独立性の不在，報道機関および組合の自由の不在，環境の悪化，領土の完全性と不可侵性に関するOAU憲章の規定および自決権に従わないこと，ネポティズム，民族性による搾取。

　宣言はまた，人権の保護と促進についての第一義的責任が国家にある旨繰り返し，国家に対して国内人権機関を設立し，独立性の保護および財源の支出を行うよう勧誘し（同宣言第15節），アフリカ人権委員会への報告義務に従うための適切な措置を講ずるよう勧告する（同宣言第16節）。

　このほかに，アフリカ諸国は，ジェノサイド，人道に対する罪，その他の戦争犯罪をアフリカ大陸から最終的に一掃することおよびこれらの深刻な違法行為が適切に処理されることを確保するよう懇請される（同宣言第11節）。また，

対外債務が開発努力を麻痺させ人権の強化と尊重の維持を阻害するという認識から，国際社会，とくに国際財政機関は，対外債務を軽減し，アフリカ諸国がアフリカの人民による経済的自由の完全な実現と人権の最大限な享受を可能にするために国家の対外債務を減ずるのに必要なあらゆる措置を講ずるように懇請される（同宣言第26節）。宣言の実施機関はアフリカ人権委員会とされた（同宣言第23節）。

グランドベイ宣言の特徴は，次の6つである。第1には，第3世代の権利（開発権，環境権，および平和と安全に対する権利）が基本的人権の不可分な部分を形作っている。第2には，宣言は，現在のアフリカの人権の危機を国際経済体制の不公平性に結び付けている。第3には，宣言は，文化の多様性の保護に重点を置いている。第4には，人権促進におけるNGOの役割を重視している。第5には，国家がアフリカにおける人権侵害の第一義的当事者であることを初めて認めたことである。人民の参加憲章はすでにこのことを認めていたが，同憲章はNGOのイニシアティブにより成立したものである。国家のみが草案作成の責任を有していたグランドベイ宣言とは異なる。この理由として考えられるのは，いまだに権威主義的な国家の多いアフリカに民主制を確立した政治的に安定した国家が増えたこと，また，同宣言がソフト・ローであったことも影響しているかもしれない。第6には，バンジュール憲章と異なり，人権が普遍的，不可分かつ相互依存関係にあることを確認したことである。アフリカでの経済的権利の重視がようやく包括的な人権の重視と実現の努力の方向へ転換する兆しを見せ始めたことになる。

憲法に反する政府変更へのAUの対処

カヴァナンス憲章は，アフリカにおける非合法な政権交代の際に速やかに民政移管するための原則を確立するために採択された。2000年5月11日，アフリカ人権委員会は，1994年7月のガンビアでのクーデターにともなう人権侵害に対して提出された申立てに対する見解（ACHPR Communication 147/95-149/96. 2000; para.73 & 74）のなかで次のように述べた。「たとえそれが平和裏に行われたとしても，軍人が軍事力により権力を握ったことは明瞭である。このことは，その時まで，政治的指導者を指名する手段として投票の方法しか知らなかった人民の意志ではなかった。したがって，軍人によるクーデタ

ーは，アフリカ人権憲章第20条1項（人民の生存権，自決権）に規定する自己の統治システムを自由に選択するガンビア人民の権利の重大な侵害である」。1990年のアフリカ人民参加憲章に照らしても，クーデター後の速やかな民政移管が確保されねばならなかった。そこで，2000年7月に，OAU総会は，「憲法に反する政府の変更へのOAUの対処についての枠組みに関する宣言」（AHG/Decl.5（XXXVI），以下，「枠組み宣言」という）を採択した。同宣言は次のような対処の枠組みを設定した。①民主主義的ガヴァナンスの一連の共通価値と原則，②憲法に反する政府の変更の定義，③憲法に反する政府の変更に対処するためにOAUが漸進的に講ずる手段と措置，④実施メカニズム。

　①については，民主主義の一般的に容認された原則に従った憲法の採択，その尊重と議会が制定する法の支配，権力分立と司法権の独立，政治的多元性，または，その他の参加型民主主義の形態および政治過程における男女間の均衡の向上と確保を含むアフリカの市民社会の役割の促進，民主主義的変更の原則と野党の役割の承認，既存の法律に従った自由かつ正規の選挙，あらゆる政治的利害関係者のメディアへのアクセスの保証を含む，表現の自由と報道の自由の保証，世界人権宣言およびアフリカ人権憲章に従った基本的権利と自由の憲法上の保証，人権の保障と促進，が共通価値，原理として挙げられ，これらの原則と価値の遵守と民主主義的制度の強化が憲法に反する政府の変更を減少させるという信念を表明している。②については，㋑民主主義的に選出された政府に対する軍事クーデター，㋺民主主義的に選出された政府を置き代えるための傭兵による干渉，㋩民主主義的に選出された政府を武装した反体制派グループおよび反乱分子により置き代えること，㊁自由，公平および正規の選挙後の勝利政党への権力の引渡しの現政府による拒否の4つが定義として挙げられる。③について，このような変更が起こった場合に何時でも，OAU議長，事務局長が直ちに公式に当該変更を非難し憲法秩序に迅速に復帰するよう説得する。彼らは，この変更がいかなる状況下でもOAUに許容され承認されることはない旨クーデター実行者達に明瞭に伝える。OAU議長，事務局長そのほかいづれかの加盟国の要請により，紛争の防止，管理および解決のためのOAUメカニズムの中心機関（現在，AU平和安全保障会議）がこの問題の審議のために召集され，この機関による憲法に反する変更への当初の対応に従い，次の2つの手続きが行われる。㋑変更後6ヵ月以内に，犯罪者達は憲法秩序を回復せね

ならない。この間,クーデターが行われた国は,加盟国の地位と義務を保持するが,OAU の会合への参加を停止される。㊂OAU 事務局長は,この期間中,憲法秩序に反する政府変更に関する事実を収集し,憲法秩序の回復の意思確認のため,クーデター実行者と接触する。また,アフリカの指導者達と名士達がこれらの者達に個別に道徳的圧力を加えて OAU と協力し,当該国における憲法秩序の回復を容易にするために貢献するよう求める。6ヵ月間の終了時には,ビザの拒否,政府間接触の制限,貿易制限などの制裁が科される。OAU は加盟国,地域グループ,より国際的な援助諸国の協力を求める。ただし,この際に,当該国の一般市民が強制措置の実施により不釣り合いに苦しむことがないよう保証するように注意を払わねばならない。④については,既述の OAU メカニズムの中心機関(AU 代表,閣僚,政府首脳の3つのレベルで開催)がこの実施機関となり,地域的代表制に基づき選出される5人のメンバーから成る制裁委員会を設置し,憲法によらない政府変更状態に関して講じられる決定の遵守を監視し,OAU の政治機関に適切な再検討を勧告する。

ガヴァナンス憲章による違法な政府変更の禁止

　この宣言が基礎となって,2007年1月30日,AU がガヴァナンス憲章を採択した。この憲章の目的のなかで重要なものは,第1に,締約国による「民主主義の普遍的な価値と原理および人権の尊重の支持の促進」,「締約国の政治的組織化における憲法と憲法秩序の至高性と尊重とに基づく法の統治原理の支持の促進と強化」である(ガヴァナンス憲章第2条)。これらのことから,「権力と合法的な政府ならびに政府の民主的な変更を制度化するための透明,自由かつ公正な選挙の維持の促進」,「安定性,平和,安全保障,および開発への重大な脅威としての……憲法に反する政府変更の禁止,否認,非難」,「民主主義的慣行と文化の促進,ガヴァナンスの制度の構築と強化,政治的多元主義と寛容を教え込むことによる良きガヴァナンスの設立および強化」,「持続可能な開発と人間の安全保障の促進」,「市民の参加,透明性,情報の入手,報道の自由および公共の問題の管理を報告する義務を容易にするために必要な条件の創設の促進」,「男性と女性の間の公平ならびにガヴァナンスと開発の過程における平等」その他の目的が導き出される。

　ガヴァナンス憲章実施にあたって締約国が従うべき原則(同第3条)も同様

に人権と民主主義原則の尊重，締約国の憲法と法の支配の原則に従った国家権力の入手と行使，代表制に基づく統治システムの促進，透明，自由かつ公正な選挙の定期的な維持，公的および民間の制度における男女間の公平性の促進，民主主義的過程および開発ならびに公的な問題の管理への市民の実効的な参加，公的な問題の管理における透明性と公正，政府の憲法に反する変更の否認と非難，政治的多元主義，とくに，国内法に基づく地位を享受すべき野党を含む，合法的に構成された政党の役割，権利および義務の承認，などになる。

締約国が講ずべき措置としては，主として，次のようなものが挙げられる。

・民主主義，法の支配の原則，および人権を促進することを誓約し，人民の譲渡不可能な権利としての共通の普遍的な投票の手段による人民の参加を考慮すること（同第4条）。
・憲法秩序の尊重，とくに，権力の憲法的な譲渡保証のための適切な措置を講ずること（同第5条）。
・政治的見解，性，人種，宗教ならびにその他の不寛容な形態に基づくあらゆる形態の差別を除去すること（同第8条1項）。
・女性の人権，人種的少数者，移住者および身障者，難民，亡命者，疎外され脆弱な社会集団の権利を保障するための法律上，行政上の措置を採択すること（同条2項）。
・民主主義と市民参加の強化に資する，人種的，文化的および宗教的多様性を尊重すること（同条3項）。
・持続可能な開発と人間の安全保障の促進を可能にする社会的，経済的政策および計画を作成し，実施するよう誓約すること（同第9条）。

ガヴァナンス憲章は，とくに，国連のさまざまな文書においても民主主義の本質とみなされている人民の政治参加を確保するための投票制度について詳細に規定している。とくに，締約国が行うべきこととして，次のことが挙げられている。①選挙管理の責任を有する独立かつ公正な選挙組織の設置と強化，選挙にかかわる紛争を最善の期間内に解決するための国内の仕組みの設置および強化，②選挙に参加する政党および候補者の選挙期間中の国のメディアへの公平なアクセスの確保，③選挙前，選挙中，選挙後に合法的に承認された政党そ

の他の政治的行為主体を拘束する行為規範（選挙結果の受け入れまたはもっぱら合法的な方法による選挙結果の否認についての政治的行為主体の誓約を含む）の採択（第17条1，2，3，4項）。

　締約国はまた，民主主義および選挙援助ユニットおよび基金を通じて，AU委員会に自国の選挙制度および過程を強化し，発展させるための諮問または援助役務を提供するよう要請する（第18条）。締約国は，AU委員会に選挙予定を通知し，選挙監視委員会を送るよう勧誘する（第19条1項）。AU委員会委員長は，選挙に先立ち，最初に探査ミッションを送り，同ミッションが有用な情報と文書を取得し，委員長に選挙に必要な条件が整い，民主主義的選挙を規律するAUの原則に従い，透明，自由かつ公正な選挙を行うのに適切な環境にあるかどうかを報告する。

　憲法に反する政府の変更の場合の手続きについて，ガヴァナンス憲章第25条は，基本的に，枠組み宣言のメカニズムを踏襲しており（第23～26条），とくに，憲法に反する政府変更の首謀者達は，民主主義的秩序の回復のために組織される選挙に参加してはならず，また自国の政治制度において責任ある地位についてはならない（第25条4項）。AU総会は，そのような政府変更を先導しまたは支援する締約国に対して制裁を科する（同条5項）。

　このほかに，第4章の「政治的，経済的，社会的ガヴァナンス」では，締約国が，政府，市民社会および民間部門の間の確固たる協力関係と対話の確立を促進すること（第28条）や国内法に基づき民主的に選出された地方当局への分権化（第34条）を定めている。締約国は，また，「アフリカにおける開発の新たなパートナーシップ」（NEw Partnership for Africa's Development：NEPADといい，21世紀に向けてのAUの経済社会開発の戦略的枠組みであり，農業と食糧の安全，気候変動と天然資源管理，地域統合と基盤構造，人間開発，経済と企業ガヴァナンス，ジェンダー，能力開発などを含む横断的な事項の6分野での計画とプロジェクトを実施する）および国連開発のミレニアム目標実現による民主主義，持続可能な開発および人間の安全保障の実現に努める（第37条）。

　このガヴァナンス憲章は，1990年の冷戦構造の崩壊以来，アフリカでも続いてきた，グローバリゼーションのリベラルな流れに立った規範および制度形成の文書であり，アフリカ諸国は，軍事力を背景とした違法な政府の変更の予防措置とこのような変更が起こった場合の対処の具体的な措置を民主化と人権

保護の政策に求めようとしたのである。

将来的展望

　欧州において製品，資本，サービス，人の自由な流通を目指す欧州共同体が設立されると，アフリカでも，類似の国際機関が多数設立された。これらのAUと異なる小地域的な国際機関は，その発達の過程で，EUの例に基づいて，共同市場の発展にあたって民主主義と人権の保護制度確立が前提となることを認識し，これらの独自の保護のメカニズムを確立しつつある。たとえば，西アフリカ諸国経済共同体（Economic Community of West African States：以下，ECOWAS）では，1991年の政治的宣言前文のなかで，政治的多元主義に基づく民主主義および人権に関する普遍的に承認された国際的な文書ならびにバンジュール憲章に含まれる基本的人権の尊重を促進するように一致して努力する旨述べられている。また，ECOWAS司法裁判所は，すでに，その判決（Essein v. the Gambia & Another, 2007）のなかで，人権侵害に関する事項について管轄権を有し，バンジュール憲章の規定に従った人権の承認，促進および保護原則の遵守を宣言している。また，南部アフリカ開発共同体（Southern African Development Community：以下，SADC）は，独自に，ジェンダーと開発に関する議定書および基本的社会権憲章を有しており，移住労働者の保護に関する規定をも有している。SADC司法裁判所もまた，人権にかかわる事件に対して管轄権を行使している。人権と民主主義にかかわる問題は，たんにAU内部での人権規範間の調整，AU司法・人権裁判所とアフリカ人権委員会との間の管轄権の明瞭な区別だけでなく，これらの小地域的な人権規範とその保護のメカニズムならびにこれらの小地域的な司法機関の判決に示されるバンジュール憲章の解釈とAUのそれらとの間の調整の問題をも含んでいる。これは，アフリカにおける将来的な人権と民主主義の発展の鍵となろう。

参考文献（代表的なもののみを挙げる）

M'Baye, K., *Les droits de l'homme en Afrique*, Editions A. Pédone, Paris, 1992.

Voice, P., "Human Rights and Democracy", in *the Ethics and International Relations*, edited by P. Hayden, Ashgate, 2009.

Kufor, K. O., *The African Human Rights System, Origine and Evolution*, Palgrave, 2010.

第2章 安全保障と軍事援助の国際比較
——フランス・米国・中国——

パレパ・ラウラ-アンカ

1 安全保障援助——一般概念と歴史的経緯

安全保障協力と安全保障援助——曖昧な概念

「安全保障協力（security cooperation）」は安全保障援助，情報交換，麻薬対策援助，非拡散協力，平和維持活動（PKO）などのさまざまな活動を含む，包括的な概念である。そのなかの「安全保障援助（security assistance）」を本章で取り上げたい。サハラ以南のアフリカ（ひいては大陸全体）は，その激動の歴史のなかで多くの2国間・多国間安全保障援助を受けながら，いまだ期待通りの成果が現れていない地域だからだ。

まず，安全保障援助には一定の定義がなく，国や組織により捉え方は異なる。たとえば米国では，他国に「兵器，軍事訓練と助成金，借款，融資，現金売上や貸与によるその他の防衛サービス」を供与する活動やプログラム（米国防総省指令5132.2008.11）と定義される。他方，正確を期すために，安全保障援助よりも「軍事援助（military assistance/aid）」の用語を使用する国や組織もあり，フランスでは「軍事技術援助（technical military assistance）」（平時や非有事の性格を持つ非敵対環境で供与される援助）と「軍事作戦援助（operational military assistance）」（紛争時，有事，あるいは半敵対環境で供与される援助）が区別される。

安全保障援助は，一国のさまざまな組織・機関（防衛省，安全保障関連省庁，国家安全保障援助機関など）により国の規制の範囲内で2国間プログラムを通して直接行われるか，あるいは国際安全保障援助の形で国連，欧州連合（EU），北大西洋条約機構（NATO）などの多国間組織を通して行われる。このような複雑さから，一国が供与または受益する実際の額が測りにくい。経済協力開発機構（OECD）の開発援助委員会（DAC）は安全保障援助の明確な基準（人道支援や国連に認められたPKO内の特定な活動）を設けているが，供与・受益に関す

るデータをあえて公開しない国もあれば，米国や中国のように対外援助予算に含める国もある。

　特定の国の安全保障能力の強化や関連部門改革の促進（ポスト紛争や旧共産主義諸国）をはじめ，不測の事態や有事における主権，治安，安定の維持・回復の必要性から安全保障援助は正当化される。しかし，その概念が十分に理解されているとは言い難く，これまで問題を多分に含んでいた。供与国の戦略的利益が主な動機となり，受益国の利益が軽視されると，供与は中立性を失う。非民主的な政治体制や反政府集団，複雑な民族構成を持つ国などが援助を受けると，しばしば国全体や一部の地域の治安と安定に悪影響を与えるおそれがある。また近年「民間軍事会社（PMSC）」を通じて助言，コンサルティング，安全保障業務の形で援助する傾向があるが，これは各国政府にとって，議会調査や公的監視などの政治的煩雑さを回避できるからだという（Avant & Sigelman 2010／Parepa 2013）。この意味で，安全保障援助の倫理性，事業の報告義務，合法性，効率性などの点がNGO，研究者，専門家により問題視されている。

独立からグローバリゼーションまで

　自著『1940年以後のアフリカ――現在の過去』でフレデリック・クーパー（Cooper 2002）はアフリカ史を植民地時代とその前後に分けて記述する。植民地支配以前がアフリカ社会の自律性に特徴付けられるなら，この自律性は植民地時代に失われた。第1次世界大戦前までは，欧州列強（フランス，英国，ベルギー，ドイツ，イタリア，ポルトガル）がリベリアとエチオピアを除く96％の領土（それ以後は93％，Khapoya 2012：100）を支配しアフリカの命運を独占的に決めていた。植民地支配への抵抗からアフリカ民族主義運動が起こり，1940年代から1950年代にかけて大陸の大部分に次第に広がった。多くのアフリカ人が宗主国の軍隊で戦って命を落とした第2次世界大戦が終わると，植民地システムは弱体化していく。敗戦国イタリアから独立した一部の国（エチオピア，リビア，エリトリア，ソマリア）を除く国々は1941年に調印された大西洋憲章において米国と英国が認めた戦後世界の民族自決の規定に基づき，独立と自治の権利を主張しはじめる。1957年，ガーナが独立を果たし，サハラ以南のアフリカ地域全体に広がっていく長い独立プロセスに先鞭をつける。このプロセスは，アフリカの年と言われる1960年（フランス，ベルギー，英国から17ヵ国が独

立）から，ジブチが独立する1977年まで続いた。

しかし，民族自決や自治権の獲得はかならずしも平和裏に行われたわけでなく，ポルトガルと独立戦争を行ったモザンビーク（1964～74年），ギニアビサウ（1963～74年），アンゴラ（1961～74年）のように流血の戦いをともなうこともあった。また，独立プロセスが冷戦期に起こり，国家建設が米ソ間のイデオロギー対立に影響された国もある。この間，アフリカは国家間の紛争（ジンバブエに独立をもたらした1964～79年のローデシア・ブッシュ戦争，1978～87年のチャド・リビア戦争，1961～91年のエリトリア・エチオピア戦争など）や内戦（1990～93年のルワンダ，1983～2005年のスーダン，1977～92年のモザンビーク，1975～2002年のアンゴラ，1991～2002年のシエラレオネ，1960～65年のコンゴ（現在のDRC，当時の国名はコンゴ共和国），1989～96年のリベリア，1986～91年のソマリアなど）を経験している。ソ連と米国およびその同盟諸国の両陣営からは，「政治的忠誠」と引き換えに，政府，代理政府軍あるいは反政府組織に安全保障援助が供与された。この際，正当性，報告義務，人権や自由の尊重などはほとんど考慮されていない。

安全保障援助は財政支援，戦闘部隊の訓練，軍事的・技術的助言，武器供与の形で行われたが，軍事独裁政権の成立，外国援助への依存体質，クーデターの増加，地域の不均等発展，人の（強制）移動などの予想外の問題を生み出した。2国間安全保障援助が国家建設プロセスに悪影響を及ぼし，受益諸国の長期的な安定や発展を阻害した。国連がコンゴ紛争（1960～65年）に際して，国際安全保障援助として2万人という大規模な軍隊の派遣からなるPKO「国連コンゴ活動（ONUC）」を開始したのはこのような文脈においてである。

グローバル化と安全保障・開発ネクサス

冷戦終結とグローバル化はアフリカに新たな希望とともに迎えられた。ほかの地域と同様，グローバル化はさまざまな好機と発展を引き起こすプロセスと捉えられ，新しい技術や通信システムのさらなる普及のおかげで国境を越える商品・人・資本の移動が容易になり，社会・経済・安全保障が地域レベル・国際レベルともに良い方向へ進むと期待された。

また，ポール・コリアー（Collier 2003：1）が「戦争は発展を遅らせるが，逆に発展は戦争を遅らせる」といみじくも喝破したように，国際社会が冷戦の

43

教訓から経済発展と安全保障との関連性を意識しはじめた時でもある。国際支援を安全保障か開発かのどちらかのみへ限定すると成果をもたらさないとの観点から，国際機関や一部の国々は，安全保障を促進するための手段としての開発の重要性と，開発を促進するための手段としての安全保障の正当性を前提にした，総合的なアプローチを確立しはじめた（Parepa 2014）。1992〜94 年に行われたアフリカにおける国連初の多元的 PKO「国連モザンビーク活動（ONUMOZ）」では，軍関係者だけでなくさまざまな分野の専門家が紛争後復興と平和構築の異なる段階に関与し，情勢の安定化，選挙の監視，安全保障部門の改革，民主主義制度の構築などが行われた。

1990 年以降，国家間紛争は減少したが，メアリー・カルドアの呼ぶ「新しい戦争」がアフリカで増えた。これは民族・宗教的な浄化，民間人の標的化，性的暴力，国家権力掌握で対立する集団間の闘争，非国家アクターの台頭などの特徴を持つ。アフリカ全体を通して増加した内戦の数々（ルワンダ，ソマリア，第 2 次コンゴ紛争，チャド，スーダン，中央アフリカ，コートジボワール，リベリア）を見れば，平和な国ですら時間が必要な経済の安定成長，良きガヴァナンスの確立，治安維持が，紛争中または紛争後の国家ではさらに困難なことが明白だろう。国連の枠組みでは国連ルワンダ支援団（UNAMIR, 1993〜96 年）や国連ソマリア活動（UNOSOM I - II, 1992〜95 年）の国際安全保障支援が行われたが，適切な人的物的資源や支援活動を供与できず，PKO の非効率性や交戦規則の制限から民間人を保護できなかったことで，国連に多くの批判が向けられた。

近年の安全保障状況

今日のアフリカが抱える問題は多い。天然資源の収奪（シエラレオネ，リベリア，DRC，アンゴラなど），人身売買（ベナン，コートジボワール，ガボン，ガーナ，マリ，ナイジェリア，トーゴ，カメルーン，ニジェール，ジンバブエ），麻薬取引（ギニアビサウ，ナイジェリア，コートジボワール，アンゴラ，ジンバブエなど），武器の密売（シエラレオネ，リベリア，ナイジェリア，ソマリア，スーダンなど）が横行している。また，イスラーム過激派やテロ集団（ソマリアのアル＝シャバブ，ナイジェリア，カメルーン，チャドのボコ・ハラム（コラム 2 参照），スーダンの国民イスラーム戦線）の活動地域が拡大し，反乱（中央アフリカ，DRC，ウガンダ，スーダンに展開する「神の抵抗軍（LRA）」による暴動，モザンビークの「民族抵抗運動（RE-

NAMO)」，ニジェールの第2次トゥアレグ暴動）が起こり，海賊行為も止まない（ナイジェリアのニジェールデルタ，ベナン，コートジボワール，ガーナ，ギニア，トーゴ）。

これらはグローバル化がもたらした負の側面といわれる。モイセス・ナイムは（Naim 2003：29），*Foreign Policy* に寄稿した論文でこれらを「グローバル化の戦争」と呼び，悪化し続ける状況は「常軌を逸したグローバル化」(Nils Gilman)，「非市民社会」(Kofi Annan)，「グローバル化の闇の部分」(Jorge Heine & Ramesh Thakur) と表現された。アフリカにおける非国家アクターは，貿易，通信，技術が越境しやすい状況を活用してネットワークを世界に拡大し，国家と国民の意に反して，目的を達成するために政府や国際組織の弱点を利用している。つまり「ルールを変更し，新たなプレーヤーを創出し，国際政治や経済における力関係を再構成する国際システム」が変化したため，「麻薬，武器，知的財産，人，金の違法取引」，そしてテロ活動が今後も各国政府の難題であり続けるだろう（Naím 2005：5）。

これに対する国連や EU の枠組みで行われた国際安全保障支援として，「コンゴ民主共和国を安定化するための国連ミッション（MONUSCO）」やマリに対する類似ミッション（MINUSMA），アデン湾で海賊対策任務を遂行する EU-NAVFOR のアタランタ作戦，ソマリア，ジブチおよびセーシェルにおける海上安全保障システム確立のための EU 安全保障援助 EUCAP のネストール作戦などが挙げられる。これらの支援は地域の安定化に一定の成果を上げたが，民族・宗教紛争が国家の分裂につながりかねないほど安全保障状況を脆弱にしており，2011 年のスーダンのような国家の分裂やソマリアのような国家崩壊，域内における過激派集団の拡大がその最たる例である。

かかる状況で，アフリカへ安全保障援助を行ってきた従来の供与国である米国とフランスに加えて，中国のような新たなアクターが地域の安全保障協力に関与するようになり，希望と懸念が併存している。

2　従来の安全保障援助国，フランス

フランスの安全保障援助の特徴

フランスが用語として安全保障援助よりも軍事援助を好み，技術援助と作戦

援助の2側面を含む独特な概念であると先述した。フランスの統合ドクトリン（CICDE 2011：15）によると，軍事技術援助は，平時の非敵対環境で供与される長期的なものであり，軍事作戦援助は，有時（紛争，緊急）の半敵対または敵対環境で供与される。そのため，フランスの軍事援助は，資金供与，装備供給，フランスの軍校での軍事訓練から，受益国の安定と安全保障に対するリスク軽減のための助言，組織，部隊の現地訓練や現地軍の支援にいたるまで，広範な活動をカバーする。

フランス外務省によると，1960～98年の対アフリカ軍事援助と防衛協力は協力省（Ministère de la Coopération）の協力軍事活動（Mission Militaire de Coopération）として行われた。1998～2009年には外務省の直轄となり，アフリカで行われる行動のための軍事協力準局（Sous-Direction de la Coopération Militaire pour les actions conduites en Afrique subsaharienne）を含む軍事防衛協力局（Direction de la Coopération Militaire et de Défense）を通して行われた。2009年の外務省の再編にともない安全保障・防衛協力局（Direction de la Coopération de Sécurité et de Défense）となり，具体的な実施は他の省庁（軍，内務省など）が行っているとはいえ，あらゆる種類の対外協力（防衛，国内治安，民間人の安全確保）の調整を行う。

数回にわたる調整機関の変更や特異な計算方法と定義もさることながら，とりわけフランスの防衛協力の周辺にある「裁量」のため，対アフリカ軍事援助の総額の推定や，供与された装備の種類や教育された人数の正確な把握は一般に難しい。軍事援助と防衛協力に関する情報は，多くの場合，非公開（または機密）情報扱いであり，国会報告書にいくらかの項目が見られるとはいえ，支援の種類や供与事項の詳細がない。また，資金を配分する機関が多岐にわたるため，評価をさらに難しくする。たとえば，1960～98年にアフリカに展開したフランスの軍隊，基地，軍事介入の支出が防衛省の財源から賄われたが，資金の大部分は協力省の協力軍事活動として配分された。同様に「平和維持活動のためのアフリカの軍事力の強化プログラム（RECAMP）」内のPKOのための軍事援助において，教育と訓練は外務省から，装備と物資は防衛省からそれぞれ供与された（de Bellescize 1998）。

近年，軍事援助と見られる活動の一部は「2015年度予算案：横断的政策資料（Projet de loi de finances pour 2015-Documents de politique transversale）」のなか

に開発援助として記載されている。以下に例を挙げると,「西アフリカにおけるPKOの訓練のための2教育機関(マリの平和維持学校とカメルーンの治安・平和部隊国際学院EIFORCES)への融資」,「ジブチ政府へ供与されるジブチ基地を維持するための支出(3000万ユーロ)」,「軍の準備と雇用」と記載されている軍によるインフラ建設(橋,学校,井戸),「政府開発援助6%に相当する国連決議によるPKOへの支出」などである。フランスは,OECDがODAを算出する際の新たな指標「全体政府開発支援(soutien officiel total au développement)」を強く主張している。これが導入されたなら,フランスやほかのOECD諸国にとって,近年マリや中央アフリカでの作戦に使われた「治安維持のための軍事介入」のような一部の支出を開発援助として計上することが可能になる。

フランスによる軍事援助の進展

フランスとアフリカの関係はきわめて特殊で複雑だ。経済,金融,政治,軍事の面で旧植民地諸国とのつながりが独立後も継続・発展しており,しばしば「フランサフリック(Françafrique)」と呼ばれる非公式なネットワークが存在する。これは,フランス政府が人権侵害,汚職,民主主義の欠如に目をつぶりながら,特定のアフリカ諸国に資金や物資を供与する状況であり,同国が望む政治体制を支えるために重要な役割を果たしてきた。この関係から,一部のアフリカ諸国にはフランスに対する新たな依存関係が形成され,フランスからの政治的支援や財政援助とともに有時における軍事支援が期待された。

国会議会報告書を見ると,1960~85年にアフリカ8ヵ国(コートジボワール,中央アフリカ,ジブチ,ガボン,セネガル,カメルーン,コモロ,トーゴ)と防衛協定を結び,軍事技術援助協定あるいは物資調達支援協定を結んだ国は16に上る(すべて旧植民地:ジブチ,ガボン,コートジボワール,セネガル,カメルーン,中央アフリカ,トーゴ,チャド,モーリタニア,ニジェール,ベナン,DRC,マリ,マダガスカル,ブルキナファソ,ギニア)。協定に基づき,フランスは軍事援助として顧問,訓練士,装備,資金を供与し,同時に一部の国(セネガル,ジブチ,コートジボワール,ガボン,チャド,中央アフリカ)で軍事作戦援助の一環として基地や部隊を保有した。

これらの防衛協定のなかには「国内外防衛のためにフランス軍に協力を求める」権利を受益国に認めることと引き替えに,フランスを主要な安全保障援助

供与国とする条項も含まれる。フランスは1960～80年に旧植民地に対する装備や武器の主な供与国だった（1960～69年に66％，1970～80年に50％，ベルギーの植民地に対しても1970～80年に68％を供与，Luckham 1982：103）。軍事介入はクーデターや暴動を未然に防ぎ，治安を回復し，フランス市民の利益を保護するために必要だと正当化されて行われたが，しばしば特定の政権に向けた支援と見られた。

　フランスは1960年から1978年にかけて，アフリカに駐留する軍の規模を徐々に縮小してきたとはいえ（6万人から1964年には2.3万人，1978年には1.3万人），軍事介入や支援に支障を来したわけではない。たとえば，対クーデター支援（セネガル1962年，ガボン1964年，ニジェール1973年），対反政府勢力支援（カメルーン人民同盟UPC 1959～64年，モーリタニア・ポリサリオ前線1977～78年，チャド国民解放戦線Frolinat 1968～75年と1977～80年，ジブチ1976～77年，ザイール・コンゴ解放民族戦線1978年），暴動鎮圧（チャド1960～63年，コンゴ共和国およびガボン1960年，1962年，モーリタニア1961年），政権転覆（中央アフリカ1979年）などが挙げられる（Luckham 1982：101）。

　軍の縮小にともない（1999年6300人から2002年5600人），フランスはアフリカ軍の訓練の提供に重点を移し，1962～90年に約3.3万人がフランスの軍施設で訓練を受けたと推定される。これにともない，1960年に3000人だったアフリカに駐留する軍事顧問や訓練士の数は減少し，1990年には1000人，1997年には640人，2002年には300人になっている。同じ時期にフランスからの軍事援助額は増加しており，1977年には4.14億フラン，1978年には6.44億フラン，1982年には6.6億フランとなり，1990年にはピークの9億フラン（1.37億ユーロ）に達した（Adebajo 2002：33, 37／Hughes 2003）。

　フランスは，旧植民地へ向けた軍事支援のほかに，ベルギー旧植民地であるブルンジ，ルワンダ，ザイールの3国との軍事援助および防衛協力協定に署名し，後に南アフリカ，マラウイ，赤道ギニア，ジンバブエ，アンゴラ，モザンビークなど非フランス語圏諸国にも拡張した。

　しかし，フランスのアフリカ優先政策は冷戦後に崩れる。ザイールのモブツ政権，ルワンダのハビャリマナ政権，コンゴ共和国のドゥニ・サス・ンゲソ政権に代表される非民主的体制への軍事支援や，原油と引き替えの武器供与といった軍事・政治・ビジネスの関係（たとえば，アンゴラにおけるELF社）が世論

の批判を集め，イメージが悪化したためだ。

　その結果，対アフリカ軍事援助におけるフランスのアプローチが次第に変化しはじめた。国連などの多国間枠組みでの軍事援助の提供に前向きになり，地域安全保障統合を強く支持するようになった。フランスは，アフリカの有事の際に（軍事作戦支援として）自国の軍隊を関与させるよりも，「アフリカ平和安全保障アーキテクチャー（APSA）」の枠組みで，アフリカ軍による地域安全保障協力へ向けた対応力の訓練と軍事支援の供与や，国連やアフリカ連合（AU）の発する任務の下でのPKOへの参加に重心をシフトする。1997年に設立されたRECAMPに対して，フランスは1998年に3000万ドル（アフリカ向け軍事協力予算の20％）を出資してコートジボワールとベナンに訓練センターを開設し，フランスとアフリカ諸国（1998年にセネガル，2000年にガボン）はPKO訓練演習を行っている。2002年までフランスは30ヵ国の軍人への研修やさまざまな装備を供与している（Brosing 2015：148）。また，国連PKOである「国連中央アフリカ・チャド・ミッション（MINURCA）」と西アフリカ諸国経済共同体の部隊「西アフリカ諸国経済共同体監視団（ECOMOG）」のように，アフリカにまたがるPKOに関与する一部の部隊に向けて必要な装備供与（航空機，通信，巡視船），物資調達業務，財政支援を続けた。

　さらに，訓練や教育を通して現地軍の能力を向上させ，フランスの軍校で学ぶアフリカ人の数を減らすべく，フランスはアフリカにおける現地軍人養成校の設立と発展のための資金や訓練士を提供することで軍事援助を拡大している。各国の軍人を訓練する教育施設の数は着実に増加し，1997年に1校（マリ）だったのが1999年には14校（コートジボワール4校，マリ2校，セネガル2校，トーゴ1校，カメルーン2校，ガボン1校，ベナン1校，ブルキナファソ1校）に増えた（Berman & Sams 2000：301）。

近年の動向――新たな見直し

　アフリカにおけるフランス軍のプレゼンスと関与を縮小する傾向がサルコジ大統領政権下で続いた。これにはいくつかの理由があるが，人権や民主主義で問題視される一部の政権に対する軍事援助に対する批判を避けることがその1つだろう。サルコジ大統領（当時）は「フランサフリック」に終止符を打ち，特恵的関係を廃する意向を表明しているが，在位中はガボンのボンゴ政権やチ

ャドのイドリス・デビ政権との関係で批判を免れなかった。

　とはいえ，フランスはジブチとガボン・リーブルヴィルにおける常駐軍事基地の2つを除く基地（セネガルのダカール，コートジボワールのアビジャン，中央アフリカのバンギ）を閉鎖し，アフリカ諸国に軍事作戦援助の請求権を認めていた協定の見直しに着手した。その結果，2009～12年に，カメルーン，トーゴ，ガボン，中央アフリカ，コモロ，ジブチ，コートジボワール，セネガルとの協定内容を交渉のうえで修正している。また，入手可能なデータによると，アフリカ向け軍事援助額は1990年の1.37億ユーロ（9億フラン）から1997年の1.125億ユーロ（7.39億フラン）に減少し，2002年には7500万ユーロになった（Hughes 2003）。統計上は明らかな減少だが，2002年における世界全体へ向けたフランス軍事援助額が1.047億ユーロだったことを考えると，アフリカが依然として最大の軍事援助供与先であることに変わりはない。なお，このデータにはPKO支援やフランス軍事介入にともなう支出が含まれていない。

　近年フランスは，イスラーム過激派の影響力拡大にともなう危機の発生に際して，軍事態勢を見直すなど，地域でのプレゼンス増強を開始している。防衛省によると，2013年に国外に駐留する軍人1万25人の内，7060人がアフリカ（西アフリカに4610人，中央アフリカに2180人，アデン湾海賊防止作戦に270人）に配備されている。2011年以降，コートジボワール（2011年に国連の要請に応じた軍事作戦），マリ（マリ大統領の要請により4000人が展開した2013年のセルヴァル作戦，ECOWAS/AFISMAに向けた物資調達と情報支援），中央アフリカ（2013年から2000人が展開し，現在も継続中のサンガリス作戦），ニジェール（サヘル地域で3000人が展開するバルカーヌ作戦）をはじめ，ブルキナファソ，チャド，マリ，モーリタニアで軍事作戦援助を行っている。コートジボワール大統領選で敗北を認めないバグボ前大統領の退陣を促すために国連委任下で行ったフランスの介入について，多くのアフリカ諸国から難色を示されたが，近年のマリや中央アフリカでの軍事作戦援助は大部分のアフリカ諸国から支持された。これは，イスラーム過激派の拡大を自力で阻止することは困難だと認識する政府がアフリカでますます増えていることを示す。

　また，フランスの軍事基地（とくにダカールとアビジャン）は，近年の危機において装備供給と軍の即応機動力のハブとしての戦略的な重要性を示した。2013年のフランス防衛政策白書は，APSA支援と有事・緊急時に備えたアフ

リカ諸国の軍事力の増強継続に加えて，アフリカの必要に応じて軍事作戦援助を行うために一定の軍事的プレゼンスを維持し続ける必要性を強調している。防衛協力の優先地域として，サヘル地域とギニア湾（加えてマグリブ諸国）が示されている。

これにともない，フランスは地域における対イスラーム過激派活動の進展を確実にし，現行の軍事作戦に必要な支援を行うために，2015年にジブチ，セネガル，ガボン，コートジボワールの軍事基地の継続に加えて，マリの時限的駐屯地（1000人）の保持とチャド（ンジャメナ）での1200人部隊の駐留を決定している。

3 世界最大の安全保障援助供与国，米国

米国安全保障援助の大枠

これまで米国は世界最大の安全保障援助国であり，毎年150ヵ国を越える国々にさまざまな支援を行っている。米国国際開発庁（USAID）によると，援助額は2013年だけで85億ドル（経済目的の軍事援助の5.18億ドルを含む）と推定されている。

より広範な安全保障協力の一環として，米国の安全保障援助は一貫した目標を掲げる。国防総省指令5132（U.S. Department of Defense 2008：11）には，米国の安全保障上の利益に一致する特定の関係を構築すると同時に「自衛および多国籍作戦のための同盟的・パートナー的・友好的な軍事力を発展させ，米軍が平時ならびに有事において受益国との連絡を容易にするため」の「国の政策や目標の推進」と示されている。

米国の安全保障援助は国務省の権限・監督・指導の下にあり，その実施は多種多様なプログラムを通して国防総省の下で行われる。具体的に，国際軍事教育訓練（IMET），外国軍事資金調達（FMF），余剰防衛装備品（EDA），麻薬撲滅訓練支援（CDTS），多国間平和活動イニシアティブ（GPOI），地域防衛テロ対策フェローシッププログラム（CTFP），地雷対策（MA）などがある。

しかし，米国が供与する援助額の算出は一般に難しい。USAIDは，実施が国防総省，国務省，陸・海・空軍の複数の機関にまたがると，異なる収支計算書に示し，安全保障援助の記載項目の判別が煩雑になる。たとえば，①経済開

発を目的としない軍事支出を含む軍事援助，②インフラ基金，建設費，活動・維持費，防衛健康プログラムなどの経済または開発目的をともなう軍事支出に対応する「他の経済支援」の名の下で行われる国防総省の安全保障援助，などといった具合である。また，経済支援と分類される「大統領緊急計画（President's Emergency Plan）」として行われるさまざまな救済活動（人道支援，HIV/エイズ，エボラ出血熱など）において，国防総省が安全保障援助の実施と供与の担当機関として挙げられる。

国務省と国防総省のほかに，安全保障援助と見なされる資金供与プログラムを行っている組織として，司法省，麻薬取締局（DEA），国土安全保障省（DHS），諜報機関などが挙げられる。しかし，国務省や国防総省によるプログラムの大半がほぼ公開であるのに対して，他の組織（とくに諜報機関）が出資するものは機密扱いであるため，詳細も供与額も不明だ。以上のことから，アフリカへ供与される安全保障援助に関する米国と他国との比較は容易ではない。したがって，本章では国務省と国防総省が行う安全保障援助のみを扱う。

米国の対アフリカ安全保障援助の進展

第1節で述べたように，米国は冷戦時代に新たな独立国家に対して影響力を高め，旧ソ連が提唱するモデルに対抗する政治・発展モデルの推進に資すると信じて安全保障援助を行った。USAID のデータ（US Overseas Loans and Grants, Greenbook, CONG-R-0150）によると，1953～90年にアフリカへ供与された軍事援助額（FMF, EDA, IMET）は12.5億ドルとなっている（1953～61年に6650万ドル，1962～71年に1.9億ドル，1972～90年に9.96億ドル）。FMFとEDAの主な受益国は，初期の2期間ではリベリアとエチオピア，最後の期間ではギニア，マリ，DRC，セネガル，ナイジェリア，前スーダンだった。

冷戦終結後，米国の安全保障援助は多様化しはじめる。アフリカが直面するニーズや新たな課題に応じて多様化し，地域における米国の利益に対する脅威となりうる問題に備えて調整された。USAIDによると1991年から2012年までアフリカが受けた安全保障援助の総額は32.4億ドル，内1991～2001年が2.65億ドル，2002～12年が29.79億ドルとなっている。

安全保障援助の内訳を見ると，受益国のニーズや地域における米国の利益に沿って変化している。この点で，USAID のデータや国務省が会計年度ごとに

発表する「外国軍事訓練および国防総省利害活動報告書」によれば，IMETプログラムを通して供与される安全保障援助は，額にして1991～2001年に6300万ドル（南アフリカ，セネガル，ケニア，ボツワナ，エチオピア，ルワンダ，エリトリア），2002～12年には1.34億ドルに上る（南アフリカ，ナイジェリア，セネガル，ケニア，ガーナ，ジブチ，エチオピア，リベリア）。IMETを通して行われる安全保障援助は，受益国の軍人訓練であり，人権，軍の文民統制，軍事技術や兵器システムの職業化などの事項に関する教育が行われる。2000年から2012年の間に，ソマリア，スーダン，赤道ギニアを除くサハラ以南のアフリカのすべての国は単年または複数年のIMETの援助を受けた。IMETはほかのプログラムに比べて経費が大きいわけではないが，受益国における将来の幹部と個人的かつ職業的なネットワークの形成に資するため，きわめて重要な事業と考えられている。米国海軍大学のレヴェロン教授によると，たとえばボツワナの高位将官14人の内の11人はIMETプログラムの修了生とのことである（Reveron 2010：34）。

　FMFは，受益国の防衛能力を向上させ，安全保障上のニーズを満たし，海洋や国境管理を強化するために，米国からさまざまな防衛武器，装備，サービスを購入するための助成金や融資を供与するプログラムである。FMFは，安全保障援助のなかで世界のほかの地域にとって最大のプログラムであるが，アフリカへ向けた援助額は比較的小さい。1991～2001年の間，FMFとして提供された安全保障援助額は9600万ドル（セネガル，ウガンダ，シエラレオネ，ガーナ，エチオピア，ベナン）に相当するが，2002～12年のそれは2.09億ドル（ケニア，ナイジェリア，DRC，ジブチ，エチオピア，ギニア，リベリア，ウガンダ，ガーナ）に上昇した。スーダン，南スーダン，赤道ギニア，ガンビア，ナミビア，ソマリア，ジンバブエ，中央アフリカを除くと，2000年と2012年の間にはアフリカ諸国すべては単年または複数年にわたりFMFの供与を受けた。加えて，アフリカ諸国は，米軍が必要としない軍装備（制服，車両，航空機，船舶など）をEDAプログラムを通して受け取ることができる。しかし，移転された額は比較的少なく，援助対象国も限られている。たとえば1991～2001年の間，EDAはわずか2490万ドル（南アフリカ，セネガル，ボツワナ，エリトリア，モザンビーク，ルワンダ）にすぎず，2002～12年の間には1500万ドル（セネガル，ジブチ，ナイジェリア，ガーナ，ウガンダ）のみだ。

このような安全保障援助の内訳を見ると，米国は受益国を武装するというよりも，むしろ軍隊の職業化を優先していると考えられる。また，アフリカ諸国の紛争予防と解決へ向けた対応能力を構築し，PKO のために制度的能力が発展するのを支援し，地域 PKO に積極的に関与するように後押しする必要性を認識しているようだ。これに関連して，米国は，1997 年に設立された「アフリカ危機対応イニシアティブ（ACRI）」を 2002 年に「アフリカ緊急作戦訓練支援（ACOTA）」として再編し，より広範な「多国間平和活動イニシアティブ（GPOI）」（2004 年創設）に組み込んだ。米国の安全保障援助は，アフリカ諸国の軍隊の地域 PKO に参加する能力を高め，国家の危機に対する効率的な解決策を提供するために，PKO を通して供与される。アメリカアフリカ軍（AFRICOM）と国務省によると，米国は 1997〜2013 年の間に PKO 下でアフリカ 25 ヵ国の 25 万 4228 人の PKO 軍を訓練し，非致死性装備を供与した。2002〜12 年の PKO 関連安全保障援助額は 25 億ドル（DRC，スーダン，ソマリア，マリ，リベリア）だが，2013 年だけで 2.63 億ドル（安全保障援助全体は 3.52 億ドル）の巨額が PKO に支出されている。援助の大部分を受けたのは，ソマリア，DRC，南スーダン，マリ，ナイジェリア，リベリア，ケニアである。

PKO に向けたアフリカ軍の準備のほかに，近年は対テロ戦争でのアフリカ諸国の能力を高めることで，国境を越えた脅威に対処するのに必要な訓練を行っている。アフリカにおける米国の安全保障上の利益の 1 つにテロの活動拠点を除去し，各テロ組織が行っているイスラーム過激主義に対抗することがある。米国はアフリカ諸国のテロ対策能力を向上させるために 2 つの多元的プロジェクトを推進しており，軍事面だけでなく，麻薬・武器取引の抑制，金融規制の設置，国境警備の強化，法執行力の改善が含まれる。モーリタニア，マリ，チャド，ニジェール，ナイジェリア，セネガル，ブルキナファソ（モロッコ，アルジェリア，チュニジアのマグレブ諸国も含まれる）向けの支援に「環サハラテロ対策パートナーシップ（TSCTP）」があり，ブルンジ，コモロ，ジブチ，エチオピア，ケニア，ルワンダ，セーシェル，ソマリア，南スーダン，スーダン，タンザニア，ウガンダ向けのプログラムとして，「東アフリカ地域テロ対策パートナーシップ（PREACT）」がある。

また，アフリカ諸国間の相互運用性と地域協力を高めるために，米国は複数のアフリカ諸国との共同訓練を積極的に実施している。近年の例として，多国

籍合同演習「Natural Fire 10」において，米軍はブルンジ，ケニア，ルワンダ，タンザニア，ウガンダとともに災害救援，人道支援，テロ対策の訓練を行っている。このような訓練は，アフリカのほかの地域へ展開する参加部隊の準備能力を高め，「脆弱な国家」に必要な支援を確かなものにする。

多額の安全保障援助にもかかわらず，米軍による地域紛争への直接関与は限られており，AFRICOM 司令官デビッド・ロドリゲス氏が述べるように，米国は「アフリカの安全保障上の課題への取り組みは，アフリカ人パートナー主導によるものが最良」と考える。とはいえ，米国はアデン湾の海賊対策活動（OEF-HOA）やサハラ地域におけるテロ対策活動（OEF-TS, TSCTP の軍事活動）に従事しており，ウガンダ，DRC，中央アフリカにおいては「神の抵抗軍」に対抗する AU の反乱鎮圧活動も支援している。

米国は，アフリカでの対テロ活動の支援において，アフリカ諸国だけでなくフランスにも安全保障援助を提供している。米国大統領は「ドローダウン権限（drawdown authority）」（外国の緊急時に国防財源を配分すること）を行使して，2014 年にはアフリカで作戦を行うフランスに 1000 万ドルを，2015 年にはフランス，AU，ならびに AU 主導の「中央アフリカ支援国際ミッション（MISCA）」に参加する国々に 6000 万ドル（防衛物品，空中給油や戦略的空輸の業務）を供与している。

米国安全保障援助の課題

米国が行う安全保障援助に批判がないわけではない。国防総省は，2006 会計年度国防権限法 1206 条項の下「グローバル訓練・装備（Global Train and Equip）」権限を持ち，国務省の監督なしに（つまりシビリアン・コントロールなしに）他国にさまざまな軍事装備を供与できることが主な問題だ。アフリカ諸国に向けられた援助額は，2012 年の 4440 万ドルから，2013 年に 9230 万ドル，2014 年に 1 億 930 万ドルと近年大幅に増加しているが（Serafino 2014：5-7），多くの場合，海上保安能力，新しい巡視機，航空物資，通信システム，情報監視偵察（ISR）能力，限定無人航空システム（ドローン）のほか，テロ対策や特殊作戦部隊（車両，武器，装備）のための援助となっている。

受益国の治安部隊の一部により人権侵害，民主化プロセスの制限，違法金融取引などの行為が横行していると NGO や人権グループに繰り返し指摘されて

きたにもかかわらず，多種多様な装備が防衛総省やほかの機関からアフリカ諸国に供与され続けている。たとえば，多くの援助を受けたナイジェリアでは，ボコ・ハラム撲滅活動において治安部隊が違法な殺害，恣意的な逮捕，拷問，無食，虐待を行っており，「戦争犯罪と人道に対する罪」の可能性が報告されている（Amnesty International 2015a, 2015b）。

同様に，チャド軍は前年に「違法殺害，拷問，殴打，レイプ，人権侵害に関与」したために国務省から批判されたが，2007年に即応治安部隊を確立するために約600万ドル相当を受益している。また，2013年5月の国連共同人権オフィス報告書には，即応治安部隊を新たに補充するために，米国特殊部隊が2010年に訓練したDRCの歩兵大隊が2012年にレイプやほかの「重大な人権侵害」に関与したと報告されている。これらの事例は，アフリカでの安定と安全保障を向上させるために，安全保障援助を通して行われた善意と努力が予想外の問題を生み出しうることを示す。

4 多元的安全保障援助の新興供与国，中国

冷戦前中国の対アフリカ安全保障援助

中国の対アフリカ安全保障援助は今にはじまったというよりも，広範な援助活動の一環として捉える必要がある。

1950年代から1970年代の間にアフリカへ行われた安全保障援助は，おもに政治思想的な動機に由来し，そのパターンはどれも類似している。中国の支援は，政治的に閉鎖的な運動や政府に対する「精神的かつ物質的」なものだったといえる。北アフリカではエジプトやアルジェリアと特別な関係を築いたが，サハラ以南のアフリカで中国の軍事援助が向けられた国は，タンザニア，ジンバブエ，ザンビア，ガーナ，コンゴ共和国，ギニア，スーダン，DRC，シエラレオネ，カメルーン，トーゴ，ブルンジ，ガンビア，マラウイ，モザンビーク，マリ，ルワンダ，ソマリア，アンゴラ，ボツワナなど，20を越える。

アフリカにはゲリラ戦訓練の目的で中国から軍事顧問を派遣され，後に中国に派遣団が受け入れられた。訓練された兵士の数は1955年から1980年にかけて約3000人と推定されており，タンザニア，コンゴ共和国，ギニア，スーダン，DRC，シエラレオネ，カメルーンがおもな受益国といわれる。また，

1961～77年にタンザニア，DRC，コンゴ共和国，ギニア，カメルーン，スーダン，チュニジア，ザンビアに対して1.84億ドル相当の武器輸出が行われた（Shinn & Eisenman 2012：166-168）。

このため中国は，自国の利益に適う革命運動・政府を支援するなかで，無償軍事援助や武器輸出を外交の道具として用いていると批判された。実際に中国はアフリカ票（26ヵ国反対に対して76ヵ国賛成）に支えられて国連に復帰し，国連安全保障理事会で中華民国に代わる代表権も獲得しており，中国の援助は報われたといえる（Brautigam 1998：37）。

1980年代に中国は自国の経済発展に重点を置いたが，おもに軍隊訓練や武器供与の形でジンバブエ，ソマリア，DRC，タンザニア，ナイジェリアに向けた軍事援助を継続している。

冷戦後の中国安全保障援助

冷戦期の安全保障援助が社会主義イデオロギー支援のためなら，冷戦後は自国の利益をより重視する新たな段階に入る。中国とアフリカとの経済協力が年々進展し，中国主導の計画の数，投資額，企業数が増加するにつれて，中国の軍事援助は地域における中国の利益の維持と保護にしばしば結びついた。天然資源の確保，新たな市場の開拓，地域における影響力の拡大，そして国際機関での支持の取り付けだ。

このような実利的な性格から，中国のアフリカ向け軍事援助額は増加した。米国国務省によると，1989年から1998年にかけて総額11億から13億ドル相当の武器が中国からサハラ以南のアフリカに向けられた（Shinn & Eisenman 2012：168）。恩恵を受けたのは，ジンバブエ，アンゴラ，内戦状態のシエラレオネ反政府勢力だけでなく，コンゴ危機の最中にあったカビラ政権やスーダンのバシル政権も含まれる。エリトリア・エチオピア戦争（1998～2000年）では，推定10億ドルの軍事装備を紛争にある双方に供与した。さらに，ダルフール紛争においては，国連安全保障理事会の武器禁輸措置（2005年）にもかかわらず，原油と引き換えに武器輸出を行って紛争を長期化させたと非難された（Wright 2001／Woods 2008：3）。

こうした不適切な武器輸出は，欧米ドナー諸国やさまざまな組織から批判を集め，無法国家に対する中国支援が良きガヴァナンス，透明性，援助の説明責

任のための努力を台無しにすると懸念が示された。これについてアムネスティ・インターナショナルは報告書（2006年）のなかで，人権を尊重せず，政情の安定を損ない，天然資源と引き換えに非民主的体制や政情不安な国に安全保障援助を行うことで，紛争に油を注いでいると中国を非難している。これに対して中国の外務省と国防省は，軍事装備の流れは輸出管理規制に基づき管理され，非国家アクターや個人または国連安保理の制裁対象国へは軍事装備を供与せず，第3者にこれを譲渡しないことを保証する義務を受益者に課すなどの一連の規則を中国は遵守していると強く反発した。

　米国の情報によると，中国のサハラ以南のアフリカ向け武器輸出は2002年から2009年にかけて全体25億ドルの内の11億ドルに達し，きわめて高い水準にある。また中国は，複数のアフリカ諸国への軍事援助を装備の整備，訓練，教育，装備移転の形で継続し，ジンバブエのような欧米（EU 2002年と米国2003年）から制裁や禁輸措置を受けた国も含まれる。しかし，中国が関与したさまざまな建設事業（たとえば，2000年と2004年のモザンビーク軍施設・住宅，2004年のガーナ兵士寮，2003年のギニアビサウ兵士住宅，2011年のタンザニア国防大学や2014年の住宅）は，AFRICOMの軍関係者に高く評価されている。

　近年，中国は一部の軍事問題に関して説明責任と透明性を改善するように努めているが，入手できない統計があったり，データ作成に複数の公式情報源が必要であったり，中国が実際に行った安全保障援助の評価は難しい。さらに，中国の安全保障援助が対外援助統計に含まれていることも困難をさらに大きくしている。2006年に示された「中国のアフリカ政策（China's African Policy 2006）」にはアフリカでの中国の活動として平和と治安にかかわる「軍事協力，平和維持活動，司法や警察の能力構築に関する協力，非従来型安全保障」が列挙されるが，一部の経費は対外援助予算に含まれており，中国国務院（政府）に対外援助の監督を認可されている商務部の対外援助司（外国への援助業務を統括する部門）を通して供与される。財務部により1998年6月24日に示された「外国援助の予算管理措置」にしたがい，中国の対外援助には「受益国に供与される軍事物資や資金」，「受益国から受け入れた訓練者にかかる訓練費と専門家への謝金」（軍人も含む）（条項7aおよびb）が含まれる。このように，軍事的項目が中国の対外援助に含まれるが，OECDのDACの統計には軍事援助は含まれないことを指摘しておく。この違いは中国と従来のドナー国の軍事援助を

比較する上で常に問題になる。

多国間枠組みでの対アフリカ安全保障援助

　しかし，中国の急速な発展にともない国際関係における行動も変化した。中国は国外で自国の市民や利益を保護する決意を明確にし，地域や世界情勢における責任ある新たな大国としてのイメージを誇示する手段としてさまざまな取り組みに関与してきた。その1つとして，アフリカ待機軍（ASF）の緊急展開能力（RDC）の強化を支援するために，AUに対して今後5年間で1億ドル無償軍事援助の供与があり，中国国家主席が2015年の国連総会で表明した。複数の紛争や反乱の増加により2010年までに完全稼働能力（full operational capacity）の達成を予定していたASFの導入が遅れており，アフリカでの危機予防やPKOに悪影響を及ぼしはじめたこの時期に提案されている。

　さらに，国連の「平和維持能力即応システム」に加わる予定である，緊急展開待機軍8000人の創設を約束した。これが実現すれば，中国は国連PKOにおいて最大の貢献国になり，国連安保理の常任理事国のなかでもその貢献度は比較にならないほど大きい（フランスは900人，米国は70人）。

　これらの提案はアフリカにおける中国軍の国連平和維持任務への積極的な参加を補足する。中国のPKO参加は，国連の委任，主権の尊重，ホスト国の合意の3原則に基づく。2000年以来，DRC，ダルフール，スーダン，南スーダン，リベリアの国連任務に対して，中国軍は「インフラ，医療，物資調達，輸送支援」の供与を積極的に行っており，2008年から参加してきたアデン湾の海賊対策における中国の貢献は国連をはじめ，アフリカ諸国や国際社会から評価されている。

　以上の貢献にもかかわらず，中国の援助に対して欧米諸国からの批判がないわけではない。たとえば南スーダン，リベリア，DRCなどのように，緊張が高まる地域の近くに中国主導のインフラ建設や鉱物資源開発計画が位置していると，これらの活動は中国の経済的利益保護との関連性が疑われる。スーダン紛争で中国が停戦を仲介したことについて，中国外相王毅は，中国の果たした役割が「責任ある大国の義務」からくるもので，地域における自国の利益のためではないと述べた。しかし，南スーダンにおける経済的重要性（中国はスーダンの石油輸出の82％を輸入している）を見ると，スーダン紛争の調停に関与す

る中国の真の動機について疑問が残る。

　これまで中国は安定化または平和執行ミッションに戦闘部隊を送ったことはなかったが，近年アプローチの変化が見られる。UNMISS（南スーダン，2012年1月）とMINUSMA（マリ，2013年6月）への中国軍派遣部隊には中国国防部の広報担当が「警備隊（guard team）」と呼ぶ歩兵隊から成る「保護部隊（protection units）」が含まれ，「平和維持軍本部と人命」の保護を担っている。しかし，UNMISSで南スーダンに配備された700人の軍人は「油田施設と民間人」（つまり中国労働者）を保護するために「必要なあらゆる手段」を行使する権限を持つと，南スーダン大統領報道官は2014年9月に述べている。このことは中国の軍事援助が自国に利益のある地域では安全保障を積極的に推進するという，これまで見られなかった新たな段階に入ったことを示す。

5　アフリカ安全保障援助のこれから

外交政策ツールとしての軍事援助

　安全保障と発展が相関関係にあるなかで，アフリカの安定を支援する必要性から，ドナー国はさまざまな安全保障援助の供与を正当化する。軍事と発展は相矛盾すると映るかもしれないが，発展途上国の装備供与と軍隊訓練は，受益国の安定と安全を維持し，潜在的な危機や緊急事態を管理・防止し，他国からの紛争の波及を阻止する能力や，地域安全保障の取り組みにおいて近隣諸国との調整力と協力関係を改善すると供与国は論じる。脆弱な政府が自国領土を管理できず，民族間・宗教間の対立を解消できず，社会問題に対して効果的な解決策を提案できないと状況が複雑化し，国の安定ばかりか，スーダンやソマリアのように存続自体までもが危うくなる。安全保障の欠陥を利用する国際アクター（過激派，テロ集団，組織犯罪集団）の出現や急速な進展により，基本的な生存手段を奪われた民衆を犠牲にして，独善的な規則とともに領土が支配下に置かれると，状況はさらに複雑になろう。このような厳しい状況において，米国やフランスのような先進国の軍の役割は「さもなければ悪夢になる可能性のある地域に平和という総合的な公共財を供給すること」だとポール・コリアー（Collier 2007：125）は述べる。よって安全保障援助は国や地域の安定化に貢献し，さらなる発展に適した地盤を形成する。この考えはすくなくとも理論上も

っともらしく見えるが、実際にはさまざまな疑問や懸念を生んでいる。

問題の1つに安全保障援助の非中立的性格がある。これまで見てきたように、安全保障援助プログラムは、多くの場合、ドナー国の安全保障ならびに外交政策のより広範な戦略に組み込まれる。いわゆる「同盟的・パートナー的・友好的」なアフリカ諸国の安定と治安のために支援される明示的目標に加えて、しばしば不明瞭な供与国の利点が隠されている。この援助が国益を追求するために国家が持つすべての力――外交、経済、軍事、情報、文化――を動員し利用する能力である「影響戦略」の本質をなすと、先述のフランス統合ドクトリンは強調する。

安全保障援助は供与国と受益国との間で政治・経済・安全保障上に有利な取り決めを可能にする。第4節で見たように、台湾の国連議席を中国が占有する際にアフリカ諸国に支持されたが、これらの大部分は投票前後に中国援助の受益国だったし、アフリカのフランス語圏諸国は、国連における主要な決議においてしばしばフランスの提案に投票する。ただし、コートジボワールやリビア介入の決議において、フランスが従来の受益国（前者の場合はベナン、後者の場合はニジェール、ブルキナファソ、モーリタニア）から支持されておらず、近年アフリカにおけるフランスの影響力が新興国の出現にともない後退しているようだと、王立国際問題研究所（通称チャタム・ハウス）の報告書は指摘する（Melly & Darracq 2013）。

米国のアフリカ関与には、「対テロ戦争」の一環というより広範な安全保障上の理由があるが、フランスと中国の場合、アフリカ諸国が重要な資源の供給国と貿易パートナーであることから、安全保障援助が自国の経済的利益の保護と結びついている（原子力が電力生産の4分の1であるフランスにとってニジェールのウランはフランスのエネルギー部門にとって最重要であるし、中国はエネルギー輸入の3分の1をアフリカに依存している）。ただし、フランスの経済協力はアフリカにおける政治的影響力のうごきと同様の傾向を示しており、アフリカ市場での中国のシェアは拡大している（2003年の5.7％から2011年には16％）が、フランスの場合は（2000年の8.7％から2011年には4％に）後退している。このことは地域のさまざまな領域で従来のプレーヤーと新興プレーヤーとの間で競争が激化していることを示唆する。アフリカにおける新興国、とくに中国の存在が増すなか、フランス上院外務防衛委員会は2006年にフランスの役割と政策を見

直す必要があると指摘している。安全保障援助は責任ある大国や公共財の供与国としてのイメージを維持（フランスの場合はマリや中央アフリカへの援助）あるいは形成（中国の場合は PKO 参加）するのに重要な役割を果たす。

近年，安全保障援助の供与国間でソマリア，スーダン，マリの安定化のために国連や AU の PKO を支援するという一定のコンセンサスがあるものの，国益の対立とパワーバランスを有利にする手段として安全保障援助が供与されるなか，水面下に進行する援助の伝統国と新興国との間の競争が地域全体の安全保障状況に好ましくない影響を与えるおそれがある。

安全保障援助の限界と危険

安全保障援助は安定と発展を促進する代わりに倫理的な問題をはらむ危険がある。規律を欠き人権に関心が低い軍を支援すると，地域の不安定化という逆効果になるおそれがある。脆弱な国家では政府と軍が腐敗，人権侵害，政治弾圧に陥りやすく，結果が期待通りにならないと指摘する研究者は少なくない（Larsdotter 2015：28／McNerney et al. 2014／Watts et al. 2014）。

従来の供与国である米国とフランスは，受益国の民主化や人権と自由の尊重に安全保障援助を結びつける。米国は，市民の保護や人権侵害に対する懸念から，ナイジェリアに安全保障援助を中止し，第 3 国による米国製軍事装備の転売も禁じた（2014 年に米国はイスラエルの攻撃ヘリ・コブラ売却を阻止）。しかし，安全保障援助が問題を引き起こしたという事例は多い。たとえば，2012 年 3 月と 2014 年 11 月にそれぞれ民主的に選ばれたマリとブルキナファソの政府に対してクーデターを起こしたのは米国で訓練された将校だったし，同様にコンゴと（391st Commando Battalion）やブルンジとウガンダ（ソマリアでの AMISOM 作戦）の兵士がレイプやほかの人権侵害に関与したと国連とヒューマン・ライツ・ウォッチ（UN/Human Rights Watch 2014）が報告している。

しかし，ドナー国がアフリカ特有の現実や特徴を考慮せずに，自国の規則，原則，価値観の実現を強要しようと駆られている限り，援助の形で行う「安全保障の輸出」は「文明化の使命（mission civilisatrice）」でしかないと見られかねない。このような「ひも付き」援助は特定の国に対する内政干渉だと中国から批判されてきた。欧米の援助とは対照的に，中国当局はしばしば援助の「自由な」性格を強調するが，モイセス・ナイム（Naím 2007）は中国を「起源が

非民主的で実施が不透明な援助」,「不良な援助 (rogue aid)」を行う「ならず者のドナー国 (rogue donors)」の1つだと辛辣な表現で批判する。たとえばEUや米国はジンバブエに対してそれぞれ2002年と2003年から武器禁輸措置を行っているが,中国は2008年7月に提案された国連武器禁輸措置に拒否権を発動したばかりか,ムガベ政権の主要な援助国となっている。このような行動は,ジンバブエやスーダンが自国民を抑圧する力を強め,非民主政治体制を持続させることにつながる。

さらに,安全保障援助が民主化プロセスとは逆行する方向へ政府を向かわせることもある。過去2年間複数の国から多額な安全保障援助を受けたDRCとブルンジの治安部隊は,政権保持のために憲法や選挙法を改正する政府の決定に対して抗議する民衆や野党代表を弾圧していた (UN Security Council 2014b, 2015)。

また,軍の腐敗や規律の弱さから,援助プログラムを介して供与された軍事装備が反政府勢力の手に渡るおそれも否定できない。DRCの治安部隊の人員が,安全保障援助として受けた武器や物資を地域紛争時にルワンダの反政府勢力に密売していたと推測される (UN Security Council 2014a：24)。

しかし,アフリカで武力紛争は広がっており,2001〜10年に世界29主要紛争の内,9はアフリカで起きたと『SIPRI年鑑2011』(Themnér & Wallensteen 2011：62-63) が示す。多くの主体がさまざまな形で多額の安全保障援助をアフリカへ提供してきたにもかかわらず,2013年以降紛争の数は2005〜10年に比べて増加傾向にあり (マリ,ナイジェリア,中央アフリカ,南スーダン),地域の情勢は依然として予断を許さない。2013年にその数はまだ1990〜99年の水準に達していないとはいえ (Burbach & Fettweis 2014),安全保障援助に対する批判や自国の安全保障に対するアフリカ諸国の責任を求める声が高まっている。アフリカ諸国がAUの枠組みで(とくにアフリカ待機軍を通して)地域安全保障協力の能力を高める努力をしていることには疑いはないが,すべての安全保障業務を行える状態にあるとは考えにくい。依然としてフランスがナイジェリア,中央アフリカ,チャド,マリから作戦援助を求められていることを見ると,アフリカ諸国にとって外部からの援助と支援はいまだ必要不可欠だと思われる。

今後,従来の供与国は対アフリカ安全保障援助を継続し,新たな供与国(インドや日本)が現われるだろうが,これらの支援はドナー国の政治的・経済的

利益を抑制しつつ、アフリカ諸国のニーズと長期的な目標に焦点を絞って行われる必要がある。このアプローチには、自由と人権の尊重に向けた要求を維持しながら、安全保障援助の限界と課題を理解し、場合により供与国間の潜在的な競争を減らす努力が含まれるべきだ。安全保障援助がより効果的な安定と安全をアフリカにもたらすためには、より緊密な協力関係の構築、より一貫性のある援助の実施、外部アクター間の調整に向けた協議の場を作ることが求められる。

参考文献

Adebajo, Adekeye, *Building Peace in West Africa : Liberia, Sierra Leone, and Guinea-Bissau*, London : Lynne Rienner Publishers, 2002.

Amnesty International, *China : Sustaining Conflict and Human Rights Abuses*, June 2006.

Amnesty International, Report 2014/2015 : *The State of the World Human Rights*, London, Amnesty International, 2015a.

Amnesty International, *Stars on Their Shoulders. Blood on Their Hands. War Crimes Committed by the Nigerian Military*, London, Amnesty International, 2015b.

Avant, Deborah & Sigelman, Lee, "Private Security and Democracy : Lessons from the US in Iraq," *Security Studies*, 19, 2010, pp. 230-265.

Berman, Eric G. & Sams, Katie E., *Peacekeeping in Africa : Capabilities and Culpabilities*, Geneva (Switzerland): United Nations Institute for Disarmament Research (UNIDIR)-Pretoria (South Africa): Institute for Security Studies (ISS) (UNIDIR/2000/3 : 301), 2000.

Brautigam, Deborah, *Chinese Aid and African Development : Exporting Green Revolution*, Basingstoke : Macmillan, 1998.

Brosing, Malte, *Cooperative Peacekeeping in Africa : Exploring Regime Complexity*, London-New York : Routledge, 2015.

Burbach, David & Fettweis, Cristopher J., "The Coming Stability? The Decline of Warfare in Africa and Implications for International Security," *Contemporary Security Policy*, 35(3), 2014, pp. 421-445.

CICDE (Centre interarmées de concepts, de doctrines et d'expérimentations), *L'assistance militaire opérationnelle (AMO) à une force étrangère?* Doctrine interarmées DIA-3.4.5.1-AMO, n° 009/DEF/CICDE/NP du 04 janvier 2011, Ministère de la défense (République française).

Collier, Paul, *Breaking the Conflict Trap. Civil Wars and Development Policy*,

Washington D. C.: World Bank and Oxford University Press, 2003.

Collier, Paul, *The Bottom Billion : Why Poorest Countries Are Failing and What Can Be Done about It*. Oxford (UK): Oxford University Press, 2007.

Cooper, Frederick, *Africa since 1940. The Past of the Present*. Cambridge (UK): Cambridge University Press, 2002.

de Bellescize, Gabriel, Enhancing Africa's Peacekeeping Capabilities (RECAMP), Address, Visit to UN Headquarters, New York, 17 December, 1998.

Hughes, Jean-Paul, "Military Cooperation : The Big Turnaround," *RFI*, 17.02.2003.

Khapoya, Vincent B., *The African Experience*. London : Routledge (4th edition), 2012.

Larsdotter, Kersti, "Security Assistance in Africa : The Case for Less," *Parameters*, 45 (2), 2015, pp. 25-34.

Luckham, Robin, "Le militarisme français en Afrique," *Politique africaine*, n° 5, 1982, pp. 95-110.

McNerney, Michael J. et al., *Assessing Security Cooperation as A Preventive Tool*. Santa Monica (CA): RAND Corporation, 2014.

Melly, Paul & Darracq, Vincent, *A New Way to Engage? French Policy in Africa from Sarkozy to Hollande*, Chatman House, Africa 2013/01, May 2013.

Naím, Moisés, "Five Wars of Globalization", *Foreign Policy*, 82 (January/February), 2003, pp. 28-36.

Naím, Moisés, *Illicit : How Smugglers, Traffickers and Copycats Are Hijacking the Global Economy*. New York : Doubleday, 2005.

Naím, Moisés, "Rogue Aid", *Foreign Policy*, 159 (March/April), 2007, pp. 95-96.

Parepa, Laura-Anca, "Private Military and Security Companies : Security Providers or Security Threats ?" *Journal of Public Policy* (University of Tsukuba), Vol. 32, 2013, pp. 89-106.

Parepa, Laura-Anca, "Challenges for Civil-Military Cooperation in Peace Support operations : Examining the Framework of Comprehensive Approaches," *Peace and Progress* (United Nations University), Volume 2(1), 2014, pp. 23-48.

Reveron, Derek S., "Weak States and Security Assistance," *PRISM* (Center for Complex Operations), vol. 1, no. 3, 2010, pp. 27-42.

Serafino, Nina M., *Security Assistance Reform : Section 1206 Background and Issues for Congress*. RS22855, Congressional Research Service, December 8, 2014.

Shinn, David H. & Eisenman, Joshua, *China and Africa : A Century of Engagement*. Philadelphia (PE), University of Pennsylvania Press, 2012.

State council of the PRC, *China's African Policy*. Xinhua, January 2006.

Themnér, Lotta & Wallensteen, Peter, "Patterns of Major Armed Conflicts, 2001-10," *SIPRI Yearbook 2011: Armaments, Disarmament and International Security*. Oxford (UK): Oxford University Press, 2011, pp. 61-76.

U. S. Department of Defense, "DoD Policy and Responsibilities to Security Cooperation", Department of Defense Directives, s132. 03, October 24, 2008.

UN/Human Rights Watch, *The Power These Men Have over Us: Sexual Exploitation and Abuse by African Union Forces in Somalia*. New York: Human Rights Watch, 2014.

UN Security Council, Report of the Secretary-General on the UN Office in Burundi, S/2014/550, July 31, 2014b.

UN Security Council, Letter dated 22 January 2014 from the Coordirator of the Group of Experts on the Democratic Republic of the Congo addressed to the President of the Security Council, S/2014/42, January 23, 2014a.

UN Security Council, Report of the Secretary-General on the UN Stabilization Mission in the Democratic Republic of the Congo, S/2015/172, March 10, 2015.

Watts, Stephen et al., *Countering Others' Insurgencies: Understanding US Small-Footprint Interventions in Local Context*. Santa Monica (CA): RAND Corporation, 2014.

Woods, Ngaire., "Whose Aid? Whose Influence? China, Emerging Donors and the Silent Revolution in Development Assistance," *International Affairs*, 84 (6), 2008, pp. 1205-1221.

Wright, Logan, "Seizing an Opportunity: the Changing Character of Chinese Arms Sales," *Armed Forces Journal International*, vol. 5, no. 10 (October 2001), pp. 92-95.

＊本研究は JSPS 科研費 15J01056 の助成を受けた。なお，本章の拡張英語版は以下にある。

Parepa, Laura-Anca, "Evolution and Challenges of Security Assistance in Sub-Saharan Africa," *Quarterly Bulletin of Third World Studies*, Vol. 56, No. 3, 2016, pp. 45-53.

第3章　貨幣の諸相
—— 子安貝・植民地通貨・共通通貨・仮想通貨 ——

正木　響

1　アフリカから貨幣を考える

貨幣の起源

　貨幣が導入される以前，人々はどうやって商業取引の決済を行っていたのであろうか。一般的な経済学の教科書では，物々交換が成立するには，こちらが望む財を持つ人物が，同時にこちらが所有するものを望むという「欲望の二重の一致」の条件が必要となるので，そうした取引費用を削減するために貨幣が誕生したと説明される。つまり，「貨幣は交換手段として誕生し，こうした交換経済から貨幣経済を経由して，最終的に信用経済に発展した」というのが，経済学でしばしばお目にかかる説明になる。しかし，考古学，歴史学，そして人類学などからは，こうした見方を否定する研究成果が多数報告されている。

　そもそも，世界最古のコインとされるエレクトロン・コインが出現したのは紀元前7世紀とされるが，そのはるか前の紀元前18世紀に出現したハンムラビ法典には，あらゆる財貨・サービスが銀建ての「価格」で提示されていたことが記されている。ただし，こうした銀建ての「価格」は記録上のものにすぎず，実際に，銀が交換手段としてやりとりされたわけではなく，交換の対価として渡されるのは，その取引価格に等しいなんらかの財の組み合わせであった。このように，実際に交換されることはないが，計算単位として用いられる貨幣を，イマジナリー貨幣と呼ぶ。なお，ハンムラビ法典の88条に，「商人は，穀物の貸与にあたって33と1/3％の利子を，銀の貸与にあたって20％の利子を得ることが可能である」と記されているように，このイマジナリー貨幣は，貸借の記録や利子支払などにも利用されていた。

　同様に，人類学の立場からも，たとえば，アフリカのダホメ王国を舞台に貨幣を論じたカール・ポランニーは，伝統的社会では経済活動そのものが伝統

的・慣習的な文化的諸活動のなかに見出される人間の社会的諸関係に埋め込まれており，貨幣は，交換手段というよりも，前述のイマジナリー貨幣として，もしくは臣民から君主への税支払い，親族や共同体構成員間での儀礼行為もしくは贈与慣習といった行為を媒介する支払手段として出現したと指摘する。これらの行為はいずれも半ば義務的に行われるものであり，社会や集団に所属することで負う義務（債務）の支払いと理解された。

そもそも財やサービスを購入するときに貨幣を渡すということは，それを受け取った人物が，将来，その貨幣を用いて他者から財やサービスを入手しうるという権利の譲渡を意味し，権利（貨幣）を多く保有する者は，自らの労苦なしに他者から多くの財やサービスを入手しうることを意味する。伝統社会には，貨幣を悪運の媒介者とみなしたり，人より多く貨幣を集める者を狂人と認識したりする事例があることが報告されているが，そこには，貨幣を蓄積することで，これまで対等な立場であった共同体の構成員が徐々に他者に対して優越性を持つことへの嫌悪感が隠されているとみられる。

以上を鑑みると，貨幣は交換手段として誕生したわけではなく，構成員間の債権・債務関係を示す手段として誕生したという方がより正確であり，また，単なる交換手段を越えて，社会構成員の関係性に多大な影響を与える力をも有することが理解できよう。なお，本章では，「貨幣」と並行して「通貨」という単語が頻出するが，通貨とは，特定の地域内で通用する貨幣を意味する。具体的には，現在の円札も明治時代の円札も等しく貨幣であるが，後者は現代社会においては，財・サービスの支払いには利用できないことから，現在の通貨に該当するのは前者のみということになる。

貨幣の機能とその変化

現代の経済学では，貨幣は，①交換手段，②支払手段，③価値尺度，④価値貯蔵，の4つの機能を持つと説明される。①の交換手段と②の支払手段を併せて，決済機能と表現することもあるが，ここではあえて分けて考えたい。まず，最初の交換手段とは，財やサービスの対価としての支払い，つまり売買を意味する。これに対して，2つ目の支払い手段とは，賠償，貢物，贈与，宗教儀礼，納税といった責務の決済を意味する。3つ目の価値尺度とは，前述のハンムラビ法典にみたように，交換に際して財の価値を評価する尺度としての機能であ

る。そして，4つ目の価値貯蔵とは，時間が経過しても価値を維持する機能になる。なお，4つの機能のうち，冒頭でみたように，経済学者は貨幣の交換手段としての機能を重視しがちであるが，実際に，その機能が大きな役割を果たすようになるのは近代貨幣登場以降といってもよかろう。

近代貨幣は，金本位制が本格的にはじまった19世紀以降，中央銀行の下で，英国から順次導入された。丁度この頃，ヨーロッパでは，封建制から個人を基盤とする民主制国家への移行が進み，産業革命およびアフリカやアジアの植民地化が本格化する。こうした封建社会の崩壊，分業の進展，取引空間の拡大こそが，貨幣の交換手段としての役割を強めることとなった。経済学という学問が確立するのは，18世紀末にこの世を去ったアダム・スミス以降であるから，多くの経済学者が貨幣の交換機能を重視しがちなのも，彼らの関心の多くがそれ以降の時代に向けられているからと考えられる。

経済学と貨幣

しかしながら，貨幣の交換機能をどこまで重視すべきかという点と，それに基づいてどのような経済政策を選択すべきかという点についての経済学者たちの考えはかならずしも一致していない。18世紀から19世紀初頭に生きたフランスの経済学者ジャン゠バプティスト・セイに代表されるような古典派は，貨幣はたんに交換を容易にするための手段にすぎず，貨幣供給量の増大は物価を押し上げるのみで，雇用や生産といった実物経済にはまったく影響を与えないという貨幣中立説を唱えた。これに対して，経済学者ケインズは，貨幣供給量の変化が，失業や生産の増減といった実物経済に影響を与えると考え，古典派の貨幣中立説を否定し，裁量的な財政・金融政策を主張した。

両者の考えの相違は，現在の金融政策をめぐる議論にも大きな影響を与えている。たとえば，貨幣中立説を支持する人々は，金本位制下での金準備高，もしくはインフレ率といった何らかの設定値を目標に貨幣供給量を調整することを主張するのに対して，ケインズの考えに共鳴する人々は，経済状況を鑑みて裁量的に財政・金融政策を発動することを主張する傾向にある。とくに，19世紀以降，欧州列強を中心に繰り広げられてきた論争，およびその結果として選択された経済政策は，そのまま，その欧州列強の附属物となるアフリカ地域の経済や金融に大きな影響を与えることとなった。

貨幣から視る西アフリカ経済の分断と再統合

　本章の目的は，西アフリカ経済の分断と再統合の試みを貨幣を通じて視ることである。西アフリカでは，20世紀前半までは，子安貝，鉄棒，綿布，銅輪といった原始貨幣が用いられていた。これと同時並行的にフランス，スペイン，そしてオーストリア銀貨も使用されてはいたが，19世紀後半ぐらいまでは法定通貨としてよりも，鉄棒と同様，最終的に溶かして装飾品などを作る原材料として受け入れられていたにすぎない。こうしたなか，フランスとポルトガルは19世紀半ばに，英国は20世紀初頭に，アフリカの支配地域に紙幣やコインを導入した。しかし，とりわけ紙幣が現地の人々に受け入れられるには時間を要し，しばらくの間は紙幣と原始貨幣が共存する状態が続いた。

　19世紀末から20世紀にかけて，欧州では金本位制への一本化が進み，それと同時期に，アフリカの大半の地域が欧州列強の支配下に入ることとなった。これにより，かつて同じ通貨が流通していた西アフリカの経済空間は，欧州列強が引いた境界で分断されることとなった。そしてこの事実は，反動として，第2次世界大戦後に本格化したパン・アフリカニズムや独立後にアフリカ大陸で単一通貨を創設するという夢を喚起することにつながった。もっとも，政治的独立達成後，旧英領は国民通貨を発行するが，旧フランス領の大半は植民地時代の通貨システムを引き継ぐことを選択した。こうしたなか，21世紀に入り，西アフリカ全体で共通通貨 ECO を導入する取り組みが始まった。しかし，それぞれの国がたどってきた歴史的経緯が異なることもあって，計画はほとんど進んでいない。

　以下では，まず，第2節で，植民地通貨導入以前の貨幣や経済取引について紹介する。次に，第3節および第4節で，西アフリカへの植民地通貨導入過程と，政治的独立後の通貨選択状況を宗主国ごとにみる。続いて第5節では，2001年以降に西アフリカで本格化する経済通貨統合の動きとその問題点に言及する。最後に，第6節で，グローバル化が進むなかで，これまでにない新しいタイプの貨幣が出現しつつあることを紹介し，それがアフリカ大陸全体の共通通貨としての役割を果たす可能性について述べる。

2 植民地通貨導入以前の貨幣と取引

西アフリカに持ち込まれた原始貨幣

　植民地通貨が導入される以前，西アフリカでは，塩板，綿布，鉄棒，子安貝，金粉といった商品が原始貨幣として利用されていた。いずれも一般受容性が高く，異なる財の価値を比較することが可能な同質性を兼ね備え，数を増やしたり，分割したりすることで価値の変化にも対応可能かつ長期保存が可能という特徴を持っていた。当然のことながら，貨幣として流通するにはある程度の量が必要であるが，他方で無尽蔵に存在しては貨幣価値がなくなるため，ある程度の希少性も求められた。結果的に，遠く離れた産地もしくは，アフリカ外から持ち込まれた商品が貨幣として流通することとなった。

　西アフリカでもっとも広い範囲で流通した原始貨幣は子安貝であった。他方，綿布，鉄棒，マニラ（銅輪）も，大括りでは西アフリカ地域一帯で貨幣として受容されたが，地域や時代によって求められる形状や色が異なった。ヨーロッパ商人達は，どの地域でどのような商品が通貨として受け入れられているのかを調査したうえで，各地域の嗜好に合う財を選んで持ち込んだ。なお，これら原始貨幣の流通圏は重層的に重なり，場合によっては，一地域内で異なる複数の原始貨幣が流通することもあった。こうした現象をマルチプル・マネーと呼ぶ。

　19世紀初頭までの段階でヨーロッパ商人達がアフリカに求めた最大の商品は奴隷であり，これを入手するために，彼らはアフリカ側が望むビーズ，武器，綿布，アルコールといった商品を持ち込んだ。ただし，奴隷は非常に高価な商品であったため，複数の財の組み合わせという形でヨーロッパ商品が交換されるのが一般的であった。この時に，各財の価値をはかる共通の物差しとして機能したのが，先の原始貨幣になる。商品の組み合わせの一部にこうした原始貨幣そのものが含まれることも珍しくなく，持ち込まれた原始貨幣がローカル市場の交易で通貨としての役割を果たすことになった。また，これら貨幣は，ヨーロッパ人が必要とする財をアフリカ側がすぐに用意できない場合には，前貸しのような形で渡されることもあった。つまり，これら原始貨幣は，単なる交換手段としてのみならず，価値尺度機能，信用手段，そして価値貯蔵手段とし

ても利用されていた。そういう意味では，これら原始貨幣はわれわれの時代の貨幣が持つ機能をほぼすべて持っていたともいえるが，他方で，これら貨幣は最終的に消費財として消費されるという特徴も兼ね備えていた。現代社会では「貨幣は経済の血液」と認識され，循環することが前提にあるが，アフリカの原始貨幣は，一部の例外を除いて，貨幣供給者であるヨーロッパ商人のところに戻ってくることはなかった。

西アフリカに持ち込まれた子安貝

西アフリカで通貨として受け入れられていた子安貝の事例を見てみよう。西アフリカで流通した子安貝は，おもにキイロダカラおよびハナビラダカラの2種類になる。なお，その生息域は，西は紅海からモザンビークまで，東は，日本やハワイ，ニュージーランド，そしてガラパゴス諸島と広範囲に広がっているが，中国沿岸部，ベンガル湾，そして大西洋にはあまりみられず，結果的に，殷王朝（紀元前1600年〜1046年），ベンガル湾，そして西アフリカ地域で，子安貝は貨幣や宝飾品としての役割を果たした。西アフリカの事例では，まずは，ムスリム商人によって船のバラストとしてアラビア半島に持ち込まれた後，サハラ砂漠交易を通じて西アフリカで流通するようになった。具体的な時期についてははっきりしたことはわかっていないが，アラビア半島の大冒険家イブン・バトゥータが，ニジェール川中流のガオやトンブクトゥを1353年に訪問した際に，西アフリカには存在しないはずの子安貝がすでに通貨として流通しており，子安貝1150個で1ディナール金貨と交換可能であったことが報告されている（Maniku 2001）。ちなみに，イブン・バトゥータが西アフリカ訪問前に訪れたモルディブのマレでは，1ディナール金貨が40万個から120万個の子安貝と交換されており，両者の交換レートの差に気付いたイブン・バトゥータ自身，その裁定取引でかなりの財を成したという（Maniku 2001）。なお，貝殻といっても，海岸に無尽蔵に転がっているモノを単純に拾ってくるわけではなく，太陽の下で乾燥させたり，土に埋めたりして身抜きを行い，場合によっては艶を出すために貝殻を焼くこともあり，商品として出荷するには短くても数ヵ月，長ければ3，4年の作業を必要とする立派な加工品であった。（Hogendorn and Johnson 1986：80-83）。

子安貝と奴隷貿易

イブン・バトゥータが西アフリカを訪問して約 100 年後の 15 世紀半ばにポルトガルが西アフリカに到達し，これ以降，西アフリカの交易相手はイスラーム商人からヨーロッパ商人へと徐々にシフトした。この時点で，子安貝がすでに西アフリカ社会で貨幣として利用されていることに気付いたポルトガルは，奴隷を入手するためにモルディブから大西洋経由でギニア湾岸に子安貝を運ぶことをはじめた。ポルトガルの経済力が落ちた後は，オランダ，フランス，英国が子安貝交易に参入し，大量の子安貝が西アフリカに搬入された。しかし，これは，ギニア湾沿岸部での子安貝の価値を凋落させることにつながった。

では，実際，奴隷購入にどれくらいの子安貝が必要だったのであろうか。イロコの研究に基づくと，18〜19 世紀のベナン沿岸部での奴隷の価値は大人の奴隷 1 人につき子安貝約 8 万個，若い女性で 12〜14 万個ということである (Iroko 1988: 194-198)。ちなみに，サハラ砂漠から南下するルートでは，子安貝はばらばらの状態で，5 個ずつ組にして数えられたが，ギニア湾から北上するルートでは，一定量の貝を紐に通して貨幣として利用され，子安貝 4000 個で約 10 ポンド（約 4.5kg）の重さになったという (Johnson 1970: 42)。ヘイマンの研究によると，奴隷 1 人に対してその価値の 3 分の 1 が子安貝で支払われ，残りは相応の価値を持つほかの財で支払われたということであるから (Heimann 1980)，仮に奴隷 1 人の価値が子安貝 12 万個としても，その 3 分の 1，つまり 4 万個の子安貝が必要となり，その重量は約 45kg 程になったとみられる。

原始貨幣の取引費用と取引空間

子安貝の事例にみるように，アフリカに持ち込まれた時点では，原始貨幣の多くは現代社会の貨幣に比べてかなり重量感のあるものであったようだ。たとえば，セネガンビア地域で奴隷の交換財としてアフリカに運ばれた鉄棒は，歴史学者フィリップ・カーティンによると，17 世紀末の時点で 13kg，18 世紀末の時点で 7kg の重さであったという (Curtin 1975: 241-244)。また，18 世紀から 20 世紀初頭にかけてセネガル川中流域で貨幣として流通していたギネという藍染綿布は，長さが約 15〜16m，幅が 1m 程の大きさで，時間とともに，鉄棒と同様，軽薄短小化するものの，それでも 1.8〜2.5kg の重さであった。

他方,紐でつなげられた子安貝は,アフリカ内の交易ではバラバラにして利用されることもあり,実際,子安貝の流通圏は,他の原始貨幣に比べてかなり広かったことが確認されている。特定の商品が貨幣としてそれぞれの地域に受け入れられるようになる過程は歴史経路に依存もしくは偶発的なものであったかもしれないが,原始貨幣の輸送コストの大きさが流通範囲を決定する要因の1つになった可能性は高い。結果的に複数の原始貨幣の流通圏が重層的に重なり,地域単位でみれば,複数の貨幣が同時並行的に利用されるという現象が創出されたと考えられる。

3 植民地通貨の導入

19世紀後半になると,欧州列強は工業の原材料や換金作物をアフリカに求めるようになる。結果的に欧州の支配圏は点から面へと広がり,内陸からこれら1次産品を運び出すためのインフラ投資も拡大した。しかしながら,1次産品の入手,もしくはインフラ建設に動員されるアフリカ人への賃金支払いを原始貨幣で賄うには限界があった。増大するアフリカとの経済取引を前にして,欧州列強は,それぞれの支配地域に,決済手段となる紙幣や硬貨を導入する必要に迫られた。以下では,西アフリカ地域にどのようにして植民地通貨が導入されたのか,宗主国別にみていくことにする。

フランス領

フランスは,1853年に,奴隷解放の際に奴隷主に支払った賠償金の一部を用いて,セネガル川の河口部にあるサンルイに,資本金23万フランのセネガル銀行を設立し,1855年に業務を開始した。セネガル銀行は株主が所有する民間の銀行であったが,期限付きでフランス政府から紙幣発行独占権が与えられた。硬貨については,1825年の時点で,セネガル地域での利用に限定した5サンチームと10サンチーム銅貨が導入されるが,1840年以降,植民地フランが導入される1944年まで,西アフリカ専用の硬貨が鋳造されることはなく,フランス本国の硬貨がそのまま西アフリカに持ち込まれた。とくに,ラテン通貨同盟の基準にもなった5フラン銀貨は銀の含有率が他の銀貨に比べて高かったこともあり,アフリカの人々の間で人気があった。実際,紙幣は,西アフリ

カの厳しい気候や虫喰いによって簡単に損傷しやすく，同じ5フランでも，銀貨の方が紙幣よりも高い価値をもって取引されることは珍しくなかった。

セネガル銀行は，発券銀行としてのみならず，商業手形割引，担保貸付，フランス本国との決済を中心とする為替業務，金銀の取引を行う商業銀行としての役割も果たした。セネガル銀行がモデルとしたフランス銀行自体，元来，ナポレオン・ボナパルトによって商業手形の割引を行う銀行として設立され，手形決済を中心とした短期の融資が中心であった。第1節で，経済学者達の間で金融政策をめぐる論争があることを紹介したが，当時のフランスでは，通貨発行量の裏づけとなる準備通貨を弾力的に捉える「銀行学派」の思想が影響力を持っていた。

フランスのアフリカ支配地域が拡大するなか，1901年，フランスはセネガル銀行を閉鎖し，その資産を引き継ぐ形で，より広い面積をカバーする仏領西アフリカ銀行（Banque de l'Afrique Occidental：BAO）を設立する。BAOはその本部をパリに置き，第2次世界大戦開始間際の時点でコンゴにまで広がっていたフランス植民地の発券銀行として，重要な役割を果たした。ちなみに第1次世界大戦開戦直前の1912年12月30日には，植民地の財政とフランス本国の財政を統合する政令が発布され，これにより植民地とフランス本国の財政は1つの国庫に集約された。本制度は植民地と本国との間の金融取引を容易にするとともに，1939年のフラン圏の誕生を容易にした。

続いて第2次世界大戦中には，仏領赤道アフリカではドゴール率いる自由フランス中央金庫の通貨が流通したのに対し，ヴィシー政権側についた西アフリカでは，BAOが発券する通貨が依然として利用され，それらはフランスフランと同じ額面価値で交換された。しかし，1945年12月，フランスがIMFに加盟する際に，フランスフランをドルやポンドに比べて大きく切り下げた結果，両者の通貨価値が乖離することとなり，仏領アフリカには，1 CFAフラン＝1.7フランスフランのレートで「アフリカの植民地フラン（Franc des Colonies Française d'Afrique：CFAフラン）」が導入されることとなった。後日，両者の交換レートは維持されたまま，フランスフランのデノミで1 CFAフラン＝0.02フランとなり，このレートはCFAフランが植民地フランでなくなった後も1994年1月まで維持されることとなった（第4節参照）。

第Ⅰ部　アフリカの変容

英領

　西アフリカに向けて英国が紙幣を発行するようになるのは，西アフリカカレンシーボード（West Africa Currency Board：WACB）が設立された1912年以降であり，仏領に比べてかなり遅い。カレンシーボードとは，植民地などの通貨をあらかじめ決められた公定平価で英国ポンドといった特定の準備通貨と交換することを義務付ける制度で，植民地の通貨発行量は保有する準備通貨の量に制限された。当時，英国では，フランスとは異なり，通貨発行量を中央銀行が保有する金の量に制限するという「通貨学派」が支持されており，英領西アフリカでもこの考えが徹底された。具体的には，カレンシーボードが発券する紙幣を各植民地に設置されたカレンシーセンターに持参すると，それと等しい価値のスターリング・ポンドがロンドンに開かれた持参人の口座に払いこまれた。

　カレンシーボードが設立される以前，英領では，原始通貨に加えて，英国政府と独占契約を結んだ民間銀行が銀貨を供給していた。とくに大きな役割を果たしたのが，1894年にリバプールの船会社が設立した英領西アフリカ銀行（Bank of British West Africa：BBWA）である。ただし，銀貨の需要は換金作物の収穫期に集中し，それ以外の時期には目立った投資先のない西アフリカから銀貨が英国に還流する動きもみられた。金本位制を導入した英国では，銀貨は，補助通貨の位置づけでしかなく，その発行量は正貨準備高に制限されなかったため，西アフリカの需要に応じて必要量が自由に発行されたが，これら西アフリカに供給された銀貨の還流が英国にインフレをもたらすことが懸念されるようになった。実際，1896年からの5年間で，英領西アフリカで流通する銀貨は英国のそれのわずか2.7％にすぎなかったが，1906年からの5年間で，その値は85％にも上昇している（Uche 2009：50）。こうしたことを受けて本国と植民地それぞれで異なる通貨を導入し，その交換レートを本国通貨に厳格に固定するカレンシーボードが採用されることとなった。

　西アフリカカレンシーボードが管轄する地域は，当初，ガンビア，シエラレオネ，黄金海岸とその属領，そして南北それぞれのナイジェリア領の5地域であったが，後に英領カメルーンがそこに加わった。なお，米国の解放奴隷が建国したリベリアはWACBのメンバーではなかったが，1943年に米ドルが法定通貨になるまで，WACBの通貨が流通した。ただし，フランス領と同様に，アフリカ人の多くは紙幣に価値を見出さず，依然として銀貨が求められた。実

際，1918年6月30日の時点で，WACBの銀貨発行総額が400万ポンドであるのに対して，紙幣の発行総額は18万ポンドにすぎなかった。紙幣の発行残高がニッケルコインも含む硬貨のそれを上回るのは，設立から40年が経過した1953年以降である。

ポルトガル領

ポルトガルは，アフリカでは，アンゴラ，モザンビーク，カーボヴェルデ，ポルトガル領ギニア（現ギニアビサウ），サントメ・プリンシペ（ダホメに所有した商館を含む）を支配下においた。このうち，アンゴラについては，1926年に設立されたアンゴラ銀行（Banco de Angola）に金融業務が移譲されるが，その他の地域に対しては，1864年にリスボンに設立されたナショナル海外銀行（Banco nacional ultramarino 以下，BNU）が紙幣を発行した。国立ではなくあえてナショナルと訳しているのは，ポルトガル国内では，ポルトガル政府と起業家フランシスコ・チャミソ（Francisco Chamiço）が合弁事業の形で設立した商業銀行になるからである。実際，チャミソは銀行の創設者と認知され，この世を去るまでBNUの総裁を務めた。一方，海外領土に対しては，時限付ではあるが，BNUには紙幣の発行を含むすべての銀行業務の独占権が与えられた。なお，西アフリカでは，設立後すぐの1865年にカーボヴェルデに，そして1902年にポルトガル領ギニア（現在のギニアビサウ）に支店が設置された。ただし，支店設立後すぐに紙幣が発行されるわけではなく，かなりの年数を要する場合も少なくなかった。

奇しくもフランス領で，セネガル銀行がより近代的な西アフリカ銀行に移行した1901年に，ポルトガル領でも銀行活動を規制する新たな法律が導入されている。具体的にはBNUが海外領土で独占していた銀行業が民間に開放され，紙幣の独占発行権および担保付融資を行う特権のみがBNUに残された。通貨の単位はエスクードで，硬貨については各植民地が独自に発行するか，もしくは外国の硬貨の流通を認めるという形がとられた。

リベリア

アメリカの解放奴隷が中心となって1847年に建国されたリベリアは，公的には西欧諸国の植民地支配を一度も受けなかった唯一のアフリカの国になる。

しかしながら，アメリカおよびカリブ海から帰還した元奴隷（アメリコ・ライベリアン）とアフリカで生まれた黒人との間の対立もあり，国造りは難航した。主たる産業がないなかで食料の多くは国外より輸入され，政府は貿易赤字と財政赤字，そして債務返済に苦しんだ。建国時より，独自の通貨リベリアドルが発行されてはいたが，発行するのは中央銀行ではなく財務省であり，通貨発行体の独立性が担保できないなか，当然のことながら貨幣価値は著しく減価した。結果的に人々は外国通貨を選択するようになり，1919年に米国の財務省が発行した年報によると，事実上，英国やWACBのポンドがリベリアの通貨として流通する状況にあった。

確かに，20世紀初頭の時点でリベリアへの支援を積極的に行っていたのは，英国であった。しかし，英国への債務返済が滞るなか，20世紀に入ると，リベリアは米国に支援を求めるようになる。そもそも欧州列強がアフリカ大陸上の支配地を拡大していくなかで，シエラレオネ（英領）およびコートジボワール（フランス領）に挟まれたリベリアが最後に頼れるのは米国であった。実際，リベリアの天然ゴムに関心をもった米国の企業ファイアストーン社がリベリアに進出し，1930年11月には，金融業務を担う会社をモンロビアに設立している。この会社は後にモンロビア銀行となり，1960年代まで，リベリア政府の銀行としてのみならず，国民に銀行サービスを提供する唯一の機関として君臨した。

しかしながら，一度，交換手段として流通していた英国銀貨が米国ドルに代替する動きはなかなか見られなかった。結局，1942年12月，大統領が1943年6月30日付で英国銀貨を廃貨にすること，1ポンド＝4ドルで英国銀貨をドルに兌換することを宣言し，リベリアの通貨は米ドルになった。一度も西欧列強の支配下に置かれたことのない唯一のアフリカの国でありながら，皮肉なことに，リベリアは西欧列強の通貨を自国の通貨として利用することを選択したのである。

第2次世界大戦終了時点の西アフリカ通貨圏

ここまでみたように，西欧列強は，それぞれが政治的に支配する，もしくは経済的に大きな影響を持つ地域に，自国通貨もしくは自国の通貨と連動する通貨をアフリカに導入した。当初は西欧列強が導入した植民地通貨と原始貨幣は

第3章 貨幣の諸相

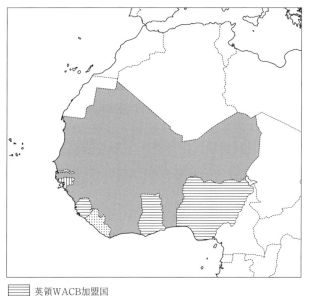

　　　　英領WACB加盟国
　　　　仏領西アフリカ植民地通貨圏（ただし，トーゴは国連信託統治地域）
　　　　ポルトガル領エスクード圏
　　　　リベリア（米ドル圏）
図3-1　第2次世界大戦終了直後の西アフリカの通貨圏分布

共存するものの，原始貨幣の使用禁止令とともに後者は淘汰され，原始貨幣の流通圏は西欧列強が引いた境界で分断されることとなった。そして，1920年代末の世界恐慌をきっかけに，西欧列強はそれぞれが支配する海外領土を包摂する経済通貨圏を形成し，圏内では自由貿易を通じて中心―周辺関係を強化するとともに，圏外に対しては保護主義を徹底することとなった。ブロック経済圏の誕生である。これにより，図3-1に見るように宗主国との経済取引に有利で，域内交易に不利な複数の通貨圏が誕生することとなった。

4　世界金融システムへの統合

ブレトンウッズ体制の誕生とアフリカ植民地
　ブロック経済圏に代表される偏狭なナショナリズムの衝突が第2次世界大戦

を引き起こしたことを反省した連合国は，第2次世界大戦の終結がみえつつも，まだその渦中にあった1944年7月，米国合衆国のニューハンプシャー州ブレトンウッズに集結し，戦後の復興と世界経済の安定を推進するための枠組みを話し合う。この時に締結されたブレトンウッズ協定の内容を受けて，西側諸国は，1945年以降，自由貿易の推進を謳う「貿易および関税に関する一般協定（GATT）」を締結し，戦後の復興を目的とする世界銀行（IBRD），そして金融の安定を目的とする国際通貨基金（IMF）を設立することとなる。とくに，ドルを世界の基軸通貨とし，金1オンスを35USドルと定め，そのドルに対して各国通貨の交換比率を定めるというブレトンウッズ体制の誕生は，ドルを媒介として，加盟国の通貨が世界金融システムに統合されることを意味した。しかし，西欧列強の支配下にある地域の通貨は，依然として，宗主国の通貨を通じて間接的に世界金融システムにつながるのみであり，宗主国との間で，ブロック経済圏時代の中心―周辺関係が維持されることとなった。

1960年代前後にアフリカ大陸で本格的にはじまった政治的独立は，こうした関係を見直す機会を提供した。しかしながら，旧英領が国民通貨を発行したのに対し，大半の旧フランス領は，植民地時代とあまり大きくは変わらない制度を選択した。以下では，旧宗主国ごとに通貨の進化過程を見ることにする。

国民通貨の発行を選択する旧英領

西アフリカでいち早く独立を宣言した旧英領のガーナは，1955年4月の時点で国民通貨の発行を宣言し，1957年の独立後，カレンシーボードの紙幣と硬貨はガーナポンドに兌換するという措置がとられ，1965年に新たな通貨セディが導入された。また，ナイジェリアでは，1958年3月に設立されたナイジェリア中央銀行が，設立から16ヵ月後にナイジェリアポンド紙幣を発行している。ただし，ナイジェリアでは，カレンシーボードの硬貨が大量に流通していたため，その回収にはかなりの時間を要すると見積もられ，カレンシーボードの紙幣と通貨は1962年まで手数料なしにポンドに兌換されるという措置がとられた。シエラレオネとガンビアでも同様のことが行われたが，シエラレオネの中央銀行設立および国民通貨の発行は1964年，ガンビアは1971年と，ガーナやナイジェリアに比べてかなり後になる。なお，旧英領諸国では，植民地時代においては通貨学派の影響を受けて貨幣供給量が厳格に管理されたが，

独立後はかなり自由に貨幣が発行されるようになった結果，長期的に為替レートが減価し，高いインフレに苦しむ国が少なくない。

旧宗主国に庇護を求める旧フランス領

　旧フランス領では，大半の独立国が，植民地時代の通貨体制をおおむね継承することを選択した。そもそも旧フランス領では，アルジェリア戦争の収拾をはかるために政界に復帰したシャルル・ドゴールが，1958年9月28日，第5共和政初代大統領に就任した際に，より大統領の権限を強めた第5共和政憲法の承認を国民投票に委ねた。この第5共和政憲法の第12章では，植民地に自治をあたえる一方で，これら植民地を「フランス共同体」の構成地域とすることが提案されているが，これについては住民投票を通じて意思を表明する機会が植民地側に与えられた。結果は，西アフリカでは，「隷属のなかの豊かさよりも，自由のなかの貧困を選択する」と述べたセク・トゥーレ率いるギニアを除いたすべての地域がフランス共同体に残ることを選択した。これにともない，ギニアは，1960年3月1日付で独自の国民通貨ギニアフランを発行し，他の西・赤道アフリカ植民地は，CFAフランの略称はそのままで，「アフリカのフランス共同体フラン（Franc de la Communauté Française d'Afrique）」を導入することとなった。結論からいえば，このフランス共同体は1年ほどしかもたず，1960年6月にセネガルと仏領スーダンがマリ連邦という形で独立を宣言するやいなや堰を切ったかのようにサハラ以南のアフリカの旧仏領植民地は独立を果たす。この時，通貨については西アフリカ，中部アフリカの2地域に分かれてそれぞれで通貨を共有することとなり，西アフリカ地域にはアフリカ金融共同体フラン（Franc de la Communauté Financière Africaine）が，中部アフリカにはアフリカ金融協力フラン（Franc de la Coopération Financière en Afrique）が導入された。どちらの略称もCFAフランのままであり，その通貨価値も植民地フラン時代と同じレートでフランス本国の通貨にペグされた。

　旧英領と異なり，旧フランス領は，当初，「銀行学派」の考えに基づいて貨幣を弾力的に発行していたが，独立後は金融政策を放棄して，フランスの金融政策に追随することになった。とくに1983年以降，フランスは「強いフラン」政策の下で緊縮的なデフレ政策をとったため，旧英領に比べて為替レートは安定するが，高い利子率と強い通貨にCFAフラン圏は苦しむこととなった。ユ

一ロ導入後もユーロの価値が高い時には同じ現象に悩まされることとなった。

ユーロペグを選択した旧ポルトガル領

西アフリカの旧ポルトガル領はギニアビサウとカーボヴェルデの2ヵ国で，それぞれ1974年，1975年に独立を果たした。このうちギニアビサウは，英領と同じく，独自の中央銀行を設立し，宗主国通貨からまったく独立した国民通貨ペソを発行した。これに対してカーボヴェルデも国民通貨を発行したが，その価値をポルトガルのエスクードに，ユーロ誕生後はユーロにペグさせている。もっともギニアビサウの方は，独立後，政治的に不安定な状態に陥り，ペソの価値も，1974年の1ドル＝約30ペソの水準から，1997年には1ドル＝4万ペソにまで下落してしまう。この結果，ギニアビサウは国民通貨を諦め，1997年に，西アフリカのCFAフラン圏に加入し，現在は他のCFAフラン圏諸国と同様，通貨をユーロにペグさせている。

ドル依存を継続する独立国リベリア

リベリアは，1974年にリベリア国立銀行を設立した。しかしその直後から，100年以上独裁体制を敷いていたアメリコ・ライベリアンを中心とする真正ホイッグ党への反発が原因で国内は不安定になり，第1次内戦（1989〜96年）に突入する。内戦終結後，1999年10月18日に，先のリベリア国立銀行を継承する形でリベリア中央銀行が設立されるが，その直後に再び第2次内戦（1999〜2003年）がはじまり，国内が安定するようになったのは近年になってからのことである。結局，現在でも，リベリアではリベリアドルと米ドルが併存し，交換レートは変動するが，小銭の支払にはリベリアドルが，紙幣としては米ドルが一般的に通用する状況にある。

5 単一通貨導入に向けた取り組み

西アフリカ全体を包括する経済通貨統合計画

21世紀現在，西アフリカの通貨圏をまとめると図3-2のようになる。濃色の網掛け部分が旧フランス領西アフリカの一部とギニアビサウから成るCFAフラン圏であり，それ以外の薄色の網掛け部分が独自の国民通貨を発行してい

第3章 貨幣の諸相

- ECOWAS
- ECOWAS加盟国のうち，UMOA/UEMOA加盟国

図3-2　2つの経済通貨同盟

る地域になる。なお，カーボヴェルデは後者に含まれるが，その平価をユーロにペグさせているという意見では，CFA フラン圏と類似の構造を持つ。ちなみに濃淡合わせた網掛け部分は，1975年に設立された西アフリカ諸国経済共同体（ECOWAS）の現在の加盟国に一致し，現在，このECOWAS地域全体で通貨統合を行う計画が持ち上がっている。

　そもそも，世界に向けてアフリカの存在感を示すには政治的統合が必要であり，経済的にも，細かく分断された市場に向けて生産を行うよりも，より広い市場をターゲットに経済活動をする方が効率は良い。折しも，第2次世界大戦後，米国とソ連の二大大国の存在感が強まるなかで，ヨーロッパ自身が1957年にローマ条約を締結し，1961年に，米国の経済学者ベラ・バラッサが『経済統合の理論』で発表した5段階——①自由貿易地域，②関税同盟，③共同市場，④経済同盟，⑤通貨統合（完全なる経済統合）——に沿って政治経済統合プロセスを歩むことを決断する。こうしたヨーロッパの姿は，アフリカ諸国にとっては憧れでもあり，目指すべき目標と映ったのであろうか。あたかも，通

貨統合に成功することが成熟した経済の証明であると錯覚しているかのようにアフリカ諸国は，1991年6月のOAU首脳会議でアブジャ条約（1994年5月発効）に調印し，大陸を8つ（eight pillars）の地域経済共同体（Regional Economic Communities：REC）に分けて，それぞれでEUがたどった道筋にそって通貨経済統合を行い，それらを統合する形でアフリカ経済共同体（African Economic Community：AEC）を形成し，最終目標として大陸レベルでの通貨統合を行うという目標を宣言するのである。

このうち西アフリカではECOWASがRECに指定され，その目標を達成すべく，まずはカーボヴェルデとCFAフラン圏以外の6ヵ国（ガンビア，ギニア，シエラレオネ，リベリア，ガーナ，ナイジェリア）で第2通貨圏（West Africa Monetary Zone：WAMZ）を結成し，次に，WAMZとCFAフラン圏を統合すると同時にカーボヴェルデがこれに加わる形でECOWAS圏で通貨統合をすることになっている。そこで，2001年1月に，将来的には西アフリカの中央銀行として機能する予定の西アフリカ通貨協会（West African Monetary Institute：WAMI）がガーナのアクラに設立され，このWAMI主導の下，WAMZ圏の6ヵ国が，2003年までに，インフレ，外貨準備といったマクロ経済指標の安定と経済格差の収斂条件を満たして通貨統合を行い，2004年にそれとCFAフラン圏とを統合して共通通貨「エコ（ECO）」を発行することとなった。しかし，2002年末には，目標とするマクロ経済指標は達成できず，結果的にWAMZ創設目標年は，当初の2003年から，2005年，2009年，2015年，2020年と4回も延期されている。

そもそも西アフリカのCFAフラン圏は，フランスから独立した直後に西アフリカ通貨同盟（UMOA）を形成しており，それを貿易や経済面に拡げた西アフリカ経済通貨同盟（Union Économique Monétaire Ouest-Africaine：UEMOA）も1994年に発足している。つまり，UMOA/UEMOAはECOWASのサブリージョンでありながら，独自の経済通貨統合を進めているのである。他方でUMOA加盟国は，旧宗主国フランスとの間で金融協力協定を締結している。しかしフランスフランが消滅した現在，新たにフランスが新加盟国と協定を結ぶことは事実上不可能とみられている。こうした関係を理解するために，以下ではUMOA/UEMOAの成り立ちと構造についてみてみたい。

第3章 貨幣の諸相

UMOA/UEMOA の成り立ちと構造

　独立直後の混乱から脱した 1962 年に，フランス共同体フランを引き継ぐ形で，コートジボワール，ダホメ（現ベナン），オートヴォルタ（現ブルキナファソ），モーリタニア，ニジェール，セネガルの 6 ヵ国で UMOA が形成された。翌年に国連信託統治領であったトーゴがこれに加わり，7 ヵ国で西アフリカ諸国中央銀行（Banque Centrale des États de l'Afrique de l'Ouest : BCEAO）が発行する共通通貨 CFA フランを加盟国で共有することとなった。加盟国は加盟直後にフランスとの間で通貨協力協定を締結し，これにより，CFA フランの通貨価値は植民地フランの時とまったく同じく 1 CFA フラン = 0.02 フランスフランで固定され，そのことを全面的にフランスが保証する代わりに，BCEAO の本行はパリにおかれ，アフリカ諸国が保有する外貨はすべてフランス国庫に開かれた操作勘定に預けられることとなった。つまり，政治的に独立を果たしても，UMOA 加盟国は独立した金融政策をとることも，外貨を自国の裁量で運用することも不可能という，植民地時代を彷彿させる制度を維持することとなった。

　ニクソンショックを経て世界が変動為替制度に移行するなか，1973 年，新たな UMOA 協定が締結され，その際にフランスとの通貨協力も見直された。本行はパリからセネガルのダカールに移され，操作勘定に預けなければならない外貨準備の比率も 100％ から 65％ に下げられた（ちなみに，この比率は 2005 年には 50％ に引き下げられている）。しかし，通貨協力協定の第 10 条で，フランスが BCEAO の理事会に理事を送ること，つまりアフリカ諸国が独立した後も，旧宗主国が旧植民地の金融政策に介入する体制は維持されることになった。なお，1973 年の新協定締結の際に，モーリタニアが UMOA から離脱し，他方，1984 年にマリが新たに加盟した。

　こうしたフランスと旧フランス領アフリカの金融関係も，徐々にではあるが，アフリカ側に主体性を与える形に変化を遂げてきてはいる。歴史的転換ともいえる大きな出来事は 1994 年 1 月 10 日にダカールで調印された UEMOA 設立とその翌日に宣言された CFA フランの対フランスフラン 50％ 切り下げである。UEMOA の創設は，単なる通貨統合から脱却して，EU を見本とするようなヒト・モノの域内自由移動や加盟国間で一致した経済社会政策の実施を行う組織への変貌を意味した。これにより，これまでフランスというパトロンの下

に結集するにすぎなかった通貨統合が，よりアフリカ側の協力関係を促す組織に変化することが期待された。なお，UEMOAとUMOAの加盟国は同一ではあるが，現在のところ，UMOAは，UEMOAの独立機関に位置づけられる中央銀行BCEAOの運営や金融政策を監督する組織であり，UMOAとUEMOAを区別することで，中央銀行の独立性が担保されるという形になっている。

ECOWASレベルでの経済通貨統合は可能か

ECOWASレベルでの経済通貨統合を実現するにあたっての1つ目の懸念は，バラッサの経済統合の5段階が示すように，本来ならば，ECOWAS域内での交易量が増え，相互の経済関係が密になった後に取引コストを減らす目的で共通通貨が求められるべきところ，西アフリカにおいては，現実問題として地域内の経済取引が活発ではなく，それにもかかわらず通貨統合計画が先行している点である。そもそもナイジェリアやガーナといった大国を除けば，当該地域内の多くの国は，類似の1次産品を輸出し，工業製品を先進国から輸入するという貿易構造下にあるため，域内交易量が増えにくい状況にある。

2つ目の懸念は，WAMZを形成した後に，WAMZと先にみたUMOAを統合するという2段階のシナリオでECOWASレベルの通貨統合を進めようとしている点である。そもそも図3-2で明らかなように，WAMZ加盟国のうち，ガーナ，ガンビア，ナイジェリアの3ヵ国はほかのWAMZ加盟国と国境を接しておらず，そうであるがゆえに通貨統合を行うに見合う程度にまで経済取引が増える可能性は低い。加えて，WAMZ圏の国のなかには，大国かつ産油国であるナイジェリアよりもむしろUMOA加盟国に近い経済構造を持つ国や，UMOA諸国に囲まれた国もある。場合によっては一からWAMZを作るよりも，必要な条件を満たした国から順にすでに通貨統合が実現しているUMOAに加わっていく方が，2段階の大きなショックが発生する現行のシナリオよりもよりスムーズな統合を可能にするとも考えられる。もっとも，現行の制度下でUMOAに加盟するということは，フランスと通貨協力協定を結んで，フランス国庫に開かれた操作勘定に外貨を預ける一方で，フランスに為替レート維持の保証を乞うことを意味する。実際，1997年にギニアビサウがこのやり方でUMOAに加盟している。しかしながら，その後，フランスの通貨はフランスフランからユーロに置き換わり，もはやフランス本国の意思のみで

現行の制度に手を加えることはできなくなった。UMOA/UEMOA にガーナやガンビアが加盟するためには UMOA 自身がそうした制度を見直す必要があるが，現在のところ UMOA にその意思はないようである。

そもそも，UMOA は CFA フランの平価をユーロに連動させている以上，2％のインフレを目標とするユーロ圏の金融政策に追随することを強いられる状況にある。マクロベースでみれば，これが CFA フラン圏諸国の物価と為替レートの安定を可能にしているのであるが，見方をかえれば，1 人当たり GDP1000 ドル程度の国が，すでに成熟した経済水準にあるヨーロッパ諸国と同じ程度の低インフレ率，裏を返せば低成長政策をとっていることを意味する。フランスと決別し WAMZ と統合するということは，こうした問題を解決するのであるが，他方で，過去 50 年間，不安定な政治経済社会体制下で通貨価値を大きく変動させてきたナイジェリアと通貨を共有することへの不安も拭えない。ECO が誕生した後の為替制度については，現在のところ，①完全な変動相場制，②ユーロもしくはドルといったハードカレンシーに平価をペグ，③主要ハードカレンシーで構成される通貨バスケットに平価をペグといった 3 案が考えられるが，現段階でユーロ圏のドイツ的ポジションにいるナイジェリアが②や③を堅実にマネージメントすることは期待できず，他方で①を選択した場合には，通貨価値の安定性が大きく損なわれる可能性が高い。

アフリカが長らく目標としてきた通貨統合ではあるが，2000 年代後半に入って以降，アフリカがモデルとしてきたユーロ圏で，一部の国の財政破綻処理をめぐって混乱が続いている。ユーロの経験から，経済通貨統合達成後には，域内大国にヒト，カネが集中し，規模の経済を活かして効率的に生産された域内大国の財・サービスが域内小国のそれらを凌駕することも明らかとなりつつある。こうした構図のなかで，域内大国が域内小国を十分にサポートする体制が構築されなければ，たとえ経済通貨統合を実現したとしてもその持続可能性に大きな疑念が残ることになろう。

6　グローバル化と新たな貨幣の台頭

市場が生んだ新たな貨幣

21 世紀に入って以降，国や地域政府が管理・発行する通貨とはまったく次

元の異なる新たな貨幣がアフリカで大きな存在感を示しつつある。具体的には，ケニアのM-PESAに代表される携帯電話を用いたモバイルマネーや，中央政府，中央銀行のような「中央」が存在しないP2P型ネットワークを利用したビットコインである。これら仮想通貨がアフリカで注目される背景には，アフリカならではの事情がある。アフリカでは，一定金額以上を預けなければ口座維持にコストがかかり，生活圏に銀行窓口がないことも珍しくないといった理由から人口の75％程度が銀行口座を持っていない。銀行口座がない生活がいかに不便か想像して欲しい。預金は困難であり，送金手段は限られ，融資を受けることも不可能で，つねに現金を携帯することを強いられる。

そうしたなか，2007年，ケニアのサファリコム社が，携帯電話を利用して安全に送金を行う技術（M-PESA）を導入した。Mはモバイルの頭文字，PESAはスワヒリ語でマネーを意味する。これにより，銀行口座を持たなくとも現金を最寄りの店に持参し，手数料を差し引いた金額を携帯電話にチャージすることで，預金はもちろんのこと，遠方に住む家族への送金，財やサービス購入時の支払が可能となった。現在，M-PESAは，アフリカ大陸では，東アフリカ一帯および南アフリカ共和国，モザンビークへと急速にサービスを拡大させており，2015年に，ケニア－タンザニア間では国際送金も可能となった。

アフリカで注目されるビットコイン

他方，アフリカは大陸外からの仕送りに大きく依存する大陸でもある。国内にめぼしい産業のない国になればなるほど，海外からの仕送り総額がGDPに占める割合は高くなり，セネガルやカーボヴェルデでは10％前後にも達する。実際，アフリカ大陸全体でみても，域外からの仕送り総額がODA受取額を上回ったとの報告もある（Bodomo 2013）。しかしながら，アフリカでは金融インフラが十分に整備されていないこと，また，こうした仕送りの1回あたりの送金額が少額であることもあり，英国のエコノミストが2014年に発表した報告によると，送金手数料が送金額に占める割合は12.3％と世界平均の7.8％を大きく上回る。こうしたなか，アフリカ大陸外からアフリカへの送金で大きな注目を集めているのがビットコインである。ガーナではビットコインをガーナの通貨セディに換える会社が2014年に設立され，送金手数料/送金額比率は一気に3％程度にまで低下した。2015年，このサービスは西アフリカの大国ナ

イジェリアへも拡大され話題となっている。また、ローカル・ビットコインというフィンランド発の仮想通貨取引市場が爆発的な拡大をとげている。

21世紀のマルチプル・マネー

　経済学者ハイエクは、中央銀行による貨幣発行権の独占が貨幣の質を堕落（インフレーション）させることを指摘し、複数の貨幣の発行を認めて市場に選択を委ねることを唱えた。実際、2015年のギリシャ危機の際にビットコインに大きな注目が集まったように、金融インフラが十分に整備されておらず、また、放漫な財政運営が原因で経済が破綻状況にある国では、あてにならない政府が発行する法定通貨の代替物を市場が作り出し、人々がそれを決済に用いるという現象が顕著に見られるようになった。IT技術の進歩、携帯電話といったモバイル端末の爆発的な普及がこうしたことを容易にしているのは明らかである。

　先に見たように、大陸レベルの共通通貨創設はアフリカの悲願ではあったが、その実現可能性はかなり低く、その維持も容易ではないことが、近年、明らかとなりつつある。他方で、現在のところM-PESAは一国内での少額の支払いや送金が中心であること、またビットコインは、投機でレートが変動しやすく、利用者もまだ少なく、加えてマネーロンダリングやテロ組織の資金集めに利用される懸念があるなど、課題は山積みである。しかしながら、技術的には仮想通貨を決済手段の1つとして利用できる時代がはじまりつつあることは疑いない。仮想通貨の物理的取引費用はほぼゼロのため、技術や制度が整いさえすれば、ネットワーク効果で爆発的に普及がはじまる。仮に、アフリカ大陸全体がユーロのような形で通貨統合をしなくても、それぞれの国民通貨と交換可能な仮想通貨が大陸全体で共有され、交換、支払、価値尺度、価値貯蔵といった機能もあわせ持つならば、各国民通貨との為替レート変動リスクは残るものの、大陸規模で決済可能な共通通貨誕生とは言えまいか。

　アフリカ大陸レベルでの経済通貨統合という夢の源は、植民地体制下のパン・アフリカニズム運動にあった。しかし、独立から約50年程度をかけて形成されてきた国民国家の枠組みを今後も維持するつもりであるならば、ユーロの教訓を参照に、経済通貨統合を維持させることがいかに困難であるかということは認識した方が良い。アフリカが経済通貨統合を行う目的が、政治統合よ

りも，とりあえず経済取引圏の拡大・市場拡大ということであるならば，現行の取り組みを継続しつつも，それぞれの国民通貨と交換可能な地域共通通貨を仮想通貨として導入し，実在する通貨と仮想通貨のどちらを決済に用いるかを消費者の選択にまかせてみるのも1つの方策ではあろう。うまくいったときに実際の経済通貨統合へと発展させればよい。すくなくとも，現在，計画されているユーロを見本とした経済通貨統合よりは，失敗したときの傷が小さく，より現実的な方策でなかろうか。

参考文献

西山千明監修（池田幸弘・西部忠訳）『ハイエク全集 Ⅱ-2』春秋社，2012年。
バラッサ，ベラ（中島正信訳）『経済統合の理論』ダイヤモンド社，1963年。
ポランニー，カール（栗本慎一郎・端信行訳）『経済と文明』サイマル出版会，1975年。
正木響「アフリカ経済のグローバル化とリージョナル化」北川勝彦・高橋基樹編『現代アフリカ経済論』ミネルヴァ書房，2014年。
正木響「西アフリカ（経済）通貨同盟の成り立ちと近年の動向（前篇）──旧宗主国フランスとの関係を中心に」『Africa』54巻3号，2014年，40-49頁。
正木響「西アフリカ（経済）通貨同盟の成り立ちと近年の動向（後篇）──1994年のCFAフラン切り下げ以降の展開」『Africa』54巻4号，2014年，38-47頁。
正木響「セネガル銀行（1853-1901）設立の背景とその実態（〈特集〉アフリカ・インドの研究最前線）」『國民經濟雜誌』211巻1号，2015年，39-57頁。
正木響「19世紀にセネガルに運ばれたインド産藍染綿布ギネ──フランスが介在した植民地間交易の実態とその背景」『社會經濟史學』81巻2号，2015年，239-260頁。
マーティン，フェリックス（遠藤真実訳）『21世紀の貨幣論』東洋経済新報社，2014年。
楊枝嗣朗『歴史の中の貨幣』文眞堂，2012年。
Bodomo, A., "African Diaspora Remittances Are Better than Foreign Aid Funds", *World Economics*, 14(4), 2013, pp. 21-29.
Curtin, P., *Economic Change in Precolonial Africa*. Madison, Wisconsin : University of Wisconsin Press, 1975.
Gardner, L. A., "The Rise and Fall of Sterling in Liberia, 1847-1943", *The Economic History Review*, 67(4), 2014, pp. 1089-1112.
Heimann, J., "Small Change and Ballast : Cowry Trade and Usage as an Example of Indian Ocean Economic History", *South Asia : Journal of South Asian Studies*, 3(1), 1980, pp. 48-69.
Hogendorn, J. & Johnson, M., *The Shell Money of the Slave Trade*. Cambridge : University

of Cambridge, 1986.

Iroko, A. F., "Cauris et esclaves en Afrique occidentale entre le XVIème et le XIXème siècle". *De la traite à l'esclavage, actes du Colloque international sur la traite des noirs* (Nantes, 1985), tome 1, Daget S. ed. Centre de recherche sur l'histoire du monde atlantique, Université de Nantes, Nantes : CRHMA ; Paris : Société française d' histoire d'outre-mer, 1988, 193-204.

Johnson, M., "The Cowrie Currencies of West Africa Part I", *Journal of African History*, 11(1), 1970, pp. 17-49.

Manuku, M. H., *Indian Ocean Coastal Communities : Sculpting a Vision for the 21st Century*. Paper presented at the Coastal Communities and the Indian Ocean's Future, IIT Madras, Chennai, India, 2001.

Nunes, A. B., Bastien, C., Valério, N., Sousa, R. M. & Costa, S. D., *Banking in the Portuguese Colonial Empire (1864-1975)*. Série Documentos de Trabalho, DT/WP n° 41, Instituto Superior de Economia e Gestão, Universidade de Lisboa, 2010.

Uche, C. U., "Banks and the West African Currency Board", *Money in Africa*, British Museum, 2009.

第4章　日本と中国による対アフリカ開発援助

マスワナ・ジャン＝クロード

1　対アフリカ開発援助とは

　過去10年間，アフリカ諸国とそれぞれの旧宗主国間の経済的依存関係が比較的弱まった反面，アジアの重要性が増大している。アフリカ開発におけるアジアの強まる影響力は，アフリカ諸国が独立しはじめた1960年代初期以降，アフリカ諸国の外交関係にほぼ間違いなくもっとも重要な大改革をもたらしている。

　アフリカの経済的な相互関係におけるアジアの重要性の高まりは，おもに日本と中国の積極的な介入と，関心度の高さの結果のゆえにもたらされた。その高い関心とは戦略的なもので，貿易とビジネスの拡大，市場の増大と天然資源へのアクセスの獲得と関係している。とくに，日本と中国はさまざまな援助を通して，経済成長や包括的な開発にかかわってきた。1960年代以降，国際援助はアフリカの開発に欠かせない要素であったが，強まるアジア拠出国の影響力によって，アフリカでは開発に関する新しい希望が生まれつつある。

　本章は，対サハラ以南のアフリカ（以下，アフリカと略す）の日本と中国の開発援助を比較し，援助拠出国としてのそれぞれの役割と，ほかの経済的開発協力の形態に光を当てる。とくに，日本の対アフリカ援助は，DAC（開発援助委員会）のフレームワークという南北の視点を模範としているのに対して，中国は新興の南南協力としてアフリカにかかわっている。言い換えれば，中国は，南南の課題に取り組んでいるアフリカの同盟国として認識されている。しかし，両国の援助アプローチの違いによって，新たな三角協力の機会が生み出されている。日本はアフリカにとって主要な開発パートナーであり，投資や貿易動向の源である一方，中国は2000年代初期以降，アフリカにおける経済成長とインフラ開発を推進してきたことも本章では述べている。

2　アフリカの開発課題とアジアのパートナー

アフリカの開発課題

　アフリカの指導者にとって，経済開発の恩恵への参加を強化するほど，大きな政策課題はないだろう。アフリカ開発の取り組みを理解するにあたって最初に考察しなければならないのは，アフリカにおける初期の開発政策が，1947年のマーシャル・プランの論理とつながっている点である。このマーシャル・プランから得た開発政策では，アフリカの経済が貧困の連鎖に陥り，開発のためには「ビッグ・プッシュ」が必要であると想定していた。この押し（プッシュ）とは，国家のインフラと社会的支出，民間外国資本の支出，そして先進国政府からの援助に後押しされながら，投資の上昇の形で認識された。当然ながら，援助がアフリカの開発プロセスを促進する中心的な役割を担うと考えられていた。

　開発理論の関連性の議論はさておき，アフリカ諸国が 1950 年後半と 1960 年前半に経済を構築しはじめた際に，純粋な経済成長のみで，貧困や失業，そしてほかの低開発にかかる問題を解決しようと試みたことは特筆すべきであろう。一般的に国内総生産（GDP）に代用される経済成長とは，経済開発の土台として見なされている。先述のように，GDP 成長の達成に関する教訓はおもにマーシャル・プランから得ていたのだが，これは，戦後ヨーロッパの膨大な「資金ギャップ」に対する完全な対応策であった。マーシャル・プランはもともと輸入資金貸付と国際収支支援のために生まれ，主要な受け渡し様式として事業支援が含まれていた（Tarp 2006）。

　その後，開発について多くの議論がなされたにもかかわらず，今日アフリカ諸国が国際的パートナーとともに採用している開発戦略においては，この「資金ギャップ」に焦点が置かれている。その間ほとんど，政府開発援助（ODA）がアフリカにおけるもっとも重要な資本流入源となってきた。自然に，日本と中国といった国際ドナー国は，経済成長を生み出し，その利益の再分配を目的とする援助という形で，「資金ギャップ」を補うことにおいて重要な役割を果たしてきた。

　残念ながら，アフリカにおける経済成長の利益拡大は，少なくとも現在まで

では、実際に達成したというより、強い願望にとどまっている。過去15年間、アフリカのGDPは平均4％の年率で上昇している。これは、中国によるアフリカへの大きな資源需要と日本の対アフリカ投資が高くなっていることと関係している部分がある。このように経済成長率は高いものの、その恩恵はアフリカの主な人口に届いていない。

一般的に、アフリカ諸国のほとんどが低開発にあり、多くの開発課題が未解決のままである。アフリカ大陸における開発の主な課題とは、1人当たり国民所得の低さ、基盤インフラの欠如あるいは不足、教育や公共サービスへの限定されたアクセスと質、電気普及率の低さ、技術進歩の遅さあるいは欠如、利潤追求や組織の脆弱性が挙げられる。重要なのは、言及されることは少ないものの、援助が開発に及ぼす影響を弱体化させる要素の1つは利潤追求である。アフリカの政策立案者による利潤追求的な態度は、多く実証されている問題である。しかし、ほとんど知られていない点は、利潤追求がアフリカの政策システム機能に深く関係し、地域の植民地時代の遺産に定着していることである (Sun 2014)。

アフリカの開発に対する日本と中国の考え方

アフリカは豊富で多種の天然資源に恵まれ、それが社会的・経済的システムの土台となっている。これらの資源は産業の発展、とくに東アジアの急速な産業発展にともなって、グローバルな重要性を持っている。そのような理由で、中国と日本は、前述の低開発の制約を克服し、天然資源の開発を支援し、そしてアフリカの貿易業績を上昇させるために援助プログラムに関与してきた。2014年には、アジアはアフリカの貿易輸出入の26％を占めた一方で、アフリカがアジアの貿易輸出入に占めた割合はわずか3％であった。中国と比較した場合、日本は1990年代初期、アフリカの生産品の最大輸入国であったが、中国は2000年代初期に日本を追い越している。

地域別に援助の分配をみると、日本の援助は対アジアが中心であり、援助総額の16％のみが対アフリカである。反対に、中国の第2白書 (2014) によると、中国の援助プログラムはアフリカが中心である。2010年から2012年にかけて、中国の総対外援助の内、ほかの地域をはるかに上回る52％が対アフリカであった。

そのうえ，両国はアフリカに対して異なるアプローチをとってきた。中国は南南協力を追求してきたのに対して，日本は未だに経済協力開発機構（OECD）のDAC加盟国が考案した国際協力の南北枠組み内で援助している。この違いは，中国にとって好都合である。というのも，ほとんどのアフリカ諸国は中国を南南の課題に取り組む，真の同盟国として認識しているからである。
　もう1つの注目すべき点は，中国はアフリカへのかかわり方を開発援助から劇的に転換したことである。アフリカの天然資源開発への投資を超えて，インフラ建築，金融，小売業，教育と医療といった商業関連分野に急速に集中させてきた。それとは対照的に，これまでの日本の対アフリカの主な資源フローは，日本の民間セクターによる商業的投資というより開発援助に重点的に取り組んできた（2014年に安倍首相がコートジボワールとエチオピア，モザンビークに外遊した際に，対アフリカ援助に関する見解を変える方針を発表した。日本はアフリカを「援助対象国ではなく，成長のパートナー」と見なすことを表明し，また本外遊も「ビジネス外交」と位置付けた）。
　さらに，中国が国際援助の主要な拠出国になったことにより，国際援助のシステムが南南協力の視点に転換したことは興味深い。南南協力は，拠出国―受益国という関係ではなく，開発のニーズをともに明確にできるという利点を有している。日本のような伝統的なドナー国がひも付き政策を取っているのに対して，中国のような南南の開発協力は，より柔軟性があり，制約も厳しくない。
　アフリカ開発における日本と中国の利害関係を理解するために重要な点は，相互の認識にある。たとえば，日本，あるいは中国の近年の取り組みは，天然資源が豊富なアフリカにおける他国への対抗策として指摘されている。同時に両国は，アフリカに多額の資金を公約するたびに，互いの対アフリカ政策を批判している。日本は，中国がアフリカの指導者を豪華な贈り物で買収したと言及し，中国は，日本が国連安全保障理事会の常任理事国入りのためにアフリカ諸国に支援を提供したと非難している（Bartlett 2014）。これらの相互的な非難によって，アフリカ開発に関する両国間協力の可能性が低くなっていることは明らかであろう。

3 中国の対アフリカ開発援助

開発の焦点と方針

近年の中国とアフリカの関係は，脱植民地後の1960年代に遡る。中国が当時関与したのは，イデオロギーと政治によって突き動かされたからである。当時，中国は軍需品と軍事訓練を通してアフリカ各地で解放闘争を支援していた。その後，中国はビジビリティー（可視性）が高いインフラ建築への取り組みをはじめた。これらのインフラのなかには，国会議事堂，スタジアム，実験農場，そして有名なタンザニア＝ザンビア鉄道が含まれる。のち1980年代に経済改革が進むうちに，中国はDAC諸国からの重要な被援助国となり，拠出国と受益国の「二重の役割」を明確にしていた。まだ発展途上国であるにもかかわらず，中国は自国の進行中の経験を共有しながら，援助を提供するという特異な状況下にあった。

中国とアフリカとの関係は，2000年に開催された，アフリカ開発会議（TICAD）の模倣でもある中国・アフリカ協力フォーラム（FOCAC）の際に注目を浴びた。初回のFOCAC以降，アフリカにおける中国の海外投資が急速に増加し，中国・アフリカの貿易は急上昇した。続いて，自己資本をアフリカで展開する中国のベンチャー・ビジネスに投入するために，中国・アフリカ開発基金（CADF）が中国開発銀行の補助機関として設立された。その後，伝統的な援助に加えて，金融セクター協力と技術移転の分野が中国・アフリカのパートナーシップの急成長モデルとして生まれた。

中国の対アフリカ開発援助のおもな特徴

一般的に，中国の対アフリカ援助には7つの特徴がある。1点目は，中国の商品とサービス使用に結びついた2者間援助プロジェクトが主であり，援助のほとんど——とくにインフラ事業——が中国国有会社の商業的な拡大と結びついていることである。中国援助の半分以上が譲許的融資として，経済，社会的に利益のあるインフラ事業や工業開発に対して提供されている。約10％が無利息の融資であり，通常公共施設の建築に使用される。残りは助成金で，中国援助全体の3割を占める。この助成金は，福祉事業，人材育成，農業開発と

技術協力に活用されている（Tjønneland 2015）。注目すべき点は，中国は2014年にアフリカ開発銀行を通して20億ドルの投資基金を立ち上げたことである。中国がアフリカ政府との直接取引ではなく，多国間機関を通してアフリカに投資したのは初めてであった。

　2点目は，中国が対アフリカ援助と経済・開発の戦略計画を明確に関連づけたことである。その結果，中国は援助全体の半分以上をアフリカに注ぎ込んでいる。2014年に発行された中国の第2白書によると，対アフリカ援助は全体の52％であり，2012～16年には，低利融資の援助として約200億ドル（しかし問題なのは，中国の対アフリカ援助の額とその形態が明らかでない点である。データ収集と中国の機関間の情報共有はまだ限定的である。中国の業者がほとんどの援助を引き受けているために，アフリカの政府は助成金による事業額を把握していない）を約束している。中国の援助は検証が難しく，金融投資とは異なり，直接的な支援額を誇張している可能性もある（Obe 2013）。

　3点目の特徴は，1次産品に支えられた融資（「インフラと1次産品の交換」とも知られている）が，アンゴラの石油調査（アフリカのモデルの先駆者となった）や，コンゴ民主共和国の銅とコバルトの採鉱権の獲得といった，大事業に活用されていることである。そのため，インフラと1次産品の交換に関連するさまざまな金融計画は，中国の民間企業に巨大なビジネスを提供していることになる。アフリカ各地で中国の民間企業が関与することで，中国輸出入銀行（EXIM）は，アフリカにおける鉄道開発と道路ネットワーク開発のインフラ融資を盛んに行っている。

　4点目は，中国のEXIM銀行が果たす積極的な役割である。中国のEXIM銀行は譲許的融資を提供し，総予算によって賄われている利子補給をもって，商業的な活動に活用している。そのうえ，アフリカとのいわゆる「相互利益」の一部として，中国はアフリカにおいて経済特区（SEZ）を開拓している。これらの特別地域の二重の目標とは，外国の投資を引きつけ，そして現地の工業化を促進することである。現在，ザンビア，ナイジェリア，モーリシャス，エチオピア，そしてエジプトにおいて経済特別地域の開発が進められている。中国の商務部（MOFCOM，援助分配を担当）は，中国の経済成長を促進する手段としてSEZを認識しており，商業的な機会を持つ国々——通常は豊富な天然資源を有する国々——に付与するようにしている。

在ナイジェリアの中国大使によると，中国が対アフリカの協力を援助と投資，そして商業に結びつけた結果，アフリカと中国間の貿易は 2002 年の 100 億ドルから 2014 年の 2200 億ドルに増加した。一見すると少額だが，地元への経済的影響は大きく，広範囲に及んでいる。急速に増加している貿易によって，中国とアフリカは最大の 2 者間貿易パートナーとなっている。しかし，アフリカの欧州連合 28 ヵ国との総貿易額は依然高く，2013 年は 4300 億ドルとなっている。

中国の対アフリカ援助の 5 点目の特徴は，アフリカの若者を対象とした奨学金の規模が大きいことが挙げられる。近年，中国に留学するアフリカ人を対象とした奨学金がとくに増加し，2012～15 年にその留学生数を 1 万 8000 人まで増やすという目標が発表された。またアフリカの職業人計 3 万人に対して，中国で短期研修を受けるための資金提供も公約された。中国は，日本とドイツのような国々と並んで，このような個人単位のキャパシティ・ビルディングの最大供給国となった（King 2013）。

6 点目は，援助が戦略的な本質を有していることである。最近のアフリカにおける中国の戦略的な動向の 1 つは，2015 年 1 月 27 日に中国とアフリカ連合の間で署名された覚書に示されている。これは，アフリカにおける中国の長期的な野心の印とも見られている。中国の「一帯一路」という枠組み（「一帯一路一陸」へと向かっている）のようなインフラの開発目標に，さらにアフリカも含めるという要請もある。それが完成すれば，東のアディスアベバとナイロビから南のヨハネスブルグ，西のアブジャといったアフリカの主な都市が高速道路，高速鉄道，そして新国際空港によって結ばれることになる（JPAS 2015）。まだ正式に表明されていないが，中国とアフリカ連合間の覚書はその方向に進むものとして認識されている（Sun 2015）。

最後の 7 点目は，アフリカ開発に対する南南アプローチを強調している点である。とくに小規模な中国人商人が数多く関与しており，彼らは南南協力の最前線で働いている。大手の民間企業がアフリカでの投資を独占する日本と異なり，中国は国有企業を通してアフリカと経済的に関与してきたが，中小の民間企業も徐々にかかわってきている。そういう意味では，中国は大企業のみがアフリカ入りしているのではなく，おもに民間の小売業が現地に定着するという，ミクロの協力モデルを追求している。このような商人は地元経済において不可

欠であり，過去に中国の国有企業でインフラと 1 次産品交換の一環として，インフラ建築事業にかかわった経験をもつ商人もいる。

アフリカに推定 100 万人の中国商人と華僑が在住していることは，中国にとって戦略的，かつ長期的に有利である。この戦略的優位性を理解するためには，今日のグローバル経済で情報が果たす役割を注視する必要がある。パートナー国の情報や知識を有することは重大である。現地に大勢の国民がいることにより，中国は長期的に競争上優位に立つことができる。日本や他の伝統的な開発パートナーの対アフリカのアプローチは，あくまでも地政学に基づいたものとなっている。

中国の援助に関する懸念

中国の努力にもかかわらず，中国の対アフリカ援助には懸念が高まっている。たとえば，ひも付きでない援助政策によって，アフリカのグッド・ガヴァナンスの発展が妨げられていると非難されてきた。それに加えて，中国の事業は現地労働者の人権やニーズを無視し，アフリカ市場に自国の労働者，事業の粗末な運営，質の低い結果，そして資源採取による利得の不公平分配をあふれさせているという批判を浴びている（Dinh 2014）。

なおそのうえに，中国は不干渉原則を厳密に順守しているが，アフリカの予防介入と積極的な平和強制への支援に協力を示している。ある意味で，アフリカの安全保障（平和維持軍の派遣を通して）への貢献は中国自身の投資と事業，国民の安全を守っているという見方ができる（2 章参照）。とくに 2 つの劇的な出来事が起きて以降，その傾向が強くなった。それは，2011 年リビアから約 3 万 6000 人の中国人石油労働者を緊急避難させたこと，そして 2015 年 5 月に南スーダンにおける莫大な投資を強制的に放棄せねばならなかったことである。それと関係して中国はジブチと交渉してきたのだが，それは中国人 PKO 要員を運ぶ海軍艦艇の補給施設を建築し，中国の原油輸入の重要な経路であるソマリア沖で反海賊任務を遂行するためである。

最近では，アフリカの対中国輸出の多くが石油とその他 1 次産品で占められているため，中国のアフリカへの重商主義的アプローチに懸念が強まっている。たとえば，中国の対アフリカ投資額は 2015 年前半に大きく低減したが，抽出産業への投資は 2 倍近くに跳ね上がった（Klasa 2015）。これらの投資と貿易の

パターンは，中国との相互関係が果たして植民地時代と異なる長期的な効果を生むのかという疑念を引き起こしている (Maswana 2015)。対アフリカの重商主義的なアプローチに関する批判に対応するために，中国はとりわけ，製造とサービス関連事業を発展させる目的で，地元の企業が資本にアクセスできるよう工夫している。それゆえ，中国の EXIM は 2001 年から 2010 年にアフリカ諸国への融資を 627 億ドルに拡大させた。この額は，世界銀行よりも 125 億ドル多いことになる。

4　日本の対アフリカ開発援助

開発の焦点と方針

　アフリカの開発に関して，日本は数十年間，国際社会においてリーダーシップを発揮している。日本の対アフリカ政策の特徴とは，1960 年代初期から冷戦終焉まで，アフリカにおける米国と西洋宗主国の利益を尊重しつつ，国益を追求することであった (Morikawa 1997)。たとえば 1980 年代初頭，日本は米国の要請を受けて (Calder 1988 は日本を「反応型国家 (reactive state)」であるとし，権力と意志があるにもかかわらず，自国の経済外交を取り入れることができない国家として描写している)，紛争国や国際システムの平和と安定の維持が重要である地域への援助額を増加した。この新しいアプローチは，冷戦中，西洋諸国に属さなかった国々との貿易を正当化するための，政治と経済の分離政策の終わりを意味する。日本の対アフリカ援助はおおむねこれを反映したものとなっている。

　1960 年代に，多くのアフリカ諸国が独立しはじめた頃，日本企業の多くがアフリカでビジネスを行っていた。日本にとってアフリカはビジネスパートナーであり，日本の商社と製造業は現地で繊維製品やさまざまな商品，車を販売していた。しかし，日本はその後高度経済成長期に入った一方で，アフリカは民族紛争や内戦，貧困の苦境に陥った。その結果，一部のビジネスセクターを除き，ほとんどの日本企業がアフリカから撤退した (Japan METI 2013)。ビジネスが撤退したことにより，日本の対アフリカ援助は，ますます国連安保理改革の常任理事国入りに向けたアフリカ諸国の支持獲得によって動かされるようになった。しかし近年，日本は国内経済を加速したいとの思いから，日本企業を海外の重要な地域に展開するために ODA を使っている (Aoki 2014)。その

ために，日本は南アフリカのクーハ産業開発特区のような産業開発特区（IDZ），そして同国のプラチナのハブ SEZ といった経済特区（SEZ）に乗り出した。

日本の対アフリカ開発援助のおもな特徴

先述のように，日本は OECD の DAC 加盟国である。2013 年，日本は DAC 加盟国のなかで第 4 位の ODA 拠出国にランクした。DAC 全体の対アフリカ援助額の割合では，米国（29％），フランス（12％），英国（11％）についで，日本は約 10％を占める。日本はインフラ建築と貧困削減を目的に，主なアフリカの国々に対して ODA を提供してきた。アフリカにおける短期的な経済的利益の見通しは日本にあまりなく，ほとんどが無償援助という形で大量の援助がされてきた（Sato 2005）。新しい空港や鉄道，発電所の建築といったインフラ整備改善のために，譲許的融資がアフリカ諸国に対して行われてきた。2013 年の対アフリカの年間援助額は，「技術協力」において 4 億ドル，そして「譲許的融資」は 8 億ドルに達した。そのうえ，日本は 2 国間協力に加えて，多国間協力にも大きく貢献し，その多くがアフリカのさまざまな開発事業に割り当てられてきた。

アフリカ開発に対する日本のかかわりには，援助を超えて，アフリカ開発会議（TICAD）といった注目すべき取り組みも含まれている。初回の TICAD はアフリカの開発課題に国際的な注目を再び向けさせるために，1993 年に開催された。冷戦終焉後の当時，国際社会が援助疲れで援助の勢いが失われた頃であった。TICAD によって，日本はアジアで初めて，アフリカ・アジアの経済関係の重要性を認識した国となった。続いて，対外援助の政策をアフリカへと転換し，投資フローも促進させた。

2011 年，日本の対アフリカ直接投資は 4.6 億ドルだったのに対して，中国は 31 億ドルであった。また同年，日本の対アフリカの貿易額は 300 億ドルで，中国の 1660 億ドルの 20％弱であった（Obe 2013）。2013 年の 6 月に開催された第 5 回アフリカ開発会議（TICAD V）では，日本は 5 年間で 320 億ドルの対外援助と民間投資を公約している。対アフリカ援助について，インフラ整備支援の 60 億ドルを含む，140 億ドルの大幅な増加を表明した。残りは日本の民間企業の投資で賄うことになる。TICAD V では，民間セクターの関与という新しい要素が加わった。320 億ドルの ODA だけでなく，160 億ドルの「その

他官・民による資金」が加わったのである。20億ドルの貿易保険の引受業務も発表された。この公約は、資源豊かな大陸における中国の影響力の拡大に対抗した動きとも捉えられている。

日中の競争的な関係は、日本の近年の取り組みにおいても同様に見られた。日本は近年、アフリカ開発に貢献する人材育成を強調してきたが、日本の雇用創出事業と、ダムや道路づくりの労働者を自国で賄うという中国の方法とは対照的である。「アフリカの若者のための産業人材育成イニシアティブ（ABEイニシアティブ）」のもとで、2014年から2020年の間に、アフリカ人3万人に職業訓練を提供すると発表した。アフリカの若者1000人が日本の大学や大学院で学び、インターンとして働く公約も掲げた。援助は電力供給、鉄道、水道設備の3分野が対象である。DAC加盟国がこれまでおもに社会的ニーズに取り組んできたことと異なり、日本は開発分野を選んだのである。

日本はアフリカの伝統的なドナー国のなかで主要な開発アクターであるが、既存の南北協力の視点からその役割を果たしており、既存の多国間援助機関を通じて、ODAの多くが拠出されている。これは、南南の視点を促進し、既存の原則と機関に疑問を持つ中国の方法と正反対である。それは、中国が直接的、あるいは間接的に立ち上げた新たな国際機関（アジアインフラ投資銀行［AIIB］、BRICSなど）の出現にも示されている。

さらに、DAC加盟国は環境的、社会的な政策やセーフガードを定めた結果、アフリカへの介入に制限をかけたことになった。日本は対アフリカ援助において、そのセーフガード厳守の義務を負っている。しかし中国はそのようなセーフガードとは無関係に、とくにアフリカではいつでもどこでも国益にあわせて自国の方針で行動しているため、一様でない援助が繰り広げられることになった。

日本の対アフリカ援助の課題と展望

おそらく中国以上に日本は、アフリカにおける自国の投資を強化するにあたって、安全保障という大きな障害に懸念を抱いてきた。2013年1月にアルジェリアの天然ガス精製プラントにおいて日本人10人が人質事件に巻き込まれ、その懸念は浮き彫りになった。安全対策の問題を考えるにあたって、在アフリカ邦人の数は中国人に比べて少ない。この点について、日本は外国軍による人

道的介入と非戦闘作戦に資金提供をする可能性があり，そのために安全保障政策を ODA で賄うことを検討している。その外国軍のなかには在アフリカのものも含まれる（1993 年に，モザンビーク政府とアパルトヘイト政権の南アフリカに支援されたモザンビーク民族抵抗運動勢力間で停戦後，国連平和維持活動に参加するために自衛隊がモザンビークに派遣された。(Sato 2005)）。日本が海外の軍事作戦に参加する可能性について日本国民から大きくは批判されておらず，アフリカにおける限られた非戦闘・人道的作戦については多くの場合大目に見られている。

同様に重要なのは，日本の対アフリカ援助に対する批判である。日本は世界最大のドナー国の1つであるが，人権を優先することはなく，パートナー国の人権配慮のために資金や人員を割くことはなかった。とくに，国際 NGO ヒューマン・ライツ・ウォッチの東京事務所は「日本は長い間，援助原則の1つとして人権を掲げてきたが，人権尊重を確保するという公式なレトリックと現場の行動には大きなギャップがある。独裁的，弾圧的，また人権侵害を行っている国々においても，JICA は支援対象となるコミュニティよりも，政府との関係づくりに過度の時間を費やしている」と述べた（Human Rights Watch 2015）。

5 三角協力の可能性

三角協力の背景と理由

日本・アフリカ・中国の三角協力の可能性について，考慮すべき点が3点ある。それらは，共同経済利益を配慮した共同作用の取り組みの開始，競争の徹底的な回避，そして日中の拠出国の相互補完性を活用する必要性である。

三角協力で考慮すべき1点目は，アフリカへの関与における共同利益の必要性である。中国がアフリカへ大規模にかかわることで，エネルギーと天然資源に関連した日本の国益に影響を及ぼすことが問題となっている。しかしこの議論は，東アジアにおいて統合された生産システムの水準と規模の側面をほとんど無視している。東アジアの産業は日中が大きく独占している。日中は統合された東アジアの産業のために，アフリカが有する戦略的な鉱物資源を追求しているので，資源の自由な流れを確保するために合弁事業を行うことは理にかなっているといえる。可能な日中合弁の事業として，アフリカで新しく設立された SEZ で期待されているように，インフラ開発と基本的な製造業が挙げられ

る。

　2000年代後半以降，中国はアフリカで経済特区（SEZ）を開拓している。しかし，財政上のインセンティブ以外に何も提供するものがなければ，ホスト国は長期的に開発で得る収入を確保できないだろう。もっとも成功したSEZでは，現地の卸売業者との関係を促進し，国内市場と関連させ，グローバル市場にもアクセスを有し，そして技術移転を生み出している。この技術移転は，技能の開発と実験へのインセンティブの提供を要するものである。また，SEZが海外市場を確保しながら，国際投資家を引きつけることが必須要件である。SEZへの投資を呼び込むことが難しいため，第3者がかかわって投資者を呼び込み，そして新しい輸出先を開拓し，実績を強化する必要がある。上記の成功条件を満たすために，日中がホスト国とともに手を取りあうことができるだろう。

　2つ目は，日中がアフリカに協力するにあたっての，徹底的な競争回避の必要性である。中国の出現に続いて国際援助の分野において競争が激化したことで，競争の回避はもっとも懸念されている事項である。アフリカ数ヵ国の政府は，天然資源を管理するにあたって弱いガヴァナンスを有し，契約や合意づくり，その適用と実行能力が不足している。その合意のなかには，投資家が尊重せねばならない環境的，社会的配慮も含まれている。天然資源を管理するグッド・ガヴァナンスなしに，中国や日本の貿易と投資がアフリカのパートナーに長期的な開発恩恵をもたらす保障はない。それどころか，条件制限が厳しくない拠出国が最大の取引を得ることにより，「徹底的な競争」の火付け役となるだろう。そのため，アフリカにおいて開発協力パートナーが援助の動きを統治・管理するために，中国と日本といったドナー間でのよりよい協働が求められる（Lambin 2015）。

　3つ目は，対アフリカの合同資金メカニズムと支援に関して，日中の相補性を活用することである。たとえば，日本がアフリカにおける開発プログラムを強化したいと考えているが，資金が不足していると想定する。そして，日本はアフリカにおいてインフラ建設に関する技術的能力を持っているとする。中国は日本より財政能力にゆとりがあるため，財政的に束縛されることはほとんどなく，アフリカにおいて橋や空港の建設に従事しやすい。中国の即時の資金調達能力と，日本の質と技術といった強みによって，将来の対アフリカ援助事業

において相互に補完できる。互いの強みを組み合わせることで，日中はアフリカにおいて社会的な人材育成事業をより効率的に実行できるであろう（Dinh 2014）。さらに，中国の国有企業はアフリカの政府同様に，本質的に不透明である。この類似性はアフリカの非民主的な政権にとって非常に都合がよい。しかし，この不透明性とガヴァナンスの欠如はアフリカにおける長期的な開発に有害であることが認識されてきた。中国企業と異なり日本企業は近年，透明性，説明責任，法の支配，所有権などの原則を順守してきた。これらの要素はすべて，アフリカの経済開発を長期的に支援するために不可欠である。これに関して，現場での協働を通じて，中国企業は日本企業の経験から学ぶことができるだろう。

　日中がアフリカにおいて協力し合える分野は安全保障である。すでに日中はそれぞれ PKO への参加を通じて，軍隊・自衛隊の存在が目立ってきている。アフリカの平和と安全保障にますますかかわることで，中国は，国家主権と内政不干渉という長年のイデオロギー的な防衛方針と衝突することになるだろう。共同事業は，重要な開発事業と経済投資を守りつつ，中国のイデオロギー的原則と現実との和解につながる可能性が高い。

三角協力と南南協力の視点

　前述のように，援助開発の効果を弱める要素の1つには利潤追求が挙げられる。利潤追求がアフリカにおいてどれくらい日本や中国の投資に影響力を及ぼしているか不明であるが，不干渉が開発の試みを暗黙的に妨げていると言える。中国の存在感と関心度が高まっているのに関係して，中国の考えであるアフリカの内政不干渉は徐々に無効になっている。というのも，中国の存在が高まっている場所においては，安全保障が守られていないからである。不干渉というのは，今日のグローバル的な統合社会において同じ意味を持たない。明らかに，中国とアフリカ各国，そして日本のようなアフリカで植民地の歴史を持たない（テロ集団が宗教と植民地を理由として市民に訴えている結果，アフリカの一部では「非植民地の歴史」が考慮すべき事項として再び注目を浴びている）第3国の間で，一貫性のある組織的な取り組みを築く必要がある。現在の1次産品主導の成長だけでは，ほかの成長セクターにおける技術知識や雇用創出の増加につながらないことは明白である。現在の援助のアプローチを追求しても，期待している

ほど開発の恩恵に達しない可能性が高い。言い換えると，日中の意欲が高くても，現在の援助の取り組みではアフリカが直面している主な問題――経済と貿易が拡大しても失業や格差拡大が続くこと――は未解決のままであろう。そのため，財政支援に集中するのではなく，地元の技術開発が必要とされる。地元の技術開発に焦点を当てることで，現地の活発な起業家によって技能強化と技術創出を組み合わせることができる。日中の中小企業がアフリカのカウンターパートと生産や市場売り込み，輸出活動において連携することで可能となる。このような技術支援の目的は，現地のアクターを開発の受け身的な受益者というより主体者として巻き込むことである。そうすることにより，雇用と技能が創出され，国内市場が拡大するであろう。

明らかに，このような試みは，海外技術へのアクセスと地元の知識創出との連携に大きく依存している。現在までの枠組みでは，海外の技術に受け身の受益者がアクセスし技術が移転される必要があり，技術の産出は贅沢な試みだと思われていた。本質的に，中国とアフリカ間の新興の南南協力は，両者がニーズと開発の優先順位をそれぞれ定めることを可能にする大きな機会である。しかし，南の新たなドナー国がたんに南北のモデルに取って代わらないよう，第3者が2国間パートナシップに加わることは不可欠である。日本にとっては，日本の援助が非常に柔軟で，新興の南南協力のニーズと知識共有に対応できると示すことができ，有益であろう。

全般的に，開発にとって知識共有は協力の不可欠な柱であるが，その妥当性にもかかわらず，南の国々の間では知識共有がまだ限られている。中国とアフリカの協力は三角開発によって，とくに技術支援，能力開発，労働基準，環境保護，グッド・ガヴァナンスの分野で有益な教訓を学ぶことができる。これらはすべて，日本が積極的に貢献できる分野である。

アフリカとアジアの主要な拠出国間の3者協力を実現するためには，日中の両国が対アフリカ援助の運営の違いを調和する必要がある。中国は商業・経済の分野に焦点を当てているのに対して，日本は伝統的な外交分野を追求している。この差異はそれぞれの援助の運営方法に反映されている。たとえば，中国の対アフリカ援助は商務部が管理しているのに対して，日本の援助は外務省のもとでJICAが運営している。

第4章　日本と中国による対アフリカ開発援助

6　三角協力の実現に向けて

アフリカ開発に対する日中のコミットメント

　本章の目的は，日本と中国の対アフリカ援助を比較することであった。全体を通して，日本がアフリカの重要な開発パートナー，投資と貿易フロー源である一方で，中国は2000年代以降，とくに貿易と経済成長の原動力となっていることを示した。疑いなく，両国はアフリカ開発に関する問題や課題に対して確固たるコミットメントを示している。この点において日本と中国両国は，アフリカの開発アジェンダの成り行きに肯定的な影響を与えるイニシアティブを発揮してきたといえよう。1990年代初頭のTICADと2000年代のFOCACを通して，日本と中国はアフリカ開発の議論に影響を及ぼし，インフラ開発，教育，人間保障，貧困削減，そして国際貿易と経済成長を活発に支援することができた。

　同様に重要なのが，日本と中国の両国がアフリカの開発を異なる方法で——時に補完的に，時に相反する方法で——助けてきたことである。興味深いことに，日本の対アフリカ協力は，いまだにOECD・DACの枠組みアプローチに基づいている。日本の援助は，長い間伝統的な援助を支えてきた南北援助の観点と比較的一致している。明らかに当該アプローチは，アフリカの開発パートナーから，時代遅れで経済および開発の課題には適応していない点があると思われている。対照的に，非OECD加盟国である中国の増え続けるアフリカ援助は，アフリカ諸国の開発努力を賄うための魅力的な代替財源となっていった。2000年代初頭から，中国は南南協力の観点を推進し，一方で援助は貿易と経済を増大させ，市場の拡大と自然資源へのアクセスを獲得するためであることを明確にしていた。

対アフリカ援助の今後

　アフリカが日本と中国の援助から恩恵を受けているのは確かである一方で，当該両国がアフリカから恩恵を受けているのも確かであろう。自然な流れとして，この3地域が直面する課題について，三角協力の可能性を検討することが好ましいであろう。アフリカ開発課題において，親密な日中協力は一見難しい

ように見えるが，当該アジアの2大国はかつてないほど産業的に統合されている。さまざまなグローバル価値連鎖を通して，現在東アジアが産業的に統合されているというのは否定できない事実であり，とりわけ特定の1次産品を調達する際に，中国と日本の経済的関心がさらに集約されることが想定される。このような状況下では，アフリカに残る多くの開発課題への共同イニシアティブが可能であろう。

さらに先に進めると，三角協力が日本と中国に対して，そしてアフリカ諸国の政府に対して必要とする組織改革を過少評価しないことが重要である。たとえば，三角協力を具現化するためには，現在の国際協力の枠組みを初期段階の南南協力の観点に適合するよう調整し，中国と日本両国の援助運営を調和させ，アフリカの組織改革を推進させる必要がある。さらに，開発と経済成長が機会を生み，生活水準を向上させる範囲というのは，多くの構造的および制度的な経済政策に依存するところで，国際援助が及ぼす影響の範囲を超える部分である。これらの部分は，制度の質と，不平等と貧困の議論で多く語られる再分配の問題を含んでいる。これらの多くについては，アフリカ諸国の政府が今後十分に対応すべきところである。この点において，アフリカ経済への投資額が大きくなっている日本と中国は，アフリカ政府に対し，利益追求を減らして資源配分をさらに向上させることを要求し，アフリカ諸国の制度的，能力的形成を支援することにおいて重要な役割を担うことができる。当然ながら，アフリカ国内政治への不干渉や無条件といった立場を見直す必要があるだろう。国際協力の指針の多くは，さらに深化するグローバル社会に対応するよう見直していくことが求められている。

参考文献

Aoki, Mizuho, "Abe Looks to Put His Stamp on Foreign Aid" *Japan Times*. 23 June 2014.

Bartlett, Duncan, "Japan and China Criticise Each Other's Africa Policies" *BBC News*. 10 January 2014.

Calder, Kent E., "Japanese Foreign Economic Policy Formation : Explaining the Reactive State," *World Politics* 40, 1988, pp. 517-541.

Dinh, Christina, "China, the US, and Africa : A New Foreign Aid Triangle?" *Asia Society*, Commentary. 5 August 2014.

Human Rights Watch, "Japan : Aid Agency Should Prioritize Rights." HRW Letter to

JICA, 23 June 2015.
Japan METI, METI Journal Special Report, 2013 ; August / September 2013.
JPAS, Editorial Commentary : China-Africa's Latest MOU. The Journal of Pan African Studies. 7(8). March 2015.
King, Kennerh, *China's Aid and Soft Power in Africa : The Case of Education and Training*. London : James Currey, 2013.
Klasa, Adrienne, "Chinese Investment in Africa Plunges 84%." *Financial Times*, 21 October 2015.
Lambin, Tatiana, "Chinese and European Aid : Avoiding a Race to the Bottom," World Wide Fund for Nature ; 11 May 2015.
Maswana, Jean-Claude, "Colonial Patterns in the Growing Africa and China Interaction : Dependency and Trade Intensity Perspectives," *The Journal of Pan African Studies*. 8(7): 2015, pp. 95-111.
Morikawa, Jun, *Japan and Africa : Big Business and Diplomacy*. Trenton, NJ : Africa World Press, 1997.
Obe, Mitsuru, "Seeking to Match China Influence, Japan Boosts Africa Aid Pledge." *The Wall Street Journal*. 2 June 2013.
Sato, Makoto, "Japanese Aid Diplomacy in Africa : An Historical Analysis," *Ritsumeikan Annual Review of International Studies*. 4 : 2005, pp. 67-85.
Sun, Irene Yuan, "Africa's Incoherent Security Framework Threatens Future Chinese Investments." *The Guardian News*. 12 July 2014.
Sun, Yun, "Inserting Africa into China's One Belt, One Road Strategy : A New Opportunity for Jobs and Infrastructure?," *Brookings Africa in Focus*. March 2, 2015.
Tarp, Finn, *Aid and Development*. DP 06-12, Department of Economics, University of Copenhagen, 2006.
Tjønneland, Elling N., "African Development : What Role Do the Rising Powers Play? " Norwegian Peacebuilding Resource Centre (NOREF) Report-January 2015.

第5章　ジェンダー平等
―― アフリカを通して日本を考える ――

戸田真紀子

1　アフリカの女性とジェンダー

ジェンダー平等が求められる理由

　ジェンダーとは，社会的・文化的に形成された性別であり，何をもって「男らしさ」「女らしさ」とするかは社会によって大きく異なる。また，ジェンダー問題は女性差別と同義ではない。「男らしさ」「女らしさ」という伝統的価値観によって，男性も自由な生き方を縛られているからである（女性差別撤廃条約第5条を参照）。ただし，先進国でも途上国でも，男性優位の社会のなかでジェンダーが形成されてきたことは否めない。

　2006年に，東京都国分寺市が人権学習の講座の講師として上野千鶴子・東大大学院教授を招こうとしたところ，委託関係にあった東京都教育庁が「ジェンダー・フリーに対する都の見解に合わない」と委託を拒否し，講座が中止となった事件があった。あれから10年近く経つが，日本ではいまだにジェンダーという言葉への嫌悪感が払拭されていない。なぜだろうか。本論に入る前に，経済協力開発機構（OECD）の開発援助委員会（DAC）が1999年に公表したガイドラインに掲載されている"Gender equality"のコラムを紹介したい（OECD 1999：13）。

　　「ジェンダー平等は，女性と男性が，社会的に価値のある財，機会，資源そして報酬を平等に享受することを要求する。ジェンダー平等とは，男性と女性が同じになることを意味するものではない。機会と人生のチャンスが男女の間で平等であることを意味している。ジェンダー平等と女性のエンパワーメントを強調することは，すべての社会と文化に対して，ジェンダー平等の特定のモデルを仮定しているわけではなく，ジェンダー平等が意味するも

のを選択するために女性と男性が平等な機会を持っていることと,ジェンダー平等を達成するために女性と男性が連携して取り組むことに関心を示しているのである。現在の格差を考えれば,女性と男性を平等に扱うことは,ジェンダー平等を達成する戦略としては不十分である。不平等があるなかで(男女を)平等に取り扱うことによって,格差の永続化が起こる可能性がある。ジェンダー平等を達成するためには,格差を強化し維持する制度的慣行や社会関係が変化することが要求されるだろう。また,自分たちの社会を形成するのに女性が強力に発言することも要求されるだろう」

DACのコラムが指摘しているように,ジェンダーの問題を考えることは,男性にとっても女性にとっても利益になる。ただ,圧倒的に女性が不利に扱われている事例が多いため,ジェンダーの問題が女性の権利保護を前面に押し出す話になることが多く,また,ジェンダー平等を達成するために,慣習や社会構造の問題にまで踏み込まざるをえなくなることも,一部の人びとや組織からの反発を生む一因であろう。しかし,ジェンダー平等の達成が,社会全体の発展に寄与するとわかっていれば,人々の反応は違ってくるのではないだろうか。
「女性の家庭内での地位や社会的地位が向上し,積極的に社会に参加できるようになると,男女格差や貧困問題,また食料危機や温暖化など気候変動による様々な弊害を解決する大きな力」となる(日本ユニセフ協会HP)。また,世界銀行は女性が教育を受けることの重要性を以下の6点に整理している。①女性の出産率の低下,②子どもの死亡率の低下,③妊産婦死亡率の低下,④HIV/エイズ感染の予防,⑤女性の就労率と所得の増加,⑥教育の世代間の恩恵(World Bank HP)。このように,ジェンダー平等を推進することは,社会や国家にも恩恵をもたらすものなのである
　ジェンダー平等推進の重要性を共有したうえで,本章では,アフリカ,とくにサハラ以南のアフリカにおけるジェンダーが生み出す諸問題とその解決策を考えていきたい。

誰が「アフリカの女性」か？
　さて,アフリカの女性は毎日どのような暮らしを送っているのだろうか。この問いに答えることは大変難しい。アフリカは男尊女卑だとよく評されるが,

これも地域差が大きい。アフリカ大陸には2500以上の民族が存在するという。2500の民族がいれば，2500の言語があり，2500の慣習法が存在する。それぞれの慣習法によって，女性の地位は異なる。

さらに，アフリカでは貧富の格差も大きい。都市部の富裕層の女性の生活と，都市のスラムに住む女性や農村に住む女性の生活とは，天と地ほどの差がある。富裕層であれば，女性であっても高等教育を受けることは当たり前であり，たとえば，ケニアの首都ナイロビで暮らす大卒共働き夫婦であれば，米国の中産階級と変わらない暮らしを送ることができる。

それでもケニアの富裕層の女性に悩みがないわけではない。彼女らとて，ケニアの慣習法から自由ではないからである。ナイジェリアの女性作家フローラ・ンワパ（Flora Nwapa）の作品に登場する女性たちが直面するように，とくに子宝（男の子）に恵まれなかった場合，第1夫人はつねに（とくに夫の女性親族からの）第2夫人，第3夫人を娶れという圧力にさらされる（アフリカ女性作家として初めて国際的に高い評価を得たンワパの作品に登場する女性は，慣習に対抗し自立を求める。Nwapa 1981, 1992）。また，2014年ケニアでは，伝統婚を選択した場合，夫は無制限に妻を娶れる法律（The Marriage Act 2014）が制定された。原案では「第1夫人の了解が必要」という条件がついていたが，女性団体の反対にもかかわらず，この条件は男性議員によって削除された（この法律についての女性団体の反応は，CNN 2014の記事などを参照のこと）。このように，経済力がある女性であっても，ジェンダーの問題から自由になったわけではないのである。

女性の地位

では，太古の昔から，アフリカの女性の地位は低かったのだろうか。決してそうではない。次節で述べるように，植民地化によって当時のヨーロッパの遅れた女性観がアフリカに押し付けられたため，伝統的に認められてきた権利が女性から奪われた地域もある。独立闘争では女性がともに戦ったにもかかわらず，独立後，女性戦士の存在を長く認めてこなかった国もある。

現在のアフリカの女性の地位が先進国と比べて低いという評価に対して，アフリカのフェミニストは批判的である。エジプトで初めて女性性器切除（FGM）を告発したナワル・エル・サーダーウィ（Nawal El Saadawi）は，自分

たちは身体の一部を切除されているが，西洋の女性は心を切除されているとして，西洋のフェミニストが「上から目線」でアフリカのFGMを非難する態度を批判している。

> 「私は，女子の割礼その他の逆行的で残酷な風習には反対である。私は，アラブの女で最初にそれを公然と告発した。……しかし私は，女子の割礼のような問題にばかり目をやり，それを，アフリカやアラブの国々の女だけが異常で野蛮な抑圧を受けていることを示す証拠にする，西洋の女たちの意見には賛成しない。……西洋の女たちは，クリトリスの外科的な除去こそ受けていないかもしれない。しかし彼女たちは，文化的・心理的クリトリデクトノミーの犠牲者である」 （ナワル・エル・サーダーウィ 1988：25）

アフリカの抱える男尊女卑の価値観は特殊アフリカ的なものではなく，西洋の女性も家父長制の下にあることを認識しなくてはならない。もちろん私たち日本人もサーダーウィの批判から逃れることはできない。下院での女性議員比率ランキング世界一の国はルワンダであり，アフリカのほとんどの国が，日本より上位に位置している（120頁，表5-1参照）。日本において女性議員が少ないことは，家父長制と無縁ではない。

次節以降，サハラ以南のアフリカを「アフリカ」と呼び，植民地時代から現代まで，アフリカの女性が直面している問題を考えていきたい。

2　植民地化がもたらした女性の周辺化

植民地化と女性

アフリカの植民地経験は，きわめて多様である。旧宗主国である英国とフランスを比較しても，その統治方式には違いがあり，植民地化された側の慣習も宗教も政治形態も地域によって大きく異なっていたからである。ただ，いずれにせよ，アフリカの女性が置かれていた状況は，植民地化によって大きく変化したことは間違いがない。植民地化によって，当時のヨーロッパの（遅れた）概念が押しつけられ，女性に伝統的に認められてきた権利が侵害されるようになったからである。

西アフリカでは，伝統的に，女性首長と女性の政治的権利が認められていた。たとえば，現在のガーナ付近にあったアシャンティ連合王国では，王族の女性メンバーに高い地位が与えられ，連合王国の王であるアサンテヘネの後継者を選ぶ権利は，皇太后にあった。「顧問官の助言を得ながら，彼女が自分の娘の息子たち，あるいは娘の娘の息子たちから選ぶのである。王が死んだり，退位したりして王位が空白になると，皇太后が統治権を握った」という。一度は英国軍を破り，その後敗れて流刑となった皇太后ヤア・アサンテワの活躍は有名である（宮本・松田編 1997：427-429）。同じく旧英領であったナイジェリア南東部で 1929 年に起こった「アバの女性戦争」は，伝統的に女性が享受してきた権利を無視しようとした「委任首長」（英国が任命）に対する女性による反乱であった（戸田 2015：第 7 章注 4 を参照）。伝統的に女性に認められた権利が植民地化によって奪われた事例は，ヨルバ人社会（井野瀬 2009）やルワンダ王国（戸田 2015）にもみられる。

慣習法に対して，西欧によるキリスト教の布教と植民地化がどれほどの影響を与えたかは，まだまだ研究途上であるが，カメリ-ムボテ（Kameri-Mbote）は，ケニアの慣習法において，女性は母として大きな保護を受けており，資源の分配とアクセスも保障されていたが，植民地主義と個人主義によってアフリカ社会が変化していくのにともない，慣習法上の女性の地位が低下していったと説明している（Kameri-Mbote 2001：5）。

現在でも，食料を管理する権限が女性にある社会であることを理解せず，世帯主であるという理由で，男性に食料配分を任せてしまった難民キャンプの事例に見られるように，アフリカの女性が享受してきた伝統的権利が欧米の価値観によって侵害されることは続いている。もちろん FGM や早婚，レヴィレート婚など，アフリカに是正すべき因習があることは筆者も十分承知しており，また地域や民族，階級によってさまざまな事例が存在するため，女性というカテゴリーの一般化が難しいということも理解しているが，ヨーロッパ人の到来によってアフリカの女性の権利が奪われた事実は強調しておきたい。

西欧宗主国における女性の地位

植民地時代，ヨーロッパ流の女性・母・妻としての枠に押し込まれた女性たちは，独立後もヨーロッパの古い価値観に基づいた法律によって縛られること

になった。アフリカの事例をみる前に、奴隷貿易から植民地主義の時代のヨーロッパの例として、フランスの状況をみてみたい。

1789年のフランス革命により、フランス人権宣言が登場したが、1791年に『女権宣言』を著したオランプ・ド・グージュが反逆罪で起訴されたことからも、この当時の人権とは男性の人権であったことがよくわかる。1804年のフランス民法典では、「家族の団結が妻に対する夫の優位性と絶大な父権（puissance paternelle）によって確保された。妻は無能力者とされた」。その後、妻の能力は次第に拡大していったが、妻が完全な行為能力を得るには1938年2月18日の法律を待たなければならなかった。そして、「民法典の家族法領域における全面的改正が実現をみるには、……1964年から1975年にかけての……一連の法改正を待たなければならなかった」（田中 2010：257-258）ということで、1960年の「アフリカの年」には間に合わなかった。

独立後も受け継がれたジェンダーの壁

このように、西欧の状況をみていくと、西欧の法体系をモデルに作られたアフリカの法律に家父長制的規定が残っていても、なんら不思議はない。筆者はかつてカメルーン政府が1999年に女性差別撤廃委員会（CEDAW）に提出した第1次レポートを紹介したことがある（CEDAWでの審議は2000年。戸田 2008, 2013）。当時のカメルーンの法律には、明らかに女性差別である規定がまだ多くみられた。カメルーン政府は2011年に第4次第5次合併レポートを提出し（締約国レポートCEDAW 2012）、2013年にCEDAWからのコメントへの回答書を提出している（CEDAW 2013）。この回答書では、刑法草案、民法などにおいて、婚姻年齢を両性18歳と平等にすること、夫婦の共有財産について夫の排他的権利を認めないこと、FGMが禁止されることなど、さまざまな改革が準備中であることが示されている。

国内法は、女性差別撤廃条約など、その国家が批准しようとする、もしくは批准した国際人権条約に従って改正することが要求される。これは、法案を提出する行政府と法案を審議する立法府の仕事である。修正が難しいのは、改正場所のない慣習法である。立法府の作った法律が慣習法に優先すると憲法に明記されていても、地方に行けば行くほど、人々は慣習法に従っている。

現在、とくに農村部においては、女性に不利な慣習法が多くみられるが、法

律に反する慣習法は法廷では無効であることをカメルーン政府は明言している。大切なことは，法廷に訴える能力を女性がいかに身に着けるかということであり，第5節で述べるように，女子教育が重要である。

3 アフリカ女性の直面する問題

貧困の女性化と貧困の連鎖

貧困の女性化とは，貧困層に占める女性比率が高いことを意味している。一般には，貧困層の7割が女性であると言われているが，アフリカでも状況は変わらない。どうして貧困層に女性が多いのだろうか。それは，日本のシングルマザーの状況をみるとよくわかる。日本でも近年，貧困の女性化が問題となっており，その原因として，離婚した女性が子どもを引き取り新しい生活を始めたとしても，女性は家計を補助する程度に働くことを想定された賃金体系があるため，父子家庭に比べて母子家庭は収入が少ないこと，離婚相手の父親に養育費を強制的に支払わせる制度が日本にはないこと，公的扶助も他の先進国と比べて整備されていないことなどが指摘されている。

富裕層に生まれれば，女性であっても，高い教育を受けることができる。しかし，貧困層に生まれれば，限られた資源は将来親の面倒を見ることを期待される息子たちのために使われ，将来嫁に行ってしまう娘たちへの投資は期待できない。筆者の調査地の1つであるケニア北東部では，電気・ガス・水道のない生活のため，数時間もかかる水汲みや薪集めといった重労働の分担を母親は娘たちに期待する。同じように学校に行っていても，兄弟が勉強をしている間に，自分は水汲みなどの家事をさせられ，勉強時間が確保できないという女子学生からの苦情を聞くことも多かった。初等教育無償化以降も，この地域では，初等教育就学率がケニアの平均になかなかたどりつかない。文房具の購入を含め授業料以外の支払いが難しいからであるが，女子生徒には生理用品の確保という難問がさらに加わる。親が用意できなければ，1週間学校を休まざるをえず，そのために勉強が遅れて，退学という事例もあった。

アフリカの貧困層では，親世代も非識字者であることが多いため，学校に行かない限り，「読み・書き・(簡単な) 計算」を学ぶ機会はない。「読み・書き・計算」ができなければ，よい収入が得られる仕事に就くことはできず，親と同

じように貧しい生活を送る「貧困の連鎖」が親から子，子から孫へ，続いていくことになる。

　逆に，貧困家庭の娘が，中等教育，高等教育を受ける機会を与えられれば，どうなるだろうか。次節で詳しく述べるが，教師や看護師，助産師となり，貧困の連鎖を断ち切り，家計を助けるだけではなく，地域に大きく貢献する人材になっている。

慣習と暴力
　慣習のために，女性が生命の危機に直面することがある。早婚とFGMである。筆者の調査地（ケニア北東部）では平均14歳で，父親の決めた相手と結婚させられる。貧しい家庭であれば，夫が少女の父親に支払った婚資（牛など）が今度は少女の兄弟の結婚の婚資として用いられる。少女が父親の決定に逆らうことは伝統的には許されない。

　少女は結婚のために教育の機会を奪われる。ケニアの法律は就学中の生徒を結婚させることを禁止しているが，突然退学させてしまえば，学校側も何の手も打てない。学校に行かなければ「読み・書き・計算」を学ぶ機会がない社会において，早婚は，少女から生きるための力を奪ってしまうのである。

　早婚は少女の命さえ奪うことがある。骨盤が十分に発達していない段階で妊娠・出産することは，難産の原因となり，母子ともに死の危険に直面する。また，数日にわたる難産の間に，子どもの頭が膣周辺の壁を圧迫し，膀胱や直腸との間に孔があいてしまう「産科瘻孔（フィスチュラ）」という病気になることもある。体が未成熟なまま結婚し妊娠したために，死産のうえ，排せつのコントロールを失った女性たちは，その臭気のために家から追い出され，ブッシュで暮らすという。早婚が原因となるこのような危険を避けるために，WHOは18歳未満の結婚と20歳未満の妊娠を避けることを提案している（WHO 2011）。

　早婚の理由は，夫の側が自分の言うことにおとなしく従う年齢の少女たちを好むことが一番の理由のようである。しかし，早婚が母子の命を奪っていることを知ったらどうだろうか。また，教育を受けることで経済力をつけた娘が，老後の仕送りをしてくれることを知ったらどうだろうか。筆者の調査地では，後者の理由で，女子教育に熱心な親が増えつつあると聞いている。

　慣習のなかで，つねに男性が加害者側にいるわけではない。一家の大黒柱で

あることを男性に強く求める社会では，次のような悲劇が起きている。長く内戦が続く地域で，戦場から手足を失って戻ってきた元兵士が，一家の大黒柱であるにもかかわらず畑を耕して家計を支えることができなくなったため，妻の前から姿を消してしまったという話である。

開発とジェンダー

　第2次世界大戦後の米国で主流となった近代化論の下では，開発理論は中立であり，経済発展は自動的に女性の地位向上をもたらすと考えられていた。女性は開発の担い手ではなく，再生産労働（とくに母の役割）の担い手であった。女性は開発の恩恵を受けるだけの存在であり，食糧援助，栄養教育，家族計画など社会福祉的政策が実施されたが，かならずしも女性の生活を改善することにはつながらなかった。

　こうした状況に疑問をもったボズラップ（Ester Boserup）をはじめとする研究者は，貨幣経済への移行のなかで，男性が現金収入となる「換金作物」を生産するのに対し，女性は「見えない労働」（家族が食べるための「自給作物」生産，家事や育児など）に従事するため，社会的地位が低下していったことを明らかにし，近代化論に基づく開発政策は女性にマイナスの影響を与えると結論付けた。「開発と女性（WID）」アプローチの登場である（1970年代）。

　WIDアプローチは，開発における女性の役割を重視し，開発過程に女性を組み入れるために，たとえば所得創出プログラムのように，女性を対象にした貸付や雇用の促進が始まった。このようなWIDアプローチに基づく政策も，女性にプラスの結果をもたらさなかった。女性が報酬を得たとしてもそれに対する裁量権がない，経営に関する意思決定過程にかかわることができない，土地の所有権がないなど，女性が男性と同じ権利を有していない家父長制社会のままでは，女性が開発に参加したとしても，女性の労働負担が増えるだけで，女性の状況が改善されることがないからである。

　ここで，ジェンダー間の不平等な関係を注視するアプローチが登場する。「ジェンダーと開発（GAD）」アプローチである（1980年代）。GADアプローチは，所得や支出水準など経済面だけではなく，社会，文化，政治などさまざまな場面でジェンダーの視点を取り入れ，女性の意思決定過程への参画を促進し，政策や制度におけるジェンダー平等が推進されることを求めている。

この取り組みには，ルワンダの事例が示唆を与えてくれる。ルワンダの女性議員たちは，女性と子どもにかかわる分野に関心が高く，女性に土地を相続する権利を初めて認めた 1999 年の法律制定時には，女性議員は反対する男性議員を論破し，女性の人権を守るために最大限の貢献をした。

女性の地位，とくに貧しい女性の地位を向上するには，国レベルでの法制度や政策のレベルでのジェンダー平等が必要であり，村レベルもしくは家庭内でのジェンダーの見直しが必要となる。制度や政策にジェンダーの視点が必要なことを開発アプローチの変化は教えてくれる。

女性の政治参加

アフリカのすべてが日本より劣っているわけではない。とくに，ジェンダーに関する項目では，多くのアフリカ諸国が日本の上位に位置している。これがもっとも顕著に表れているのが，下院における女性議員比率である。次頁表 5 - 1 は，2015 年 9 月 1 日時点の下院（もしくは一院制議会）における女性議員比率について列国議会同盟（IPU）が作成したランキングから，アフリカ諸国と日本の順位と比率を示したものである。日本より上位に位置するアフリカ諸国がいかに多いかがわかるだろう。

女性議員といっても有力政治家の妻や娘の場合もあり，その成果が問われている国もあるが，ルワンダでは，女性議員たちが超党派議員連盟を結成し，男性議員を取り込む努力により，「ジェンダーに基づく暴力の防止と処罰に関する法律」の制定に成功している（戸田 2015 を参照）。

4 女子教育の重要性

貧困層の女性と富裕層の女性

女性の地位向上には，女子教育の充実が不可欠である。貧困層の女性に，「貧困の連鎖」があることを見逃してはならない。教育を受けることで，生活していけるだけの収入を得られるようになるからである。教育が必要なことは富裕層の女性にとっても同じである。貧困層の女性が生活力をつける場合も，富裕層の女性が政界や財界で活躍するにも，教育が大きなカギとなっているのである。

表5-1 IPU順位と下院の女性議員比率（2015年9月1日時点。190ヵ国対象）

日本よりも比率が高い国々（順位と比率）	ルワンダ（1位，63.8％），セイシェル（4位，43.8％），セネガル（6位，42.7％），南アフリカ共和国（8位，41.9％），ナミビア（11位，41.3％），モザンビーク（13位，39.6％），エチオピア（15位，38.8％），アンゴラ（19位，36.8％），ブルンジ（22位，36.4％），タンザニア（24位，36.0％），ウガンダ（25位，35.0％），アルジェリア（29位，31.6％），ジンバブウェ（30位，31.5％），チュニジア（32位，31.3％），カメルーン（33位，31.1％），スーダン（36位，30.5％），南スーダン（46位，26.5％），モーリタニア（51位，25.2％），レソト（52位，25.0％），赤道ギニア（56位，24.0％），エリトリア（63位，22.0％），ギニア（64位，21.9％），カーボベルデ（67位，20.8％），マダガスカル（70位，20.5％），ケニア（75位，19.7％），サントメ・プリンシペ（80位，18.2％），トーゴ（83位，17.6％），モロッコ（87位，17.0％），マラウイ（88位，16.7％），リビア（91位，16.0％），チャド（95位，14.9％），ガボン（97位，14.2％），ソマリア（98位，13.8％），ギニアビサウ（99位，13.7％），ブルキナファソ（100位，13.3％），ニジェール（101位，13.3％），ジブチ（105位，12.7％），ザンビア（105位，12.7％），シエラレオネ（107位，12.4％），モーリシャス（110位，11.6％），リベリア（113位，11.0％），ガーナ（114位，10.9％）
日本（119位，9.5％）と同じ順位	ボツワナ（119位，9.5％）
日本よりも比率が低い国々（順位と比率）	ガンビア（120位，9.4％），コートジボワール（121位，9.2％），コンゴ民主共和国（122位，8.9％），マリ（123位，8.8％），コンゴ共和国（127位，7.4％），ベナン（128位，7.2％），スワジランド（130位，6.2％），ナイジェリア（133位，5.6％），コモロ（138位，3.0％）

注：アフリカ54ヵ国中52ヵ国に順位がつけられている。エジプトは2013年夏のクーデター以降，議会不在（2015年10月に選挙を予定）。中央アフリカ共和国も2013年に反政府勢力が政権を奪取して以降，議会不在（2015年10月に選挙を予定）。
出所：IPU HPより筆者作成（注の内容は当時のもの）。

　大金持ちでなくとも，娘に高等教育を与えてくれる家庭に生まれた女性は，政治家，ビジネスウーマン，官僚，研究者，国連やNGOのスタッフなど，あらゆる分野で活躍している。とくに女性の政治参加については，表5-1にも明らかなように，多くのアフリカ諸国が日本よりも上位に位置している。こういった女性の活躍は地域の女性のロールモデルとして次の世代を担う少女たちが勉学に励む原動力ともなっている。

表5-2 識字率(15歳以上)の男女差(CIA, 2015年推定)

IPU順位と女性議員比率	国名	男性の識字率	女性の識字率
1位(63.8%)	ルワンダ	73.2%	68%
4位(43.8%)	セイシェル	91.4%	92.3%
6位(42.7%)	セネガル	69.7%	46.6%
8位(41.9%)	南アフリカ共和国	95.5%	93.1%
119位(9.5%)	ボツワナ	88%	88.9%
120位(9.4%)	ガンビア	63.9%	47.6%
121位(9.2%)	コートジボワール	53.1%	32.5%
122位(8.9%)	コンゴ民主共和国	78.1%	50%
123位(8.8%)	マリ	48.2%	29.2%
127位(7.4%)	コンゴ共和国	86.4%	72.9%
128位(7.2%)	ベナン	49.9%	27.3%
130位(6.2%)	スワジランド	87.4%	87.5%
133位(4.2%)	ナイジェリア	69.2%	49.7%
138位(3.0%)	コモロ	81.8%	73.7%

出所:IPU, CIA HPより筆者作成。

識字率の男女格差と女性の地位の今後

表5-2では,識字率(15歳以上)の男女差をみてほしい。IPU順位と男女の識字率の差に相関関係があるわけではないが,表5-1にあるIPUのランキングで,上位10位以内に入ったアフリカ諸国と,日本(9.5%で119位)と同列もしくは下に位置するアフリカ諸国を取り上げた。14ヵ国中男性識字率が女性識字率を上回った国は12ヵ国であり,セネガルやコートジボワール,コンゴ民主共和国,ベナンでは20%以上の差が出ている。識字率で男女差が出るということは,娘よりも息子が優先的に学校に行かせてもらえるという慣習の表れである。

アフリカの女性の地位の向上について,明るい未来が語れるかどうかは,国内的には大統領と議会の意思,現地のNGOの活躍,国際的には大国や国際機関,国際NGOの方針が大きく影響してくる。現在のルワンダのように,政権に女性の活躍を推進する意思があり,女性議員が超党派の組織を作り,市民社会の側でも女性が期待に応えているところでは,ジェンダーにかかわる問題について,さまざまな前進がみられる。

このようなアフリカの努力に対して，私たちが何か協力できることはあるだろうか。市民として現地で活動するNGOの活躍を支援することと，日本政府の対アフリカ政策に関心を持つこと，消費者としてフェアトレードに関心を持つことなど，私たち日本の国民が協力できることは数多くある。

参考文献

井野瀬久美恵「女たちの脱植民地化――フンミラヨ・ランサム-クティの場合」北川勝彦編『脱植民地化とイギリス帝国』ミネルヴァ書房，2009年。
田中通裕「＜研究ノート＞注釈・フランス家族法(1)」『法と政治』61(3)，2010年。
戸田真紀子『アフリカと政治』御茶の水書房，2008年（改訂版 2013年）。
戸田真紀子『貧困・紛争・ジェンダー――アフリカにとっての比較政治学』晃洋書房，2015年。
ナワル・エル・サーダーウィ（サーダウィ）『イヴの隠れた顔――アラブ世界の女たち』未來社，1988年（新装版 1994年）。
日本ユニセフ協会 HP「女子教育の波及力 2009年」http://www.unicef.or.jp/special/09sum/power.html,（2013/2/19確認）。
宮本正興・松田素二編『新書アフリカ史』講談社，1997年。
CEDAW (UN Committee on the Elimination of Discrimination Against Women), "Consideration of Reports Submitted by States Parties under Article 18 of the Convention, Combined Fourth and Fifth Periodic Report of States Parties due in 2011: Cameroon," 2012. (CEDAW/C/CMR/4-5)
CEDAW, "List of Issues and Questions in Relation to the Combined Fourth and Fifth Periodic Reports of Cameroon, Addendum, Cameroon's responses," 2013 (CEDAW/C/CMR/Q/4-5/Add.1).
Kameri-Mbote, Patricia, Gender Dimension of Law, Colonialism and Inheritance in East Africa: Kenyan Women's Experiences. IELRC Working Paper 2001-1. http://www.ielrc.org/content/w0101.pdf（2015/7/24確認）。
Nwapa, Flora, *One is Enough*. Africa World Press (African Women Writers Series), 1981, 1992.
OECD, "DAC Guideline on Gender Equality and Women's Empowerment in Development Cooperation," Development Cooperation Guidelines Series, 1999.
WHO, *The WHO Guidelines on Preventing Early Pregnancy and Poor Reproductive Outcomes among Adolescents in Developing Countries*, 2011.
CIA, "The World Factbook," https://www.cia.gov/library/publications/the-world-

factbook/fields/2103.html（2015/9/23 確認）.
CNN, "New Kenyan Law Legalizes Polygamy : Women's Group Applauds It." 2014. http://edition.cnn.com/2014/05/01/world/africa/kenya-polygamy-law/（2015/7/24 確認）.
IPU, "Women in National Parliament." http://www.ipu.org/wmn-e/classif.htm（2015/9/23 確認）.
World Bank HP, "Girls' Education," http://web.worldbank.org/WBSITE/EXTERNAL/TOPICS/EXTEDUCATION/0,, contentMDK: 20298916~menuPK: 617572~pagePK: 148956~piPK:216618~theSitePK:282386,00.html#why,（2013/2/19 確認）.

コラム1　アフリカにおける HIV/エイズ

「こんにちのアフリカにおいて，エイズは，あらゆる戦争，飢饉，洪水をあわせたよりも多くの人々の生命を奪っている」。2000年に南アフリカ・ダーバンで開催された国際エイズ会議の席上，ネルソン・マンデラ元南アフリカ大統領はこのように述べた。

エイズが HIV ウイルスによって引き起こされるメカニズムが発見される以前から，エイズに似た病気はアフリカ中部で「スリム病」という名で知られていた。1980年代以降に東部〜南部アフリカを中心に流行が拡大し，成人の20％以上が HIV に感染している国も珍しくなくなった。エイズは働き盛りの男女の命を次々に奪い，残された遺児のケアも大きな問題となった。

1990年代後半に抗 HIV 薬による画期的な治療法が開発され，先進国ではエイズは「死の病気」から「薬を飲みながら一生つきあう病気」へと変化した。しかし治療薬は高価で，途上国の貧しい HIV 陽性者にはとても手が出せなかった。経済格差はそのまま治療の格差，そして命の格差となった。その状況を変えるきっかけとなったのは，ブラジルやタイ，そして南アフリカといった発展途上国に暮らす HIV 陽性者の声である。

南アフリカでは，1998年に結成された治療行動キャンペーン（TAC）という HIV 陽性者主体の社会運動が，知的財産権を盾に高値での治療薬の販売を続ける製薬企業や，抗 HIV 薬による治療プログラムの提供に消極的な政府に対して，抗議行動や裁判闘争を繰り広げた。また，寸劇や歌なども用いながら HIV/エイズの仕組みや治療に関する知識をわかりやすく伝える「治療リテラシー」活動にも取り組んだ。「国境なき医師団」といった国際 NGO や，先進国のエイズ・アクティビストとも連携しながら展開された TAC の闘争は，南アフリカでの治療プログラムの実現に結び付いただけでなく，国際社会の HIV/エイズへの取り組みにも影響を与えた。

2000年代以降の世界の HIV/エイズ対策は，予防・啓発主体だった従来のアプローチから，治療やケアにも力点を置くものへと変化した。なかでも，途上国の三大感染症対策のための資金提供を目的とする世界エイズ・結核・マラリア対策基金（通称グローバルファンド）が2002年に設立されたことは，途上国における抗 HIV 薬治療普及を大きく前進させた。グローバルファンドの意思決定は，先進国政府や民間財団などのドナー側に加えて，途上国政府や NGO，そして三大感染症の影響を受けている当事者代表も参加する形で行われており，グローバル・ガバナンスの新たな形態としても注目されている。HIV/エイズ対策のための2国間の援助も，米国をはじめとして劇的に増加した。

その結果，抗 HIV 薬による治療を受けている人の数は，全世界で2001年の100万人から2015年には15倍の1500万人にまで増えた。このうち1350万人はアフリカ諸国を含む低・中所得国の人々である。HIV/エイズ関連死は2004年の年間200万人をピーク

に減少に転じ，2014年の推計死者数は120万人と，ピーク時より4割減となった。HIV/エイズの影響で下がっていた南部アフリカ諸国の平均寿命は，再び上昇に転じた。HIV/エイズ対策実施のための保健システム整備の恩恵は，ほかの疾病や健康課題への取り組みにも波及している。

とはいえ，エイズは依然としてアフリカの人々の主要な死因の1つであり，以前よりも減少したものの新規感染者数はいまも高いレベルにある（全世界の新規感染者は2001年の年間300万人に対して2014年には200万人。うち新規感染の7割はサハラ以南のアフリカで起きている）。また，抗HIV薬治療が劇的に普及したとはいえ，治療を開始しているHIV陽性者はまだ全体の半分にも満たない。治療薬の開発は日進月歩である。適切な治療をより多くの人が，より早期に開始できるようになるためには，これまで以上に対策資金が必要となるが，国際社会には援助疲れもあり，とくに中所得国からは援助を引き揚げる動きもみられる。医薬品の安定供給やケアのあり方など，治療継続を支える保健システムにも課題は多い。対策が大きく前進したとはいえ，HIV/エイズとの闘いはいまも日々，続いているのである。

参考文献
牧野久美子「HIV/エイズ政策とグローバル・ガバナンス」牧野久美子・佐藤千鶴子編『南アフリカの経済社会変容』アジア経済研究所，2013年，285-321頁。

（牧野久美子）

第6章　平和構築と正義の課題
――誰が誰の罪をいかに裁くのか――

クロス京子

1　平和構築の実験場としてのアフリカ

冷戦終結と「新しい戦争」

　冷戦終結後のアフリカ（本章ではとくに明記しない場合，サハラ以南のアフリカを指す）では，熾烈な暴力の嵐が吹き荒れた。ルワンダでは，ナタや斧などを用いて住民が虐殺に加わり，わずか100日の間におよそ80万の人々が殺害された。シエラレオネでは無辜の市民が腕や足を切り落とされるなど，反政府勢力による民間人に対する残酷な暴力が蔓延した。また，ソマリアやスーダンなどで頻発した子供兵の強制徴集や，リベリアやコンゴにおける女性に対する性的暴力の深刻さに世界は衝撃を受けた。

　民間人に対する苛酷な暴力は，決して新しいわけではなく，またアフリカに特有なものでもない。第2次大戦下のナチスによるホロコーストでは600万人以上のユダヤ人が犠牲となったし，ベトナム戦争での米国軍による民間人の虐殺もよく知られている。冷戦後の世界では，アフリカを含め，旧ユーゴスラビアやアジアの一部の地域において大規模な紛争が勃発し，民間人の被害が顕著になった。

　冷戦終結前後を境に大きく変化したのは，戦争の性質だといわれる。近代主権国家体制が確立して以来，戦争の主体は国家であったが，冷戦終結後に発生した紛争のほとんどが政府軍とそれに対抗する反政府勢力によって戦われる国内紛争であった。民間人を標的とする残酷な暴力が多数発生したことは，実はこうした文脈で捉えることができる。ナチスドイツやベトナム戦争では国家の暴力が民間人に向けられたのに対し，冷戦後の紛争では国家だけではなく，複数の反政府組織がそれぞれに対抗する勢力の支配地域の民間人を対象に，あるいはまったく無差別に攻撃するようになった。英国の国際政治学者カルドーは，

伝統的国家間戦争に対比して，1990年代以降に発生した現代紛争を「新しい戦争」と呼んだ（カルドー 2003）。

　地政学的利益やイデオロギーに基づく国家間の「旧い戦争」と異なり，民族や宗教といったアイデンティティを掲げて戦われる冷戦後の「新しい戦争」は，合理的な抑止が効かない。そのため，暴力がエスカレートする傾向があり，戦争を終わらせることが難しい。さらに多様な主体が紛争に関与する。軍事訓練を受けていない民兵や反政府勢力が戦闘に参入することで，戦闘員と非戦闘員の境界が曖昧になり，民間人を巻き込むゲリラ戦や市街戦が行われる。さらに，外国軍や反政府勢力が国境を越えて流入するだけでなく，「紛争ダイヤモンド」として知られるように，天然資源を財源として国外から武器が調達されるなど，グローバル化された戦争経済によって戦闘が継続される傾向がある。

　冷戦終結前後に勃発したアフリカの戦争は，こうした「新しい戦争」の特徴を帯びていた。そこでは，民族や宗教の違いによって敵と味方の境界が引かれただけでなく，植民地独立戦争とは異なり，暴力の矛先が支持を得るべき住民に向けられた。また，直接的な暴力による被害だけでなく，紛争によって移動を強いられた難民の多くが感染症や飢餓によって命を落とした。こうした人的損失に加え，インフラの破壊や政府機能の停止によって，経済発展が妨げられ，さらに貧困が悪化し，紛争が再燃するという負の連鎖が生じた。停戦合意があったとしても，内戦経験国のおよそ半数で5年以内に紛争が再発したとされる。

紛争の要因としての国家の脆弱性

　1990年代のアフリカの紛争は，冷戦終結が1つの引き金になって発生したと考えられるが，その根源は植民地支配からの独立時にさかのぼる（2章参照）。国民国家として成熟する間もなく独立を果たした新興アフリカ諸国は，その多くが旧宗主国の政治体制を継承し，独立時には複数政党制を取っていた。しかし，1960年代後半頃から，クーデターなどによって非民主的な一党独裁体制が敷かれるようになっていた。それは，一部の権力者とその取り巻きが，政治権力だけでなく，国民に分配すべき経済資源を独占する，中央集権的国家体制であった。にもかかわらず，冷戦期はたとえ暴力的，抑圧的な性格を有した国家であっても，東西陣営のそれぞれの地政学的利益に適えば黙認され，膨大な経済的・軍事的援助に依存することが可能であった。国内の統治基盤を少数の

取り巻きに依存するため，国内的には潜在的に不安定であったが，独立直後から東西冷戦の構図に取り込まれており，国外からの政治的・経済的資源によってその存続が支えられたのである（武内 2009）。

しかし，アフリカ諸国は，1980年代に起こった経済危機と，それへの対応としての先進諸国の援助政策の転換，つまり市場経済導入と複数政党制による民主的選挙の実施によって，1990年代後半には経済的・政治的な混乱に陥った。その結果，国内の統治能力が著しく低下し，反政府勢力の台頭を許し，結果として武力紛争に至ったのである。紛争を招いたアフリカ諸国の脆弱性の背景には，1つには政治的権利の乱用や腐敗などに対する国民からの不支持，すなわち国家の正当性が欠如しており，また国家権力による暴力の独占が不十分であったことがある。本来国家が国を統制するためには，国内の諸勢力から武力を奪い，暴力的な異議申し立ての選択を失くす必要があるが，多くのアフリカ諸国では軍や警察などの正式な暴力装置が私物化され，安価な武器が氾濫していた。

このように，紛争前から顕著であった，国民に対して基本的なサービスや保護を提供できない「破綻国家」あるいは「脆弱国家」と呼ばれる状態は，紛争後いっそう悪化したことは想像に難くない。紛争の激しかったシエラレオネやリベリアでは，インフラが破壊され人的資源が枯渇し，事実上政府機能が停止した。さらにソマリアでは，紛争の結果，実質的に中央政府が存在せず，武装勢力が群雄割拠する，「国家がない」状態が今も続いている。

アフリカと国連平和維持・平和構築活動

内戦の頻発とそれにともなう深刻な人道的危機を，国際社会は座視していたわけではない。冷戦終結後国連は，紛争の平和的解決や紛争後の平和構築に積極的に乗り出した。国連の国際平和と安全を維持する取り組みの1つとして，国連平和維持活動（PKO）があるが，これは冷戦下米ソ対立によって安全保障理事会が機能不全に陥るなか誕生したもので，停戦監視や兵力引き離しなどによって紛争の鎮静化や再発防止が意図されていた。しかし，冷戦後の紛争の性質の変化にともないその役割も拡大し，国連PKOは，平和維持だけではなく，戦争から平和への移行期にある国や地域を支援する平和構築にも取り組むようになった。今日のPKOは武装解除や人道支援，社会開発支援などを含む，軍

事，警察，文民の要素を複雑に組み合わせた多機能型の複合ミッションへと拡大している。こうした国連 PKO の質的変化の背景には，アフリカでの活動の経験があるといってもよい。

　1989 年から 2016 年現在，国連が派遣した PKO は 55 件あり，その内サハラ以南のアフリカへのミッションがおよそ半数の 27 件を占める。この数字が示すようにアフリカに対する国連，あるいは国際社会の積極的な関与は，たんに同地域で起こる紛争の数が多いだけでなく，そこでの平和の定着に課題があることの証左でもある。これは，紛争後の平和構築を戦略的に統括する機関として 2005 年に設立された国連平和構築委員会（PBC）の支援対象国がアフリカ諸国のみであることからもうかがえる。

　冷戦後のアフリカへの最初の PKO ミッションは，1989 年の国連ナミビア独立支援グループ（UNTAG）であった。現在の多機能型 PKO の先駆けとなるもので，選挙支援を初めて行ったミッションである。その後，PKO の数は急増し，1989 年から 1994 年までの間に，20 件の新規ミッションが設立され，その内の半分がアフリカのミッションであった。この時期は平和構築の初期にあたり，政治的・経済的自由化が紛争後社会の転換に必要な要素であるとされていた。そのため，複数政党制の選挙，憲法制定や法整備，市場経済への移行が，国連などの国際機関・ドナー国によって比較的短期間の間に実施された。

　しかし，こうした西洋型の国家モデルの追求は一見成功したように思われたが，ほころびを見せるようになった。比較的安定していたナミビアやモザンビークでは経済格差が広がり，治安が不安定化した。さらに，アンゴラでは選挙結果をめぐって内戦が再発し，コンゴ，ルワンダにおいても選挙をきっかけに武力衝突が起こった。性急な自由化がかえって国内を不安定にさせたとされる。

　こうして従来のアプローチが行き詰まる 1990 年代の後半から国連 PKO 改革が行われ，平和構築は統治（ガヴァナンス）を重視する国家建設（state-building）支援へとシフトした。これは，政治的・経済的自由化の前の制度構築を重視するもので，とくに警察や軍の改革は，大規模暴力の発生を防ぐという点からも有効であると考えられた。

アフリカにおける国家建設の意義と限界

　紛争後の国家建設支援は，戦後復興に不可欠な治安の回復と社会開発を可能

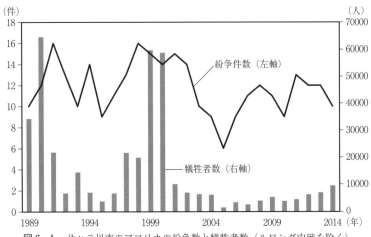

図6-1 サハラ以南のアフリカの紛争数と犠牲者数（ルワンダ内戦を除く）
出所：Uppsala University（UCDP）のデータを参考に筆者作成。

にする，能力のある正当な政府の制度を（再）構築・強化しようとするアプローチである。対象となる国の中には，長期の紛争によって政府が弱体化し，国家として機能していない国もあれば，紛争前から腐敗していて，国民が政府に正当性をみとめない国もある。国家建設支援とは，こうした脆弱な国家の統治機能の強化，制度の（再）構築，そして国民からの正当性獲得を目的として実施される。具体的には，ガヴァナンスの改善のための，治安部門改革（SSR），法整備支援，行政機能の強化，選挙支援，人権の保護と法の支配促進など多岐にわたる。ここで重要なことは，制度改革において，機能だけではなく，ガヴァナンスの強化も目指されるということである。つまり，警察改革においては，デモ隊や暴動などを取り締まる警察能力を強化することに加えて，同時に汚職や人権侵害を行わない民主的で信頼される警察制度の確立が必要とされる。こうした国家建設を主眼に置く平和構築のアプローチは，今日の国連 PKO の主流となっており，アフリカではシエラレオネへの派遣に続き，リベリアやコートジボワール，ブルンジなどにおいて大規模な多機能型の PKO が展開された。

それでは，こうしたアフリカの紛争への国際的な関与は成果をあげたのであろうか。図6-1は，アフリカにおける25人以上の死者を出した政府と反政府勢力による国内紛争の数の推移を表している。これによれば，アフリカの内戦は1990年代後半をピークに減少に転じている。その数は大幅に減ったわけで

はないが，戦死者の数が大きく低下していることから大規模な紛争が減少していることが分かる。

　アフリカで紛争が減少した要因としては，経済発展や外部からの軍事介入の減少，複数政党制の定着などがあるとされるが，そのほかの重要な点として，国連や地域機構のPKO活動が紛争の再発防止に貢献したことが指摘される。国連は過去20年にわたって多くのPKOミッションをアフリカに派遣し，また活動の多機能化にともない要員も年々増やしている。任務（マンデート）も平和維持から，民主的ガヴァナンス支援，武力行使を容認された文民保護と多項目にわたり，予算規模も拡大された。執筆時の2016年時点では，アフリカの9ヵ国・地域でPKOが展開している。

　このように，紛争の性質や社会状況に応じて，国連の平和構築活動は変化を遂げ，アフリカにおいては一定の成果をあげているように思われる。しかし，他方で国連の国家建設アプローチは，民主主義や自由主義経済という西洋的価値観や制度受容に道筋を付けるものである。これは，平和で正当なものと想定される西洋型国家モデルを移植しようとするもので，アフリカなどの発展途上国との間で次第に摩擦が生じるようになっている。たとえば，ソマリアではクランと呼ばれる血統に基づく氏族集団が政治的基盤を形成しており，クラン間で紛争が続いている。ソマリア紛争で，外部からの和平仲介などによってかえって対立が悪化するとされるのは，「国家」建設を視野に入れた外部アクターが，中央政府となる集団を見出そう，あるいはそれを創ろうとすることだとされる。つまり，誰の，あるいはどの氏族の政治的権威が認められるかをめぐって争いが起こるのである。さらに重要なことは，外部アクターに中央政府として認められた集団に正当性がかならずしもあるわけではないことである。国家や政府といった公式制度を重視しすぎると，現地の長老や宗教指導者らの非公式な権威を見誤ってしまう恐れがある。アフリカでは経済分野において多くの人々がインフォーマル・セクターに属していることを考えれば，公式制度以外の制度の役割を認める必要があるだろう。国際的な基準とアフリカの人々が正当とみなすものがかならずしも一致するわけではないからである。

2　平和構築とアフリカにおける移行期正義

平和構築と移行期正義

　冷戦終結後，国際社会が関与する紛争後の平和構築支援活動で，今日アフリカ諸国と大きな摩擦を引き起こしている問題の1つに，正義の問題がある。上で述べたように，冷戦後アフリカで発生した暴力は熾烈を極めた。国際社会はこうした暴力を第1には停止させるために，そして第2に再発させないために司法介入を行ってきた。ここでいう司法介入とは，紛争関与国の司法権への介入を意味し，国際的な裁判所によって主権を超えて重大犯罪の個人の責任を追及する方法や，上でも触れた平和構築活動における当該国の司法制度改革を指す。

　紛争下，あるいは抑圧的体制のもとで行われた重大な人権侵害を，紛争終結後や体制転換後にさまざまな手法や制度を用いて清算しようとする取り組みは「移行期正義（transitional justice）」と呼ばれる。平時の正義と区別されるのは，それが体制移行期や紛争終結後の政治的に脆弱な時期に実施されるため，政治的影響を受けやすいことがあり，法の支配や人権より政治的安定が優先される傾向があるためである。たとえば，内戦終結のための和平交渉において，政府が反乱軍に対し投降すれば内戦中の罪を問わないという条件を出すことがある。これは法的正義を犠牲にしても和平を優先するもので，和平と処罰はトレードオフの関係にある。

　痛ましい過去をどのようにして乗り越えていくかという問題は，決して新しいものではない。移行期正義のさまざまな手法や制度は，紛争の性質や体制転換の経緯を反映して当該国家によって決定されてきた。時には裁判の形態をとることもあれば，免責や恩赦によって「忘れる」ことが選択されることもある。後述するように，最近では調査委員会を設置することもある。従来の移行期正義と冷戦後の移行期正義との大きな違いは，前者においては第2次大戦後のドイツと日本に対する国際軍事裁判を除いて，当事国が正義の在り方を決定していたのに対し，後者では国際的な関与が顕著になったことである。これは移行期正義が「紛争後」の正義として，外部アクターが主導する平和構築の枠組みに導入されるようになったためである。さらに近年は，進行中の紛争を停止す

る目的で刑事裁判が用いられることもある。

　この背景には，まず，冷戦終結後，紛争下の重大な人権侵害の責任追及が国際的な関心事とされるようになった点が挙げられるだろう。すでに述べたように，冷戦後の紛争の特徴として民間人の甚大な被害がある。冷戦終結を目の前にはじまった民主化の流れと人権意識の高まりに呼応して，戦争犯罪や集団殺害罪，人道に対する罪など国際人権・人道法に対する重大な違反を放置することを許容しないことが国際社会で共通の原則として認識されるようになった。つまり，紛争下で起こった深刻な暴力を適切に処罰することが求められるようになったのである。本来であれば，国内で発生した事件は，一義的には当該国家の管轄事項であり，主権国家は誰をどのように裁くのかを決定する権力を有する。しかし，紛争終結後の政治的・経済的混乱のなかで，当事国が紛争下で行われた犯罪行為を処罰する能力や意思を持ち合わせていないことが多い。そのため，国際的な裁判所が設置され，責任追及が行われるようになったのである。

　また，平和構築の国家建設支援のアプローチにおいても，法の支配の確立が重要な位置を占めるようになったことがある。国連は，法の支配を，「国家を含めたあらゆる人々が，公に発布され，平等に施行される法に拘束される原則である」と説明する。内戦が発生した国では，信頼しうる公権力の欠如や腐敗が，しばしば紛争の根本原因であった。したがって，当事国政府が紛争下で行われた重大な犯罪行為の真相解明や処罰を実施することによって，過去と決別し，「人の支配」ではない法に基づく民主的な統治機関として，人々からの信頼を回復することが可能になるのである。そして，紛争当事国にその能力や意思がない場合は，たとえ国家元首であっても国際法上の重大な犯罪の説明責任が追及され得ることを，国際的な裁判の実施によって，当該国家に代わり国際社会が示すのである。

　さらに，以下で見ていくルワンダのジェノサイドの例が示すように，過去の重大な犯罪が適切に処罰されなかったことが紛争勃発の1つの要因と考えられるようになったことも，刑事裁判の必要性を認識させることになった。重大な人権侵害の加害責任者が不処罰のまま放置されることが，平和な社会再建に向けての阻害要因としてみなされるようになった。「不処罰の文化（culture of impunity）」を解消することは，文化を超えた普遍的な要求であると国際的に認識

されるようになったのである。

国際的な関与による移行期正義の取り組み

　紛争後の移行期正義は，当該社会が紛争下で行われた深刻な人権侵害に対し，説明責任を追及し，和解を促し，被害者や被害コミュニティの正義に尽くすことを目的に実施される。具体的には，①刑事裁判，②被害者からの聴取を行い，紛争の要因や経緯，重大な人権侵害の全容を明らかにする真実委員会，③能力強化と民主的制度への変革を促す治安司法部門改革，④被害者への補償・賠償の4つが大きな柱となる。これらの手法や制度を包括的に用いることによって，過去の犯罪を適切に清算すると同時に，再び紛争を招くことのない安定した統治の確立が目指される。平和構築における移行期正義の重要性が認識されるようになるにつれ，和平合意に至ったアフリカ諸国においても移行期正義の取り組みが平和構築の一環として導入されるようになった。

　こうした取り組みのうち，比較的紛争当事国のオーナシップが認められるものとして真実委員会がある。真実委員会は軍政から民主化した南米諸国で導入された委員会が原型であるが，アパルトヘイト体制崩壊後1995年に設置された南アフリカ真実和解委員会（TRC）の評価が高い。同委員会は，刑事裁判による応報的正義でもない，全面的な不処罰による包括的恩赦でもない，移行期正義の第3の道として，赦しや和解による関係改善を促す修復的正義を打ち出した。国内紛争を経験した国では，被害者と加害者が共生していく必要があり，修復的正義を主眼に置くアプローチは他の紛争経験国にも受け入れやすく，南アフリカTRCをモデルに独自色を付加した委員会が広く普及した。今日では，真実委員会設置にあたりどのような犯罪に特化した公聴会を開くのか，どのような和解を志向するのかなど，市民との広範な協議を経て委員会の枠組みが決定される。しかし，実際の法整備，委員やスタッフの訓練といった制度構築には国際的な支援がやはり不可欠であり，リベリアやシエラレオネ，コートジボワールでは国連や国際NGOなどによって設置支援が行われた。

　刑事裁判や治安司法部門改革，被害者への補償・賠償はもっぱら外部アクター主導で行われるといっても過言ではない。治安司法部門改革は，法整備支援や法曹教育，警察・軍などの能力強化・教育訓練を含み，国連やドナー国によって実施される。2016年執筆時点で，アフリカでは統治機能の脆弱なリベリ

ア,コートジボワール,中央アフリカ,コンゴ民主共和国,南スーダンの国連PKOに治安司法部門改革の任務が付与されている。司法部門や治安部門は国家統治の中枢となる機関のため,対象国は西洋型国家モデルに基づいて治安部門を改革するべきという外圧に対して抵抗を示すことが多い。ここにも外部アクターと紛争当事国間の確執がみられる。補償・賠償プログラムは,移行期正義の中でもっとも未発達の分野である。紛争当事国は経済的な余裕がないため,全般的に国際社会の支援に依存している。たとえば,シエラレオネでは,PBCからの支援金を基にした少額の補償金が,国際移住機関によって紛争被害者に支給されている。

　刑事裁判は,国際,国内レベルで実施されるが,なかにはルワンダのようにコミュニティレベルで裁判が行われることもある。国内に国内レベルとコミュニティレベルの複数の「司法」システムが並存しているのは,植民地支配の名残といえる。発展途上国では今もなお,大衆裁判など慣習法を用いた紛争解決メカニズムが正式司法制度と公式/非公式に併用されていることが多い。こうしたコミュニティレベルの裁判は現地の人々のオーナシップが強いが,他方で本章の最後に触れるように,どのような犯罪に使用可能かどうかをめぐっては国内外で議論が分かれるところである。国内裁判については,公的司法制度がもともと未整備である場合や,紛争によって機能していないことが多いため,制度改革とともに法整備支援,教育・訓練が国際的な関与で実施される。これに対し,国際レベルの裁判はより強制的な様相を見せる。主権を越えて,国際的な裁判所が当事国領域内で行われた犯罪の個人の責任を追及するためである。そのため,裁判所と当事国の間で摩擦が起こりやすい。アフリカでは,次節で取り上げる常設の国際刑事裁判所(ICC)の活動以前に,2つの国際的な刑事裁判所——ルワンダ国際刑事裁判所とシエラレオネ特別法廷——が設置された。ICCはこれらの裁判所の教訓をふまえて設置されている。以下では,まずICCに先行したアフリカの2つの国際的な刑事裁判所の活動を振り返ってみよう。

ルワンダ国際刑事裁判所(ICTR)

　ルワンダでは,独立以来多数派のフツと少数派のツチの間で統治をめぐる内戦が断続的に続いており,1994年に起こったジェノサイドはその帰結といえ

るものであった。およそ100日の間に80万人ともいわれる少数派のツチと穏健派のフツが、国軍、警察、民兵や住民の手で虐殺された。内戦は、国外からツチ反政府組織であるルワンダ愛国戦線（RPF）が介入したことで終息し、その後RPFを中心とする新政権が樹立された。

　ICTRは、ジェノサイドへの対応として国連安保理によって、タンザニアのアルーシャに設置された。同裁判所は管轄事項を1994年1月から12月までのルワンダ領域および隣接諸国の諸地域で起こった集団殺害、人道に対する罪、戦争犯罪とし、それらの犯罪行為の責任を有する個人の訴追・処罰を行うことを目的とした。ルワンダの事件のみを取り上げるために、限定目的の（アドホック）国際刑事裁判所といわれる。この種の国際刑事裁判所は、旧ユーゴスラビア紛争に対しても設置された。ICTRは、レイプに集団殺害罪を適用するなど、国際人道法の解釈や国際刑事法の発達に貢献したとされる。

　ICTRは安保理決議第7章を根拠に設立されたため、国連加盟国は裁判所に協力する義務があり、またその費用は国連からの拠出金で賄われた。2015年にほぼ活動を終了し、一部の裁判が国内裁判所に移管され、残りは不定期に裁判を実施する国際残余メカニズムが引き取ることになった。ICTRは、1995年から2015年の間に93人を起訴し、61人に有罪判決を下しているが、この間、およそ20億ドルが費やされたとされる。元首相など指導者層の訴追・処罰を中心に行ったが、費用が高く時間がかかり、官僚的で手続きが複雑であると批判された。さらに、裁判所が国外に置かれたため、一般のルワンダ国民にとってどれほど影響力を持ちえたのかには疑問が残る。

　もっとも深刻な問題の1つに、現政権の基盤であるRPFの犯罪が扱われなかったことがある。1994年、RPFは首都を制圧する際に、フツの民兵や市民を殺害し、制圧後の1997年にもおよそ6000人の市民を殺害したとされている。ICTRは、ジェノサイド後に起きたRPFの虐殺行為についても訴追の用意があることを表明したが、ルワンダ政府との関係が悪化したことから、RPFの加害行為の捜査を見送った。この背景には、ICTRが警察権を持っておらず、容疑者の身柄確保について、ルワンダ政府の協力に依存していたことがある。また、国際社会のジェノサイドを看過した「罪悪感」を利用したルワンダ政府からの圧力もあったとされる。たとえば、当時政権側の訴追準備していたICTR主任検察官が、ルワンダ政府の要請を受けた米国政府の圧力によって更

送されたといわれる。ルワンダ政府は,当初は,ICTRの設立を支持していたが,裁判所がルワンダ国内に設置されず,裁判の主導権が安保理に任命された検察にあることを知ると,政府関係者の訴追を恐れて裁判所設置に反対を表明していた。公平性や独立性を担保すべき国際裁判所でありながら,結果として,ICTRは政治性を排除することができず,ルワンダ政府の政治基盤を強固なものにする,「勝者の正義」となってしまった。

シエラレオネ特別法廷

ICTRの設立根拠が安保理決議であったのに対し,シエラレオネ特別法廷はシエラレオネ政府と国連との協定によって設立された。そのため,高額の費用が問題とされたICTRと異なり,裁判予算は国連加盟国の任意拠出で賄われた。また同法廷は,純粋な国際裁判ではなく,国際法と国内法の併用に加え,国際と国内双方から裁判官や検察官が採用される混合(ハイブリッド)法廷であった。法廷の設置場所も,首都のフリータウンに置かれるなど,ICTRの反省から,当該国のオーナシップと市民への影響が考慮された。

およそ11年にわたるシエラレオネ内戦は,隣国リベリアの支援を受けた反政府組織革命統一戦線(RUF)の武力闘争ではじまった。政府軍,反政府軍,民兵,民間軍事会社,外国軍や地域機構軍など多様な主体が参入した戦闘は,市民を巻き込みながら全土に拡大した。内戦によって,7万5000とも12万ともいわれる人々が殺害され,約7000人が手足を切断された。また国民の3分の2にあたるおよそ200万人が難民あるいは国内避難民となったとされる。こうした市民への甚大な被害に対し,1999年に締結されたロメ和平協定は,RUF指導者を含むすべての紛争当事者に恩赦を施した。しかし,国連PKOへの襲撃事件をきっかけに,ロメ和平協定に違反したRUFの戦争犯罪の処罰がシエラレオネ政府によって国連安保理に要請され,シエラレオネ特別法廷が2002年に設立された。

法廷は,「1996年11月30日以降,シエラレオネ領域において行われた国際人道法とシエラレオネ法の重大な違反に対してもっとも責任を有する者を訴追する」ことを目的とし,ロメ和平協定の恩赦規程の適用を制限した。これは同法廷の対象を主要勢力の指導者層に限定するもので,内戦に関連した訴追者は13名にとどまる。このうち,テイラー元リベリア大統領の裁判は,治安を脅

かす恐れがあるとして、オランダのハーグに移され、2012年には、罪が確定した。これは、ニュルンベルク国際軍事裁判以来はじめて、国際的な裁判所が元国家元首に対し下した有罪判決であった。

シエラレオネ特別法廷が、同時期に設置が議論されていたICCに与えた影響として、2点挙げることができるだろう。第1に、シエラレオネ政府自身の支援要請で法廷が設置されたという点である。政府は、RUFの停戦違反を理由に不処罰の方針を撤回するが、これはRUFの停戦違反の機に乗じて同勢力の弱体化を狙ったものであった。事実、同法廷は反政府軍の犯罪行為しか訴追しない一方的なもので、政府軍による戦争犯罪や人道に対する罪は報告されていたが、法廷では取り扱われることはなかった。その理由としては、外国籍の裁判官や検察官へのビザ発給や容疑者の拘束など、裁判を維持する上でシエラレオネ政府の協力が必要であったことが挙げられる。国連にとっても、政府がロメ和平協定で包括的恩赦を与えたことに対し強く反対していたため、制限があってもその撤回は歓迎すべきものであった。

第2に、他国の国家元首を起訴し、亡命先から身柄拘束をしたことである。2003年3月、シエラレオネ特別法廷はリベリアのテイラー大統領（当時）を起訴した。同年テイラーはナイジェリアに亡命したが、ナイジェリア政府は法廷や国際社会からの圧力に負け、2006年3月テイラーを法廷に引き渡した。テイラーの逮捕は法の支配強化に貢献し、独裁者が国際裁判所への身柄引き渡しを恐れて、他国に亡命することを難しくしたといえる。しかし、亡命とは不処罰の最たるものであるが、逆説的に言えば抑圧的体制や紛争を比較的平和裏に終結させる1つの手段でもある。リビア内戦時にカダフィ大佐の亡命がICCの訴追によって難しくなり、紛争が長期化したといわれる。国際裁判所による国家元首の起訴は亡命という手段による紛争の政治的解決を困難にした。シエラレオネ特別法廷は、重大な人権侵害の責任者の不処罰を排した点で移行期正義の発達に貢献したが、他方で紛争の平和的解決の選択肢を狭める前例となったといえるだろう。

3 アフリカ諸国と国際刑事裁判所の軋轢

国際刑事裁判所（ICC）の設立

　常設の国際刑事裁判所の設立については，1948年のジェノサイド条約締結時に議論されていた。これはジェノサイド条約が処罰義務を課しているためである。しかし，東西冷戦の深刻化で実現に至らず，冷戦終結を待つことになった。冷戦終焉後，カンボジアや旧ユーゴスラビア，ルワンダで起こった虐殺が明るみになったことで常設の国際刑事裁判所の必要性が高まり，1998年「国際刑事裁判所に関するローマ規程」が採択された。ICCは，ICTRなどのアドホックな国際裁判所やシエラレオネ特別法廷などの混合法廷とも異なり，多国間条約によって設立された。ローマ規程は2002年7月1日に発効し，2003年にハーグに裁判所が置かれ，活動が開始された。2016年時点での締約国は124ヵ国にのぼる。

　ICCは，国際社会全体の関心事であるもっとも重大な罪を犯した個人を訴追・処罰し，将来において同様の犯罪が繰り返されることを防止することを目的としている。対象犯罪として，集団殺害罪，人道に対する罪，戦争犯罪の3つを挙げ，そのうち「もっとも重大な」事件に限定している。また，2010年のローマ規程再検討会議で，対象犯罪として継続協議されていた侵略罪の定義および管轄権行使の条件が合意されたが，管轄権の開始は早くても2017年以降とみられている。

　ICCは，アドホックな国際裁判所の課題であった，司法介入の色を薄めるために，補完性の原則を導入している。国際刑事裁判所は，捜査，起訴，審理，判決の権限を持つため，当該国の司法主権とどう調整するかという問題が生じていた。ハイジャックや海賊など，国際法上の犯罪は，従来，犯罪発生領域国あるいは，被疑者の国籍国など関係国に管轄権が認められ，いずれかの国内裁判所で訴追・処罰されてきた。補完性の原則とは，犯罪に対してこうした管轄権を有する国が捜査または訴追を真に行う意思または能力がない場合にICCが管轄権を行使するというものである。国際刑事裁判所の機能は管轄権を有する国内裁判所を代替するものではなく，補完するとする原則で，国際裁判が国内裁判を優越していたアドホックな裁判所とは対照的である。ICCは条約によ

って設立されたため、事件に関して管轄権を有する国がICC締約国か非締約国かで前提条件が異なる。事件関係国が非締約国である場合は、ICCの管轄権が当該国に受諾されないかぎり、ICCは管轄権を行使することができない。ただし、以下で説明するように安保理による付託は、当該国が国連加盟国であれば、この限りではない。

ICCによる司法介入

　補完性の原則は国家主権を尊重するものであるが、他方でICCの管轄権行使に関する手続きからは、集団殺害罪や、人道に対する罪、戦争犯罪など重大犯罪の責任者が適切に処罰されない場合は司法介入をいとわないという裁判所の強い姿勢がうかがえる。それはまず、補完性の原則の下で、事件に関して管轄権を有する国が当該事件を訴追する能力と意思を有するかどうかをICC予審裁判部が判断することに見出せる。制度上、国内裁判所がすでに捜査などを行っている場合でも、ICC予審裁判部が当該国内裁判所の意思や能力の欠如などを判断した場合、ICC検察官は独自に捜査を開始することができる。たとえば、2007年の大統領選挙にともなう暴動への関与の容疑で、当時の副大統領を含む6名がICCに召喚された際、ケニア政府は自国が新しい憲法を制定し法改正を行えば国内裁判が可能であると主張したが、ICC予審裁判部はそれを認めず、捜査を続行させた。また、管轄権の有無やICC検察官の自発的捜査の可否も含めて、一連の手続きに関する判断はすべてICC予審裁判部に委ねられる。これはつまり、ICCは事件に関係する国が締約国であれば、同国の同意を得ずに自らの判断で管轄権を行使できることを示している。しかし、事件関係国が締約国でない場合、ICCは管轄権の受諾を同国に求める必要がある。コートジボワールは締約国ではなかったため、ICC検察官は捜査を開始する前に通知を行い、ICCの管轄権が受諾されるのを待って捜査を開始した。

　では、事件関係国がICCの管轄権を受理しなかった場合、国際人権・人道法上の重大犯罪は不処罰となるのだろうか。その場合、国連安保理がICCに対して事態を付託することができる。ICCが管轄権を行使するには3つの方法がある。1つは締約国による自発的付託、2つ目は上に述べたようなICC検察官の自発的捜査、そしてより強制性の強い安保理による付託である。国連憲章第7章に基づき、安保理がICCの対象犯罪が行われたと思われる事態を裁

第**6**章 平和構築と正義の課題

表6-1 ICCによる取扱い事態のリスト（2002〜15年）

事態発生国	締約国	付託の種類	付託年	事件	容疑	備考	
ウガンダ	○	自発的付託	2003.12.	コニー（LRA最高指導者）	人道に対する罪、戦争犯罪	予審	逃亡中
				オッティ		予審	逃亡中
				オングウェン		予審	拘留中
				ルキーヤ		死去	打ち切り
				オディアンボ		死去	打ち切り
コンゴ民主共和国	○	自発的付託	2004.4.	ルバンガ（元FPLC最高司令官）	戦争犯罪	判決確定	拘留中
				カタンガ	人道に対する罪、戦争犯罪	判決確定	拘留中
				チューイ		無罪	釈放
				ンタンガ		第一審	拘留中
				ンバラシマナ		棄却	釈放
				ムダクムラ	戦争犯罪	予審	逃亡中
スーダン（ダルフール）	×	国連安保理による付託	2005.3.	ハルン（元人道問題大臣）	人道に対する罪、戦争犯罪	予審	逃亡中
				クシャイブ			
				バシール（現大統領）	人道に対する罪、戦争犯罪、集団殺害犯罪		
				ガルダ		棄却	ICCは逮捕せず
				バンダ	戦争犯罪	第一審	逃亡中
				ジャムス		死去	取り下げ
				フセイン（防衛大臣）	人道に対する罪、戦争犯罪	逮捕状の執行停止	逃亡中
中央アフリカⅠ	○	自発的付託	2004.12.	ベンバ（元副大統領）	人道に対する罪、戦争犯罪、集団殺害犯罪	第一審	拘留中
中央アフリカⅡ	○	自発的付託	2014.5.			捜査開始	
ケニア	○	警察官による訴追	2009.11.	ルト（現副大統領、起訴当時高等教育科学技術大臣）	人道に対する罪	第一審	
				サング			
				ケニヤッタ（現大統領、起訴当時副大統領）		訴訟取り下げ	ICCは逮捕せず
				コスゲイ		証拠不十分	
				ムタウラ		起訴取り下げ	
				アリ		証拠不十分	
リビア	×	国連安保理による付託	2011.2.	S.カダフィ	人道に対する罪	予審	ICCは逮捕せず
				サヌーシ		却下	ICCは逮捕せず
				カダフィ（大佐）		死去により、手続き終了	取り下げ
コートジボワール	×（2013年加盟）	検察官による訴追。コートジボワール政府は2003年4月、管轄権を容認	2011.10.	バグボ（前大統領）	人道に対する罪	予審	拘留中
				グデ		予審	拘留中
				S.バグモ		予審	ICCは逮捕せず
マリ	○	自発的付託	2012.7.	ファキ	戦争犯罪	予審	

出所：ICC HPを参考に筆者作成。

判所に付託する場合，国連加盟国は安保理の決定に拘束される。したがって，犯罪実行国や被疑者の国籍国など関係国からの管轄権受諾を待つ必要がない。これまでICCが取り扱った事態のうち，安保理による付託があったのは，スーダン（ダルフール）とリビアのみである。両国とも非締約国であり，市民を保護すべき政府が市民を虐殺しているとして，紛争の停止を目的にICCへの付託がなされた。さらに安保理は，制度上，捜査の開始だけではなく，捜査・起訴を中断（更新可能）させることも可能である。ICC検察官の自発的捜査や起訴が，平和をかえって損なう恐れがある場合，正義よりも平和のための行動を優先させる仕組みである。

ICCに対するアフリカの反発

表6-1は，2015年末までのICCの取り扱い案件のリストである。2016年1月になってジョージアの南オセチア紛争における戦争犯罪と人道に対する罪がICC検察官の職権によって捜査が開始されたが，この表が示すように，活動開始から2015年までは，ICCによる訴追は，ウガンダ，コンゴ民主共和国，スーダン，中央アフリカ，ケニア，リビア，コートジボワール，マリと，アフリカ大陸に集中していた。また，現職あるいは元国家元首が多く訴追されていることも特徴的である。以下ではこの2点において，ICCとアフリカ諸国の間にどのような確執が生じているかをみてみよう。

ICCがこれまで管轄権を行使した事件の犯罪発生地は，上述のジョージアを除きすべてアフリカであり，容疑者もすべてアフリカ人である。ICCが「国際」ではなく「アフリカ刑事裁判所（African Criminal Court）」であり，「アフリカ人をターゲットにした西側の裁判所」と揶揄される所以である。アフリカ諸国は，新植民地主義による主権侵害であるとICCの二重基準を指摘する。これはICCの検察官が比較的訴追しやすい，アフリカの弱貧国を標的にしているというものである。ICC設立後，アフリカ以外の地域においても，たとえばチェチェンやウクライナ紛争，イスラエルのパレスチナ攻撃など，戦争犯罪が想定し得る事案が発生している。しかし，ICCは，米国やロシアなど大国自身，あるいはその同盟国が関与する事態を予備調査の段階に置くのみで，管轄権の行使には慎重である。また，ICCに付託する安保理の常任理事国のなかに，ICC非締約国——米国，ロシア，中国が存在することも問題視される。これ

第6章 平和構築と正義の課題

らの大国は ICC による自国民の訴追を阻むだけでなく，ICC 検察官による同盟国の事態の捜査を安保理において意図的に排除できる。にもかかわらず，米国，ロシア，中国は，ICC に対し他国の捜査を要請することができるのである。アフリカ諸国は，ICC のアフリカへの偏重の背景にはこうした大国の政治的影響力があり，ICC が捜査や訴追対象を公正に選定していないと批判する。

　上記のようにアフリカ地域に訴追が集中していることに加え，現職や元国家元首といった指導者層に訴追が集中していることも批判の対象となっている。従来，国家元首や閣僚，外交官など，国家を代表する公的地位にある者には，外国の裁判管轄権が及ばないという特権免除（不逮捕特権）が与えられてきた。2009 年 ICC によるスーダンのバシール現職大統領の訴追は，この特権免除に関する法的論争を引き起こしただけでなく，和平交渉を膠着させる結果となった。暴力停止よりも正義追求を重視する ICC の姿勢は，現地との確執を生み出し，国内の人道援助団体を国外退去処分とするなど，バシール大統領の態度をいっそう硬化させたのである。その後も，リビアのカダフィ大佐，コートジボワールのバグボ前大統領，さらにケニアのケニヤッタ大統領やルト副大統領の事件など，国家指導者層を被疑者として訴追する事例が相次ぎ，アフリカ諸国の反発はいっそう強まった。アフリカ連合（AU）加盟国は，ICC の活動が和平プロセスを阻害するものとして，2009 年 ICC へのバシール大統領の逮捕および移送に協力してはいけないとする「ICC 非協力決議」を採択し，その後も毎年 2 回同様の決議を採択している。2015 年 6 月，ICC 締約国の南アフリカを訪問したバシール大統領が同国裁判所によって出国禁止命令を受けたが，南アフリカ政府は AU の ICC 非協力決議を根拠にバシールを拘束しなかった。

　こうしたアフリカ諸国の ICC の地域偏重や国家指導者層の訴追による主権侵害との批判は一見的を射ているようにも思われる。しかし，表 6-1 からもわかるように，9 件（中央アフリカは 2 度取り上げ）ある ICC の取り扱い事態のうち，関係国自身の自発的付託がウガンダ，コンゴ民主共和国，中央アフリカ I・II，マリと半数を超えていることから，かならずしも検察側の恣意的な選択があるとはいえない。他方で，国家指導者層の訴追には国際的な政治力学が働いていることは否めない。アフリカで頻発する紛争下の凄惨な暴力に対し，国際社会はそれを看過しないという原則を堅持しているといえるが，その一方でこうした原則がほかの紛争にも公平に適用されているとはいえず，内政介入

143

の印象はぬぐえないのである。

4 アフリカの問題に対するアフリカの解決法

国際正義規範の受容

　アフリカ諸国は最初からICCに反発していたわけではない。むしろ，ICC設立会議では，ICC規程の採択に尽力するなど，アフリカはICCの設立に対しおおいに貢献したとされる。2016年執筆時点で，AU加盟54ヵ国・地域のうちICC締約国は34ヵ国にのぼる。こうしたアフリカのICC支援からは，国家の脆弱性のため多くの紛争を経験したアフリカ諸国が，戦略的にICCを利用して反政府武装勢力を駆逐しようとする思惑が透けて見える。ルワンダやシエラレオネのように，国際社会の手を借りて仇敵を排除し，国家の安定を確立した成功例があるためである。実際，ICCに事態発生国から自発的付託が行われた事例では，政府側の犯罪に対する捜査は行われていない。アフリカのICCに対する批判は，現職の指導者層の訴追と西洋的正義や司法基準の押しつけへの抵抗であるといえるだろう。

　アフリカに集中するICCの司法介入に対し，「アフリカの問題にはアフリカの解決策」が掲げられ，代替のメカニズムの構築が模索されるようになった。国内レベルの取り組みとしては，たとえば，ウガンダ政府が集団殺害罪，人道に対する罪，戦争犯罪の処罰を目的にICC法を制定し，国内の高等裁判所にこれらの管轄権を設定したことが挙げられる。この背景には，ICCへの付託によって神の抵抗軍（LRA）との和平交渉が行き詰まったことがあった。ウガンダ政府は交渉の一手段としてICCへの付託を行ったが，LRAは身柄拘束を恐れて和平交渉に応じなくなってしまった（望月 2013）。そのため，ウガンダ政府は国内法を整備し，ICCに対し管轄権行使の取り下げを要請した。しかし，これまでのところ，ICCは国内裁判所の能力や独立性を疑問視し，ウガンダ国内の司法手続きの整備にもかかわらず，訴追取り下げに応じようとしていない。

　また，地域的な取り組みとして，AUに設置された「アフリカ人権裁判所」の管轄権を，集団殺害罪，人道に対する罪，戦争犯罪など国際刑事領域に拡大し，同裁判所を「正義と人権に関するアフリカ裁判所」に改編することが2010年頃から本格的に検討されている。大規模な人権侵害や暴力が発生した

アフリカで，アフリカの裁判所がこうした重大な犯罪に対する管轄権を有する意義は大きいと思われる。しかし，他方でこの動きは反 ICC キャンペーンの一環として捉えられ，アフリカ諸国がどこまで既存の国際正義原則を受け入れるのかが疑問視されている。2014 年には，AU 首脳会談で構想中の「正義と人権に関するアフリカ裁判所」から現職指導者を訴追する権限を排除することが決定された。これにより，ジンバブエのムガベ大統領など訴追の恐れがある国家元首は，現職である限り訴追されないことになった。

このように，犯罪被疑者が現職の指導者である場合や，進行中の紛争に対しては当該国内部からの政治的圧力が強く，正義の在り方については各国に委ねようとする傾向が見てとれる。これに対して，過去の犯罪に対してはその清算が被害者の人権回復のためにも，紛争再発の防止のためにも不可欠であるとアフリカ諸国間で認識されるようになってきている。たとえば，独裁者と知られるチャドのハブレ元大統領は，1990 年にセネガルに亡命したが，戦争犯罪，人道に対する罪，拷問の容疑で，2012 年セネガル国内裁判所内に設置された特別アフリカ裁判部に訴追され，2016 年に終身刑が言い渡された。これまで国際と国内の法曹から成る混合法廷としては，国連の関与によって設立されたものしかなかったが，この裁判部は AU とセネガル政府の協定に基づき設置されたものである。またこれは，アフリカにおいて犯罪発生国でも被害者の国籍国でもない第 3 国での裁判という普遍的管轄権が初めて行使された事例となった。さらに，他国の元国家元首が国際裁判ではなく，国内裁判所で裁かれる最初の事例となった。AU は加盟国に対し，国内裁判所に普遍的管轄権を設定し，戦争犯罪など域内で処罰することを推進している。紛争の再発の遠因であり，脆弱なガヴァナンスの象徴であった不処罰の文化は，このように内側から徐々に排除されつつある。

慣習的紛争解決法の活用

アフリカの問題に対するアフリカの解決法を模索する動きは，アフリカに特徴的な和解を促す伝統的・地域的な文化規範に基づく紛争解決法など，慣習法の活用にも見受けられる。たとえば，ルワンダではガチャチャと呼ばれる地域社会の慣習的な紛争解決法が，移行期正義の公式制度として採用された。ガチャチャ法廷は，弁護士や判事など法律の専門家ではなく，各地域で選挙で選出

されたガチャチャ判事団と住民の参加によって，ジェノサイド行為者をコミュニティで裁く公式司法制度である。ガチャチャ法廷は，当初は窃盗や殴打など比較的軽微な犯罪を取り扱っていたが，次第にジェノサイドの首謀者など一部の重大犯罪を除くすべての犯罪行為者を対象とするようになった。同法廷は，西洋的司法制度の観点からみると，証人の保護や被疑者の弁護の機会，裁決の独立性や公平性が確保されていないなど問題があり，素人判事が集団殺害罪という国際法上の重大犯罪を裁くことが批判された。他方で，ガチャチャ法廷は，劣悪な拘置状態であふれかえるジェノサイド容疑者の処遇を迅速に処理することに貢献し，何より紛争解決のプロセスに住民が広くかかわり自らの手で終結させたことに意義を見出す論者もいる。

　しかし，ルワンダのように公式司法制度の枠組みに組み込まれた事例は稀であり，ほかのアフリカの地域では多くの場合，紛争後に元戦闘員らをコミュニティに再統合する目的で，非公式に村落レベルで慣習法が用いられている。シエラレオネや北部ウガンダでは，NGOや国際機関などの支援を受け，コミュニティに危害を加えた元戦闘員や，子供兵，性的に搾取された女子を，辱めや浄化などを通じて社会に再統合する和解の儀式が各地で執り行われた。互いに依存して生活せざるを得ない農村部では，被害者にとっても加害者にとっても紛争を終結させる必要があったのである。

　またリベリアでは，真実和解委員会の報告書で「国家パラヴァ・ハット(palava hut)」プログラムの設置が勧告された。パラヴァ・ハットとは西アフリカ地域で用いられる「寄り合い」のような場での話し合いによる紛争解決のことである。リベリアでは，テイラー元大統領がシエラレオネ特別法廷で裁かれたほかは，刑事裁判が行われていない。15万人を超える人々が殺害された内戦によって社会は今なお分断されており，村落レベルの窃盗や放火など未解決の問題を扱う国家レベルの和解プログラムの実施が呼び掛けられた。内戦終結10年を経た2013年に，同プロジェクトの設置に向けて，リベリア独立人権委員会が準備を開始した。

紛争解決のオーナシップが意味すること

　アフリカでは，植民地支配に起因する国家の脆弱性がいまだに残っており，市民を弾圧・殺害する独裁者が国家元首として居座っている現状がある。冷戦

後急速に発達した，国際法上の重大犯罪の責任者の処罰を求める国際的な原則の確立は，アフリカ諸国の内政への司法介入につながり，ICC とアフリカ諸国の間で摩擦を生み出した。

このように，アフリカで起こった凄惨な暴力とそれに対する正義の在り方は，アフリカへの司法介入とそれへの反発という構図で捉えがちである。しかし，各国内部を詳細にみてみると，人々の間で人権や法の支配の概念が定着し，市民社会の活動によって国家行動にも変化が見られる。国際社会に後押しされた平和構築活動は徐々に実を結びつつあると言えるだろう。たとえば，先に述べたチャドのハブレ元大統領の裁判が実現した要因として，国内 NGO を含めた市民社会の正義を求める活動が挙げられる。また，ルワンダや北部ウガンダで見られるように，西洋的な正義ではなく，地域に根差した制度を活用して紛争下の重大犯罪に対処しようとする動きも観察できる。

冷戦後，「新しい戦争」が頻発したアフリカでは，政治的・経済的自由化に基づく平和構築政策の失敗を受け，ガヴァナンスの向上を目指す国家建築支援が実施された。この紛争後の国家建設の一環として導入された移行期正義概念や制度は，時にアフリカ諸国から反発を受けながらも，受容が進んでいる。その過程において，アフリカの問題をアフリカの方法で解決しようとする取り組みが誕生している。アフリカは，平和構築の実験場から新たな手法が生み出される創造の場へと変化してきたと言えるだろう。しかし，誰が誰をどのように裁くのか――という問題は，きわめて政治的であり，手法によっては被害者の人権や法の支配が軽視される可能性がある。世界のどこに住んでいようとも普遍的に尊重されるべき正義とは何かを問いながら，また同時に，紛争当事国の人々が自らの手で過去の紛争を終結することを尊重するバランス感覚が，今後アフリカの平和構築支援に求められる。

参考文献

カルドー，メアリー（山本武彦・渡部正樹訳）『新戦争論――グローバル時代の組織的暴力』岩波書店，2003 年。

武内進一『現代アフリカの紛争と国家――ポストコロニアル家産制国家とルワンダ・ジェノサイド』明石書店，2009 年。

望月康江「移行期正義におけるアムネスティ」『国際政治』第 171 号，2013 年，72-85 頁。

コラム2　ボコ・ハラム

　直訳すると「西洋教育は罪悪」、正式名称「宣教およびジハードに備えるスンニ派イスラーム信者集団（Jama'atu Ahlis Sunna Lidda'Awati Wal-jihad）」。ナイジェリアにおいてイスラーム法を実施するために2002年にモハンメド・ユースフにより結成された。近年テロ集団として北東部で暴れ回っている。1990年代初頭にナイジェリア北東部ボルノ州の首都マイドゥグリ市にあったイスラーム学校がその前身である。2002年にマイドゥグリ市のンディミモスクで急進化し、当地の社会状況やボルノ州のマラカチャッラ政府の腐敗政治に嫌気をさして、2002年半ばにヨベ州のカナマ市に拠点を移した。2003年終わり頃、カナマ共同体との出漁権に関する衝突の際に軍に介入されたが、ンディミモスクに再び集結する。2004～09年には企業投資やメンバーへの雇用契約・社会保障の整備により正式な運動として成長。いいかえれば、政府に代わる役割を担う可能性をメンバーにアピールして北部エリート層から寄付金を受ける。しかし、警察署を含める政府機関を攻撃した際に首謀が殺害された後、組織の状況は変化する。2010年、ウマル・ムサ・ヤラデゥア大統領の死後、南部出身の副大統領のグッドラック・ジョナサンが大統領に就任する。北部人はヤラデゥアを継ぐのは北部人であるべきだと迫り、ナイジェリア憲法は崩壊の危機に立ったが、憲法の規定にしたがいグッドラック氏が大統領として任命された。以降、単なるイスラーム学校がテロ組織化していく。現在、世界でもっとも危険なテロ集団といわれる。経済平和研究所（Institute for Economics and Peace）が出版した2015年の世界テロ指数によると、ボコ・ハラムが引き起こしたテロによる2014年の死亡者は6644人に上るが、この数字はISISの6073人より多い。

　ナイジェリアは、旧宗主国英国指導の下、北部と南部の合併により1914年に成立した。北部はおもにイスラーム信者が大多数、ハウサ人とフラニ人が多く、南部はキリスト信者と精霊信仰者が占めているヨルバ人とイボ人に構成される。北部では宗教が昔から社会連帯を支える道具として使われた。北西部のハウサイの各民族集団はそれぞれ独立し、自律した社会生活を営んでいたが、1804～08年に起きたジハードによりフラニ人に征服され、ソトコ帝国に吸収される。この際に、イスラームに改宗させられる。こうして、北部は、政治的・宗教的権威と、言語を中心にまとまることになった。1960年10月1日のナイジェリア独立以降、北部は国内の政治と経済を38年間にわたり席巻してきた。傲慢にも見える中央政府の一族支配により連合関係が弱体化する。ボコ・ハラムは、反体制活動において宗教イデオロギーを利用しているというのが大方の見方だが、実のところ宗教革命よりも民族的支配を重視している。組織の首領アブバカル・シェカウは民族的支配を受けた集団の苦悩を隠すために、しばしば反植民地主義、反欧米主義、ジハーディストなどの語句を使う。組織がグッドラック大統領の政権前に成立し

コラム2　ボコ・ハラム

たことから，このような民族運動説を支持しない論者もいるかもしれない。しかし，グッドラック政権を不安定化するための北部民族の手段の1つと考えられる痕跡は多い。組織構成からして民族的な支配状況は明らかであり，ナイジェリア北部に住むイスラーム信者ばかりを構成員として募集し，南部のイスラーム信者を不信心として扱う。結成時から今日に至るまでカヌリハウサ・フラニ人が組織のトップに立つ。暴力行為には，単なる反欧米教育以上に北部のエリート層の共犯性が示唆される。ナイジェリアの政治は，現代民主主義の土台にある古典的な原則や哲学よりも，民族性を中心に行われる。構成されている民族間の社会文化的な違いが差別を生んだのである。具体的な社会的差異は，言語，食文化，衣装など，社会制度の種類に見られる。同時に政治の進め方の違い，すなわち決定や支配において民族間の競争があり，反乱，暴力，闘争性，そして，テロ行為に発展するまでに至る。ニジェール・デルタ解放運動（MEND），ビアフラ主権国家権位運動（MASSOB），オドゥーア人民会議（OPC）などの民族過激派はこれに当てはまる。ボコ・ハラムはこのような文脈で捉えるべきだろう。

（ンウェケ・イケンナ＝スティーヴ）

第7章　言語とグローバリゼーション

　　　　　　　　　　　　　　　　　　　　　　　　　木　田　　　剛

1　バベルの神話とアダム・スミス

言語多様性と危機言語

　アフリカは言語多様性に富んだ地域であり，世界のほかの地域と比べると特異な言語状況にある。世界には6000から7000の言語があり，その内アフリカ大陸では2000とも3000ともいわれる言語が話されている。学術的に，いくつかの語族と呼ばれるグループに分けられ（アフロ＝サハラ語族，ナイル＝サハラ語族，ニジェール＝コンゴ語族，コイサン語族，オーストロネシア語族），さらに語群や諸語というように細分化されて分類されている。おおよそ人類が持つ言語遺産の約3分の1はアフリカにあることになる。

　もう少し細かく見ると，2015年の推定で，大陸全体の人口が11.7億人（サハラ以南のアフリカだけで9.5億人）なので，単純計算で1言語あたり約40万人の話者がいることになる。日本でいえば，中規模の都市に1つの言語があるようなものだが，もう少し気の利いた見方をすると，都市の規模により話者数が異なり，数百万人の話者がいる言語があれば，数万人あるいは数千人にしか話されていない言語もあるといったところか。つまり，1つあるいは複数の市町村あたりに1つの言語が話されていることになる。ただ，われわれに身近な環境にもバイリンガルやトリリンガルがいるように，地理的近接性や家庭の状況から1人の話者が2つ，あるいはそれ以上の言語を話せたり理解できたりする，複数言語状況の場合もあろう。いずれにせよ，アフリカ大陸には多種多様な言語が話されており，10億のアフリカ人の文化遺産を構成している。

　他方，これまで話されていた言語が世界各地で消滅しているという報告がある。つまり，

・地球にある6600言語の内，人類の90％が話している言語は100にすぎな

い。
・残る6500言語を話しているのは人類の10％にすぎない。
・言語保持の指標である話者10万人以上の言語は600にすぎない。
・大部分の言語は近いうち消滅する。

　ユネスコの2010年の報告書（*Atlas of the World's Languages in Danger*）でも，約2500言語（43％）が消滅の危機に瀕していると警鐘を鳴らす。アフリカもこの例に漏れず，2035言語の内，54はすでになく，116が消滅しつつあるという（ネトル，ロメイン2001）。近年，消滅危機言語の問題を扱う類書は少なくなく（クリスタル2004／ディクソン2001／アジェージュ2004など），おおよそ，言語は人類にとって保存すべき重要な文化遺産である，経済のグローバル化が少数民族の言語を維持する環境を壊している，立場の弱い言語の保護・育成を世界は考える必要がある，と警告する論調が多い。ユネスコは2008年を国際言語年と定め，言語多様性や多言語主義の重要さを呼び掛けた。

バベルの神話

　別の研究では言語消滅の現象は経済成長に影響されるという主張がある（Amano et. al 2014）。この現象は気候や地形の厳しさ（たとえば，海抜の高い地域，熱帯地域，極寒地域）などが影響していることもあるが，近年の傾向はとくに経済発展と密接に結びついているという。つまり，ある地域が発展すればするほど，言語が統一化される方向に進むことになる。

　バベルの塔の話をご存知だろうか。これは旧約聖書の「創世記」に出てくる一説である。かつて人々は，英知を結集して高い塔を建てて，神のいる天への到達を企てる。この挑戦を快く見ていなかった神は，人々が「同じ言語」を話している状況が問題だと考え，相手の言葉が理解できないように「言語を乱す」。ここで「乱す」というのは，人々が異なる言語しか話せないように定めたのである。かくして，人々は世界各地へ散らばり，塔の建設をやめる。この土地が「バベル」と呼ばれる伝説の地である。

　もちろんこれは実話ではないが，現在の言語状況はバベルの神話とちょうど逆の動きであるように思える。すなわち言語数が減少しているということは，1つの言語がより多くの人々に話される傾向であるといえる。また，人々が共同で行っている「塔」の建設が神をも脅かすほどというのなら，それだけ経済

活動が盛んだというのは言いすぎだろうか。たしかに，アフリカの経済成長はとくに2000年に入ってから着実な伸びを示しているし，域内貿易の比率が上昇している国も少なくない。具体的にいうと，サハラ以南のアフリカ全体の成長率は世界経済危機のあった2009年を除いて，6％前後で推移しているし，セネガルの域内貿易は1996～2000年に全体の29.8％だったのに対し，2007～11年は53.1％に上昇している（同じ傾向にある国として，西アフリカではベナン，マリ，トーゴなどが挙げられる）。アフリカで言語数が減少する，あるいは言語を共有する傾向は経済発展と何らかの関連性があるのかもしれない。

言語とアダム・スミス

　もうひとつの言語的特徴として，植民地時代に由来する英語，フランス語，ポルトガル語の3つの外来言語があることは忘れてはならない。これらの言語の少なくとも1つは，アフリカにおけるほとんどの国で公用語になっており，役所や教育などの種々の公的生活において重要な位置を占めている。公用語を示した地図を見ると，アフリカは主要3言語地域に分けられる。この言語的文化的3分割は，同時に地政学的な意味を帯びており，言語による政治的なグループ化が1つの要素となっている。他方，アフリカ由来の言語のほとんどにはまとまった研究資料が少なく，地位が向上していないものが多い。

　ここでアフリカの言語使用の実例を見てみよう。図7-1はナイロビのキクユ市場での客と商人とのやり取りである。ここでは4つの言語が使用されている。ルオ語はケニア，タンザニア，ウガンダが囲むヴィクトリア湖周辺で話されている言語（ナイル＝サハラ語族）であり，キクユ語はケニア最大の民族の言語（ニジェール＝コンゴ語族バントゥ諸語）である。それにケニアの公用語である英語とスワヒリ語が入り，いろいろな言語が混じって会話が進んでいる。

　しかし，よく見ると，話す内容により，それぞれの話者が言語を使い分けているのがわかる。冒頭，キクユ人の女商人は，ルオ人の客の注意を引くためにルオ語で話しかけているが，ルオ語で返されて返答に窮し，スワヒリ語に「スウィッチ」する。これは社会言語学で「コードスウィッチング」と呼ばれる現象だ。スワヒリ語は，会話の大部分を占めていることからも推測できるように，両者ともよく理解できるようだ。その他，"very well"，"I know"など，比較的単純な英語表現が挿入される。メインの商取引はスワヒリ語で行われ，キクユ

	発話文	言語	意味
キクユ人女商	Omera, nadi!	ルオ語	兄ちゃん，調子はどう？
ルオ人男性客	Maber.	ルオ語	元気
キクユ人女商	Ati?	キクユ語	なに？
	nini?	スワヒリ語	なに？
ルオ人男性客	Ya nini kusema lugha ambao huelewi mama?	スワヒリ語	なんでできっこない言語で話すんだよ，おばさん
キクユ人女商	I know	英語	できるわよ
	Kijakuo	スワヒリ語訛り	ルオ語くらい
	very well	英語	とてもうまいのよ
ルオ人男性客	Wapi!	スワヒリ語	わお！
	You don't know it at all	英語	ぜんぜんできないじゃん
	Wacha haya,	スワヒリ語	それはおいといて
	nipe mayai mbili	スワヒリ語	卵を2つくれよ
キクユ人女商	Unataka mayai.	スワヒリ語	卵がいるの
	Ariyo, omera?	ルオ語	2つか，兄ちゃん？
	Haya ni	スワヒリ語	よし，これで
	togalo	ルオ語	10セント
	Tatu	スワヒリ語	3つで

図7-1 「アフリカの多言語状況——キクユ市場におけるやり取り」
出所：David D. Laitin, *Language Repertoires and State Construction in Africa*, Cambridge University Press, 1992, p. 72. (筆者拙訳，一部改変)。

女商は商品の個数や金額などの数詞を相手のルオ語で「リップサービス」している。このやり取りから推測できる言語の地位を考えると，スワヒリ語が両者の共通言語として基盤をなし，他の3言語は補足的な役割しか果たしていないのであろう。

アダム・スミスは『国富論』において，1国の経済を発展させるためには，経済活動の分業により労働の効率性を高めることもさることながら，市場をできるだけ自由にすること（レッセフェール）で，経済を活性化することが重要だと説いた。キクユ市場でのやり取りを見ると，共通言語のスワヒリ語の使用が地域経済の活性化に一役買っているように思える。市場の効率性を象徴的に示すスミスの表現「神の見えざる手」は，社会における言語状況と無縁ではないのかもしれない。

スワヒリ語について少し述べると，現在東アフリカで広く通じるが，もともとアフリカにはなかった言語である。その由来は，アフリカ起源のバントゥ諸語のなかに多くのアラビア語の語彙が借用語として移入し，数世紀にわたり変化して今の形になったという。ここで興味深い点は，東アフリカは中東との長

い交易史を持っていることである。つまり、商業活動が活発化するにつれ、人々が商売相手の話す言語の語彙を覚えて使用するようになった結果、現地の日常空間で一般的に使われるようになったのである。その中東貿易がもっとも盛んだったタンザニアのザンジバル島や沿岸部が言語発生の中心といわれ、現在でも純粋なスワヒリ語が話される。現在はケニア、タンザニア、ウガンダの公用語に指定されている。

　独立当時、ケニアの公用語は英語のみだったが、スワヒリ語がこの地位を獲得するのは2010年の憲法改正時にすぎない。ウガンダでも2005年と比較的遅い。タンザニアではずっと古く、独立の1960年にさかのぼる。また、コンゴ民主共和国で国語に指定されている例が示すように、東アフリカを中心に多くの国々（モザンビーク、ソマリア、ブルンジなど）で通じる地域共通語になっており、その話者数はエスノローグ2015年版によると1500万人を越え、現在も増加中である。上記のキクユ市場のやり取りから、スワヒリ語の拡散が地域住民の商業活動に密接に結びついていることが推測できる。

　アフリカで無数にある言語のなかで、特定の言語が共通言語として拡散する現象はスワヒリ語に限ったことではない。一部しか扱っていないが、表7-1にアフリカの言語使用状況をまとめてみた。

　まず、公用語を理解する国民が驚くほど少ない一方で、共通言語として台頭している言語がいくつも現れている。これは、多くの国民は自分の母語に加えて、第2言語を話していることを示す。たとえば、セネガルの大半の国民が理解するウォロフ語は、すくなくとも65％以上の国民に第2言語として使用されているし、ナイジェリアのハウサ語も母語話者1850万人に対して、1500万人にとって第2言語となっている。コンゴ民主共和国（RDC）のリンガラ語では、第2言語の話者数（700万人）が母語の話者数（200万人）の3.5倍となっている（Ethnologue 2015参照）。

　これを分かりやすくいうと、話者数の比較的少ない言語が多いアフリカにおいて、一部の言語が勢力を拡大し、ほかの民族語の話者はこれらの優勢言語を使用して、自分の母語とは異なる母語を持つ他者とコミュニケーションを取っていることになる。そして、アパルトヘイト時代の南アフリカのアフリカーンス語を除けば、これらの言語は外来の言語ではなく、数多いアフリカ言語のなかのほんの一部の言語が台頭している。では、どのようなプロセスを経てこれ

第7章 言語とグローバリゼーション

表7-1 アフリカの公用語と共通言語の使用状況

	公用語（国民浸透率）	民族語数	国内人口	共通言語	国民浸透率	他 国
セネガル	フランス語（8%）	40	1350万人 (2013)	ウォロフ語	65-85%*	ガンビア モーリタニア
ガーナ	英語（4%）	81	2640万人 (2013)	アカン語	66%*	コートジボワール
ナイジェリア	英語（35%）	520	1億7300万人 (2013)	イボ語 ハウサ語 ヨルバ語	10%*** 19% 12%	
中央アフリカ	フランス語（1%） サンゴ語	71	462万人 (2013)	サンゴ語	42%	チャド RDC
RDC	フランス語（9%）	250	6600万人 (2013)	リンガラ語	14%	コンゴ共和国 アンゴラ 中央アフリカ
ケニア	英語（7%） スワヒリ語	67	4180万人 (2013)	スワヒリ語		ブルンジ RDC モザンビーク オマーン ソマリア 南アフリカ
タンザニア	英語（8%） スワヒリ語	125	4720万人 (2013)	スワヒリ語	95%*	
ウガンダ	英語（7%） スワヒリ語	41	3760万人 (2013)	スワヒリ語	(32%)***	
ボツワナ	英語（5%） ツワナ語	25	200万人 (2013)	ツワナ語	89%**	レソト 南アフリカ スワジランド ナミビア ジンバブエ
南アフリカ	英語（30%） アフリカーンス バントゥ諸語9言語	32?	5300万人 (2013)	アフリカーンス	32%	ボツワナ ナミビア レソト スワジランド ザンビア

* Laitin, D. D. *Language Repertoires and State Construction in Africa*. Cambridge (UK), Cambridge University Press, 1992.
** Batibo, H. M. "Setswana: An under-exploited national resource ?", In K. Bromber & B. Smieja (eds.), *Globalisation and African Languages*. (pp. 53-63) Berlin/New York: Mouton de Gruyter, 2004. そのほかの数値は Ethnologue 2015による。
*** は第2言語話者数が不明なため、実際の数値はこれより多いと推測される。

らの言語が種々の民族に使われるようになったのだろうか。

2　言語変容のプロセス

公用語と多言語性

　これまで見てきたように、アフリカの言語状況はきわめて多様だが、その状況に変化が起きている。ここでは言語状況の変化を引き起こしている要因やプ

第Ⅰ部　アフリカの変容

図7-2　セネガルの民族分布
出所：Gellar 1976より筆者作成。

ロセスを，セネガルを事例にとり考えてみよう（セネガルの概要については本書第8章を参照。同国の詳しい言語状況については，砂野 2007，2009を参照いただきたい）。

セネガルはほかのサハラ以南のアフリカ諸国と同様に多民族国家であり，40前後の言語があるといわれる。かつてフランスの植民地だった歴史的経緯から，現在もフランス語が公用語であり，行政や教育活動において必要不可欠な言語である。アフリカ起源の民族語について，一部が1971年に「国語」と定められたが，現地では教育言語として十分に機能しているとはいえないようだ。セネガル人の大多数はムスリムであるが，アラビア語を読み書きできる信者はあまり多くないといわれる。

おもなエスニック集団として，ウォロフ人，セレール人，フルベ人，ジョオラ人などが挙げられるが，長い歴史のなかで多くの民族交配があったため，諸民族間の混血が比較的進んでいると思われる。実在した王国や帝国（ワーロ，カヨール，バオール，ソニンケなど）は，首長が主要民族の出身ではかならずしもないことや，またその配偶者に異民族出身者が頻繁に選ばれていたように，民族中心の国体でなかったようだ。下述するように，宗教においても民族的な

主導権争いがあったわけではなく，指導者は異なる民族から排出している。また，紛争や衝突が民族間の対立であることは稀で，民族内における内輪もめに端を発していたことが少なくない。

もっとも人口の多いウォロフ人はセネガル人口全体の35％前後にすぎず，この割合は1900年から1960年代に至るまでほぼ一定している。大半の国民は，今も昔も複数の言語を操る多言語話者であることに変わりない。家庭では母語を日常的に話しても，役所で手続きする際には公用語を必要とするし，親戚や近い知り合いが別の民族にいるなら，その言語を日常会話レベルぐらいはだいたい理解するといった具合であろう。居住地の主要言語が母語と異なるなら，それをある程度マスターしているに違いない。ただし，伝統的にウォロフ人はウォロフ語を，セレール人はセレール語を，プル人はプラール語を母語としていた。にもかかわらず，その内の1つのウォロフ語という言語が国内全体に広まり，民族の垣根を越えて，ほぼすべての国民が理解する共通言語になっている。

換金作物と植民地政策

ここで別の視点からセネガル社会を見てみよう。この国ではかつて落花生の栽培や輸出が重要な産業だった。これは19世紀後半の植民地時代の黎明期にさかのぼる。1840年にサンルイ港からルアンへ出帆した貨物船に積み込まれた70トンの落花生の輸出がそのはじまりといわれる。以後，ウォロフ人居住地域で栽培が拡大し，ウォロフ人商人たちの主導で落花生の取引が大西洋沿岸の北に位置する旧都サンルイで盛んになる。奴隷貿易の拠点として名高いダカール沖に浮かぶゴレ島（1987年に世界遺産に登録）やサンルイの商館は，当時の欧州アフリカ貿易の中心だった。

1855年，フランス人ルイ・フェデルブがセネガル総督に任命され，サンルイを含むワーロ王国を征服した。この軍事介入の目的は，フランスの西アフリカ貿易を保護し，アフリカ人による貿易網や取引拠点の独占を終わらせることと，欧州列強の間で繰り広げられていた植民地獲得競争のなかで，大陸におけるフランスのプレゼンスを決定付けることだった。

以後，植民地都市の建設が進められた。1880年前後にゴレ島，サンルイ，ダカール，リュフィスクが「特別行政4区」に指定され，住民にはフランス本

国とほぼ同様の「市民権」が与えられた。市民の資格を得た者の大半はウォロフ人やレブ人などのウォロフ語話者だったといわれる。

1885年にセネガル西部を南北に走るダカール＝サンルイ鉄道が開設され，現在の株式会社に近い形態を持つ「貿易商社」が沿線に相次いで進出する。これにともない，落花生取引が次第に盛んになっていく。さらに，1900～20年の間にセネガル内陸部を東西に走るダカール＝ニジェール鉄道が開設され，セネガル東部からの輸送コストの大幅な減少が実現し，内陸部で落花生栽培地域が拡大する。フランス系貿易商社は，ダカール＝ニジェール鉄道沿線の駅を中心に取引所を開設しながらセネガル内陸へ進出していった。通貨供給を円滑にする銀行も設立され（3章参照），落花生経済の拡大により，セネガルは近代産業時代の世界資本主義体制に組み込まれていく。鉄道はフランス人によるセネガル経済の独占を助長する役割を果たし，世紀末前後の約20年間で，アフリカにおける新しい貿易構造の基礎が落花生を中心に形成されたといえる。

落花生農業発展からの利得を高めるために，植民地政府は交通インフラ整備（鉄道に加えて，道路や港湾などの建設）に着手する。フランス人入植者に対する植民地政府の支援はセネガル人農民にも向けられ，農業試験，研修，実演，品種改良を行う組織が恩恵を受けた。20世紀初期の生産の90％以上はダカール＝サンルイ鉄道とダカール＝ニジェール鉄道の沿線地域で栽培されている。このように，軍事的支配や欧州・アフリカ間の定期海路を背景に，近代的な国内交通手段（鉄道，電報，幹線道路），銀行機関，株式会社の導入がさらに進行する。このように，落花生は第1次世界大戦までにセネガルの基幹産業に成長していった。

先にも述べたように，植民地都市が建設された地域にはウォロフ人が多く居住していた。これらの都市の市場にはさまざまなエスニック集団が集まり，異民族間を媒介する通商語としてウォロフ語が使われた。都市へ出稼ぎに来る農村民もおり，一部は定住してウォロフ社会に溶け込み，一部はウォロフ語を習得して故郷の農村へ帰郷したと推測される。

経済移民と宗教

落花生経済の発展のもうひとつの要因として宗教，とくにムスリム同胞団のムリッド教団の役割が挙げられる。ムリッド教団は，フランスの植民地支配に

よる伝統社会の急変に対する抵抗として，1880年代のバオール王国に興った宗教団体である。現在でいくつかあるムスリム同胞団のなかでも，セネガル社会で大きな影響力を持つ宗教団体の1つだ。初期の主な活動地域は，発祥地のバオール地方をはじめ，カヨール地方，ジョロフ地方などのウォロフ人が多く住む地域だった。フランスに敗れた王国の失業役人，貴族，兵士，小作農などが，彼らを取り巻く社会不安のなかで，教団を心の拠り所にしたのだろう。教団に所属する者は，物質的な奉仕や勤労と引き換えに，安寧という精神的な恩恵を得た。勤労の対象は，のちに示す落花生農場での労働である。

　セネガルのイスラーム史は長いが，サハラ以南のアフリカ各国におけるキリスト教同様に，多民族的という特徴がある。セネガルにおけるイスラームの起源は，北部のセネガル川沿いに位置するフータ＝トロ地方で王国を形成していたトゥクロール人の11世紀における改宗だといわれる。15世紀から19世紀にかけて成立した各王国が植民地支配により解体されると，指導者マラブーが民族間の結びつきを促進する役割を果たした。たとえば，初期イスラームを伝えたマンディカ人やモール人はウォロフ人信者の大きな尊敬を集め，のちの19世紀後半にはウォロフ人の宗教指導者に対してセレール人が敬意を払っていたようである。イスラームが異民族間の統合要素として機能していたといえる。

　ムリッドの教祖アフマドゥ・バンバがウォロフ人だったこともあり，教団内ではウォロフ語がおもに使用された。ムリッド教団はウォロフ色の強いムスリム同胞団であるけれど，ウォロフ人以外のエスニック集団を排斥するものではなかった。これが異民族の教徒の間でもウォロフ語が広まった一因だろう。

　では，ムリッド教団と落花生農業の関係はどうだろうか。端的に言えば，ムリッド教団は落花生で生計を立てていた。詳しく述べると，末端の信者に土地を貸与して信仰と引き換えに労働を課すというものだった。土地所有者は「マラブー」と呼ばれる宗教指導者であり，直属の信者である「ターリベ」は井戸を掘って開墾を進める。そこに「ダーラ」と呼ばれる農業共同体が形成され，マラブーはその首長になり，ターリベは一般の小作農と変わらなくなる。ムリッドへの帰依により，精神面だけでなく，雇用，集団的安全保障，社会的ネットワークなどの物質的・社会的な恩恵があったのである。

　19世紀末，ダカール＝サンルイ鉄道の開通したカヨール地方では，過剰な

農地開発のため，信者に与える耕作地が枯渇しつつあった。教団を継続するには土地がさらに必要だ。フランスは19世紀に反イスラーム政策を採っていたが，1915年前後にムスリム同胞団を支援する協調路線に転換する。ムスリムによる落花生農業の拡大は，植民地経済に資すると考えたからであろう。こうして，ムリッド教団も植民地政府に積極的に協力し，「間接統治」の担い手となっていったようだ。

「ムリッド荘園」の拡大

このフランスの支援を背景に，ムリッド教団は直属信者ターリベを派遣して，落花生耕作地をさらに拡大していった。セレール人の住むシヌ地方（現ファティック州にほぼ相当），あるいはバオール地方への入植を拡大させた。バオールでは，放牧を営むフルベ人と土地をめぐってしばしば対立した。この地方は，1907年に建設がはじまっていたダカール＝ニジェール鉄道が通る。植民地政府は，落花生栽培のために土地を取得しようとするマラブーを支援し，フルベ人は北に位置するフェルロ砂漠の方へ次第に押しやられていく。こうしてバオールに残るフルベ人の伝統牧草地には，次第にムリッド教団の落花生農家が入植していった。当時の資料によると，1927〜28年のセネガルの落花生地域別出荷高において，カヨール南部（現ティエス地方），バオール地方，カヨール北部（現ルガ地方）だけで国内出荷の大半を占めていた。1930年代から40年代にかけて，ムリッド教団は「新天地」を求めてサルーム地方（現カオラック州）や東セネガルへ向けた入植を続けた。シヌ＝サルーム地方の信者の数を見ると，1912年の約1000人から1950年代には約7万人にまで膨れ上がり，1912年に信者のいなかった東部にも，1950年代には信者の存在が確認されている。クルーズオブリアン（Cruse O'Brian 1971：77）によると，1950年代のムリッド教徒の数は，1912年の6倍の42万人だという。

このような「ムリッド荘園」の拡大は，セネガルの落花生栽培地域の拡大状況に一致する。ダカール＝サンルイ鉄道の開設時の主な栽培地域がウォロフ人居住地域カヨール地方とバオール西部の鉄道沿線地帯だけだったが，ダカール＝ニジェール鉄道の開設にともない，南方のシヌ地方やバオール地方東部，サルーム地方などの東方へと広がった。落花生栽培に適した土壌，広大な土地，ふんだんな降水量，交通の要所のカオラック，重要な港などの条件が揃ってい

た。ダカール＝ニジェール鉄道の開設により，取引所は南部に移設され，北部の上フルーヴ地方の落花生取引は衰退していった。両鉄道沿線地域の生産は全体の90％を越える一方，鉄道の通っていないフータ＝トロ地方，東セネガルの南部，カザマンスで生産された落花生は換金作物になりえなかった。

　こうして，セネガルの落花生生産と栽培地域は20世紀に入ってから着実に増加していった。落花生経済の発展は，行政区分の再編や社会構造の変化をもたらした。ムリッド教団の活動は落花生経済に関連する雇用を生み出した。これにともない，さまざまなエスニック集団の農民が，20世紀前半において落花生栽培のためにサルーム地方に多数移住している。また，「ナヴェタンヌ」と呼ばれる隣国からの出稼ぎ労働者の間でもウォロフ語が広がった。セネガルの国土が比較的平坦であるという地理的要因のため人口移動が容易だったこともあるが，落花生輸送のためにフランスが建設した鉄道が，地域間労働力移動を後押ししたのだろう。鉄道網は商品の輸送だけでなく，人の移動をも活発化させたのである。別の地域からムリッド教団の影響下の地域に移動してきた労働者は，現地で使用される言語を理解しなければならず，セネガルの落花生栽培地域ではウォロフ語が主要言語になっていったのである。

　このように落花生栽培を宗教活動の中心に据えたムリッド教団は，政府に支援されて農地を拡大していった。教団が進出していった地域には，落花生農業とイスラームが浸透していった。開発政策のもとで建設された交通インフラが落花生の生産地を優先したことから，落花生を中心に人と商品の交流が盛んになり，ウォロフ語の伝播はさらに促進された。このように，落花生栽培は植民地時代の基幹産業になったわけだが，その副産物がウォロフ語の拡散だったのである。したがって，20世紀前半に観察される社会言語的状況の変化には，植民地政策に由来するインフラ整備や基幹産業発展だけでなく，それらと組み合わさった社会宗教的な要因が重要な役割を果たしたといえる。

都市化にともなう変化

　20世紀前半のセネガル南部や東部における落花生栽培の飛躍は労働需要を生み出し，カヨール地方のウォロフ人や他の住民がサンルイや北部から，雇用のある農村地域に移動しはじめた。1940年までに，落花生生産に従事する農民の人口は全体の3分の2までになっている（Gellar 1982/1995：14）。

このような農村地域の動向は都市部にも変化をもたらした。ダカールは，1902年に仏領西アフリカの首都となって以来，鉄道の到来とともに近代化が進み，資本と人口が集中して西アフリカ最大の都市になった。入手できる統計（UN Population Division of the Department of Economic and Social Affairs, World Population Prospects, 2008年版）を見ると，セネガルは1950年に西アフリカ平均の約2倍の都市化率を誇り，その都市人口のなかでダカールは約半数を占めている。今日のアフリカでは都市化が進んでいるが，ダカールの都市化はかなり以前から進行していたことを示している。

また，ダカール近郊の都市の発展も著しい。たとえば，リュフィスクはウォロフ人の漁村だったが，前述の通り，フランス植民地政策のもとで1880年に市民権のある特別地区に指定されている。リュフィスク港はサンルイ線とニジェール線の2つの幹線鉄道から来る積み荷を輸出している。リュフィスクは，1920年後半にダカールを抜いてセネガル第2の落花生輸出港になっており，ダカールの重要な衛星都市だったことを示している。また，カオラックの都市化はさらに顕著である。カオラックの人口は1903年に300人にすぎなかったが，サルーム川に位置する港の発展により，1936年に4万人までに急増している（Marfaing 1992：318）。カオラック港はジュルベル以東のほぼすべての落花生輸出を請け負うことで，セネガル最大の港にまで発展した。

このような換金作物中心の経済は，3つの現象をともなった。①換金作物農業は落花生栽培地域と一致する，②換金作物のない地域では自給自足農業が営まれたが，この地域への貨幣経済の浸透が農村民の出稼ぎ労働へのインセンティブになる，③植民地銀行や貿易商社の本部が集まるダカールへ近代的な産業が集積する（サンルイ，リュフィスク，ほかの内陸都市もこの傾向にある）。

セネガルの都市の特徴は，カメルーンのヤウンデやナイジェリア国内の都市と異なり，民族による棲み分けがない（Diouf 1994：80）。また，知識人階級や管理職は大部分ダカールに集中したけれども，ルワンダのように特定のエスニック集団がある社会的地位を独占しているわけではなく，また植民地時代のヴェール岬州にはトゥクロール人が多いとはいえ，各階級に異なる民族が混在している。たとえば，ヴェール岬州にある3落花生製造工場と1ビール工場における調査（Hauser 1954）を見ると，製造業労働者における民族差はとくに見られない。あえていえば，ウォロフ人やレブ人は事務職や職工，非熟練労働者の

全職種にまたがるが，トゥクロール人やバンバラ人は職工，セレール人やソニンケ人は非熟練労働者である傾向にある。けれども一般にそれぞれのエスニック集団は各職種にあまねく広がっていた。

　また，都市における多民族状況は婚姻においても垣間見ることができる。1950年代にダカールとティエスの924所帯で行われた調査（Mercier 1960）によると，696の単妻所帯のうち，異族婚はダカールが29％であり，ティエスが23％だった。これを民族別に見ると，バンバラ人，レブ人，トゥクロール人の夫は異民族の妻と結婚することが多く，バンバラ人においては両都市で半数を越えていた。また，管理職，正規労働者・公務員，自営業者など，中産階級に属する社会層の方が異族婚をする割合が大きい。これらの職種が都市部に多いことから，異族婚が都市化現象に関連していることを示している。

　ここで問題になるのは，これらの都市化あるいは多民族状況とウォロフ語との関係である。これに関して，ダカール大学応用言語学研究所が1963～64年に，ダカール中心部および近郊にある360の小学校に通う3万5434人の低学年児童（6～7歳）を対象にした調査報告書（Wioland & Calvet 1967）が参考になる。それによると，96.6％の児童がウォロフ語を話すという。4分の3はウォロフ語が家庭の第一言語であり，その内，1人でも親にウォロフ人がいれば（全体の17.4％），ほぼ100％ウォロフ語が家庭で話されていた。さらに，ウォロフ人以外の民族同士の家庭でも，16.4％がウォロフ語を使用していた。1960年代のダカールでは，さまざまなエスニック集団の母語が自分たちの民族語ではなく，すでにウォロフ語になりつつあったのである。残りの4分の1の児童は，フラニ語が11％，バンバラ語が4.5％，セレール語が3.5％，ジョオラ語が2.1％，ポルトガル系クレオールが1.5％，ソニンケ語が1.2％，それぞれ母語であった。この数字は児童の所属エスニック集団を示しているが，将来これらの民族言語が母語の地位を失いながら第2言語になろうとしていたことは想像に難くない。

　ウォロフ語拡散現象はダカール以外の都市でも報告されている。たとえば，下カザマンス地方のジガンショール県はジョオラ人が優勢な地域であるが，1963/64年の国勢調査によると，ウォロフ語話者数が県平均の17.3％に対して，県庁所在地のジガンショール市ではこの数値が80.9％になっている。ジョオラ人の多いジガンショール市で，ウォロフ語話者の数はウォロフ人の3倍

に及ぶ一方，ジョオラ語話者数は第3位にすぎない（Diouf 1994：63）。

このように，セネガルで進行していたウォロフ化現象は，都市化と深い関係のある現象であるといえる。2つの現象の関係を探ると，季節出稼ぎや定住を含めた労働力移動が関係していると推測される。19世紀末から20世紀初頭にかけて，セネガルの少数民族だけでなく，隣国からの出稼ぎ労働者へもウォロフ語が広がっている。ウォロフ語は，セネガルの商業取引においてすでに20世紀初頭から優先的に使用されていた。セネガルの多民族状況のなかで，地方の農村あるいは隣国から都市へ来た移民は，古くからある都市の媒介言語であるウォロフ語を習得せざるをえなかったのだろう。都市に移住する移民にとって，異民族間に共通の言語としてのウォロフ語が社会生活に必要不可欠だったに違いない。こうしてウォロフ語拡散現象は，労働力移動に結びついた都市化と密接に関係していたと考えられる。

3　主導権の争いと言語の地位

独立後の貿易構造の変化

セネガルは1960年にフランスからの独立を果たす。フランスで留学および教職経験のある言語学者で詩人のレオポール＝セザール・サンゴールが初代大統領に就任する。独立時のセネガル経済は旧宗主国フランスに大きく依存していた。これを簡単にまとめると，①フランスとの貿易額は独立時に約80％を占めていた，②1950年代後半から1960年代前半にかけて，ほぼすべての落花生輸出がフランスへ向けられていた，③フランスは公共開発投資の約3分の2を請け負い，技術指導や財政援助を行っていた，④フランスの投資家はセネガル民間資本の90％以上を保持し，セネガル経済における資本集約的部門の企業のほぼすべてを所有していた，⑤フランス財務省がセネガルの貿易収支の赤字を穴埋めしていた。

セネガルの経済状況は独立以降，次第に変化していった。もっとも顕著な点は，セネガル経済における落花生の地位の低落である。これを輸出額で見てみると，1960年代初頭には加工品（油脂）と非加工品を合わせると輸出額の3分の2を占めていたが，1965年を境に徐々に低迷し，1960年代の終わりには約40％にまで落ち込み，1980年の頃までに20％を切るまでになっていた。1980

年代には第1の輸出品目の地位を失うことになる。

　落花生産業衰退に応じて輸出を伸ばした産業は，肥料に使われるリン鉱石と漁業である。とくにリン鉱石輸出は1975年前後に落花生輸出に迫る勢いであった。1960年代に輸出相手国の1つであった日本への主要品目がリン鉱石であった。漁業はもともと国内消費へ向けられたもので，当初外貨を獲得する手段ではなかったが，1960年後半から成長をはじめ，1978年には急成長した（落花生輸出の落ち込んだ1980年には最大の輸出産業になり，現在も缶詰工場などを通して15万人の直接・間接雇用を生み出している）。また，1970年代後半には石油関連の輸出が増え，1980年代に入ると最大の輸出品目になっている。1990年代には観光収益が主要な外貨獲得源として落花生に取って替った。落花生産業衰退の要因として，落花生の不作や国際市場価格の低迷，そして食糧難にともなう農村部の食糧作物への転換などが挙げられるが，リン鉱石生産，漁業，石油産業，観光業などのほかの経済部門の成長により，落花生はその相対的な地位が低下していったともいえる。

　また，セネガルの貿易構造が変化していく。輸出額の大部分を占めていたフランスの割合が低下し，輸出先が旧西ドイツ，英国，オランダ，日本などの先進諸国（ただし，フランスを除けば，各国の占める割合は5％前後にすぎない）から，近隣諸国を含めた第3世界へ移行していった。このなかで，石油製品を筆頭に落花生やリン鉱石を輸入した隣国のモーリタニア，石油製品や衣料品や肥料を輸入したマリ，衣料品やタバコや機械を輸入したコートジボワールなどが挙げられる。輸入先に関しては，1960年代初頭，繊維や機械をフランス，ドイツ，米国（同国は穀物の割合が大きい）などの西側諸国からおもに輸入していたが，1960年代後半にかけて棉花や繊維を筆頭に木材も輸出していたコートジボワールや，穀物（おもにコメ）を輸出するカンボジアやタイなどの第3世界からの輸入の割合が増えていった。原油もベネズエラやオランダから当初輸入していたが，1970年代に入ると，ナイジェリアやガボンなど近隣諸国がほとんどを占めるようになった。

　このように旧仏領植民地諸国間の貿易が盛んになっていったのは1970年代の特徴である。中国も重要な貿易相手国であり，茶や穀物を輸入していた。天候不順による食糧難時には，1968年や1974年のように，一時的にブラジルから穀物や糖類の輸入を大幅に増加させた時期もあった。独立時に全体の約3分

の2を占めていたフランスからの輸入は，15年間で4割にまで低下していき，以後も減少していくことになる。セネガルの貿易構造は独立以降大きく変化していったが，貿易収支の赤字と対フランスの輸出入額が依然として大きな割合を占めることには変わりなかった。

換金作物と自給作物の葛藤

セネガルの農業政策を概観すると，1970年代前半まで落花生栽培地域における生産および生産性改善の一辺倒であったが，それ以後，政府は東部や上カザマンスの棉花作付けやセネガル川下流デルタのサトウキビや生鮮野菜の栽培を推進しながら，農村経済の多角化に着手した。1965年の落花生生産は117万トンであったが，1970年には約半分の60万トンにまで落ち込んだ。この生産量激減の約30％は耕作面積の減少に由来するといわれる（Banque mondiale 1974：144-145）が，たんに天候不順による不作の年もある。いずれにせよ，落花生の減産は輸出実績にも現れている。

政府は1977年より食糧自給率を向上すべく，落花生栽培地域における雑穀類（ヒエ・アワ）生産やセネガル川流域のフルーヴ地方やカザマンス地方稲作への投資を行い，1980年以降これらの作物の増産が実現した。また，トウモロコシやササゲのような豆類の生産も増えた。けれども，これらの食糧作物の増産はセネガルの人口増加に追いつかず，自給率は低下の一途をたどった。自給率は1960年代の約70％から1970年代の50％前後にまで落ち込み，穀物輸入を増やさざるを得なかった。農民は，生き延びるために，地元市場用の作物生産，小規模な畜産飼育，手工業品，季節労働などにも従事するようになった。

このように落花生農家の生活は苦しくなっていくばかりだった状況が想像される。これに対して1967～73年の期間にセネガルでは「農民騒動」が起きている。この要因を簡潔に記せば，①独立以降，落花生価格の停滞あるいは下落，②農業用具や肥料，および米の輸入価格の上昇，③すでに減少していた農民の実質所得のさらなる悪化，④生産ボイコットや借金返済の拒否，⑤賃金労働を求めて都市へ向かう若者の農村からの流出，などが挙げられる。最終的に政府系農政機関（ONCAD協同開発支援公社）は農民への支払い条件を改善し，農民の借金返済を帳消しにしながら，1974年に大幅な生産者価格の引き上げに合意することで，セネガルの農民騒動は収束したとされている。

ところで，この騒動にはもう1つ重要な側面がある。これまであったムスリム同胞団と中央政府の協力関係が終焉したことである。サンゴール政権は当初，ムリッド教団の上層部ときわめて良好な関係を保持していた。独立以前，教団は落花生栽培地域において，植民地政府による「間接統治」の担い手であったが，独立以後は植民地政府がたんに中央政府に置き換わったにすぎなかった。その一方で教団は農民の生活と利益を守る守護神であると同時に，落花生経済を推進する政府が信頼の置ける協力者であった。

　ところが，農民騒動に際して，農民の不満が中央政府の農業政策に向けられているため，ムリッド教団がそれまで維持してきた双方の仲介者としての立場が立ちゆかなくなる恐れがあった。教団にとって，信者に対するその権威と正当性が揺らぐような事態は避けなければならない。政府はムリッド教団を農民と調停を取り持つ最良の仲介者として見なしていたが，これに反して教団は政府に対してまず中立的立場を取るようになり，1970年代を通して，落花生栽培地域における独自の自律性と支配力を次第に高めていった。マラブーと呼ばれる宗教指導者たちは生産者価格の改善や債務放棄を公に求めるまでに，政府に対する態度を硬化させていった。

　地方の協同組合を「利用」していたマラブーたちにとって，中央政府に向けられた農民の不満はある意味で都合がよかった。すなわち，ムリッド教団はセネガル農民騒動を農村部における財政的かつ政治的基盤をさらに強化する機会にしたのである。たとえば，農民騒動にともない，セネガルからガンビアへ向けた公式の統計には上らない並行市場をさらに発達させた。落花生輸出について，国連食糧農業機関の統計でセネガルとガンビアを比べると，セネガルの輸出額の減少とガンビアの輸出額の増加が，1977年を除いて連動していることを見ることができる。フランス海外協力省の推定（Boone 1992：202）では，1950年代以来約1万トンの落花生が正規の国内市場から流出していたといわれるが，これが1964～65年度に2～2.5万トンになり，1970年には4～5万トン（収穫高の10％にも満たない）まで上昇し，1980～81年度には落花生の非正規流出（密輸）が収穫の65％に達していたと見られている。

　これを分析すると（Coulon 1981），ムリッド教団は，政治的に農民を保護するために，教団の聖地トゥーバを中心に，組織，財政，手段の面での支援体制を展開していた。また，密輸ルートの逆方向にはガンビアから安価な生活物資

が密輸されていたが，生活に困窮していた信者たちの利益にも適っていた。政府は聖地へ警察，軍隊，税関を送ることもままならずに，このような違法経済活動に目をつぶるよりほかはなかった。すなわち，トゥーバは落花生栽培地域の真っ直中に位置する「自由貿易地域」を形成し，ムリッド教団指導者層は「無法地帯」に君臨する支配者のような地位を占めていた。

宗教の都市化と農村の自由貿易化

　このような状況は，ムリッド指導者層へ多大な利潤をもたらした。状況を蓄財に活用し，1960年代より収益の一部を大都市セネガルへ再投資した。たとえば，ダカールでは都市不動産や都市商業，タクシー会社，建設会社，貿易会社などの分野が挙げられる。1970年代になると，高位のマラブーやムリッドに帰依する大実業家たちが主要な政府機関の「顧客」になった。具体的には，当時高収益のコメ貿易を保持したり，政府が管理する輸入貿易において新規契約を結ぶための便宜を得たりしていた。そのほか，セネガル―ガンビア密輸取引ルートの整備に資金をつぎ込んだり，国内のセメント業界を独占したり，落花生加工工場を所有したりというように，ムリッド教団の経済活動は多岐に渡った。さらにはホテル経営や漁加工産業にも着手し，前述したように，これらの産業は政府の支援により1970年代に急速に発展した。これはムリッド教団に関係する者たちが政府の中枢と密接に結びつき，政治的な影響力を行使できる立場にあったことを暗示している。

　このようにムリッド教団が経済基盤を農村部から都市部へ移行することにより，信者たちも都市部へ移動するようになっていった。落花生経済の低迷や農村からの人口流出，そして都市化現象により，ムリッド教団の社会構造の強化や経済的序列化が都市部で進行すると同時に，教団の思想やアイデンティティは都市部に根付いていった。これが「宗教の都市化」と呼べるプロセスである。

交通インフラと政治力学の変化

　このプロセスの進行は精神的な要因だけでなく，当時セネガルで発達しつつあった交通網の発展とも密接に結びついている。植民地時代に形成された鉄道網は1950年頃まで主要な遠距離交通手段だったが，一部の落花生商人が道路を利用しはじめた。1960年初頭より凋落しはじめた鉄道網を尻目に，舗装道

路建設が1985年まで続いた国土5ヵ年計画のなかに取り込まれ,「農村の自由貿易化」の必要性に応じて,道路輸送手段の完備が図られた。セネガルの交通インフラは欧州開発基金や世界銀行,アフリカ開発銀行,2国間協力の財政支援の下,2860kmが舗装され,5000kmを越える道路が新たに新設されている。

鉄道も無論国土計画のなかに含まれていたが,道路へ充てられた予算配分とは比較にならなかった。インフラ整備や列車の部品が不足し,一部の路線が操業停止に追い込まれた。これに対して道路はますます重要になった。貨幣経済や小規模の商取引の浸透にともなう市場の偏在化,そして地方分権化の流れのなかで現れた地方行政の中心地の創設(11地方と約350もの地方自治体の行政府)により交通網の細分化や複雑化が必要になったのである。このような状況で,植民地時代の貿易商社が活用していた落花生集積地を結ぶ鉄道のような重厚長大な交通網では対応しきれず,柔軟な交通体系である道路がますます重要になっていった。

ムリッド教団の都市進出の一方で,かつて農村部に存在した落花生経済の管理組織や社会的枠組みは徐々に解体していった。マラブーたちには,収入や信者獲得の手段として落花生に依存する必然性はもはやなく,農村部に残る農民には自家消費用の食糧農業を奨励するばかりであった。ムリッド教団の活動はすでに,生産者価格や公有地払い下げなどの政策決定に左右されることなく,政府が関与する産業界で広い範囲に展開していったのである。1970年にそれまで廃止されていた首相職が設置された。このような70年代の政権の権力分散はムリッド教団が政権機構の内部に入り込む隙間をつくった。銀行,省庁,公的機関をはじめとする国家の中枢を形成する組織の自律性が増大するにつれて,教団は国家機構内での影響力を拡大していった。

中央政府は,落花生生産者に対する譲歩でもって,農村経済における支配力のほころびを繕おうとした。1973年に再び協同組合に対する農民の債務の帳消しを認め,1974~75年度に生産者価格を大幅に引き上げたのはその現れである。天候に恵まれて生産の改善した1975~77年を除いて,政府系農政機関ONCADの収益は改善されなかった(とくに落花生に起因する1977~78年度の国家収入の落ち込みは約60%に達したといわれる)。1970年代の終わりにかけて,植民地時代の最後の遺産である落花生産業は揺らぎはじめ,1980年にはONCADは非効率,腐敗,過度の農民搾取という自らの重圧に押しつぶされ

て破綻した。その負債は940億CFAフラン，当時のセネガル国民総生産の実に15％に上るといわれる。

セネガル政府は1970年代に農村経済が生み出す剰余獲得競争に敗れ，農村流通における支配権を失っていった。セネガル政府は植民地時代の商業資本同様，落花生の生産プロセスを直接支配していなかったため，落花生農業を生産性の面で強化できず，農業生産の支配拡大は農民を貧困に追い込むのみであった。農民が見出した生存手段は唯一この状況からの「逃避」であった。そして農民たちの受け皿になったのが，都市化したムリッド教団であったのである。独立以後のセネガル国家体制は，かつて植民地国家が農村官僚とともに築き上げた落花生産業を基盤にした商業資本を引き継いだが，その限界も継承したといえるかもしれない。

旧体制の「閉鎖的」管理貿易の時代には，農民は輸出向けの換金作物の売却と引き替えに，消費財を購入するという単一独占的な流通ルートに縛り付けられていた。商工業セクターを支配していた政府やフランス資本にとって，ダカールを中心とする組織的な貿易ルートは効率がよかったが，農村市場は地方分権にともなう道路交通網の発達により次第に複雑化していった。競争の原理が進むにつれ，落花生に代表される換金作物と食糧作物の売買の選択肢は広がり，交易条件の有利な並行市場（ガンビア）へ移行していった。このような「農村の自由貿易化」により，農村経済はダカール市場を中心とする政府の管理・規制から離脱していった。

ポスト植民地商業網の解体そして劇的な破綻が与えた影響はセネガル経済の随所に見られた。連立与党内の不協和音につけ込んだ挑発により，政権は弱体化し，内部分裂していた政権は，もはやこのプロセスを止める術を知らなかった。そこでは，国家をあたかも企業経営のように運営しようとする官僚主義，かつての政治同盟や恩顧制度を強化することに利益を見出す回顧主義，そして権力にしがみつこうとする専制主義が対立していた。この対立は1980年以降の政治不安や経済の停滞につながるのである。

政治力学と言語使用

独立以後のセネガル経済はその中心を農村部から都市部へ移した。国家の統治機構は形骸化し，ムスリム同胞団のムリッド教団が各産業や都市部で勢力を

広げながら，次第に支配権を掌握していった。都市におけるイスラームの定着度を実証的に示すことは容易でないが，すくなくとも農村部における落花生中心の経済基盤が崩壊し，ムリッド教団に帰依していた農民が，収入源を失って都市へ流出していったと思われる。そして，都市部で賃金労働を求める労働者たちは，都市へ定着したムリッド教団の支配下にある産業部門に従事するよりほかはなかったのだろう。

　独立後セネガル社会におけるウォロフ語拡散現象が，世代あたり22％の進行という興味深いデータがある。すなわち独立以後も植民地時代に見られた社会言語的現象が継続し，増大していることをうかがわせる。植民地時代にセネガル農村で進行していたウォロフ語化現象が，都市とムリッド教団に密接に結びついていたならば，独立後のウォロフ語化現象も同じ二重の社会的要因でもって説明がつく。ただし，独立前は王国の没落にともなう高い失業率の農村部や都市部から落花生生産地域へというインセンティブと，独立後は落花生産業の衰退にともなう農村部から都市部への流出という，労働力移動がちょうど真逆の方向である。この方向性を決定付けている要因は，ほかでもなくムスリム同胞団ムリッド教団であり，さらには，恩顧主義，収賄，非効率な経済など後のセネガル経済全体をも方向付けるものであったかもしれない。

　一般に，サンゴール大統領をはじめとするエリート官僚がフランス語を民衆に押し付けながら国家権力を保持しようとする一方で，ムリッド教団を含むムスリム同胞団がウォロフ語とともに国民に心理的連帯や経済的支援の手を差し伸べる民衆の味方という図式がある。ここまで見てくると，この価値判断は果たして正しいのかという疑問が湧いてくる。確かにサンゴール大統領は，フランスのアカデミー会員にも選出されたように，フランス語を大事にする知識人であり，政権運営も旧宗主国のフランス寄りだった。しかし，ムリッド教団も，サンゴールと同様に，影響力の拡大や国内産業における支配権の掌握に努め，それにともなって言語使用の拡大が起こったのではないだろうか。ここに言語と政治の関係を垣間見る。

4　言語状況の変容とグローバル経済

　セネガルの事例は，社会経済の動きと言語使用の間にある関連性を示した一

例にすぎず，一般化できるものではない。そこから抽出できる要素として，経済的圧力の下に引き起こされる労働力移動，社会インフラ発達による移動の容易さ，異なる民族がコミュニケーションを取らなければならない経済的制約，周囲が自分の母語とは異なる言語を話している社会状況，都市化にともなう伝統文化の世代間伝達の難しさ，などが挙げられよう。また，現代アフリカでも急速に発展している「電子コミュニケーション革命」（携帯電話，インターネット，SNSなど）の存在も忘れてはならない。

　しかし，これらの要素は，サハラ以南のアフリカの各地で見られる，一部の言語が拡散し，多くの言語が衰退している「言語寡占化現象」を考えるにあたり，示唆を与える。アフリカは多民族多言語社会であり，アフリカ人は潜在的に民族母語，共通の民族語，公用語を使う「トリリンガル」であるのが理想であるが，言語レパートリーの構成は国の状況，個人の出自や家族構成，経歴，居住する地域の特性などに大きく左右される。ケニアのキクユ市場のやりとりの例でも見たように，複数の言語が話されている状況において，使用目的により一時的に言語の優先順位が現れるのがわかる。問題はこれがその場限りのものなのか，それとも持続的なものになりうるのかであろう。なぜなら，クレオール語やピジンが生まれているように，死滅する言語があれば，誕生する言語もあるからである。

　セネガルの言語状況を下支えしている社会の変化を見る限り，少数民族が使用している危機言語は，植民地時代の宗主国の言語よりも，むしろほかの民族語の影響力により消滅している可能性が高い。一部の民族語の台頭は旧宗主国言語への対抗意識の表れと捉えると，国民としての新たな言語アンデンティティが芽生えつつあるのかもしれないし，また，国境を越えた地域で共有される言語も現れているところを見ると，新たな言語共同体が生まれつつあるのかもしれない。ただし，ルワンダで言語がほぼ同じツチ人とフツ人が殺し合った歴史を考えると，言語が同じだからといって紛争がなくなるわけではないことは銘記しておく必要はあろう。いずれにせよ，アフリカの至るところで報告されている言語の数が減少している現象は今にはじまったわけでなく，アフリカ諸国が世界経済に取り込まれていった植民地時代にすでにはじまっていたと考えるのが妥当であろう。

　21世紀に入り，経済のテイクオフが軌道に乗り，順風満帆だとは言いがた

いが，アフリカが成長を続けていることは確かである。グローバル経済のなかで成長と発展というバベルの塔を次第に築いていくにしたがい，人々は共通する言語を話すようになるのであろうか。経済の成長や政治の安定と同時に言語状況の進展を観察していくことは，グローバル化を読み解く1つの見方になるかもしれない。

参考文献

アジェージュ，クロード（糟谷啓介訳）『絶滅している言語を救うために——ことばの死とその再生』白水社，2004年。
クリスタル，デイヴィッド（斎藤兆史・三谷裕美訳）『消滅する言語——人類の知的遺産をいかに守るか』中公新書，2004年。
砂野幸稔「拡大するウォロフ語と重層的多言語状況の海に浮かぶフランス語——セネガル」梶茂樹・砂野幸稔編『アフリカのことばと社会』三元社，2009年。
砂野幸稔『ポストコロニアル国家と言語——フランス語公用語国セネガルの言語と社会』三元社，2007年。
ディクソン，R・M・W（大角翠訳）『言語の興亡』岩波新書，2001年。
ネトル，ダニエル&スザンヌ・ロメイン（島村宜男訳）『消えゆく言語たち——失われることば，失われる世界』新曜社，2001年。
Amano, T. et al., "Global Distribution and Drivers of Language Extinction Risk." *Proceedings of the Royal Society B*, 281 : 20141574. http://dx.doi.org/10.1098/rspb.2014.1574,2014.
Banque mondiale, *Sénégal : tradition, diversification et développement économique.*, Washington, D. C., World Bank, 1974.
Boone, C., *Merchant Capital and the Roots of State Power in Senegal, 1930-1985.* Cambridge (UK)/New York/Melbourne, Cambridge University Press, 1992.
Coulon, C., *Le Marabout et le prince : Islam et pouvoir au Sénégal.* Paris, A. Pedone, 1981.
Cruse O'Brian, D., *The Mourides of Senegal : The Political and Economic Organization of an Islamic Brotherhood.* Oxford (UK), Clarendon Press, 1971.
Diouf, M., *Sénégal : les ethnies et la nation.* Paris : L'Harmattan, 1994.
Gellar, S., *Structural Change and Colonial Dependency : Senegal 1885-1945.* Beverly Hills (CA), Sage, 1976.
Gellar, S., *Senegal : An African Nation between Islam and the West.* Boulder (CO), Westview Press 1982/1995 (2nd ed.).
Hauser, A., "Les industries de transformation dans la région de Dakar". *Bulletin IFAN*

Série B, Études sénégalaises, n° 5, 1954, pp. 69-83.

Marfaing, L., "L'implantation des maisons de commerce au Sénégal et la réaction du commerce africain". B. Barry & L. Harding (eds.), *Commerce et commerçant en Afrique de l'Ouest : Sénégal*. (pp. 309-346). Paris, L'Harmattan, 1992.

Mercier, P., "Étude du mariage et enquête urbaine". *Cahier d'études africaines*, 1 (1), pp. 28-43, 1960.

Wioland, F. & Calvet, M., "L'expansion du wolof au Sénégal". *Bulletin de l'IFAN*, serie B, tome XXIX, n° 3-4, 1967, pp. 604-618.

＊本章は以下の論文をベースに加筆して，大幅に書き改めたものである。

木田剛「社会経済と言語の関係について――独立以前セネガル」『商学研究論集』第34号（明治大学大学院商学研究科）2011年，135-154頁。

木田剛「宗教の都市化と交易の農村化――ポスト植民地国家セネガルの変遷」『商学研究論集』第35号，（明治大学大学院商学研究科）2011年，113-128頁。

第Ⅱ部

アフリカ諸国の課題

パソコンから携帯電話へ音楽を転送する青年
(リベリア,マージビ郡にて,2016年5月)(EPA＝時事)

第8章　セネガル
——教育の改善と価値観の改革——

鈴井宣行

1　セネガルの教育と改革に向けた取り組み

「豊かな国」セネガル

2015年現在，外務省によるとアフリカ大陸には54の国が存在している。そのなかの1つの国であるセネガル共和国（République du Sénégal）を概観してみよう。セネガル共和国（以下,「セネガル」という）はアフリカ大陸の最西端に位置している小国である。

では，セネガルに対する日本の民衆が抱くイメージはどのようなものであろうか。セネガルがアフリカ大陸のなかの一国であると知るや，日本の民衆のセネガルに対するイメージは「野生の王国（しかし，セネガルで動物を見るには動物園に行くことになる。野生動物を見ようと思えば，内陸まで行かなければならない）」であろうし，その「野生の王国」を除いては，「貧困」，「病気」など「負」の方向に一挙に向かっていくのは明らかである。しかし，筆者は「セネガルは豊かな国である」と言いたい。と，いうと，「そんなことはあるはずがない！」という声が筆者の耳には聞こえてくる。ここでいう「豊かな」とは，経済的に「豊かな」状態を指しているのではなく，セネガルの民衆が彼らのなかに受け継いできた伝統的な「思想」，「文化（＝価値観）」の豊かさなのである。その「豊かさ」をふまえて，さらに，「自己改革」に向かっていこうとする行動のなかで，セネガルの民衆は新たな文化（＝価値観）を創造していこうとしているのである。「どんな文化であれ，国であれ，それぞれ違った空間の「言葉」をもっているが，こうした空間の言葉は，それぞれの話し言葉が違うように，いやそれ以上に，文化や国によって違う」（E・T・ホール 1980）のである。

このセネガルの「価値観」という目には見えないが，この重要な要素を基に「改善」ということについて，教育機会と生活改善，セネガルの至宝である1

人の小説家兼映画監督の思想,そして,伝統的価値観から創造的価値観に向けての若者たちの変化などを通して考察していくことにする。

アフリカの優等生

まず,"Sénégal" という言葉の意味を解説しておくことにする。"Sénégal" とは,一般的に現地ウォロフ語の "Sunu（私達の）gal（舟＝pirogue)" という意味として考えられている。換言すれば,「皆,同じ一艘の舟（＝「国」）に乗っている」といえるのである。

セネガルの首都ダカールまではパリから飛行機で約5時間半ほどかかる。11月から3月までの乾期の間,セネガルは避寒地としてヨーロッパから大勢の観光客が訪れる有名な観光国である。セネガル国内の地図を見ると,この国のなかにほかの国（ガンビア共和国）が存在する。南アフリカ共和国のなかのレソト王国のようなものであるが,ガンビア共和国がレソト王国と異なるのは海（大西洋）に面し,国土の東から西へ大河・ガンビア川が流れていることである。

セネガルの国土面積は19万平方キロ（日本のほぼ半分）で,人口は約1300万人（東京都とほぼ同じ）。宗教は94％がイスラム教徒,5％がキリスト教徒,残りが他宗教である。イスラーム教徒がほとんどを占めているが,イスラーム教は国教ではない。ここセネガルでは信教の自由が憲法に謳われているのである。政治の分野においても,早くから複数政党制を採用し,民主的手続きで政治が行われている。1960年に独立して以来,国全体を揺るがすような紛争,クーデターなどは一度も発生していない,きわめて稀有な国である。これが国連から「アフリカにおける民主化国家の優等生」といわれる所以である。ただし,ガンビア共和国の南側に位置するセネガル・カザマンスで「分離独立」を主張する一部の反政府側（カザマンス民主勢力運動）と政府側とが衝突し,不安定な状況が続いていることを付け加えておく。

開発・改善と教育

セネガルの「開発・改善」を考えるとき,これまでの西欧型スタイルを保持していくのであれば,困難な状況は継続していくであろう。川端正久が「アフリカにおいて民主主義が意味を持つためには,アフリカの人々が生活の改善のための政治過程に参加すること,権威主義と独裁の支配に終止符を打つこと,

そして，アフリカ的要因に基づいてアフリカ型民主主義を創造することである」（川端 2013）と指摘しているように，セネガルの政府，民衆自身が物事に対して自らが決定していくことが求められる。それゆえ，人材育成が急務であり，「教育」という要素は外すことのできないものである。

　セネガルは 1960 年にフランスから独立を果たし，当時の政府はフランスの教育制度をそのまま採用し，国民に対する教育を開始した。しかし，これが大きな誤算となった。日本の場合，江戸幕府は全国に庶民教育のために「寺子屋」設立を推進し，武家の師弟には「藩校」などの設立推進を図ったのである。この教育政策があったればこそ，明治維新後，欧米からの進んだ文化が入ってきたとき，明治政府は混乱することなく，それに十分に対応できたと言える。東アフリカの教育制度の例を取り上げた R・P・ドーアは「どうして百年前の日本と現在のアフリカ諸国があれだけ違うのか。(……) わずかの下級官僚育成のために学校制度が導入されると同時に，裕福な工業国家で何世紀もかかってできあがった，教育資格を重んじる職業制度もそのまままるうつしにして輸入された」（ドーア 1970：viii）と指摘し，さらに，彼は「近代教育制度が従来の社会に根づく根づきかた，根のはりかたの違いである。東アフリカでは宣教師や植民地政府が現れて，学校を作った時に初めて「学校」という言葉ができて，初めて人が「学校」「教育」という概念の持ち主となった。そこへ欧州のカリキュラムをそのまま，まるうつしにして持ってきて修学させたのだから，日常生活とむすびつかない，まったく宙に浮いた資格獲得のための学問となったのもあたり前である（原文のまま）」（ドーア 1970：ix）と，指摘している。さらに，明治以降，ヨーロッパ言語で表記された各種の文献を日本語に「翻訳」し，国民が日本語で進んだ文化を理解し得るという環境をつくり，その結果，この「翻訳文化」という素晴らしい文化をつくり上げたのである。

　翻って，セネガルを見てみると，すべてがヨーロッパ，それもフランスの制度をそのままコピー――そこには，自らの文化的風土に適合させるという考えは見えてない――したものであり，国民はフランス語という旧宗主国の言語を使用しなければならないという，政府としては舵取りの難しい状況に置かれたのである。

　そして，セネガルは初代大統領レオポール=セダール・サンゴールの施政下で，フランス語を公用語として採用し，初等教育からの教育言語をフランス語

としたのである。セネガルでは「フランス人よりもフランス人」とも言われるサンゴールを代表とする一部のフランス留学組，いい換えれば，フランス的価値観を身につけた旧植民地時代のセネガル人エリートたちによって，「国」づくりがはじまったのである。

急ぎすぎた国家形成

ただ，ここで悔やまれることがある。それは，彼らフランス留学組のセネガル人たちは，それまでセネガル民衆が味わってきた，辛く，厳しい日常生活についてしっかりとかえりみなかったことである。彼らがフェヌロンのつぎの言葉——「汝が民衆の上に君臨することになろうとも，かつては民衆と同様に，弱く，貧しく，苦しんだことを思い出すがよい」(田辺編 1991：175)——を心に止めていたならば，現在ほど悔やまれる状況には陥っていなかったのではないだろうか。小川が「アフリカでは，国家というものはその体裁を整えるのに熱心な反面，民衆に希望を持たせることに失敗しているという傾向があります」(小川 1997：97) と指摘しているように，独立当時の政府が，民衆に希望を持たせることを考えず，国家組織の体裁だけを考え，ヨーロッパの制度をそのまま導入したのである。

セネガルの伝統，生活習慣，風土などに合致した「希望が持てる」制度の構築を試みようとすることは，当然困難な作業であるに違いないが，これらのことを政府が「国家100年の計は教育にあり」と真剣に，そして地道に取り組んでいれば，セネガルに根ざした教育制度が確立できたであろう。セネガルはあまりにも国家形成，国民幸福度向上に急ぎすぎたといえる。独立したばかりの1つの国が困難，かつ，手探りの状況のなかにあったからこそ，逆にヨーロッパの制度を学んだ彼ら留学組がセネガル的価値観に基づいた国家の制度設計を行うことも不可能ではなかったのではなかろうか。

国家形成と教育

フランスは当初，一部のセネガル人エリート達を現地植民地政府の官吏として養成した。その後，民衆教育へと移行していったが，形式としてのみのものであり，フランスはこの民衆教育実施によって，フランス文化を民衆に浸透化させ，それを体得した黒いフランス人の育成を最大の目的としたのである。さ

らに，谷口は「フランスによる植民地支配の正当化を強調する性質もともなっていた」(谷口 2012：201) と指摘しているが，これは当然であろう。また，一般のセネガル民衆に対しては「教育機会」を十分に与えなかった。彼らが賢明になることは植民地統治にとってきわめて都合の悪いことと考えたのである。このため，「識字」という領域ではきわめて低い水準に止まっていたのである。

　独立前には，このような低教育水準であったセネガルにとって，近代化されたフランスの教育制度をそのまま導入したことが今日まで大きな「負」の財産となったといえる。今，セネガルの初等教育を考えるとき，教員の質，教材の不足，教室の不足，教員の給与など多くの問題が存在している。制度的には，1991 年の教育基本法，2004 年の法改正によって 10 年間の義務教育を制定した。しかし，基本はフランスの制度がそのまま存在しているのである。2010 年には省庁の改編が行われ，徐々にではあるが，改善され，就学率も向上の傾向を示した。しかし，今なお，西アフリカ地域においてさえ，セネガルの就学率は低い水準のままである。学校運営についても，日常的に行われる教員のストライキをはじめ，いまだ多くの問題を抱えている。そのため，2000 年の大統領令によって，学校での問題を把握するために教師，保護者，地域代表などから成る「学校運営委員会 (CGE)」が設置されることが決められたが，ここでも委員を選ぶ段階で不透明な作業が行われることもあり，同委員会がしっかりと機能しているかどうかはきわめて疑問である。セネガルの初等教育就学率・識字教育および識字率を考えるとき，政府をはじめ，諸機関が重大な危機感をもって考えなければならない。

生活改善と教育

　セネガル民衆の生活改善を考える上で，経済の拡大・向上はいうまでもないが，その経済の拡大，国内消費の拡大を図ろうとするとき，もっとも重要な要素と言えるのは子女，成人女性など「女性」への「識字・初等教育」の機会拡大が進められなければならない点である。セネガルの成人識字率は 50％ (2005-2010 年度日本ユニセフ協会)，初等教育純就学率 75％ (2007-2010 年度日本ユニセフ協会) であり，これは表 8-1 (次頁) のようにアフリカ各地域の平均値を下回っているのが現状である。

　また，外務省 (2005 年) によるとセネガルの 15～24 歳の年齢層では，女性

表8-1　識字率および純就学率

	成人識字率	初等教育純就学率
セネガル	50％	75％
アフリカ	63％	78％
サハラ以南アフリカ	62％	76％
東部・南部アフリカ	67％	87％
西部・中部アフリカ	57％	66％

出所：www.unicef.or.jp/library/sowc/2012/pdf/m_dat01.pdf より筆者作成。

の識字率は男性のそれ（識字率）を100とした場合，わずか41である。

さらに，外務省政府開発援助（ODA）国別データブック（2014年度版）によると，ミレニアム開発目標（MDGs）に掲載されたセネガルの初等教育における純就学率は46.3％（1990年）から78.9％（2011年）に，初等教育における男子生徒に対する女子生徒の比率（男子を1としたときの女子の比率）は0.73（1990年）から1.07（2011年）に増加している。

初等教育課程での「留年」という制度

この数字が実値なのかどうか，疑問視されるが，初等教育分野を見る場合，重要になるのはその修了率である。セネガルの場合，初等教育課程であっても，「留年」制が導入されており，農村部では相当数の子どもたちが労働力として畑で働かされ，この「留年制」によって進級できずに，途中で就学を止めてしまうことが多いということを私達は頭に置いておかなければならない。子供達の大きな壁となっているのが，セネガルでの公用語として使われている「フランス語」であることもしっかりとふまえておかなければならない。子供達，ことに農漁村部の子供達は家ではグループ語（「部族語」という表現は本章では使用しない）で生活し，学校でのフランス語の授業のときのみ，フランス語を使用するという状況がある。それ故，子供達の前には，この「フランス語」が大きな障壁として立ち塞がっているのである。

とはいえ，「負」の要素ばかりがあるのではない。今，この就学率，識字率向上に対して，わずかではあるが，一筋の光明も見えはじめているのである。そこで，元来イスラーム教の宗教施設とされているコーラン学校である「ダーラ（Daara）」と地域初等学校（ECB）について考えてみることにする。

2 教育機会の拡大と生活改善

伝統的ダーラ

　まず，1つ目は，ダーラ（Daara）である。ダーラには1人のマラブーによって運営されている「Borom Daara-bi」と複数のマラブーによって運営されている「Borom Daara-yi」とがある。これまで国民教育省（日本の「文部科学省」に相当）は「ダーラ」を「宗教施設」として，所管外に置いていた。筆者がインタビューしたスラン文化大臣（当時）も「普通学校として扱うのは無理である」と，述べていた。このダーラは内陸部の小さな村にもあり，「教室」として使用可能な場合もある。

　2004年，このダーラの社会的地位を要求する記事が新聞紙（2004年3月4日付 *Walfadjri* 紙）上に掲載された。そして，ワッド大統領（当時）はこの「ダーラ」改革に着手したのである。このダーラを改善させるべく設置されたのが "Daara moderne"（ダーラ・モデルヌ，以下「近代ダーラ」という）である。この「近代ダーラ」がいかにセネガルの識字率並びに就学率向上に貢献でき得るかを考えてみることにする。

　ダーラでは，イスラーム教の宗教指導者マラブー（Marabout）の指導の下，イスラームの教義をアラビア語で学び，というより諳誦し，労働と祈りを基盤に置いて子供達（「タリベ」という。これは「弟子」を表す）が共同生活をするのである。そのセネガル独自のイスラーム教ムリッド（Mourides）派の教義について，ディディエ・アモノは「ムリッドの教義は何にもまして現実主義的学校である」（Hamoneau 1998：303）と，ムリッド派教義が民衆のなかで大きな役割を果たしていることを強調している。

　ダーラは2000年頃までは，「教育」という領域のなかではそれほど大きくは話題に上らなかった。しかし，政府がダーラの管理運営に関心を持つようになりはじめた2003年に *Le Soleil* 紙上で1人の宗教指導者が「ダーラは，これまで政府からの援助はもらっていない。それなのに，なぜ政府がダーラに関して口出しをするのか」との強硬な意見を述べたことがあった。この後，この「ダーラの変革・近代化」——これについて，第2代大統領のディウフ時代にもいわれていたことはあったが，まったく具体的にはならなかった——という

ことが政府の政策として新聞紙上で，国民の目に触れるようになってきたのである。そして，当時のワッド大統領は 2006 年に二大宗派——ムリッド派とティジャーニ派——のそれぞれの本部を訪問し，この「ダーラの変革・近代化」を強力に推進していくことについて両派のトップからの了解を取りつけたのである。

近代的ダーラ

　当時のワッド大統領が打ち出した「近代ダーラ」というのは，ハード面の強化，つまり教室建設や学校内の諸施設を改善し，学舎としての充実を図り，さらに，旧来のイスラム教並びにムリッド派の教義のみを教えるのではなく，機械工や家具職人などを養成するための職業訓練課程をも設置しようとするものであった。この近代ダーラで若者たちが手に職をつけて，独り立ちできれば，画期的なことである。

　さらに，この近代ダーラに関するセミナーがセネガル北部の都市サンルイで開催された。この「ダーラの変革・近代化に関するセミナー」には文化大臣をはじめ，15 名の宗教指導者，コーラン学校教師，アラビア語教師など多数が参加し，今後の近代ダーラの在り方，そこでの新たなカリキュラムの策定，その内容，そして，徒弟制度を含めた職業訓練課程の検討など種々の課題が検討された。参加した政府関係者は聖典コーラン教育が主要なものであることに賛意を示しながらも，フランス語，算数（計算），職業訓練などほかの科目も基本的科目として導入していきたいと述べた。

　このセミナーでは "Borom Daara"（「ボロム・ダーラ」：borom はフランス語では une personne à qui appartient（所有者）という表現になる）という個人所有としてのダーラを持つ団体のメンバーからは，サンルイ地域のダーラが置かれている厳しい労働条件，生活条件などについてもしっかりと支援をお願いしたいとの要望が出されたのである。このセミナーで出された意見として，セネガル人にとって，市民としてこのセネガルの地で生活する以上は，コーラン教育，アラブ・イスラム教育は不可欠であり，それらを疎外化，差別化するということがあってはならないとしている点が注目される。この点からは普通教育，いい換えれば，ヨーロッパ的教育一辺倒はこの国に馴染まないとする宗教指導者たちの思いが垣間見られるのである。

Le Soleil（2007年1月11日付）紙上に掲載されたように，これら宗教指導者の意見は政府としてしっかり聞き，そのうえで両者が歩み寄り，合意形成を作り，納得した形で徐々に普通教育分野の科目をも教授していけるような環境整備に努める道を進んでいくべきであろう。

　これまで，述べたように今まで誰1人として踏み込めぬ「聖域」であったダーラの改革が牛歩の如くゆっくりとした歩みではあるが，「近代ダーラ」として進んでいく方向性が見えはじめた今，そのダーラの改革が識字率の向上につながり，より多くの子供達が基礎教育——それがたとえ一部の科目であったとしても——を受けられるようになるだろう。ただし，「教員，教材の確保」が政府に課された課題であることはいうまでもない。

地域初等学校（ECB）

　2つ目は「地域初等学校（ECB）」である。ただし，「初等学校」という訳を付けたが，ここでは小学校，中学校の両方を含んでいることをお断りしておく。

　ECB（Écoles communutaires de base）は，NGO や各コミュニティによって運営され，未就学児童や途中で学校を止めた子供達に職業教育を中心に教育する機関であり，教員給与はコミュニティが負担している。ECB はそのほとんどが農村部に設置されている。

　ここで，筆者が調査した地域初等学校の事例を挙げて，考えてみることにする。

　この地域初等学校があるのは，メウアヌ（Méouane）村である。国道2号線沿いのティワワンヌを抜けて，左に入っていくと，マニョック畑が広がっている。20分近く走り，目的地の Méouane 村に到着した。この学校の管理運営に当たっているのは，NGO 組織"ASRADEC"の地方本部である。地方の村に入る時には，まず，村長さんに挨拶をしなければならない。その後，中学校と小学校を訪問。最初に訪問したのはメウアヌ中学校である。2007年当時の生徒数は168名だったが，2014年2月27日時点で，生徒数412名，教員数9名，クラス数8（1クラス60名強のクラスもある）である。教員の話では理想的な1クラスの人数は25程度だとのことである。これはどの国でも同じであろう。高校進学率は30％程度である。学校はこのパーセントを上げていくことを目標としている。在学の生徒412名に将来の希望を聞いたところ，つぎのような

結果になった。

　大学でどの学部に入りたいかという質問に対して、医学薬学部（105名）、理学工学部（126名）、経済政治学部（68名）、法学部（28名）、文学部（47名）、その他（手を上げなかった）（38名）であったが、このように見てみると、ほとんどの生徒がダカール大学（UCAD）への進学希望を持っていることがわかった。やはり国内最高峰の大学に行きたいとの希望はどこの国でも同じである。それは同じ「大学卒業証書」であっても、その重みがまったく違うのである。

　そこで、この内陸部の地域初等学校の時間割を見てみると、相当厳しい時間割である。これを消化する生徒も大変だが、指導教材が不足している教員側の苦労も大きい。教員からはより新しい知識を学ばせたいとの希望が強かったが、これに見合う参考教材の入手がきわめて困難なのである。ただ、この小さな村の生徒たちが懸命に学んでいこうという姿を示してくれていることは感嘆に値する。校長の話では、この中学校での最大の問題点は「水」とのことである。つまり、水こそが健康にもっともかかわるものだからである。その他の問題点はほかの地域と同様で、椅子、机、黒板、チョークなどの教室備品の整備である。

メウアヌ小学校の事例

　つぎにメウアヌ小学校（École primaire de Méouane）について見てみることにする。この小学校の概要（2014年2月27日時点）は、生徒数423名、教員数12名、クラス数12である。他に給食（炊事）担当が2名勤務している。

　この小学校の問題点は、トイレであった。なぜならば、トイレは男女共用となっており、それぞれ別のトイレがないのである。さらに1クラス平均35名の児童をかかえることになり、教室の設備（机、椅子、黒板など）がまったく足りない状況であった。また、中学校と同様、「飲料水」の問題も大きいとのことである。さらに、小中両校に共通して設置されていないものが、図書室（図書館とまでは言わないが）であり、図書である。教科書も小学校では1冊の教科書を約10名で使っている。それ故、教員は板書するしかなく、これに多くの時間を取られてしまうのである。さらに、情報室（コンピュータ室）があればいいのだがといっていたが、確かにこれからの時代の子供はコンピュータに触れさせておくことは重要である。しかし、これを設置する前に解決しなければな

らない前述した多くの問題がある。まず，それらを解決の方途に導いた後に，解決していくことになる。

　ここまでメウアヌ村の地域初等学校を取り上げたが，このような学校が国民教育省に普通学校と同等として認可され，広がっていくならば，内陸部の学校整備が進み，教育改善はもとより，地域全体の生活の活性化，改善に貢献することは間違いないであろう。ただ，このためには，政府の支援はもちろんのこと，NGO組織の拡大が不可欠であるが，もっとも重要なことはその地域に居住する住民の意識の改革である。これなくしては，改善はなされない。では，いかにするか。1つの施策として，住民が受動的な態度でかかわるのではなく，自ら学校運営にかかわる組織――たとえば，「地域住民教育運営協議会（仮称）」――をつくり，NGO，学校，住民（父兄）が三位一体となって連携し，主体的にかかわっていくことである。そして，「個人」の利益を求めるのではなく，「地域」の利益を拡大していく価値観が住民のなかに根付くことがもっとも求められることである。これらのことが地域全体に「整備」されれば，その地域の「生活改善」は大きく前進していくと考えられる。

3　センベーヌ思想と女性

センベーヌ・ウスマンという人物

　これまで「生活改善」に向けた教育改革について考えてきたが，ここでは1人の著名なセネガル人の「教育」「女性」に対する思想について考えていくことにする。その「人」とは，センベーヌ・ウスマン（以下，「センベーヌ」という。セネガルでは，氏名は日本と同様，氏，そして名の順で表記される）である。

　1923年にセネガル南部のジガンショールで生を受けたセンベーヌは小説家であり，「アフリカ映画の父」と言われ，2006年にセネガルの人間国宝の1人となった映画監督でもある。センベーヌは，小学校時代に校長がコルシカの言葉（フランス語）を教えようとしたときのことを「私はいやだといいました。どうしていやだったのかわかりません。とにかくいやだといったのですといいました」（センベーヌ 1989：8）と，述べている。この彼の言葉は何をいわんとしているのであろうか。思うに，「なぜ自分たちの言語ではなく，植民地支配者たちの言語を学ばなければならないのか」という思いが子供ながらにもあっ

たのではないだろうか。だからこそ，文字の読めない母親には理解できない文学ではなく，母親が理解できる「ウォロフ語での映画」製作に向かっていったのである。そして，センベーヌは「人は自分の文化を失ってはいけない。その深い魂というものを残さなければならない」(センベーヌ 1989：8) と考えたのである。エスニック・グループを問わず，国民の80％以上が理解できるウォロフ語を教育言語とするには，語彙の不足という致命的な欠陥がある。今日でもウォロフ語で行われる日常会話のなかでも頻繁にフランス語の語彙が使用されているのはその証である。そして，彼には「女性」に対する深い思いがある。

女性に対する思い

　彼の「女性」に対する姿勢は，徹底している。彼の文学作品のなかには女性たちが有している「強靭さ」が随所に表現されている。一夫多妻の家庭で起こるさまざまな出来事のなかで，夫と家庭を守るために2人の妻達がお互いに智恵を出し合い，必死に守っていこうとする場面は，われわれの価値観では理解困難なものかもしれない。まず，われわれの価値観で考えると，「一夫多妻」という家庭自体が理解を超えたところに存在している。しかしながら，農村部などを見てみると，それぞれの妻の役割があり，分業のような形で家庭が運営されている。そこには第1夫人の力，存在が大きいのである。世間的には夫を立てながらも，しっかりと第1夫人としての存在感によって，第2，第3各夫人をコントロールしているのである。センベーヌの遺作となった『母たちの村』(原題：Moolaadé　日本語訳は"聖域") で描かれた女性たちは，頑なに女性器切除という伝統を守ろうとする男性優位社会に対して果敢に挑んでいく。主人公は第2夫人であるが，この作品のなかでも第1夫人の統率力が遺憾なく発揮されている。

　また，農村部では夫が田畑を耕作するが，収穫期には女性たちの力がおおいに発揮されるのである。女性は収穫されたものを市場に出し，それを売るという経済活動に従事するのである。それ故，女性たちは少しでも高く売ろうとして智恵を出すのである。たとえば，1種類の野菜だけではなかなか採算が取れないとすると，2～3種類のものを購入者に勧め，トータルで利益が上がるように考える。インフォーマル・セクターに従事し，底辺の経済を動かしているのは「女性」といっても過言ではないだろう。さらに，家庭内でのことは女性

たちに大きく依存している。

家庭内での女性の"力"

次の事例を見てみることにする。ある時，妻，妻の母が同居している家で妻の夫が友人を呼んで食事会を催そうと考えたとしよう。この場合，われわれの伝統的な価値観――ただし，現代のように妻の同意を得るというような価値観ではない――でいえば，夫が了解すれば，妻はしぶしぶながらでも，それに応ずるという考え方がある，否，あったというべきであろう。ところが，セネガルでは，たとえ主催者たる夫が了解したとしても，この場合，妻の母親の了解を得る必要がある。確かに，家庭の財政面は夫がすべて握っている。妻が働いていたとしても，妻はその日に購入する物の金額を夫から受け取る。このように，妻は財政面では夫に財布を握られているのだが，彼女の「力」は金銭的な領域ではなく，家庭内での運営（諸行事を取り仕切るなど）経費獲得の闘いにおいて発揮されるのである。次の事例は都市部での女性たちの事例である。

外国人がある家庭にホームステイしたとしよう。外国人はかならず夫に滞在費など必要経費を渡さなければならない。しかし，妻はそのようなことを知らされていない。それ故，妻は外国人の滞在費はどうなっているのかと疑問を抱くのである。そして，妻は外国人に「夫にいくら支払ったのか」と，問い糾す。ここで「ご主人に○○支払った」といおうものなら，外国人は帰宅した夫に「なぜ妻に滞在費のことを話したのか」と問い詰められることになる。最後には，妻は夫に外国人の滞在費を要求するという結果になってしまう。妻や義母は滞在する外国人に日々食事について「何が食べたいか」を聞き，彼女達はその要求に少しでも応えようとしたことによって，通常の家計が圧迫されたのであるから，彼女達の夫に対する家庭運営「特別」経費の要求は当然であろう。

社会における女性の"力"

もちろん，今では家庭内だけではない。選挙などの場合でも，女性の力が大きく物をいうことは多い。2007年1月28日付 *Le Soleil* 紙上で，セネガルの女性達はこれまで社会において無視され，貧困，病気，結婚，労働条件，日常生活などに苦しんできたが，経済活動などで成功を収めるのは女性達だとの論評が見られた。さらには，2007年2月10・11日付の同紙上でも，セネガルの

女性達は見識,能力,厳格さ,誠実さなどあらゆる条件を備えた秀逸な人々なのであるとの論評もなされたのである。

センベーヌの思想のなかには,こうした「女性」に対する大いなる期待が含まれている。彼は次のように述べている。

　社会の変革は,いちばん底辺で苦しむ人々が目ざめたときに可能になるのです。イスラムが強制した女性観と,アフリカが古来からもちつづけた女性観とは,根本的に相入れないものでした。表面的にイスラム化がすすんでも,女性の中に残りつづけていた本来の力は,あらわれてくるでしょう。女性の力が本来の形になったときに,アフリカの社会変革はすすむと思います(原文の通り)。
　　　　　　　　　　　　　　　　　　　　　　　　(センベーヌ 1989：37)

センベーヌの思想の中心には,つねに「女性」という存在が示されている。彼の「女性」に対する思いの原点は,やはり「母親」にあるといえる。文字が読めない母親,彼が差し出した本を愛おしく触ってくれる母親の存在である。「親」という存在を無視しては,セネガル社会は語れないのである。

4　伝統的価値観から創造的価値観へ

セネガルの伝統的価値観

セネガルには,民衆生活のなかに脈々と継承され,"コミュニティ"形成ならびに基本的民衆思想にかかわる3つの価値観がある。それは,テランガ(Téranga：手厚いもてなし),別の表現を使用すれば,「対立から調和へ」,トレランス(Tolérance：寛容さ),いい換えれば,「分裂から融合へ」,ミュチュアリスム(Mutualisme：共生・相互扶助),これは「われ」から「われわれ」ということになるであろう。そして,これら3つの価値観に加えて,ムリディスム(Mouridisme：セネガル独自のイスラームであるムリッド派の教義)という宗教的価値観がある。セネガルの民衆のなかには,これらの価値観がしっかりと根付いている。

セネガル社会全体として,「他人を思いやる」という姿勢がセネガル独自のイスラームの教義によって成り立っているのである。それゆえ,「暴力」とい

う概念は民衆にとってもっとも卑しむべきものと考えられている。

　ホームステイをしてみると，それがよく理解できる場面に遭遇する。筆者の経験では，夕食時になると，日替わりのようにいろいろな人々がホームステイ先にやってくる。そして，夕食を終え，お茶（"Attaya"「アタヤ」と呼ばれる，砂糖を相当量入れた，きわめて甘いお茶）を飲んだ後，帰っていくのである。日本であれば，どうであろうか。たとえ，友人であっても，急に来て夕食をとなると，困惑してしまうだろう。しかし，これは当たり前のことなのである。また，ムリディスムは，1886年にシェック・アマドゥ・バンバ（以下，「バンバ」という）によって創設されたイスラームムリッド派の教義で，その教義は「働くことと祈ることは相反しない」というきわめて簡易な教えであるため，ほとんど教育を受けていない大勢のセネガル民衆にとってはきわめて理解しやすいのである。バンバはフランス植民地政府から危険視され，2度の流刑（ガボンとモーリタニアへ）にもかかわらず，セネガルに戻ってきたのである。民衆は彼を信仰の象徴とし，彼の教えがセネガル民衆の精神的な支えとなっていったのである。

ゴルゴルルイスムという価値観

　セネガルは，1980年代に構造調整政策の導入に踏み切ったのであるが，その政策の真っただ中，新たな民衆思想と言える価値観が生まれてきたのである。それがゴルゴルルイスム（Goorgoorlouisme：意味は「抜け目なく，何とかやりくりして，やっていこう」）という価値観である。電話をかけて，切ろうとすると，「さようなら」という言葉の後に，この「ゴルゴルル」という言葉が加えられるのである。この「Goorgoorlou（ゴルゴルル）」という語は，現地語のウォロフ語（フランス語の "se débrouiller"（「うまくやりこなし，何とかする」，の意味）である。この語は，風刺漫画家であるT・T・Fons（T・T・フォン）の作品 *"Goorgoorlou"* のなかに見られるのであるが，彼は主人公Goor（ゴール）の生活状況について，「構造調整のもとで，ゴールが日々何とかして生計を立てていこうとしていることに皆さんは気づくでしょう」（Fons 1999：11）と記している。

　この風刺漫画 *"Goorgoorlou"* は，次に記すセネガルの二大喜劇俳優によって演じられ，セネガル国営放送（RTS）でテレビ放映され，国民的テレビ番組 *"Goorgoorlou"* となったのである。この番組はセネガル庶民の代表とも言える

妻 Diek（ジェック：演者は Seune SÈNE スヌ・セヌ）と夫 Goor（ゴール：演者は Abib DIOP アビブ・ディオップ）という夫妻の日常生活のなかで起こるいろいろな出来事を風刺的に喜劇として描いたもので，セネガル民衆の日常の価値観を理解する上で，非常によくできた番組（ただし，現在は放映されていない）であると言える。日常生活が描かれているという点では，日本で言えば，国民的番組である「サザエさん」に相当するといえる。

このジェックとゴール夫妻に代表されるように，セネガル民衆は穏やかな性格を有し，争いごとを極力避けようとする心優しき人々なのである。1960年の独立後，1度もクーデターや大きな混乱は起こっていないのである。セネガル民衆の「穏やかな性格」については，2000年並びに2007年の大統領選挙がそれを証明している。ことに，2000年の選挙では40年間続いた社会党政権が民衆から拒否され，当時のディウフ大統領からワッド大統領に代わったときも，敗者のディウフ大統領は潔く敗戦を認め，勝者となったワッド氏に祝辞を送ったのである。セネガルが国連から民主的優良国家と言われ，アフリカのなかでもきわめて希有な国という存在になっているのは，これらの民衆の価値観に原因の1つがあるといえる。

「サービス」という価値観

さらに，今これらの価値観に加え，これまで存在しなかったといってよい「サービス」という新たな価値観が現れてきているのである。30数年前にはじめて中国を訪問したとき，ホテルでもレストラン（食堂）でも，そこには「サービス」という価値観は存在しなかった。しかし，2000年に訪問したときは，「ここが中国？」と思えるほど，「サービス」という価値観がかなり根付いていたのには驚かされた。この頃の中国は経済発展を遂げていたが，この「サービス」という価値観がその発展に寄与したともいえるであろう。そして，今，セネガルにも，グローバル化の大きな波が押し寄せているが，「サービス」という価値観もその波の1つといえる。この「サービス」という価値観に基づいて，生活を改善する方途を見出そうとする傾向が生まれつつある。

その具体的事例として，タクシー運転手を取り上げてみることにする。

タクシー業界で働く運転手は，原則，経営者から車を借り，その借料を支払うのである。売り上げはそれぞれの運転手で異なるのは当然であるが，なかに

は売り上げた金額の半分近くを払っている者がいたのである。その運転手は月額10万CFAを売り上げ，4～5万CFAも払っているとのことである。

　筆者は1ヵ月のセネガル滞在期間中に，90台程度のタクシーに乗車したが，このタクシー業界にも「サービス」という価値観が小さな芽であるが，生まれはじめているのである。ことに，タクシー運転手のなかでも，若い運転手にこの価値観を取り入れて，集客を試みようとする傾向が見られるようになってきた。乗車するたびに，当該運転手に聴き取り調査を試みたところ，この「サービス」という価値観の点から見てみると，中年以上の運転手と若い運転手の，所謂，世代間には大きな意識の違いが見られたのである。2006年10月～2007年3月の滞在時とは明らかに若い運転手の意識，価値観が異なっていたのである。それは当該タクシーの車体の外観はもちろんのこと，車内の清掃がしっかりとなされ，客を迎えようとする細かな配慮が見えてくるのである。われわれの価値観では「当然」と思えることであっても，セネガルでは「当然」ではないのである。セネガルは，サハラ砂漠の南端に位置しているため，ハルマタン（熱風）がサハラ砂漠から吹いてくると，その風が大量の細かな塵を運んでくる。その塵で車は汚れ，1日に何回となく車体の清掃を余儀なくされるのである。車体の外側は雑巾で拭いて，「綺麗」に見せるが，こと，車内の清掃はほとんどなされない。タクシーの場合も同様であった。しかし，ここでもこの「清掃」という新たな価値観が生まれてきているのである。この「清掃」という価値観については後述することにする。

　若いタクシー運転手たちは，徹底した車内清掃に加え，芳香剤やティッシュ・ケースまで置き，さらにはエアコンを設置しているものまで現れてきたのである。自分でタクシーを所有しているという若い運転手にその理由を尋ねると，次のような答えが返ってきた。まず，ダカールには約2万台（2014年2月時点）のタクシーが走っている。この過当競争ともいえる状況のなかで，付加価値をいかに付けていくかが問われていると感じているのである。ほとんどのタクシーはフロントガラスがひび割れ，ドアは完全に閉まらない，窓は開かない，閉まらない，ときには走行中にボンネットが跳ね上がるなどわれわれには想像も付かない整備不良のタクシーが当たり前である。その「当たり前」の現状を若い運転手たちは，フロントガラス，マフラー，エンジンなども新しいものに取り替え，静かで乗り心地の良い乗車環境を客にサービスしようと投資し

ているのである。さらに，若い運転手たちのなかには，それぞれ異なった電話会社の電話を2台所持し，乗客に自らの電話番号を記載した「名刺」を渡し，「客の送迎」というサービスを展開しようとしている者もいるのである。

　なぜ，ここまで「サービス」という価値観に若い運転手たちは拘るのか。セネガルのタクシーには料金メーターは付いていない。乗客は目的地を告げ，そこまでの料金を運転手との交渉で決めるのである。そのため，乗客は現地情報として「ここまでなら，このくらいの料金」という情報を仕入れておくことが求められる。そうでなければ，運転手から法外な料金を提示されてしまう。この料金交渉は100CFA（≒20円）をめぐる乗客と運転手の攻防戦である。若い運転手たちは，ほかのタクシーにはない，これらの「サービス」という価値観を武器に，乗客との料金の攻防戦を自分にとって有利に運び，収益の増加を図ろうとしているのである。ただし，一般のセネガルの市民にとっては「いかに安く乗るか」が問題であるのは確かである。そのため，若い運転手たちが考えている「乗客」は，富裕層と外国人が主なのである。富裕層も外国人も暑いセネガルで快適な環境で目的地まで行けるのであれば，多少高額であっても，「快適さ」，「車内の清潔さ」という「サービス」に対しての相当額を支払うのである。一般の人々はたとえエアコンという付加価値の付いたタクシーに乗車したとしても，エアコンは切るように伝え，「快適さ」という付加価値は付けないのである。

　このように，これまでの価値観を変えていこうとする若い人々の1つの試みが年かさの運転手にも少しずつ影響——彼らも若い運転手程綺麗にはしていないが，車内清掃をはじめているのである——を与えはじめている。この傾向はおおいに評価したい。

　この若いタクシー運転手たちが取り入れはじめている「サービス」という価値観は，きわめて重要である。それは，中国の例のように経済活性化の原因の1つとなり得るものと考えられるからである。

「KAIZEN カイゼン（改善）」という価値観

　さらに，次のものを加えておくことにする。それは，今，アフリカで注目されている「KAIZEN カイゼン（改善）」という価値観である。上述した若い運転手たちは自己をアピールするコマーシャル（名刺作成など）を使い，消費者

に対して「待つ」のではなく，自らが消費者に向かっていこうという姿勢である。『読売新聞』2015年7月17日付朝刊には，「カイゼンは，整理，整頓，清掃，清潔，しつけなど5Sの活動や品質管理への取り組みなどが根幹になっている。経営陣からの指示を実行するのではなく，現場の従業員が中心になって問題点を話し合い，解決を図っていく。（……）EKI（エチオピアン・カイゼン・インスティテュート）のタデッセ所長は「カイゼンは，解決策を練るためにどんな工夫が必要かを啓発してくれる。学校教育などにも取り入れ，人材育成を図りたい」と語った」との記事が掲載されたが，このエチオピアに導入された価値観は，セネガルの日常生活においても，民衆の意識を改革する上で，重要なものである。ことに，「清掃」という価値観については，真剣に取り組んでいかなければならない。

　セネガルでは，この「清掃」という言葉は存在するが，行動としての「清掃」という価値観は存在していないといっても過言ではない。市中でも郊外の住宅地でも多くの「ゴミ」が投げ捨てられている。「ゴミ」のなかで多いのが，ビニール製の黒い買い物袋である。また，ペットボトルやジュースなどの缶類も多く捨てられている。「清掃」は「整理」，「整頓」，「清潔」のもっとも根幹に位置する価値観である。セネガルの民衆は自分の家については，相当気を遣いながら，「清掃」を行うが，道路などを含めた公共施設では，その気遣いが緩くなってしまう傾向があるようである。グローバリゼーションの荒波のなかで，セネガルの民衆もそれぞれが異なった生活環境のなかで，それぞれに適応した「カイゼン」に向けた，新たな価値観を創造し，「文化」を改善していくならば，地域の経済活動を活性化させ，民衆の生活改善にも貢献できると考える。

　「世界でもっとも貧しい大統領」と言われる前ウルグアイ大統領ホセ・ムヒカは，2012年6月20日に"Rio + 20"で行ったスピーチのなかで「グローバリゼーションが私たちをコントロールしているのではないでしょうか？」と述べ，さらに，「貧乏な人とは，少ししかものを持っていない人ではなく，無限の欲があり，いくらあっても満足しない人のことだ」と，昔の賢人の言葉を引用して，定義づけている。これは彼が「文化的なキーポイント」といっているように，まさにどのような「価値観」のもとに，日常生活を送っていくのかが大きく問われているのである。

第1節で，筆者は「セネガルは豊かである」と，唐突に述べたが，セネガルに備わっている伝統的価値観に加え，今芽生えはじめたこれらの新たな価値観が民衆の心の奥底に形作られていくことによって，彼ら自身の「自己変革」に寄与していくと考えているからである。この「自己変革」は真の意味での「Jihad（ジハード）」となり，経済の発展につながっていくことが期待されるのである。最後に，筆者が敬愛してやまないセンベーヌの言葉を記しておくことにする。

「自分のまいた種が，つぎの世代によって芽を出してほしいのです。そうでなければ，村にたった1つしかない井戸にふたをして終わるようなものですから」

(センベーヌ 1989：57)

参考文献

小川了「アフリカのイスラム」『イスラム世界』No. 48, 社団法人イスラム協会, 1997年。
小川了『可能性としての国家誌』世界思想社, 1998年。
川端正久著『アフリカの主体性』株式会社田中プリント, 2013年。
センベーヌ・ウスマン『アフリカから日本へのメッセージ』岩波書店, 1989年。
田辺保編『フランス名句辞典』大修館書店, 1991年。
谷口利禅『仏領西アフリカ植民地教育関連資料の予備的調査』国立教育政策研究所紀要第141号, 2012年3月。
ドーア, R・P (松居弘道訳)『江戸時代の教育』岩波書店, 1970年。
ホール, E・T (岩田慶治・谷泰訳)『文化を超えて』TBSブリタニカ, 1980年。
『読売新聞』(朝刊), 2015年7月17日付。
Fons, T. T. *GOORGOORLOU. Pour la dépense quotidienne*, p. 11, 2ème éd., Edition Clairafrique, 1999.
Hamoneau, Didier, *Vie et enseignuement du Cheikh Ahmadou Bamba*, Les Editions Al-Bouraq, 1998.
Le Soleil, le 11 janvier, 2007.

＊第4節の「サービスという価値観」については，国際開発研究者協会（SRID）発行の「*SRID NEWSLETTER* No. 450, May 2014」に掲載された拙稿「芽生え始めたサービスという価値観——携帯電話会社とタクシー運転手の事例」を同協会の許

可を得て，大幅に加筆訂正したものであることをお断りしておく。

第9章　リベリア
―― 国境と紛争 ――

岡 野 英 之

1　リベリア概要

　リベリアは，西アフリカに位置する国である。大西洋に面し，シエラレオネ，コートジボワール，ギニアと国境を接する。リベリアの首都モンロビアは，かつて米国から元奴隷であった黒人が送り込まれた入植地であった。この入植地は植民地経済の安定を機に1847年に独立する。独立以来，入植者の子孫は，周辺地域に住む現地住民をも支配下へと取り込み，現在のリベリアが形作られた。

　2016年現在の人口は460万人と推計されているが（United Nations 2016年），そのうちの約5％が入植者の子孫にあたるアメリコ・ライベリアン（Americo-Liberian）であり，約95％が土着民族である。公式にはリベリアには16民族がいるとされる（アメリコ・ライベリアンは「民族」のなかに含まれていない）。いずれも小規模な民族集団であり，多数派を構成するような民族はいない。もっとも多いペレ（Kpelle）も人口の20％を占めるにすぎない。また本章では2つの内戦を取り上げるが，その際に重要となる民族も，クラン人（Krahn）が5.2％，ギオ人（Gio）が8.2％，マノ人（Mano）が7.1％，マンディンゴ人（Mandingo）が2.9％である（真島 2000：297）。独立以降，リベリアでは，アメリコ・ライベリアンによる現地住民の支配が貫徹されており，現在でも政治・経済的に特権階級を構成している。とはいえ，その政治的な優位は1980年に発生したクーデター，および，1989年以降に発生した2度の内戦によって揺らぎつつある。

　本章が扱うのはリベリアが経験した2度にわたる内戦（第1次リベリア内戦［1989〜96年］および第2次リベリア内戦［2000〜03年］）である。とくにリベリアの内戦がその周辺国にいかに影響を及ぼし，いかに影響を受けてきたのかを注目

しながら論じる。アフリカでは国境の管理が十分でない場合が多い。武装勢力が隣国を後方基地として利用する場合や，武器や戦闘員が隣国へと流出する場合もある。それにより隣国の国内対立がエスカレートし，新たな武力紛争が発生したことさえあった。リベリアを取り巻く地域も例外ではない。1991年にはシエラレオネ（〜2002年）で内戦が発生し，コートジボワールでも2002年に内戦が発生した。ギニアは大規模な反乱に直面したわけではないものの，国境地域が不安定化し，反政府勢力の活動も一時期見られた。このようにリベリアを取り巻く3ヵ国は1990年代を中心に不安定な状況を経験しており，リベリアはその不安定化を助長する中核にあった。本章では，リベリアと，リベリアからの影響を受け，11年もの内戦を経験したシエラレオネを取り上げ，隣接する国の内戦がいかに影響を与えあうのかを考察する。本章の後半では，リベリアとシエラレオネの事例をもとに，アフリカでの武力紛争で広く見られる国境を越えた武力紛争の動態について考察する。

2 シエラレオネ・リベリアの成り立ち

18世紀半ばまで現在のシエラレオネおよびリベリアを含むギニア湾沿岸は交易地としてしばしばヨーロッパ人が立ち寄る地であった。この地は，大小の王国が林立する地であり，ヨーロッパ人交易商は現地の首長（あるいは王）と取引をした。持ち出した「商品」のなかには黒人奴隷も含まれている。林立する王国は，ヨーロッパ交易商に売る奴隷を獲得するため，戦争を繰り返すことになった。捕虜を拿捕し，奴隷として売り渡したのである。

18世紀後半，ヨーロッパでは奴隷解放の機運が高まりだした。リベリアおよびシエラレオネの近代国家としての歴史は，こうした黒人奴隷解放の歴史と無縁ではない。奴隷解放運動が盛んになるなか，リベリアおよびシエラレオネは，元奴隷を送り返す入植地として作られた。その入植は，シエラレオネの方が早かったため，まずはシエラレオネから見ていくことにする。

シエラレオネの成り立ち

シエラレオネは英国の民間団体によって作られた入植地であり，1808年に英国の直轄植民地となった。その背景には，18世紀後半，ロンドンでは自由

の身となったかつての黒人奴隷が貧困化し，社会問題化していたことがある。ロンドンで困窮していた元奴隷に支援の手を差し伸べるため1786年には慈善団体「黒人貧民救済委員会（Committee for the Relief of the Black Poor）」が組織され，慈善活動が実施された。スープ，パン，肉などが配られたのである。こうした慈善活動と並行して，アフリカで自由労働に基づく農業プランテーションを経営し，元奴隷を入植させようという計画が実行に移された。

最初に入植が行われたのは1787年である。その入植地が，現シエラレオネの首都フリータウンのあたりであった。現地の王から土地を購入することで入植地が設立された。その後，この入植地へは数度の入植が行われた。ノヴァスコシアやジャマイカからの入植もあった。しかし，病の蔓延や現地住民との不和から経営は失敗する。経営の失敗を受け，1808年に入植地は英国政府へと譲渡され，英国の直轄植民地となった。

英国はその前年である1807年，奴隷貿易禁止法を成立させていた。シエラレオネは直轄植民地となって以降，違法な奴隷貿易を取り締まる本拠地として使われることになった。英国海軍の艦船がパトロールし，西アフリカ各地で奴隷を積み込んだ交易船を見つけると，拿捕してシエラレオネへと曳航した。積み荷であった奴隷たちはフリータウンで解放されることになった。彼らはそこで入植するほかなかった。彼らは入植者たちに加わることになる。入植者や解放された者は19世紀を通して交わり合い，「クリオ（Krio）」と呼ばれる1つのまとまった集団を形成するようになった（布留川 2008）。

英国の直轄植民地となった後，シエラレオネ植民地は周辺地域に影響力を拡大した。直轄植民地はフリータウン周辺に限られており，内陸部は小さな王国が林立する場所であった。植民地で商売に従事するクリオは，シエラレオネ植民地周辺に点在する王国と交易を行うようになる。植民地政府は，クリオら臣民の保護のため，周辺の王国と条約を交わすようになった。周辺地域に影響力を強める植民地政府は，1896年に周辺地域を保護領として併合することを宣言する。その背景には，当時英仏の植民地獲得競争が激しさを増していることがあった。現在のシエラレオネはシエラレオネ植民地とその周辺の保護領が独立することでできた国である。

直轄植民地では植民地総督を頂点とした宗主国的な法制度が敷かれた。それに対して，保護領では現地の王を植民地行政システムに組み込む，「間接統治」

が採用された。現地を支配する小国の王を「大首長（paramount chief）」に任命し、その支配地域を行政区分「首長区（chiefdom）」として再編することで、間接的に保護領を「統治」したのである。

1961年、直轄植民地・保護領が独立することで現在のシエラレオネとなった。首長制度はシエラレオネが独立してからも引き継がれ、首長らは現在まで伝統的なリーダーであり、かつ、首長区の行政の長という立場にある。なお、大首長の地位は終身であり、大首長が死亡した場合、かつての王の家系から新たな大首長が選ばれる（岡野 2015：103-107）。

リベリアの成り立ち

シエラレオネの隣に位置するのがリベリアである。リベリアは米国による自由黒人の入植地としてはじまった。その入植を企画したのはアメリカ植民協会（The American Society for Colonizing the Free People of Colour of the United States）という民間団体である。アメリカ植民協会は、自由黒人をアメリカ合衆国国外に入植させることを目的として、1816年に設立された。同協会による入植団は、1820年に現シエラレオネのシャーブロ島に入植するものの、劣悪な環境のため頓挫する。その失敗を受け、第5代大統領ジェームズ・モンロー（James Monroe）は、新たな土地の購入を支援した。1821年12月にはモンテセラード河河口の岬が現地の首長より購入され、新たな入植が重ねられた。その地が現リベリアの首都モンロビアである（モンロビアという都市名はモンロー大統領にちなんで名づけられた）。1880年までに米国から同地へと1万4000人余りの黒人が送り出された。この植民地は、砂糖、コーヒー、ヤシ油、染料木の輸出によって経済の安定を見せ、1847年、リベリア共和国として独立する。こうしてリベリアはハイチにつぐ2番目の黒人共和国となった（清水 1993）。

米国からの入植者はアメリコ・ライベリアンと呼ばれた。独立以降、彼らはその支配をモンテセラード河河口部に限られた入植地から内陸部へと広げていく。アメリコ・ライベリアンによって運営される政府は、20世紀初頭に内陸部の実効支配へと着手し、20世紀中葉までに土着民族に対する支配を確立することになる。その支配は英国の保護領統治を模倣したものであり、「自国内の植民地化」と形容する研究者もいる。土着民族は第2次世界大戦後まで名目上の市民権も与えられなかった（真島 2000：300）。

第2次世界大戦後のタブマン（William V. S. Tubman）政権期（1944～71年），およびトルバート（William R. Tolbert）政権期（1971～80年）には土着民族の政治的・経済的な権利を拡大する方針が取られたものの，アメリコ・ライベリアンが土着民族を支配するという支配構図そのものは1980年まで続くことになる。すなわち，リベリアでは100年以上もアメリコ・ライベリアンによる土着民族の支配が続いたのである。

3　内戦前史

リベリア──ドー政権下で見られた中央政府での権力闘争

アメリコ・ライベリアンによる支配はクーデターで終わりを迎える。このクーデターを起こしたのは，リベリア国軍（Armed Force of Liberia：AFL）でも土着住民出身の下士官らである。AFLでは，アメリコ・ライベリアンが将校の地位を占める一方，下士官のほとんどが土着住民出身者であり，アメリコ・ライベリアンの支配構造を反映するものであった。土着民族のひとつ，クラン人に出自を持つサミュエル・ドー軍曹（Samuel Kanyon Doe）をはじめとした17名の下士官は1980年4月，大統領官邸を襲撃し，トルバート大統領を殺害した。その後，軍事政権「人民救済評議会（People's Redemption Council：PRC）」を設立する。その議長となったのがこの17名のうちもっとも地位が高かったドーである。こうして土着民族の出身者がはじめて政権を担うことになった。

　PRCでは，アメリコ・ライベリアンを排除した政権運営が模索された。クーデターに加担した下士官の教育レベルは低く，彼らだけでは政権を担えなかった。彼らはPRCで要職に就く一方で，その補佐にあたらせるためトルバート政権に抵抗する反政府運動の指導者を要職に就かせた。そのなかには米国で活動していたリベリア人団体「在アメリカ・リベリア人協会同盟（Union of Liberian Associations in the Americas：ULAA）」の構成員もいる。ULAAはクーデターが発生した時，偶然にもトルバート大統領によってリベリアへと招待されていた。ドーは，彼らをそのままPRCに引き入れた。そのうちの1人が後に武装勢力「リベリア愛国戦線（National Patriotic Front of Liberia：NPFL）」を率いて武装蜂起することになるチャールズ・テイラー（Charles Taylor）である。

　テイラーは土着民族の1つ，ゴラ人（Gola）の母とアメリコ・ライベリアン

の父を持ち，モンロビア近郊で育った。大学にいくために米国にわたり，その後，職を転々としつつ ULAA の活動に参加した。彼も ULAA の代表団の1人としてリベリアへと招待され，ドー政権へと引き込まれた。テイラーが任命されたのは一般調達庁（General Service Agency）長官である。テイラーは閣僚級の待遇を約束され，PRC の閣僚会議にも出席していたという（Waugh 2011）。

　ドーによる政権運営は，後に発生する内戦の対立構図を作り出すことになった。ドーは，1980 年に PRC の議長に就任して以降，1991 年に殺害されるまで縁故主義と暴力的な政敵排除を通じて国家元首の立場を維持した。その策略は為政者としての自らの立場を制度上でも確固たるものにすることと並行して進められた。まずは後者を見ていこう。ドーは国家元首の地位を正当化するために民政移管に踏み切った。1981 年には憲法起草委員会が設立され，新憲法が提示された。その憲法は 1984 年の国民投票で承認され，1985 年には総選挙が実施された。ドーもその選挙に立候補し，選挙の結果，大統領に選出されている（Waugh 2011）。こうしたプロセスの裏側で，ドーは政敵を排除し，自らの取り巻きを作ることで権力を盤石なものにした。1985 年までに PRC の当初の構成員 17 名のうち，6名が処刑され，1名が「交通事故死」し，4名が「辞任」に追い込まれた。

　こうした政敵排除でも代表的なものがトーマス・クィウォンパ（Thomas Quiwonkpa）に対して行われたものである。クィウォンパは，ドーとともにクーデターに参加した下士官の1人であり，クーデター後には AFL の総司令官および PRC の副議長に就いている。PRC で権力を握っていたのはドーではなく，AFL を掌握するクィウォンパだったともいわれていた。とはいえ，PRC にはクラン人出身者が多くを占めた。縁故主義を通じて多くのクラン人が政府要職へと登用されるなか，ギオ人であるクィウォンパの政治的立場は弱くなっていった。1983 年，ドーはクィウォンパに対してクーデター未遂の容疑をかける。身の危険を感じたクィウォンパは国外へと逃亡した。1985 年，権力奪還のためクィウォンパは戦闘員を率いてモンロビアへと密かに舞い戻り，武装蜂起を試みる。国軍の施設であるバークレー訓練所（Barclay Training Center），および，ラジオ局を制圧し，国軍兵士に対して自らの陣営に加わるように呼びかけた。しかしドー側の援軍がモンロビア郊外から駆け付けたことでクィウォンパ率いる反乱軍は制圧されてしまう。クィウォンパは殺され，その遺体はモ

ンロビアのストリートでさらしものとなった。ドーはその後，報復措置としてクィウォンパの生まれたニンバ州へと国軍を投入し，クィウォンパの出身民族であるギオ人，そして，ギオ人に言語・文化的に近いマノ人の地元住民600〜1500名を虐殺した。この一連の事件により，中央政府で見られた政治エリート間の対立は，民族間の対立へと転換した。すなわち，クラン人とギオ人・マノ人という対立の構図が作り出されたのである。

　この「民族対立」に巻き込まれた民族がもう1つある。リベリア経済を握るマンディンゴ人である。マンディンゴ人はタブマン政権期から続く土着民族の権利拡大政策のなかで経済的な力を握るようになった民族である。1980年代までには内陸の商品輸送と国内小売部門の大勢をカバーし，金，ダイヤモンド鉱山業，織物・仕立業，首都－内陸間の輸送業で有力な存在になっていた。トルバート政権期には大臣補佐に登用されるマンディンゴ系エリートも現れている。そのなかには，後に武装勢力NPFLの幹部となったエドワード・サッカー（Edward K. Sacker）や，武装勢力ULIMO-K（後述）のリーダーとなったアルハジ・クロマー（Alhaji G. V. Kromah）がいる。ドー政権期に彼らは閣僚ポストを獲得している。クロマーが情報相，サッカーが内相となった。このようにドー政権は，クラン人およびマンディンゴ人をあからさまに優遇する姿勢を貫いた。

　こうしてクラン人とマンディンゴ人が政府に優遇され，ギオ人・マノ人が迫害されているという構図がドー政権期につくり上げられる。後に発生するリベリア内戦は「民族対立」の様相を呈しているが，そうした対立は過去から連綿と続いているものではない。ドー政権期の権力闘争と特定の民族に対する優遇が民族の対立をつくり出したのである。

シエラレオネ──政治経済政策の失政と反政府運動の台頭

　次に内戦に至るまでのシエラレオネの状況をみていこう。シエラレオネでは，メンデ人（Mende），テムネ人（Temne）がそれぞれ人口の約30％を占め，そのほかに人口の数％を占める形でその他の民族が分布している。入植者の子孫であるクリオは人口の1％にしか満たない。

　植民地統治期，クリオが経済的・政治的な優位を保っており，植民地政府の官吏に多く登用されるなどした。しかし，独立に向けてシエラレオネの住民へ

と権利が委譲され，1957年に議会選挙が開かれると，人口の少ないクリオは，土着民族を代表するシエラレオネ人民党（Sierra Leone People's Party：SLPP）に対抗することができず政治的影響力を失った。議会選挙では多数決で結果が決まるためクリオにとって不利に働いたのだ。その後，シエラレオネの政治は土着民族を中心に展開する。一度SLPPが与党となると，複数の土着民族間で築かれていた連帯が崩れ，土着民族間での政権争いが始まる。SLPPは首長層，なかでもメンデ人の首長層から支持を得ていた。後に大統領となるシアカ・スティーヴンズ（Siaka Probyn Stevens）は，SLPPを離党し，全人民党（All People's Congress：APC）を立ち上げた。スティーヴンズは，SLPPがメンデ人で占められていることを批判し，テムネ人やその他シエラレオネ北部の民族に連帯を訴えかけた。結局シエラレオネはSLPPが与党のまま1961年に独立する。

　独立後の数年は複数政党制が維持され，SLPPとAPCの二大政党が競合する状態であった。1967年に選挙でAPCがSLPPから与党の座を奪った。その後，クーデターが勃発し，政治的混乱が見られたものの1968年にスティーヴンズが首相の座に就く。スティーヴンズは首相に就任して以降，APC一党支配を徐々に築きあげた。1971年には共和制を導入し，首相から大統領になった。1978年にはAPC一党体制を規定する憲法を制定した。一党制の導入によりSLPPは解体された。

　スティーヴンズは制度的に権力基盤を強化する一方，国家の富を手中に集中させた。ドーがマンディンゴ人を優遇したように，スティーヴンズはレバノン人を優遇した。レバノン人とは中東に住む人々である。自国の養蚕業が停滞したことから19世紀に移民としてやってきた（リベリアでも同様にレバノン人が見られる）。スティーヴンズが首相になるまでには，シエラレオネで産出するダイヤモンドの取引もレバノン商人が牛耳るようになっていた。スティーヴンズはダイヤモンド採掘権をレバノン商人に排他的に供与し寡占を許した。また，ダイヤモンドにかかる税金など公的な国家機構を通じて得られた国家歳入も私的に流用した。このようにレバノン人と結託することで，スティーヴンズは富を蓄えた。

　しかし，1980年代に入るとレバノン人はスティーヴンズの保護をもはや必要としなくなり，国家の統制するルートを介さず，闇ルートでダイヤモンドを流通させるようになった。スティーヴンズは資金源を失った。世界的な経済悪

化もそれに拍車をかけた。国家歳入は減少し、スティーヴンズの支配は揺らいでいった。スティーヴンズは1985年に引退し、大統領の座を国軍出身のジョゼフ・サイドゥ・モモ（Joseph Saidu Momoh）に明け渡す。スティーヴンズが引退したのは、リベリアで見られたような下士官によるクーデターがシエラレオネでも発生するのではないかと恐れたからだともいわれている。

　ジョゼフ・モモは自らの権力基盤の確立と、経済の立て直しを画策した。しかし、その試みはうまくいったとはいえない。その間にも国家歳入は減少し、ついに国家は機能不全の様相を呈しだす。1989年には初等教育の教員の給料が12ヵ月払われておらず、給料の支払いを求めるストライキが発生する。それに伴い各地の学校が閉じられた。また、モモは経済立て直しのため、国際通貨基金（International Monetary Fund：IMF）による構造調整プログラムを受け入れた。IMFによる計画に基づき急激な経済改革が実施された。それに伴い、インフレが急激に進行した。経済改革の一環として都市住民の生活費を抑えるために設けられていた米の補助金も撤廃された（シエラレオネでは米が主食である。ちなみにリベリアでもそうだ）。現金収入で生活している都市部の人々は困窮することになった。

　経済が立ちゆかなくなるなかで盛り上がりを見せたのがAPC一党独裁体制に反対する学生運動である。1980年代、シエラレオネ大学ファラー・ベイ校を中心にAPC一党支配への反対運動が隆盛した。大学では革命思想の勉強会サークルも作られた。その運動は大学を飛び出し、在野の運動家を巻き込むようになる。武装蜂起も辞さない急進派の運動家も現れた。彼らは、「革命輸出」により影響力を伸ばそうとするリビアに接近し、軍事訓練の協力を取り付け、リビアでの軍事訓練に参加した。その軍事訓練に参加した35名には、シエラレオネ大学から放校処分にあった元学生や、その考えに賛同する無職の者たちが含まれていた。そのなかには後に武装勢力「革命統一戦線（Revolutionary United Front：RUF）」のリーダーとして頭角をあらわすフォディ・サンコー（Alfred Foday Saybana Sankoh）の姿もあった（Gberie 2005）。

　彼らはリビアで軍事訓練を受けるなかで、リベリアのチャールズ・テイラーと出会ったといわれている。ドー政権下で調達庁長官であったテイラーもまた、1983年にドーから横領疑惑を掛けられ、中央政府を追いやられた。その後、テイラーは西アフリカ各地に散らばる反ドー勢力を結集することで、ドーに対

する武装蜂起を画策した。彼の参加する勢力NPFLもまたリビアからの協力を取り付け，軍事訓練を受けていた。まず，NPFLが1989年にリベリアで蜂起した。RUFの参加者は実戦経験を積むため，リベリアへと渡り，NPFLの一部として活動することになった。

4　ふたつのリベリア内戦とシエラレオネ内戦

第1次リベリア内戦

　NPFLが蜂起したのは1989年12月24日であった。武装ゲリラ約200名がコートジボワールから国境を越え，ニンバ州ブトゥオ（Butuo）へと侵攻し，その後，後発隊も次々とリベリアへと入った。NPFLが蜂起の準備を進めたのはブルキナファソであった。ブレーズ・コンパオレ大統領（Blaise Compaoré）からの支援があったという。彼らはブルキナファソを発ち，コートジボワールを通り，リベリアへと至った。NPFLが蜂起する際，ブルキナファソ軍正規兵が援軍として随伴している。

　NPFLが侵攻したのはニンバ州であった。この場所は，かつてドーがクィウォンパの反乱に対する報復措置としてギオ人，マノ人を虐殺した場所である。NPFLの蜂起を受けてドーは反乱の鎮圧のために再びニンバ州へと国軍を派遣する。彼らは再び無差別にギオ人・マノ人数百名を虐殺した。ギオ人，マノ人は自らの安全のため，そして復讐をするために次々とNPFLに参加した。こうしたギオ人，マノ人を吸収することでNPFLは拡大していった。侵攻後，NPFLは破竹の勢いで支配地域を拡大したが，その過程で戦闘員はクラン人・マンディンゴ人狩りを行い，略奪が横行したという。蜂起から半年の間にNPFLは国土の大半を掌握し，1990年7月には首都モンロビアを取り囲むまでとなった。

　テイラーは活動資金を確保するため支配下に外資企業を誘致した。リベリアではゴムのプランテーションが盛んである。ファイアーストーン社やブリジストン社は内戦がはじまる前からリベリアで活動していた。テイラーはNPFLの支配下でも彼らに活動することを認めている。さらにテイラーは支配地域から産出する鉄鉱石，材木からも利益を得た。こうした天然資源は支配下にあるブキャナン港から輸出された。

後に RUF として武装蜂起するシエラレオネ人たちも NPFL の一部としてリベリアで活動した。彼らはリベリアにおいてシエラレオネ人を見つけては，半ば強制的に RUF へと引き込んだ。そのなかには，RUF のなかでもその残虐性で有名になるサム・ボッカリ（Sam Bokarie）の姿もあった。

テイラー率いる NPFL はリベリア内戦において最大の勢力を誇っていたが，成功続きだったわけではない。1990 年 5 月には NPFL のなかでもモンロビアに真っ先に侵攻したプリンス・ジョンソン（Prince Johnson）の部隊が NPFL からの離反を宣言し，「独立リベリア愛国戦線（Independent National Patriotic Front of Liberia: I-NPFL）」として独自の活動をはじめる。ジョンソンは 9 月にはドーを殺害した。ドーの殺害については以下のような経緯がある。1990 年，西アフリカ諸国からなる西アフリカ諸国経済共同体（Economic Community of West African State: ECOWAS）は紛争調停を意図して多国籍軍「ECOWAS 停戦監視団（ECOWAS Ceasefire Monitoring Group: ECOMOG）」を派遣した。ジョンソンは ECOMOG との協力を申し出た。ドーは ECOWAS 司令官に面会に行った。ジョンソンはその機会にドーを拉致し，殺害したのである。ドーが殺害されて以降，AFL はモンロビア市内の一部を支配する弱小勢力になり下がった。以降，ECOMOG はテイラーの首都進攻を阻む勢力であり続けた。

第 1 次リベリア内戦では，時間が経過するにつれて複数の武装勢力が台頭している。こうした武装勢力も NPFL と同様，かつての政治エリートに率いられていた。「リベリア平和評議会（Liberia Peace Council: LPC）」の指導者であるジョージ・ボレイ（George Boley）は，ドー政権下で閣僚を歴任していた。「リベリア民主解放運動（United Liberation Movement for Democracy in Liberia: ULIMO）」はドー政権期の官僚・軍人・大統領親衛隊によって作られた 3 つの団体の連合体であり，のちに 2 勢力に分裂した。そのうちの 1 つ，ULIMO-クロマー派（ULIMO-K）を率いたのはドー政権下の情報相アルハジ・クロマーである。なお，もう 1 つの勢力 ULIMO-ジョンソン派（ULIMO-J）の指導者ルーズヴェルト・ジョンソン（Roosevelt Johnson）は 1985 年にクィウォンパの反乱に参加し，その後国外に逃亡した軍人であった（真島 1998）。

第 1 次リベリア内戦は，勃発当初は民族対立の様相を呈していたものの，複数の勢力が台頭するにつれて，その様相は次第に薄れ，「利権獲得のための内戦」という様相が強くなっていく。新たに台頭した武装勢力は NPFL ほどで

はないにせよ，支配地域から経済的利益を得ている。また，内戦の利権闘争の側面を象徴するように内戦勃発から 1995 年までの間に，実に 13 もの和平協定が締結された。そのすべてがなんらかの形で反故にされ，泥沼の内戦状態が継続している。武装勢力は，情勢に応じて協力関係を築いたり，対立したりしている。和平交渉の間は，大規模な軍事行動はあまりなかった。大きな戦闘が発生するのは，ひとつの勢力にとって交渉が不利になった場合や，交渉のテーブルに乗っていない武装勢力が新たに台頭した場合である。

この内戦が収束したのは 1996 年のアブジャ II 合意（Abuja II Accord）がきっかけであった。本合意に基づき，翌年 7 月には総選挙が実施されることになった。テイラーをはじめ武装勢力を率いた数人の政治エリートが政党を立て，大統領選にも立候補した。その選挙で大統領に選ばれたのはチャールズ・テイラーであった。選挙戦でのテイラーのスローガンは「彼はママを殺した。パパも殺した。それでも彼に投票しよう」であったことは有名な話である（Waugh 2011：228）。

こうした経緯から判断すると，第 1 次リベリア内戦は中央政府の権力闘争がエスカレートしたものといえる。武装勢力を主導した者の多くは，かつて中央政府で活躍したことのある政治エリートであった。いわば，中央政府が内部分裂することで発生した内戦であったといえる。

シエラレオネ内戦

第 1 次リベリア内戦が中央政府の内部分裂と理解できるのに対して，シエラレオネ内戦は外部から中央政府へと向けられたものである。シエラレオネ内戦は 1991 年 3 月，後に RUF と呼ばれるゲリラ部隊がリベリアから国境を越えて侵攻してきたことにはじまる。RUF には中央政府で活躍したような人物はいない。シエラレオネ内戦は外からの蜂起に対して中央政府が十分対処することができなかったために大規模化・長期化した。

NPFL で実戦経験を積んだ RUF が蜂起したのは 1991 年 3 月のことである。リベリアからシエラレオネへと国境を越えて侵攻した。その際，テイラーは大規模な人員を RUF に提供することで，シエラレオネ内戦の「火付け役」となった。当初，戦闘員の多くがリベリア人だったことからシエラレオネ政府は RUF の蜂起と NPFL の越境攻撃だと思っていた。また，RUF はほとんど声明

を出さないままに活動し，その存在を公にしなかった。テイラーが大規模な支援を与えた背景にはシエラレオネが ECOMOG に対して協力姿勢を示していたからだとも，国境地帯に広がるダイヤモンド採掘場を掌握したかったからだともいわれている。

しかし間もなくゲリラ勢力内部で，リベリア人戦闘員とシエラレオネ人戦闘員の間で不和が生じる。このゲリラ部隊が目指すのは，モモ政権を打倒し新たな政治秩序を構築することであった。そのためシエラレオネ人戦闘員は，略奪や残虐行為を繰り返すリベリア戦闘員の行動を許せなかったという。ゲリラ部隊は 1992 年 9 月までに NPFL の大半を追放し，独自に戦闘を繰り返すことになった（RUF に忠誠を誓う一部のリベリア人戦闘員は残ったという）。

RUF が勢力を拡大できたのは，リベリア人戦闘員の助けを借りて国境の農村地帯支配地域を拡大し，そこから新しい戦闘員を動員したからである。農村地域から RUF に多くの若者が吸収された。RUF は人々を人夫や戦闘員として強制的に徴発した。しかし，それだけではなく，社会に居場所を失った若者が居場所をもとめて RUF に参加したことが挙げられる。前述したようにシエラレオネの農村では首長が伝統的にも行政の長としてもリーダーシップをとっていた。経済が悪化する中，首長層も困窮することになった。自らの経済基盤を維持するため首長層は村の若者から搾取するようになった。ささいなことから罰金を課したり，私的な目的のためにコミュニティ労働と称して若者を動員したりしたのだという。ターゲットにされた若者は自分のコミュニティに居れなくなった。経済悪化のために逃げ出して都市部で生活するという選択肢も若者にはなかった。RUF はそうした若者の受け皿になったともいわれている（NIRA・横田編 2001：206-207）。

次第にこのゲリラ部隊がシエラレオネ政府に対する反乱であることが明らかになり，RUF という名も周知されてきた。当初，このゲリラ勢力は特定の指導者を持たなかったが，活動の過程において内部で不和が生じ，指導層の何人もが粛清された。そうして頭角を現したのがフォディ・サンコーであった。もともと彼は強い革命思想を持っていた人物だといわれている（Gberie 2005）。

未確認のゲリラ部隊による越境攻撃に直面したシエラレオネ政府は，急きょ反乱に対処する必要に迫られた。しかし，国軍は整備も訓練も不十分であった。そこで動員されたのがリベリア難民であった。リベリア難民のなかにはリベリ

ア国軍出身者も多数おり、彼らは第1次リベリア内戦を戦い抜いてきた経験を持つ。内戦により故国を追いやられシエラレオネやギニアに身を寄せていたリベリア人政治エリートは、シエラレオネの危機をうまく利用した。シエラレオネ政府に対して、リベリア人難民を動員することで反乱鎮圧に協力する旨を申し入れたのである。在シエラレオネ・リベリア大使のアルバート・カーペー（Albert Karpeh）が隣国ギニアに亡命していた元情報相のアルハジ・クロマーを引き入れ、リベリア人難民からなる部隊を作り上げた。RUFの力を削ぐためには NPFL も弱体化させる必要がある。カーペーらはシエラレオネ政府の支援のもとリベリアへと侵攻する約束を取りつけた。この部隊はシエラレオネ国内で RUF 掃討作戦に従事し、9月にはリベリアへと侵攻し、武装勢力として台頭した。その武装勢力が上述した ULIMO である（真島 1998）。

　1992年4月、モモ大統領はクーデターにより失脚した。クーデターの首謀者らは、前線に派遣されていた若手下級将校らであった。彼らは軍事政権「国家暫定統治評議会（National Provisional Ruling Council : NPRC）」を設立し、そのメンバーとなった。その議長となったのはクーデター首謀者らのなかでもっとも地位が高いヴァレンタイン・ストラッサー大尉（Valentine Esegrabo Melvine Strasser）である。ストラッサーは内戦の終結を公約し、国軍の強化に踏み切った。国軍の人員増加、設備強化によって RUF は劣勢に転じた。RUF はそれまでは支配地域を拡大しながら戦闘を繰り返していたものの、ゲリラ戦略を取るようになった。ジャングル内に基地を設け、そこを拠点に人目を避けて政府支配地域に入り、急襲を掛けるようになった。

　RUF の小隊は、政府支配地域の深くまで入り込んだため、農村部の人々は自らのコミュニティを自警する必要が出てきた。各地の首長区では、首長のリーダーシップのもと、若者が動員され、自警組織が作られた。メンデ人は、戦火が拡大したシエラレオネ東部・南部に居住している。メンデ人の首長がそれぞれの首長区で自警組織を作った。メンデ人の自警組織カマジョー（Kamajor）が急速に各地で見られるようになった（カマジョーとは、メンデ語において「狩人」を意味する）。それぞれの首長区で作られたカマジョーは独自に活動した。なかには国軍と協力して RUF の掃討作戦に従事するカマジョーもあれば、国軍と敵対するカマジョーもあった。国軍もこの頃になると急激な兵士の拡大のため統制が取れなくなっていた。国軍は反乱鎮圧のために複数の部隊を派遣し

た。その活動は中央で統制しているわけではなく，各部隊が独自に行動を取った。ある部隊は地元の人々と協力して RUF を掃討する一方，別の部隊は混乱を利用して農村にて略奪行為を図るというありさまだった。NPRC は軍事強化のために南アフリカの民間軍事会社，エグゼクティブ・アウトカムズ社 (Executive Outcomes) と契約し，軍事訓練・情報収集・治安維持を委託した。カマジョーのなかには国軍主導のもと同社による軍事訓練を受けた者もいる (岡野 2015：142-203)。

　1996 年 3 月には NPRC からの民政移管が実施され総選挙が行われた。再結成した SLPP が第一党となりアフメド・テジャン・カバー (Ahmad Tejan Kabbah) が大統領に選出された。カバー大統領は NPRC 政権下で開始された RUF との和平交渉を引き継ぎ，11 月にはアビジャン和平合意 (Abidjan Peace Accord) を締結した。しかし，その後も現場レベルで戦闘は続き，不安定な状況は続いた。RUF 側はそもそも内戦を終結させる意図はなく，和平合意を結んだのもエグゼクティブ・アウトカムズ社をシエラレオネから撤退させたかったからだけだともいわれている。カバー政権側も積極的に対 RUF 戦を展開した。その戦闘を牽引したのがカバー政権下で副防衛大臣であったサムエル・ヒンガ・ノーマン (Samuel Hinga Norman) である。ノーマンは大首長の家系に出自を持ち，自らもカマジョーを率いていた。ノーマンは各地のカマジョーに武器を供与することで，カマジョーを自らの傘下へと組織し，政府系勢力としてまとめ上げていった。

　1997 年 5 月，カバー政権に対するクーデターが発生した。カバー大統領は隣国ギニアへと亡命し，亡命政権を樹立する。フリータウンでは軍事政権「軍事革命評議会 (Armed Forces Revolutionary Council：AFRC)」が設立され，ジョニー・ポール・コロマ (Johnny Paul Koroma) 少佐が議長となった。コロマ少佐はそれより以前に発生したクーデター未遂事件で逮捕され，今回のクーデターによって刑務所から解放された人物である。AFRC は内戦の終結のために RUF を政権に迎え入れる用意があることを発表し，RUF もそれに応じて各地で国軍と合流した。以降，内戦の構図は，「AFRC/RUF」と「カバー政権/カマジョー」との対立という構図へと変化する。

　カバー政権側とみなされていたカマジョーは，AFRC に解散を命じられた。それを拒否した一部のカマジョーは国境を越え，リベリアへと逃げ込んだ。当

時は，第1次リベリア内戦が終結したばかりであった。カマジョーは停戦監視のためにリベリアに駐屯していたECOMOG，とくにナイジェリア大隊から軍事協力を取り付ける。国連やコモンウェルス諸国，西アフリカ周辺国はAFRCのクーデターを強く非難した。とくにリベリア和平に与える悪影響を懸念したナイジェリア政府は，AFRCに対する軍事介入をECOMOGの名で実施した。そうした経緯からナイジェリアはカバー政権側に肩入れをした。ECOMOGの一部としてリベリアに駐留するナイジェリア軍は，カマジョーに対して軍事物資を提供し，AFRC/RUFの転覆を図った。

さらにカマジョーは実戦経験を積んだリベリア人戦闘員を引き入れている。とくにシエラレオネで結成されたULIMOから多くの戦闘員を引き入れた。この頃，内戦が終結したリベリアでは元戦闘員が仕事もなく，ブラブラしていた。また，カマジョーは民主的に選ばれたカバー政権を民族を超えた連帯で復権させるという大義名分のもと，「市民防衛隊（Civil Defense Force：CDF）」という名を用いるようになる。カマジョーという名はメンデ人であることを強調しているからである。カマジョーはCDFの名を用いて，民族を超えてAFRC/RUFに抵抗するCDFに加わるように他の民族にも呼びかけた。1998年3月，ECOMOGとCDFによる軍事作戦によりフリータウンは奪還され，カバー政権は復権を遂げることになる。AFRC/RUFは農村部へと撤退し，地方で活動することとなった。

カバー政権はフリータウンに戻った後，ECOMOGおよびCDFを用いて，AFRC/RUFの掃討作戦を展開する。しかし，カバー政権側が優勢だったわけではない。1999年1月にはRUF側の首都への侵攻を許すなど予断を許さない状況が続いた。この時のRUF側の猛攻の理由は，RUFの指導者サンコーに対して死刑判決が下されたことにあった。2年前の1997年3月，サンコーはナイジェリアにて武器の不法所持で逮捕されていた。サンコーの身柄はカバー大統領が復権してからシエラレオネへと引き渡され，死刑判決が下された。RUF側はサンコーの釈放を求めて首都に進攻した。それに対してナイジェリア軍をはじめ西アフリカ各国がECOMOGの増員をしたため，首都では激しい攻防戦が展開された。ECOMOGの増員により，かろうじてカバー政権の崩壊は免れた。AFRC/RUFは再び農村部に撤退した。この事件をきっかけに，シエラレオネ政府は武力による内戦の沈静化に限界があることを悟った。また，

ナイジェリア，英国，米国も和平交渉の仲介へと動いた。その結果，1999年7月にはロメ和平合意（Lome' Peace Accord）が結ばれる。本合意では，サンコーへの恩赦，RUFの政党化，RUFメンバーの入閣，鉱物資源を一元管理する戦略資源国家復興開発委員会の設置と同委員会議長へのサンコーの就任が含まれる。また，本協定により，それまでカバー政権側に肩入れしていたECOMOGの立ち位置も変わった。ECOMOGの活動は中立的な平和維持と治安維持に限定され，シエラレオネから段階的に撤退することも決まった。ECOMOGの撤退と引き換えに派遣されたのが国連平和維持ミッション「国連シエラレオネ派遣団（United Nations Mission in Sierra Leone : UNAMSIL）」である。

ロメ和平合意後も和平合意に反対するRUFの一部が活動することでしばらく不安定な状態が続いた。2000年5月にはUNAMSIL要員がRUFに拘束される事件も発生した。サンコーもその後の混乱から逮捕された。サンコーの逮捕をきっかけに，RUF側は地方の勢力を結集し，再び首都へと侵攻するものの，英国による大規模な軍事介入で首都への侵攻を阻まれた。その後，RUFはサンコーに代わる暫定指導者としてイッサ・セサイ（Issa Sesay）を選出した。セサイは，ロメ和平合意を受け入れ，内戦は収束に向かった。2002年1月18日，武装解除・動員解除の事業が終了するとともにカバー大統領は内戦の終結を宣言した（落合編 2011：10-13／NIRA・横田編 2001：209-212）。

第2次リベリア内戦

シエラレオネ内戦が収束を見せる2000年頃，リベリアでは新たな内戦がはじまった。第2次リベリア内戦である。この内戦を勃発させた武装勢力「リベリア民主和解連合（Liberian United for Reconciliation and Democracy : LURD）」は，テイラー政権に反対する政治エリートによって作られた連合体である。1997年8月にテイラーが大統領に就任すると，テイラーはかつての武装勢力の戦闘員や指導層に対して迫害を行った。とくに政府系の民兵となったゴロツキによる暴力が横行している。その結果，多くのリベリア人政治エリートが国外へと逃亡した。LURDはそうして国外へと逃亡したリベリア人政治エリートにより1999年7月にシエラレオネで結成された。フリータウンでギニア，シエラレオネへと亡命したリベリア人政治エリート達が会合を重ね，結成に至ったという。こうした政治エリートの思惑はさまざまであった。しかし，目標をテイ

ラー政権の打倒に絞り，ギニアからの軍事支援を得たことからひとつの組織として体裁を保てたといえよう。

　LURDは当初，シエラレオネとギニアの2国から両面作戦で侵攻する予定であった。シエラレオネではECOMOGシエラレオネ司令官であり，シエラレオネ国軍参謀長でもあったマックスウェル・コーベ（Maxwell Khobe）の支援があった。彼はECOMOGを構成するナイジェリア軍の将校であったが，カバー政権が復権した後にシエラレオネ国軍に参謀長として雇用された。彼はシエラレオネ内戦を終結させるためには，テイラー政権を弱体化させる必要があると考えた。RUFとテイラーとの関係は，1990年代後半には回復していた。とくに，ロメ和平合意に不満を持ったサム・ボッカリらはサンコーと袂を分かち，テイラーから支援を受けながらシエラレオネでの活動を展開した。それに対抗するためコーベは，亡命リベリア人政治エリートに対して軍事力を提供することにした。その時に用いられた戦闘員がCDFのリベリア人戦闘員である。コーベの支援で作られた「リベリア人避難民機構（Organization of Displaced Liberians：ODL）」は大きな成果を残さなかったものの，ODLの結成を機にリベリア人政治エリートがシエラレオネに集結し，LURDの結成につながった。LURDが結成されることになると，シエラレオネでは戦闘員の募集が行われ，首都にあるCDFの基地は，LURDの戦闘員をかくまう場所となった。CDFの戦闘員だけではなく，RUFの戦闘員やシエラレオネ国軍の兵士もLURDへと動員された。しかし，2000年4月にコーベが死亡した。実はLURDへの支援計画はコーベをはじめ一部の政治家・軍人しか知らぬ秘密工作であった。LURDはシエラレオネに支援者を失った結果，シエラレオネを後方基地として使うことをあきらめた。シエラレオネに駐留していたLURDの幹部および戦闘員は，ギニアへ移動することになった。

　LURDがなぜギニアから支援を受けていたのかについて述べよう。当時，テイラーはギニアにあるダイヤモンド採掘場の掌握を目的としてギニアへと派兵を繰り返した。テイラー勢力の侵入に直面していたギニアのランサナ・コンテ（Lansana Conté）大統領は，テイラー勢力の侵入を防ぐために，反テイラー勢力への支援を決めたという。コンテ大統領とリベリア人の仲介を果たしたのが，コンテの占い師であったアエーシャ・コネー（Ayesha Conneh）であった。もともとリベリアで暮らしていたアエーシャは支援を求めるマンディンゴ人を

コンテ大統領とつなげたといわれている。ギニア国内のマセンタに LURD の後方基地が作られ，シエラレオネから戦闘員が運ばれたほかに，コートジボワールやガーナにあるリベリア人難民キャンプからも戦闘員が集められた。LURD の戦闘員の多くはかつての ULIMO 戦闘員であり，マンディンゴ人とクラン人が多くを占めた。しかし，LURD 側は特定の民族であることにこだわらず，反テイラーを大義として民族を問わず動員を行った。

　LURD は「執行委員会（executive committee）」と呼ばれる合議体を設け，役割を分掌させることで内部の権力闘争を防いだ。こうした合議体を設けたのは ULIMO の失敗が反映されている。LURD にはかつて ULIMO にいた幹部や戦闘員が多く参加している。ULIMO は第1次リベリア内戦中，権力闘争によって2つに分裂している。執行委員会を設けたのは，その反省があったからだといわれる。執行委員会の設置は特定の人物への過度な権力集中を避けるためであった。LURD の指導者（「議長」と呼ばれる）は執行委員会内の選挙で選ばれており，その立場は弱かった。最初に選ばれた議長モハメド・ジュマンディ（Mohamed S. K. Jumandy）は実業家であり，LURD への資金援助を理由に選出された（彼は提供した資金の額が約束した額に満たず辞任に追いやられた）。その後，議長に選ばれたセク・コネー（Sekou Damate Conneh）は，妻アエーシャの代役として議長となった。アエーシャは妊娠しているからという理由で議長のポストを断ったという。セク・コネー自身はギニアで中古車の輸出入業を担う実業家であった。そもそもアエーシャはコネーの兄弟の妻であった。しかし，その人物は死亡し，セク・コネーが西アフリカの伝統に従ってアエーシャを妻として迎え入れた（マンディンゴはムスリムと知られ，複数の妻を持つ者もいる）。

　LURD がギニアからリベリアへと侵攻したのは 2000 年 7 月であった。その後，LURD は徐々に支配地域を拡大した。LURD の攻撃に頻したテイラー大統領は 2002 年 2 月に非常事態宣言を出すことになる。また，2003 年には LURD から離脱したクラン系の政治エリートが新たに結成した「リベリア民主運動（Movement for Democracy in Liberia : MODEL）」もコートジボワールからリベリアへと侵攻し，勢力を伸ばした。テイラー側はコートジボワールの反政府勢力にも人員を送り込んでおり，当時のローラン・バボ（Laurent Gbagbo）大統領がそれに対抗する形で MODEL に支援を与えたといわれている。2003 年中旬までにテイラー側はこの2つの武装勢力にリベリアの7割を奪われた。

LURDとMODELは短期間でテイラー勢力を窮地に追いやったが，その背景には，テイラー政権が経済制裁を受けていたことがあった。2001年3月7日，国連安保理は安保理決議1343でテイラー政権に対してRUFへの支援を即時停止することを要求し，武器禁輸をリベリアへと課した。この制裁によりテイラー側は潤沢な軍事物資を得ることができず，劣勢に回った。テイラー側は両勢力との和平交渉に応じ，2003年6月からガーナのアクラにおいて交渉を開始した。和平交渉の裏側でもLURDは戦闘を継続し，首都へと侵攻することで武力を盾に和平交渉を有利に進めた。8月11日には両武装勢力の要求を呑む形でテイラーはナイジェリアへと亡命し，副大統領のモーゼス・ブラ (Moses Blah) が暫定大統領となる。18日には3者の間でアクラ和平合意 (Accra Comprehensive Peace Agreement) が結ばれ，内戦は収束の方向へと向かった。9月に国連安保理は平和維持ミッション「国連リベリアミッション (United Nations Mission in Liberia: UNMIL)」の設立を決定し，リベリアへと派遣した。また10月には和平協定に基づいて暫定政権「リベリア国家暫定政府 (National Transnational Government of Liberia: NTGL)」が成立する。実業家のチャールズ・ブライアント (Charles Gyude Bryant) を首班とし，テイラー側，LURD，MODELにそれぞれポストが割り振られた。NTGLによる暫定統治を経て2005年には内戦後初の総選挙が開かれ，エレン・ジョンソン・サーリーフ (Ellen Johnson Sirleaf) が大統領に選ばれた。彼女はトルバート政権期に財務省の経験を持ち，内戦中には国連開発計画に勤務した経験を持つ。2011年には平和と女性の地位向上に貢献したとしてノーベル平和賞を受賞した1人となった。

5 リベリア内戦と，その周辺国のかかわりから見えてくること

隣国からの影響が国内の対立をエスカレートさせる

以上，確認したようにリベリア，シエラレオネはともに内戦の発生に国内要因が強く作用している。リベリアで発生した2つの内戦は，中央政府での権力闘争の延長と理解できる。一方，シエラレオネ内戦は国内の反政府運動を政府が抑え込めなかったことで拡大した。このように紛争は国内要因が大きく働いているものの，それに拍車をかけるように隣国からの影響がある。アフリカで

見られる紛争では武装勢力が隣国で蜂起の準備をし，隣国の政府や武装勢力が支援している場合も多い。また，蜂起後も物資の調達が隣国を介して行われることもある。

　国内要因が内戦の発生にとって重要なことは，シエラレオネとギニアを比べることでわかる。ギニアでは「ギニア民主部隊同盟（Rassemblement des forces démocratiques de Guinée：RFDG）」と名乗る勢力が2000年に反乱を起こした。RFDGはリベリアとの国境地帯で活動しており，テイラー側からの支援があったといわれている。しかし，その活動は年内には見られなくなった。シエラレオネのRUFとは異なり，国内要因が作用しなかった結果，内戦が拡大しなかったものと理解できる。

　では，武力紛争の国内要因とはいかなるものなのだろうか。また，いかに隣国は影響を与えているのか，本節では，リベリアやシエラレオネだけでなく，1990年代のアフリカで一般的に見られた武力紛争発生のプロセスを確認する。

アフリカに見る国境を越えた紛争の影響

　アフリカ大陸ではつねにどこかで武装勢力の活動が見られている。アフリカの年と呼ばれ，アフリカ諸国の多くが独立を遂げた1960年以来，アフリカ大陸で武力紛争が絶えたことはない。これらの武力紛争は国境と無縁ではない。アフリカ大陸では国境を接して多くの国が隣り合っている。国境では交易があり，ヒトやモノが往来する。国境を管理する政府の能力が十分ではない場合も多く，違法な活動が営まれていることもある。こうした国境を越えたヒトやモノの往来は，隣国からの影響をもたらす。時にはある国で発生した内戦によって隣国の政情が混乱したり，新たな内戦が発生することさえある。

　1990年代にはその動きが顕著であった。当時のアフリカでは，中央政府の存在を脅しうるほどの大規模な武力紛争（国内紛争）が数多く発生している。大半の場合，こうした紛争の発生には国内的な要因が大きく作用しているものの，隣国からの影響が，紛争の発生や長期化に拍車をかけていることも少なくない。本章で考察したリベリアおよびシエラレオネもそのうちのひとつといえるだろう。両国に限らず，ソマリア，ルワンダ，コンゴ共和国，コンゴ民主共和国など中央政府の存続が武力紛争によって脅かされ，武力によって政権が交代した国がいくつも見られた。こうした国の紛争はおもに国内的な要因で発生

しているものの,周辺諸国からの影響も紛争に拍車をかけている。

武力紛争の国内的な要因

国内的な要因についての研究はある程度の蓄積がある（武内 2000／NIRA・横田洋三編 2001）。その共通見解として，経済悪化や政治変動によって国家が弱体化した結果，紛争が発生したという説明がある。

第1に，1970年代後半，石油危機によって世界的に経済は悪化した。アフリカ諸国の主要な輸出品目は1次産品（農産物や天然資源といった加工されていない産出品）である。その国際的な価格は変動しやすく，経済悪化によって大幅に下落した。その結果，アフリカ諸国は軒並み対外収支の悪化，財政赤字，そして経済成長の減速に見舞われることになった。経済立て直しのための構造調整プログラムが，国際通貨基金（International Monetary Fund）や世界銀行の主導で各国で実施されたが，急激な構造改革が人々に困窮をもたらすことも多かった（武内 2000：16）。このように1970年代から80年代にかけてアフリカの経済は急激な減速を経験した。

第2に，アフリカ諸国の持つ政治構造がある。1980年代までに作られた経済的利益の分配を通じて権力を維持する統治システムは国家機構を疲弊させ，政治エリートの対立を助長することとなった。アフリカ諸国の多くは1960年代に独立するも，その独立直後は国内諸勢力をまとめあげられず，政党政治は混乱し，クーデターも見られた。その結果，軍政や一党制を取る国が1960年代後半以降増えていき，こうした政権は長期で存続することになった。長期政権のなかでは，為政者による利権の分配と政敵の排除という2つの論理を用いた統治が行われた。為政者は，国家の資源を私物化し，それを分配することで政治エリートをコントロールした。政府内のポストを分配したり，経済的な利益獲得の機会を与えるなど，公的な国家の制度を骨抜きにし，政治エリートに対して政治権力や経済的利益を分配することで影響力を保ったのである。そのことはすなわち，為政者になったものが独占的に富を得ることを意味する。ゆえに為政者はつねに非合法的な権力の奪取におびえることになった。こうした不安の種を取り除くため，力を持ちすぎた政治エリートに対して汚職やクーデター未遂の容疑をかけることで政治生命を奪った。しかし，1980年以降，経済悪化の影響を受けることで，政治エリートに分配する経済的利権は減少し，

彼らをコントロールする方策は蝕まれた。1990年代に武力紛争が多発したのには，こうした背景がある。

　武力紛争の発生は，おおまかに2つのパターンに分けることができる。第1に，中央政府での権力闘争が武力紛争にエスカレートする場合である。為政者に従属する政治エリートのなかには非合法的な手段に訴えてでも政権の奪取を試みる者もいた。すなわち，クーデターや武装蜂起で為政者を排除しようとしたのである（こうした緊張関係があるからこそ，為政者はあらかじめ政治エリートを暴力的に排除したのである）。コートジボワール内戦で見られるように，クーデターがしばしば武力紛争へとエスカレートすることもあった。クーデターに失敗した国軍の一部が逃亡し，武装勢力化したのである。

　1990年代前半に急激に実施された民生化が，中央政府での権力闘争を助長し，武力紛争の発生を導いたという理解もある。1990年代前半，国際社会の民主化要求および国内の民主化運動を受けて，アフリカでは急速に民主化が進行し，複数政党制に基づく選挙が実施されるようになった。複数政党制の選挙では，かつて為政者に従属していた政治エリートは野党指導者として台頭することになる。コンゴ共和国で見られるように，選挙戦がエスカレートし，支援者を武装し，組織化することで武力紛争に陥る国もあった。政治家への支持層が民族に偏っている場合も多く，こうした場合には政治エリート間の対立で発生した武力紛争であっても，「民族対立」の外見を呈することになった（武内2000：25）。

　武力紛争が発生する第2のパターンは，マイノリティ集団による権利要求や反政府運動から端を発した武装蜂起である。こうした武装蜂起を中央政府が抑え込めなかったことで武力紛争が拡大した。中央政府に反対する運動は，いかなる国でも見られる（先進国でも例外ではない）。ただし武装蜂起によって政府を打倒する試みが実行されることは稀である。1980年代のアフリカでは，経済悪化により人々は困窮化し，政府が教育や保健衛生という社会サービスを提供できなくなった国も多い。そうしたなかで急進的な反政府運動が隆盛する。彼らが引き起こした武装蜂起を中央政府が鎮圧できない場合，武力紛争が拡大・深刻化することになる。

　このように武力紛争が発生するパターンはふたつある。リベリアは前者に属し，シエラレオネは後者に属している。

周辺国からの影響によって助長される紛争

上述の説明のように武力紛争は国内要因によって発生している。こうした国内要因に拍車をかける形で作用しているのが隣国からの影響である。武装勢力は，隣国の政府や武装勢力，当該国人コミュニティなどから支援を受けて形成され，国境を越えて蜂起することも多い。また，蜂起後も物資調達の経路や後方基地として隣国を利用することがある。さらに政府の正規軍は国境を越えることは許されないため，隣国をセイフヘブン（避難場所）として利用する武装勢力もある。

これらの作用から武力紛争が隣国へと拡大することもある。たとえば，A国とC国が隣接しているとしよう。A国の政府に反旗を翻す武装勢力BがC国政府の支援を受けて作られ，C国をセイフヘブンとして使っていたとする。その場合，A国政府は武装勢力Bを掃討するためC国政府を弱体化させる必要がある。その1つの方策がC国政府に抗する武装勢力を支援し，C国国内を混乱させることである。A国政府はC国の反政府運動家を支援し，C国政府に対して反旗を翻す武装勢力Dを形成することでC国政府の弱体化を狙うことになる。この場合，C国の反政府運動はC国の国内要因から生まれたものかもしれない。しかし，A国が支援するという隣国からの要因でC国の紛争は発生したことになる。こうした場合，A国とC国の武力紛争は連動しており，A国政府と武装勢力D，あるいは，C国政府と武装勢力Bの間で同盟関係が見られることになる。

リベリアとシエラレオネでも同様の関係が見られた。両国の内戦は，それぞれ国内要因がその発生に大きくかかわっている。しかしそれと同時に，両国で発生した内戦は相互に影響を与え合うことで長期化している。

6　内戦後のリベリアとシエラレオネ

最後に，内戦後のリベリアとシエラレオネの状況を見ていこう。シエラレオネもリベリアも内戦が終結してからはおおむね安定している。シエラレオネでは，内戦後RUFは政党となったものの，十分な議席を得ることができず自然消滅に向かった。服役中のサンコーは2003年に死亡した。また，2002年にはシエラレオネ特別法廷（Special Court of Sierra Leone：SCSL）が設立され，内戦に

おいてもっとも責任を有する複数の者の訴追が行われた。RUFだけではなく，CDFやAFRCからも数名が訴追された。また，リベリアのテイラーもシエラレオネ内戦の発生に大きく関与したとして訴追されている。その訴追が発表されたのは2003年6月，テイラーがアクラでLURD, MODELとの和平交渉をしているときであった。その時，ガーナ政府はテイラーの逮捕を拒否し，テイラーはリベリアに帰国している。しかし，その後，事態が進展し，LURDとMODELの要求をのむ形でテイラーがナイジェリアへと亡命した後，2006年にナイジェリア政府はSCSLへとテイラーを引き渡した。テイラーに対する裁判はオランダのハーグにて実施され，2012年に禁固50年の刑が確定した。こうしたことからシエラレオネでは内戦構図は消滅したことになる。シエラレオネでは武装解除の試みも成功したと評価されており，UNAMSILも2005年12月をもって活動を終了している。

　しかし，暴力事件がまったく発生していないわけではない。とくに総選挙の際には元戦闘員が選挙キャンペーンに動員されている。シエラレオネは内戦後，新たな野党の台頭はあるもののSLPPとAPCの二大政党が主要な地位を占めている。2007年には，カバー大統領が退いた後の大統領が選ばれることになった。この選挙でSLPPは敗退し，APCのアーネスト・バイ・コロマ（Ernest Bai Koroma）が勝利した。その選挙キャンペーンでは各政党が元戦闘員を治安要員として動員し，党員間で暴力事件や衝突が頻繁に発生した。ただし，その衝突は内戦の構図に沿ったものではない。戦闘員が政党の動員に応じたのは，新たな雇用や金銭獲得の機会を掴もうとしただけだともいえる。

　一方のリベリアでは，戦争犯罪に対する裁きは実施されていない。LURDはテイラー打倒を目的とした連合体であったために，暫定政府の成立後，LURD内の政治エリート間でもポストをめぐる争いが起こった。2004年1月にはアエーシャ・コネーとセク・コネーの対立がLURDを二分し，各都市で支持者間の衝突が起こった。武装解除の遅れも見られた。とはいえリベリアも徐々に安定に向かった。2011年には紛争後に2回目となる総選挙が行われた。この選挙にはかつてI-NPFLのリーダーであったプリンス・ジョンソンも立候補しており，元戦闘員を動員しての選挙キャンペーンも見られた。この選挙でジョンソン・サーリーフは再選を果たした。リベリアでは，紛争後も都市に元戦闘員が雇用もなく滞留している。また，コートジボワールの混乱が波及す

る恐れもあった。ゆえに UNMIL は状況を憂慮し，展開の延長を繰り返した。UNMIL はエボラ出血熱の流行に対処する必要性から撤退を遅らせたものの，2017 年には撤退が予定されている。

参考文献

岡野英之『アフリカの内戦と武装勢力――シエラレオネにみる人脈ネットワークの生成と変容』昭和堂，2015 年。

落合雄彦編『アフリカの紛争解決と平和構築――シエラレオネの経験』昭和堂，2011 年。

清水忠重「アメリカ植民地協会のリベリア経営」『論集』（神戸女学院大学）39 巻 3 号，1993 年。

総合研究開発機構（NIRA）・横田洋三編『アフリカの国内紛争と予防外交』国際書院，2001 年。

武内進一「アフリカの紛争――その今日的特質についての考察」武内進一編『現代アフリカの紛争――歴史と主体』アジア経済研究所，2000 年。

真島一郎「リベリア内戦史資料（1989-1997）――国際プレス記事読解のために」武内進一編『現代アフリカの紛争を理解するために』アジア経済研究所，1998 年。

真島一郎「市民概念の語用とその限界――リベリア共和国から」武内進一編『現代アフリカの紛争――歴史と主体』アジア経済研究所，2000 年。

布留川正博「19 世紀前半シエラ・レオネにおける解放アフリカ人」『経済學論叢』60 巻 3 号，2008 年 12 月。

山根達郎「リベリア内戦と平和構築の射程――テイラー政権崩壊後の国家再建」『HIPEC 研究報告シリーズ（広島大学）』第 6 号，2008 年 3 月。

Gberie, Lansana, *A Dirty War in West Africa: The RUF and The Destruction of Sierra Leone*. Bloomington and Indianapolis: Indiana University Press, 2005.

United Nations, *World Statistics Pocketbook, 2016 edition*, New York: United Nations, 2016.

Waugh, Colin M., *Charles Taylor and Liberia*. London, New York: Zed Books, 2011.

＊本章で取りあげたリベリア，シエラレオネ，ギニアは 2013 年から 2015 年にかけてエボラ出血熱の流行に巻き込まれた。本章で取りあげた事柄のその後を知るために付記しておく。

コラム3　南スーダンにおける日本の人道支援

　スーダンの南北間で包括的和平合意（Comprehensive Peace Agreement：CPA）が2005年に調印されて以来，日本のNGOも参画した人道支援が現在の南スーダン国内で開始された。それ以前に，日本のNGOは，CPA調印直後に（財）アジア福祉教育財団による助成を受け，スーダンからの難民が大量に収容されていたケニアのカクマ難民キャンプにて帰還支援の可能性について調査した。世界最大・最長の内戦終結にあたり，日本のNGOとしても積極的にかかわっていこうという戦略があった。筆者の所属するジャパン・プラットフォーム（Japan Platform：JPF）は，2006年4月に国連機関と合同でスーダン南部に調査団を派遣してから，これまで人道支援を展開している（JPFは，NGO・政府・経済界との平等なパートナーシップの下，2000年に紛争や自然災害後の支援を迅速に届けることを目的に設立された，緊急人道支援を実施するシステム）。
　CPA以前の内戦中は，国連や国際NGOによるオペレーション・ライフライン・スーダン（OLS）と呼ばれるコンソーシアムにより人道支援は展開されていた。もちろん，日本のメディアがこれらを取り上げるといったことは非常に稀であった。
　CPA後には，新たに支援を開始する国際NGOは増え，人道支援活動の内容は多岐にわたっていた。JPFによる日本のNGOを通じた支援は，国境近くに帰還民向けの一時滞在センターを設置すること，帰還民の登録と食事の提供，生活再建に必要な物品の提供と帰還先への送り届け，といった帰還そのものの支援から，帰還先のコミュニティでの水の提供や衛生啓発，教室建設と教員研修といった教育や保健，生計支援，職業訓練を各地で展開した。それらは，国内に急激に増える人口をまかなえるようなインフラ整備，加えて帰還促進のためプル要因を国内に整えることだった。さらには，国連難民高等弁務官事務所（UNHCR）のパートナーとなり資金を得て，複数のプロジェクトを実施するNGOもあった。支援分野を当事国政府やNGOを含めて調整を行うクラスター制度においては，特定の支援分野をリードする「クラスターリード」として活躍するNGOもでた。
　南スーダンにおける現地住民，行政における日本のNGOの評価は，「スピードと確実性」。とくに，長い雨季があるため活動できる時期が限られており，内戦終結直後で生活に必要なものの大部分は輸入に頼っていたため資材調達や人材確保は非常に困難であったが，約束したことは必ず期限通り実施するといったところや，その誠実な対応は，現地できちんと理解されていた。
　物理的なアクセスが限定的な地方と首都ジュバの格差が大きく広がるなかで，NGOの支援というものは平和を享受できる唯一の配当であり，行政が機能しない地方においては，NGOは唯一のサービスプロバイダーである。日本のNGOはそれらを認識した

うえで，地方行政や帰還先コミュニティとの関係では，慎重にプロジェクトを運営してきた。

2016年現在はどうだろうか——。

2011年7月9日に分離独立を果たしたものの，2013年12月に南スーダン政府軍（SPLA）と反政府軍（SPLAiO）によって戦闘状況に陥ってからは，JPFのプログラムで活躍する邦人のNGOスタッフは南スーダンから一時的に退避し，事業地に入域せずに遠隔より支援事業を運営する手法を用いて活動した。そして，南スーダン独立以降は，JPFとして3年計画にて平和の定着を目的とし，国際社会とともに取り組んできた南スーダン人道支援プログラムは一旦終了し，緊急支援に切り替えて国内避難民や周辺国に流出した南スーダン難民への支援に取り組んだ。通常，紛争後の支援は民間の寄付が集まりにくく政府からの助成金や国連のプロジェクト資金に頼ることが多い。日本のNGOの多くは，政府からの助成金を得て活動していたため，邦人スタッフは外務省発出の海外安全情報を理由に南スーダン国内での駐在だけでなく，しばらく首都ジュバに限っても出張に行けない事態が続いた。その間は，現地スタッフや提携パートナーを通じた緊急支援を実施し，周辺国に現地スタッフを呼び寄せ打ち合わせを行い，電話やスカイプにより現地の状況を把握しつつ支援を継続した。2015年1月からはジュバに限って出張によるプロジェクト管理となり，地方およびジュバでのProtection of Civilian (PoC) サイトや国内避難民キャンプでの支援を徹底した。一方，いわゆる国際NGOは，2013年末の戦闘中であっても，とくに重要なスタッフ達は国内に残り緊急支援を展開した。周辺国に退避していたスタッフも，2014年早々に南スーダンに戻り，戦闘がもっとも激しかった地方での緊急支援を展開していたのだ。

ここでの課題は，日本のNGOによる2006年来の活動実績と経験がありながら，国連が人道危機での最高レベルの緊急事態を示す「レベル3」を宣言した，もっとも重要な時に南スーダンへの入域が制限され，南スーダンの人々や国際社会の期待に十分応えられていない現実である。人道支援組織としては，組織の存在価値を問われる。安全管理上の問題ということで，なぜか理由なく日本政府による渡航制限を受け，日本のNGOの邦人スタッフばかりが現場に戻れないのは，日本におけるNGOの自主性や独立性の理解が浸透していないことの証左だろう。

そして，IGAD（政府間開発機構）プラスのメンバーの関与を受け，2年以上もかけて行われた和平協議の結果，南スーダン共和国国民統一暫定政府は2016年4月29日に発足した。しかし5年目の独立記念日を目前に2016年7月7日から11日にかけてジュバを中心に戦闘が再度発生し，支援関係者，各国の大使館など大規模な退避が行われるに至ってしまった。日本のNGOを通じたJPFによる人道支援は継続しているが，当分の間は，2013年12月と同じように遠隔からの事業管理による緊急支援に軸足を置きつつ，南スーダン国内の政治情勢を見極めることになる。

JPFの方針として，避難先での緊急支援に加えて，戦闘により悪化した低開発な状況にある地方に長期的に関与する計画を立てたところで，ジュバでの重火器による戦闘が再発した。筆者が2016年2月にジュバにて面談した南スーダン人道調整官ユージン・オウウス（Eugene Owusu）氏は，「南スーダンの混乱は，①政治的混乱と衝突，②それによる大規模で広範囲の武力紛争，③地域レベルでの小規模な紛争，④経済の低迷という複合的な要因によって引き起こされており，一朝一夕には片付かない問題だ」と訴えた。それが示すように，南スーダンの抱える課題は国連やNGOの能力を超えている。今後も息の長い支援と民間の関与，人々の関心が持ち続けられることが求められる。同時に，国際社会のリーダーによる「政治レベル」への働きかけが不可欠である。草の根レベルで活躍が期待されるNGOは，人道的にもっとも弱い立場にある南スーダンの人々に今後も寄り添い，国づくりを担う基盤を支えていくことが求められている。

（板倉純子）

　＊本コラムは，南スーダンに長期でかかわる筆者による記録をもとに綴ったもので，組織の意見を表すものではない。

第10章　ガーナ
——自然資本としての森林生態系と持続可能なカカオ生産——

日 比 保 史

1　ガーナの政治・経済・社会

概　要

　ガーナ共和国（以下ガーナ）は，西アフリカのギニア湾沿岸の熱帯地域に位置し，西隣をコートジボワール共和国，東隣をトーゴ共和国，北隣をブルキナファソと接する，立憲民主制の国である。英国植民地であった沿岸部のゴールドコーストと旧アシャンテ王国領域を含む内陸部，トーゴランド委任統治領を統合し，1957年にサハラ以南のアフリカ諸国に先立ち植民地統治からの独立を果たした。まだ英国による統治下にあった1951年に最初の立法議会選挙が実施され，独立後も金やカカオ豆の生産・輸出による経済成長を実現するなど，「アフリカの希望」「アフリカの優等生」などと言われた。一方で，独立後の25年間で4回のクーデターを含む頻繁な政権交代や軍事独裁も経験した。1992年には民主的な新憲法が採択され，以後比較的安定した民主国家として今日まで発展を続けている。

　ガーナの人口は2014年現在2677万人，人口増加率は2.18％と高い水準にある。また，全人口の約6割が24歳以下であり，比較的若い人口構成となっている。宗教としては，人口の約7割がキリスト教徒，2割弱がイスラーム教徒である。

　2010年以降では，年率平均10％前後の高い経済成長を実現している。現国家元首は，2012年に選挙により選出されたジョン・ドラマニ・マハマ大統領である。

ガーナの歴史

　考古学的資料によれば，すくなくとも紀元前1万年前には，ガーナ東部に人

写真10-1 奴隷貿易の拠点のひとつ、ケープコースト砦（筆者撮影）

が住んでいた形跡がある。西暦10世紀〜15世紀頃には、南部各地で金の採掘が始まり、サヘル地域（現ブルキナファソ以北）に繁栄した王国などとの金交易により、中北部に交易都市の発展を見た。15世紀頃には、ポルトガル人が沿岸部に到達し、金と象牙の貿易を開始したが、さらに金鉱山や南部森林地帯での農業の労働力としてアフリカの他地域からガーナに奴隷の輸入も行われた。その後、英国、オランダ、デンマーク、スウェーデンなども進出し、布製品、金属製品、ビーズなどと引き換えに金を調達するため、ゴールドコーストに競って貿易砦が築かれた。

17世紀に入ると、欧州列強による南北アメリカおよびカリブ地域の植民地支配が強化され、当地での大規模なプランテーション経営がはじまるとともに、熱帯地域の厳しい気候に強いと考えられたアフリカ人を労働力とするため、ゴールドコーストから多くの奴隷が輸出されるようになった。1865年のアメリカ合衆国での奴隷制廃止までに、当地からはすくなくとも200〜300万人の奴隷が輸出されたと考えられている。

部族社会

ガーナ社会においては、ガーナ国家への帰属意識、ガーナ国民としての認識以上に、15世紀頃からの植民地となる以前から存在した、伝統的な首長（チーフ）が統治する部族の存在が、現在もきわめて大きい。アカン族、モレ・ダグボン族、エベ族など（この3大部族で人口の約8割を占める）、100以上ある部族が今も社会の基礎的な単位となっている。これは英国が植民地化後も部族（王国）による統治機構を残すことによる間接統治を取り入れたこともあり、植民地時代、独立、そして現在にいたるまで、国民の部族意識は根強いと言われており、1994年には北部において部族間の紛争が多数の死者を出すにいたるなどしている。各部族のチーフは、部族や親族に対して多大な権力と責任を有し、祖先から受け継いだ土地や自然を管理するとともに、子どもの命名や結婚、葬

式といった人々によって重要な行事を，伝統的な儀式として今も執り行っている。

筆者は，森林保全や自然保護のプロジェクトの実施のために何度かガーナの地方を訪れたが，これらのプロジェクトを行う際には，行政上の首長とともに，かならず当地のチーフによる許可をもらい，儀式を執り行ってもらっている。

写真10-2　セントラル州カクム森林保護区近くの部族長による儀式（筆者撮影）

経済および産業

ガーナの国内総生産（GDP）は，378.6億ドル（世界銀行，2015年）であり，世界で89番目の経済規模となっている。1人当たりでは，1461ドルで世界145位となっている。失業率は5.2％，人口の24.2％は貧困にあるとされる。近年，とくに海洋油田・ガス田の開発がはじまった2010年以降は，平均10％近い経済成長を見てきたが，原油価格の低下や電力供給の逼迫などが影響し，2014年の成長率は4％程度に留まった。

産業的には，ガーナは，石油・ガスに留まらず，天然資源，自然資源に恵まれた国であり，世界第2位の生産量を誇るカカオを中心とする農業がGDPの22％を占め，労働人口の44.7％が従事している（そのほとんどは，スモールホルダー，すなわち小・零細規模の農家である）。そして，国土面積の実に69.1％が，農地として利用されている。

2　ガーナの社会・経済を支えるカカオ生産

ガーナ経済にとってのカカオ

ガーナという国については，わが国では，某製菓会社の板チョコの商品名として記憶する読者も多いであろう（ちなみに野口英世博士が黄熱病の研究中に自ら罹患し，この世を去ったのもガーナの首都アクラである。野口博士の功績を讃え，ガーナには野口英世メモリアルガーデン，野口英世記念研究所などがある）。

表10-1 ガーナのおもな基礎データ

人口（2015年）	26,327,649人
人口増加率（2015年）	2.18％
年齢別人口構成（2015年）	0-14歳：38.38％ 15-24歳：18.69％ 25-54歳：33.95％ 55-64歳：4.84％ 65歳以上：4.14％
国内総生産（GDP）（2015年）	378.6億米ドル
GDP 実質成長率	4％（2014年） 7.3％（2013年） 8％（2012年）
1人当たりGDP（2015年）	1,461米ドル
失業率（2013年）	5.2％
貧困率（2013年）	24.2％
産業部門別GDP構成（2014年）	農業：22％ 製造業：28.4％ サービス業：49.6％
土地利用（2011年）	農業：69.1％ 森林：21.2％ その他：9.7％
産業別就業人口構成（2013年）	農業：44.7％ 製造業：14.4％ サービス業：40.9％
おもな産業	鉱業, 林業／製材業, 軽工業, アルミ精製, 食品加工, セメント, 小規模商業船舶製造, 石油採掘
おもな農産物	カカオ, 米, キャッサバ, ピーナッツ, トウモロコシ, シェアナッツ, バナナ, 木材

出所：Central Intelligence Agency, The World Bank より筆者作成。

事実，ガーナは，チョコレートの原料であるカカオ豆の生産については，隣国コートジボワールの175万トンにつぐ年間90万トン，世界全体の約2割を生産する，カカオ大国である（International Cocoa Organization. 2014年推計値）。GDPに占めるカカオ生産の割合は約2％ではあるが，就業人口の5％以上を占め

表10-2 世界のカカオ生産の8割を占める上位5ヵ国

主要生産国	2013/14年期生産量（千トン）
コートジボワール	1,746（40.0％）
ガーナ	897（20.5％）
インドネシア	375（8.6％）
ナイジェリア	248（5.7％）
エクアドル	234（5.4％）

出所：国際カカオ機構HPより筆者作成。

る産業である。また同国の外貨獲得手段としては，カカオ輸出額は，金につぐ500億ドルを超え輸出高の27％を占めており，2010年に生産がはじまった原油の輸出よりも大きい（Ghana Statistical Service. 2013）。ちなみに，日本は，世界第4位のチョコレート消費国であるが，原料であるカカオ豆の約7割は，ガーナから輸入している。そして，ガーナにとって日本は，オランダ，米国，マレーシア，ベルギーにつぐ第5位（総輸出量の4.8％）の輸出先となっている。

中南米が原産のカカオは，英国の重商主義，産業革命とともに，欧州に輸出され，チョコレートへの加工技術の発達，一般庶民による消費が浸透するにつれ，栽培地が他大陸にも広がっていったと言われている。ガーナでのカカオ生産は，英国により植民地支配されていた（実際には，列強各国が権益を分割していた時代もあり，1国による植民地支配と単純には呼べない）19世紀後半にはじまったと伝えられている。

なお，ガーナでは，カカオ豆のことをココ（cocoa）と呼んでおり，本章でもこの先ココと呼ぶことにしたい。

ガーナのココ農業の社会・環境への影響

ココは，元々原産地の中南米では，熱帯林のなかで生態系の一部として生育していたものである。ガーナでの伝統的なココ栽培も，森のなかで，森林の樹冠がつくる日陰の下で紫外線などを緩和されながら，栄養の循環，水分の補給，病害虫の駆除などを森林生態系が提供する自然の恵み（生態系サービスと言う）を活用する形で行われてきた。

しかしながら，より効率的なココ栽培を目指すなかで，森林から転換された

農地での栽培が，ガーナにおいても主流となった現状がある。このようないわば"日向栽培"は，化学肥料や農薬なども投入する"近代化された"農法により，農地の単位面積当たりの収量は高まるが，数年で土地が痩せてしまって収量が落ちるというデメリットも持つ。また，化学肥料や農薬などの継続的な投入が不可欠であり，環境汚染に加え，農作業者の健康リスクや農家の収支を圧迫する傾向が見られる。また，十分な農業知識を持たない移入民によるココ栽培では，適切な施肥や農薬散布が行われない場合も多く（過剰に適用されることが多い），収量を最大化できないだけでなく（平均的な農園の収量は約350kg/haであり，より高い生産性を持つ農園の半分以下の水準と言われる），周辺環境への影響も大きい。

ガーナのココ農業の社会的な側面に着目すると，隣国で生産量世界1のコートジボワールと違い，ガーナのココ農園のほとんどは家族経営であり，規模も2〜3ヘクタールと零細規模と呼べるものがほとんどである。また，ガーナでは，女性が夫や家族から農園を継承し，女性が所有権を持つ例が多いのも特徴である。国連開発計画が発表する人間開発報告書（HDR）の人間開発指数（HDI）では，ガーナのジェンダー・エンパワーメント指数が周辺国と比べて高くなっているが，同国のココ農園と女性のかかわりに1つの理由があるかもしれない。

現在，森林のココ農園を中心とした農地への転換は，ガーナの森林減少の最大要因の1つに挙げられており，毎年5万ヘクタールの熱帯林が失われている。このスピードが続くと，今後10年から20年の間に法的に保護された森林以外に残存する森林のほとんどが消滅してしまうと予想されている。ガーナの経済を支えるココ栽培が，同国の豊かな森林生態系を破壊するとともに，周辺環境へも多大な影響を及ぼし，しかしながらその生産性はかならずしも土地の持つポテンシャルを発揮できていないというのが現状といえる。

ガーナ政府はこの危機を認識し，生物多様性条約に提出された「生物多様性国家戦略」では，ガーナにとっての最大の危機の1つとして捉えるとともに，アグロフォレストリー（森林と農園の複合管理手法）を導入した，より持続可能性の高いココ農法への転換や既存農園の生産性の向上，放棄されたココ農園での森林再生などを打ち出している（Ministry of Environment and Science of Ghana 2002）。

3 生物多様性と生態系サービス

ガーナの豊かな熱帯性森林

ガーナでの持続可能なココ生産の話に進む前に、ガーナの自然環境について触れておきたい。ガーナのとくに南部低地森林地帯は、地球の生物多様性を維持していくために必要不可欠とされる36ヵ所の生物多様性ホットスポットの1つである西アフリカ・ギニア森林ホットスポットに位置する。西アフリカ・ギニア森林ホットスポットは、とくにほ乳類の多様性に優れるが、ガーナの低地森林地帯もダイアナモンキー、チンパンジー、マルミミゾウなどの絶滅危惧種の貴重な生息地となっている。オナガザルの一種であるダイアナモンキーは、熱帯林の高い樹冠を生息場とし森林健全性のバロメーターともいわれているが、森林の減少や狩猟にともない、その生息数は減少している。また、サバンナではなく森林に生息することからシンリンゾウとも呼ばれるマルミミゾウも、森林の減少に加えて、農地を荒らすとのことから狩猟の対象となることも多く、やはり生息数は減少している（Mittermeiter, et al. 2005）。

マルミミゾウのような大型のほ乳類やダイアナモンキーが生息していくためには、生物多様性が豊かつ一定規模の森林生態系が必要となる。そのような「健全性」の高い森林は、希少動物の生息地としてだけでなく、水源の涵養、降雨などの局地的な気象条件の調整、豊かな土壌の生成と保持、伝統的医薬の提供、害虫や疫病のコントロールなど、さまざまな「自然の恵み」を提供する。しかしながら、ココを中心とした農地への転換、合法・違法の伐採などにより、ガーナでは、毎年森林の2.19％が失われており（FAO. 2010）、世界でももっとも速く森林が失われている国の1つとなっている。森林消失は、生物多様性の喪失の大きな原因のひとつであるとともに、吸収固定されていた二酸

写真10-3 生物多様性の高いセントラル州カクム森林保護区周辺のココ農園（筆者撮影）

化炭素を大気中に排出することになり，気候変動の原因にもなっている（IPCC. 2014）。

自然がもたらす恵み――生態系サービス

健全な生態系による生物活動の結果，人間が恩恵を受けるさまざまな便益のことを「生態系サービス」という。この生態系サービスとは，食糧・水・木材・繊維などの自然／生物資源などを提供する「供給サービス」，気候の安定化や水質の浄化，自然災害の緩和，二酸化炭素の吸収・固定，受粉媒介，疾病抑制などの「調整サービス」，観光資源，景観的・審美的価値や宗教的・倫理的価値などの「文化的サービス」，そして栄養塩循環や土壌形成，光合成など文字通り生態系機能の基盤を担う「基盤サービス」のことをいい，私たち人間が，生物として生存するのに必要な酸素や水，栄養素，衣食住，そして経済活動や文化の基盤をも提供してくれる。その結果，わたしたち人間が快適な生活を送るための基本的物質を得ることができ，健康や安全，良好な社会関係，そして選択と行動の自由を可能とする環境条件を与えているのである。これは，自然の近くに住んでいる，自然を直接利用した産業活動をしているかにかかわらず，日本のような先進国，あるいは大都市の住民でも，あまねく享受している自然の恵みだといえる。

なお，現在の経済のしくみのなかでは，生態系サービス自体に経済的価値が認められていない。最新の研究では，世界全体で人間が享受する生態系サービスは，年間 125 億ドルの価値があるといわれている。これは，世界全体のGDP 合計の 2 倍近い額になる（Costanza, et al. 2014）。

ガーナの生物多様性の危機

ガーナの人々と森林の関係は古く，伝統的に森林に棲む生き物を「トーテム（崇拝の対象としての野生動植物）」として崇め，宗教的・文化的な「価値」を認めてきたほか，多様性の高い植物（西アフリカ・ギニア森林ホットスポットには，1800 種以上の固有植物種が確認されている）を伝統的な医薬として利用してきた。また，木の実や植物樹脂など，非木材林産物も利用してきたほか，植民地時代には，森林を「盾」として列強と対峙したりした。現在のガーナの経済成長を支えるココ生産にしても，ココ農園の多くは，森林を拓いた豊かな土地に作ら

れており，水も森林が涵養する地下水，森林からの水分の蒸発に影響を受ける降雨に依存している。また多くの農園では，きわめて初歩的な農業が行われており，鳥類や昆虫類など森林生態系が提供する"害虫管理サービス"に依存している農園も多い。そして，ココの実が結実するために必要なココの花の受粉は，熱帯林に生息する特定種のハエが媒介することがわかっている（Kaufmann 1973）。

ところが，年率2％を超える人口増加が続くガーナでは，生計手段として経済成長の柱のひとつでもあるココ生産への参入が続いており，森林地域への入植と農地転換により，地球規模の生物多様性にも貢献するガーナの豊かな熱帯林の破壊と減少が止まらない状況にある。加えて，ガーナの熱帯林の豊かな生物多様性を構成し，繊細な生態系のバランスに貢献するさまざまな，生き物（その多くは，ガーナにしか生息しない固有種）が，おもに貧困層によって食料目的に狩猟され，ブッシュミートとして流通，消費されることが，森林生態系のデグレデーション（機能退化）につながっているといわれる。

日本政府も出資し，運営に参加するクリティカル・エコシステム・パートナーシップ基金（CEPF）の調査によれば，ガーナの100以上ある部族が，古来から部族の象徴としてきたトーテムの，実に98％がガーナの自然から失われてしまったとのことである（Conservation International 2004）。ココ生産にとって必要不可欠な生態系サービスを生み出すガーナの熱帯林であるが，人口増加，貧困，そして皮肉なことにココ農地への転換などが原因で，森林面積が大きく減少，あるいは森林生態系機能の低下が進んでいる状況である。ガーナの森林減少面積の実に約8割が，焼き畑をともなうココ農地への転換に起因するとの調査結果もある（Conservation Alliance International 2013）。

先進国以上に，生態系サービスに直接的に依存しているのが，途上国の人々であり，一説には，約20億人が生態系サービスに直接依存する生活を送っており，その大半が貧困層と言われる。これら途上国の人々は，栄養塩の循環（すなわち農林水産業），食糧や木材，繊維，エネルギー源（薪），薬草（ガーナのココ農家に生まれ育った筆者の友人は，子どもの頃，家族が病気や怪我をすると，森に入って薬草を取って来たものだと話してくれた），水資源の浄化や涵養，気候の調整，防災機能などの調整サービス，宗教・倫理に関する価値観や美意識などの文化サービスなど，その生活や生計，生存，文化を直接的に生態系サービスに

第Ⅱ部　アフリカ諸国の課題

写真10-4　コンサベーション・ココ農園　写真10-5　プロジェクト参加農家での収穫作業
　　　　　（筆者撮影）　　　　　　　　　　　　　　　　　（筆者撮影）

依存している。ガーナもその例外にないのである。

4　持続可能な開発を目指す"コンサベーション・ココ" プロジェクト

アグロフォレストリーによる持続的保全と管理の導入

　筆者が所属する国際環境NGOコンサベーション・インターナショナルでは，2001年より株式会社リコーの支援を受け，12年間にわたり，ガーナのセントラル州に位置するカクム国立森林保護区の周辺地域において，"コンサベーション・ココ・アグロフォレストリー・プロジェクト"を実施した。このプロジェクトでは，ガーナの生物多様性保全上，生態学的にきわめて重要なカクム国立森林保護区の周辺において，ココ農家の保護区内あるいは保護区近接部への移入と森林の農地への転換を防ぎ，森林を保全するとともに，森林地域に住む人々の生計・生活の向上に取り組んだ。

　私たちのプロジェクトでは，ガーナ農業食料省，国立ココ研究所，国立ココ委員会，地域のココ農協，中売企業，さらには地域の伝統的権威指導者（チーフ）などと協力し，農家への持続可能なココ農法のトレーニング，農家の自然環境や生態系への理解を高めてもらうための環境教育，プロジェクト参加農園

第10章　ガーナ

のモニタリング，ココ購入業者とのダイアログ（環境意識と環境価値の醸成）を通じた"コンサベーション・ココ"のマーケティングなどを実施した。

プロジェクトの中核である持続可能なココ農法のトレーニングでは，新たな森林を拓くことなく，既存あるいは放棄された農園の再生，森林の管理と農業を複合的に行うこ

写真10-6　ココ農家とのコンサルテーション（右手前から3人目が筆者）
写真提供：Conservation International

とにより生態系の力を活用するアグロフォレストリー農法，適切な化学肥料や農薬の使用を統合的に管理する手法などの技術移転を，トレーナーズ・トレーニング（各村の代表をトレーニングして，彼らが村に戻ってほかの農家に伝える）の手法で実施した。

また，プロジェクトを推進するうえできわめて重要だったのが，農業従事者が森林生態系の機能とココ農園および自分たちの生活（水アクセスを含む）への便益について理解することであった。それまでは，たとえば絶滅危惧種でもあるマルミミゾウは，自分たちの農園を荒らす害獣としてしか認識していなかったが，実はマルミミゾウがさまざまな植物の種子を運び発芽させる役割を担っており，豊かな森林が近接することが，水源の涵養，土壌の生成と保持，雨雲の形成，気温や湿度の調整，病害虫駆除など，ココ栽培にとって不可欠なものであると知ることで，プロジェクトの意義と，成果が出るまでに時間がかかることへの理解が深まった。

プロジェクトの成果

筆者は，プロジェクトに参加する村々を訪れる機会を得たが，ココ収量の増加と質の向上，それにともなう買い付け価格の上昇など，具体的な経済的便益につながっていることを農家や村長へのヒアリングから聞くことができた。収入の増加により，村の子ども達の就学環境の改善（経済的なゆとりから子ども達による労働を期待しなくとも良くなったほか，制服や文房具などを購入できるようにな

写真10-7 プロジェクト参加コミュニティの子ども達（筆者撮影）

った）や自宅家屋の改善（コンクリートの土間や壁の導入による家屋の堅牢性の向上，屋根建材の改善による耐久性の向上と雨漏りの防止など）にもつながったとのことであった。また，森林の生態系サービスを最大限活用するココ農園では，農薬や化学肥料の使用を最小限に抑えることができ，農作業従事者への健康被害の緩和，水資源の汚染防止，森林破壊の回避による水源涵養力や局地的な気象条件の維持などの効果が実感されているとのことであった。

　プロジェクトを引き継いだ地元 NGO Conservation Alliance の最新のモニタリング調査報告書によれば，プロジェクト参加農家の単位面積当たりの生産性は，2500 kg/ha に達し，350 kg/ha という全国平均を大きく上回っている。生産性の向上は，環境や生物多様性への配慮が直接的な原因ではないかもしれないが，従来の農業技術普及活動では十分なココ農園の栽培・管理技術が伝授されていなかった農園に対して，プロジェクトを通した能力開発が寄与していると考えることができる。プロジェクトに参加し，かつ環境・社会配慮の第3者認証（このプロジェクトの場合，レインフォレスト・アライアンス認証）を受けた農園の場合，1トン当たり通常約 1400 ドルの政府買い取り価格のところ，約1割強高い 1550 ドル/トンのプレミアム価格で卸すことができており，生産性の向上（ヘクタール当たり通常の約7倍）も合わせると，平均して約1万ドルの世帯収入につながっている。これは，通常のガーナのココ農家の収入を大きく上回っている（Conservation Alliance 2013）。

　プロジェクトのおもな成果
　・16村，1000名以上のココ農家をトレーニング
　・トレーナーズ・トレーニングによる波及効果
　・約 10 km^2 にわたるアグロフォレストリーの導入
　・単位面積当たりの収量増加と農家の収入増

・隣接するカクム森林保護区の生態系の保全効果
・周辺住民による森林生態系による便益，価値の認識の向上
・児童の就学環境の改善
・家屋の改善（堅牢性，耐久性の向上）　など

5　自然資本としての森林生態系と持続可能なココの今後

ガーナのココ農業の課題

筆者達がカクム国立森林保護区周辺地域ではじめたプロジェクトは，その後，地元のNGOであるConservation Allianceに引き継がれ，今では地球環境ファシリティー（GEF）や欧州委員会など国際機関などからの資金を得て継続され，現在までに受益農家は約4000名に上る。また，Utzやレインフォレスト・アライアンスなどの欧米機関による持続可能な農業の第3者認証も受けるなど，着実に広がりを見せている。一方で，まだガーナのココ農業には課題も多い。

　児童労働：伝統的に家族経営による小規模農園が大多数を占めるがゆえに，「お手伝い」としての児童労働がまだまだ多い現実がある。一説には，ガーナを含む西アフリカ4ヵ国のココ農園では数十万人にのぼる児童が労働に従事している（国際熱帯農業研究所，2002年）という。筆者のガーナ人の友人もココ農家の家に生まれ，子どもの頃は農業を手伝っていたという。その友人によれば，ガーナの子ども達は，ココ農園で多くのことを学ぶということだったが，ガーナ政府も児童労働を減らし，児童の就学率の改善に力を入れている。

　気候変動の影響：すでに気候変動の影響は，ガーナにおいて顕在化し始めており，降雨パターンの攪乱，干ばつや洪水の頻発，病害虫やカビ病の蔓延など，ココ生産にも大きな影響を与えはじめている。

　森林破壊の影響：すでに論じてきたが，農地への転換や伐採によりガーナでは森林減少が急速に進みつつある。森林の減少・森林生態系の劣化は，土壌の生成・保持能力，水源涵養能力，降雨条件などに影響を与え，ココ農園の生産性にも影響してくる。

　ココ農家の高齢化：ガーナでは，若者の都市部への流入，サービス業への

第Ⅱ部　アフリカ諸国の課題

写真10-8　ハボロネ自然資本サミットにボツワナやリベリア大統領とともに列席するガーナの科学大臣（右端）
写真提供：Conservation International

就業増加などにより，ココ農家の高齢化が進んでいると言われている。手作業も多く，肉体的に重労働であるココ農業からの若者離れは，同国の社会・経済の根幹のひとつであるココ農業の長期的な弱体化をもたらす。

世界的な需要と供給バランスの変化：世界最大級のチョコレート菓子製造会社である米マーズ社では，気候変動の影響による生産効率の低下や人口増加に起因するほかの作物との耕作農地の競合などにより世界的なカカオ供給量の増加が難しくなる一方，中国をはじめとする新興国でのチョコレート市場の急激な拡大，先進国市場でのカカオ含有量の高いチョコレートへのシフトなどによる需要の拡大により，2020年には世界で年間100万トンの受給ギャップが生じる可能性を指摘している（Mars 2015）。ココと植物的に類似性の多いコーヒーの生産地において，受給逼迫による市場価格高騰によりコーヒー農園の急拡大（と熱帯林の消失），その後の供給過剰による市場価格の崩落とそれにともなう農地放棄，地域環境の劣化，生物多様性の喪失，地元経済への悪影響などを引き起こして来たが，同様の問題が，今後ガーナを含めたカカオ生産地にも広がることが懸念される。

自然資本のアプローチによる持続可能な開発へ

今後，これらの課題に対応していくためにも，農業を含めた，"生態的プロセス"，すなわち自然界からの資源や生態系から得られる便益，これらを生み出す生態系を自然の"資本"と捉え，自然資本を保全しつつ持続的に利用していく経済への転換が求められよう。このような考え方は，すでに一部の国々で認識されはじめており，ガーナも，「自然資本による持続可能な経済の成長，社会資本と人間の福祉（human well-being）の維持と改善への貢献が定量化され開発および経済活動に統合化されることを確実にする」と宣言した「ハボロネ

表10-3 "コンサベーション・ココ"によるSDGsへの貢献

	SDGs	貢献内容
1	貧困撲滅	収入，生計の向上
3	健康と福祉	生活・衛生環境の改善
4	質の高い教育	生産地の子ども達の就学機会の創出
5	ジェンダー平等	農園経営における女性の主導的役割の強化
6	きれいな水と衛生	水源涵養および水資源の浄化，汚染物質の排出削減
8	ディーセントワークと経済成長	就業機会の提供，国家経済への貢献
9	産業，技術革新，社会基盤	ガーナの基幹産業であるココ生産の持続化
12	持続可能な消費と生産	生産から消費までサプライチェーン全体での持続化の取り組み
13	気候変動へのアクション	森林保全，再生を通した二酸化炭素の排出削減，吸収。コミュニティの適応能力強化
15	陸の生物	森林生態系の保全と管理強化
17	パートナーシップ	生産者，流通業者，消費者，研究機関，国際機関，政府，NGOなどでの連携強化

出所:「持続可能な開発のための2030年アジェンダ」より筆者作成。

自然資本宣言」に署名している。ビジネス界では，コーヒーについては，2015年，国際的なコーヒー焙煎大手スターバックス社による持続可能で倫理的な栽培によるコーヒー豆の購買率が99％に達するなど，急速にコーヒー産地の持続化が進みつつある。

自然資本アプローチのSDGsへの貢献

　自然資本のいわば「貯留槽」である生態系の保全による持続可能な開発への貢献は，2015年9月に国連総会において合意された持続可能な開発目標(SDGs)にも，目標14：海の生物，同15：陸の生物として盛り込まれている。

また，とくに"コンサベーション・ココ"のような取り組みは，自然資本が直接的に関連する目標だけでなく，目標1，3，4，5，6，8，9，12，13，15，17にも好ましい影響をもたらすものと考えられ，自然資本的アプローチは，実にSDGs17目標中，すくなくとも11目標に直接あるいは間接的に貢献するものである。

　今後は，生態系サービスを生み出す熱帯森林生態系を保全し，生態系サービスを積極的に活用する"コンサベーション・ココ"アプローチをスケールアップしていくことが，カカオ生産を主要産業とするガーナの持続可能な発展にとって不可欠であろう。また，カカオの世界的な需要の増大，土地利用全般におけるサステナビリティの必要性などを鑑みれば，ガーナでのコンサベーション・ココの取り組みの成功が，地球規模での土地利用，食料供給，生態系サービス供給などの維持，改善を可能とする自然資本を基盤とした持続可能な開発の優良事例あるいは起爆剤となるポテンシャルを持つのではないだろうか。

参考文献

浅井和子『民間大使ガーナへ行く』文芸社，2007年。
気候変動に関する政府間パネル『IPCC第5次評価報告書』気象庁，2014年。
国際連合『持続可能な開発のための2030年アジェンダ』2015年。
高根務『ガーナ——混乱と希望の国』アジア経済研究所，2003年。
武田尚子『チョコレートの世界史』中公新書，2010年。
Conservation Alliance International, "Economic and Financial Assessment of Premiums for the Adoption of Rainforest Alliance Certification Scheme by Farmers in the Bia Conservation Area of Ghana", International Finance Corporation, 2013.
Conservation International, "Awareness Campaign on the Bushmeat Crisis — Final Report", CEPF, 2004.
Costanza, et al., "Changes in Global Value of Ecosystem Services." *Global Environmental Change*, Volume 26, May 2014, pp. 152-158.
International Institute of Tropical Agriculture, "Child Labor in the Cocoa Sector of West Africa", 2002.
Kaufmann, Tohko, "Preliminary Observations on Cecidomyiid Midge and Its Role as a Cocoa Pollinator in Ghana", *Ghana Journal of Agricultural Science*, 6, 1973, pp. 193-198.
Ministry of Environment and Science of Ghana, "National Biodiversity Strategy for

Ghana", 2002.
Mittermeiter, et al., *"Hotspots Revisited"*, CEMEX, 2005.

コラム4　マダガスカルの自然

　マダガスカルはインド洋とモザンビーク海峡の間にある世界第4位の面積を持つ島国である。生息する動物種の約80％と植物種の90％が島固有の種という豊かな自然を持つ。こうした自然の豊かさとは裏腹に，同国は世界の最貧国の1つでもある（2015年世銀統計：1人当たり国内総生産462.1ドル，人口87.7％が貧困ライン以下）。ミレニアム開発目標（MDGs）が持続可能な開発目標（SDGs）へと引き継がれようとしている今日，マダガスカルは自然環境の持続可能性，とりわけ森林の保全という大きな課題に直面している。森林の破壊と減少の根本には，複数の要因が絡む。農業生産のための森林開拓，木材の違法伐採と密輸などの人的要因がある一方，土壌流出や気候変動，外来生物の繁殖などの自然要因がある。

　まず農業の問題がある。稲作や牧畜は世代を超えた主な経済活動だ。マダガスカル人の米の消費量は世界でも高い（FAO 2004年統計では，1人当たり年間消費量は平均140kg）が，土地の生産性が低いため，農家は焼畑式農法で耕作地を森林域にも広げる。森林の減少で生態系のバランスが崩れると，それが土地の生産性を低下させるという悪循環をもたらす。環境生態森林省の報告書『森林の減少・破壊と排出削減プロセス（REDD）』によると，森林減少率は1990〜2000年に年率0.8％，2000〜05年に0.5％，2005〜10年に0.4％となっている。

　もう1つの理由に，慢性的な財源不足がある。1960年の独立以来，政治体制を崩壊させた反乱が4回起き，不安定な社会や国際開発機関が課す制裁のため，財源が不足した。これを背景に，政府が稀少木材の違法伐採からレントを得るという問題が生じている。たとえば，独特な材質が市場で高く評価されている紫檀（ローズウッド）の違法伐採が横行した。紫檀の輸出はワシントン条約に規制されて，国内的にも禁止されているが，政府は密輸業者を摘発しても制裁金の徴収で事に目をつぶった。『マダガスカルの保全と開発』に掲載された論文「マダガスカル紫檀の大量伐採」（2009年）によると，輸出された紫檀はコンテナ625個分，総額1.3億ドルと推計されている。また，別の論文「マダガスカルの紫檀――民主主義と保護の狭間で」（2010年）では，2009年には約3万6700トン，コンテナ数で1187個，額にして2.2億ドルに相当する紫檀，黒檀などの高級木材が中国向けに輸出されており，このうち1530万ドルは政府に支払われたようだ。2014年に新大統領が選出されたものの，紫檀輸出はまだ野放し状態である。

　また，生態系の不均衡に関係する森林減少もある。気候変動の影響により，外来種の増殖と自然災害が生物多様性と農業に悪影響を及ぼしている。たとえば，2014年にはアジア産の有毒ヒキガエルが島の東海岸で増殖しはじめ，生物多様性や水の供給，家畜の健康に対する脅威となっている。また，近年，局地的な洪水をもたらす豪雨，雨不足，

干ばつ，大規模なサイクロンといった異常気象も頻繁に起きている。森林破壊は社会，経済，政治，また環境面で小規模農家の生活に影響を与えている。社会的影響は生計手段の喪失という形で現れ，農村部から都市部への移住が生じる。しかし，都市部の労働市場は熟練が要求されるため，地方から出てきた者は容易に貧困の落とし穴に陥る。農村に残る者にも食糧確保がままならず，当面のニーズを満たすために自然保護区から資源を採取し続けるという事態が進行している。都市に比べて農村の人口がきわめて大きいにもかかわらず，公共政策では都市部の開発が重視される傾向にあり，農村における環境問題や貧困は政治家の議題になっていない。

　このように，小規模農家は恒常的な負の連鎖のなかでの生活を余儀なくされ，貧困の構造が世代を超えて固定化しつつある。マダガスカルでは稲作という人間の活動を環境に調和させるまでに及んでいない。上述のREDDをもとに，課題に取り組むための事業がいくつか実施されているものの，政治的な理由で森林保全政策の持続可能性が大きく危ぶまれている。

（ラジャオナリソン・ハジャ＝ミシェル）

第11章　ケニア
――都市のアイデンティティ――

ワンジル・メリッサ

1　ケニアにおける近代都市形成

　本章では，ケニアの急激な都市化が都市のアイデンティティにどのような影響を与えたのかを考察する。とりわけナイロビは，ケニアのみならず中央・東アフリカ地域の政治・経済の核になろうとしており，都市空間のアイデンティティがいかに形成されてきたのかを理解することは，今後の都市発展を考える上で基礎的な課題である。本章では，ナイロビの都市空間の成立と，人々による都市アイデンティティの形成の過程を，地名学および都市史的視点から明らかにすることを目的とし，①ケニアにおける近代都市形成，②変わりゆくアイデンティティ，③空間の政治学，④ナイロビの将来と都市アイデンティティ，の4節から構成される。

　ケニアの都市化はインド洋沿岸からはじまった。近代以前においては，モンバサを中心に，マリンディやラムなどの沿岸都市が，香辛料，金，象牙などの貿易によって栄えた。なかでもモンバサは交易の拠点として重要な港町であり，その貿易先はインドや中国へ及んだ。沿岸都市にはイスラーム教徒が多く，近代以前はスルタンによって統治されていた。16世紀から17世紀にかけてポルトガルが支配しジーザス砦を建設したが，アラブ人のオマーン王国によって奪還された。19世紀に英国に占領され，ウガンダからの資源を輸送するためのケニア＝ウガンダ鉄道が建設された。以後，農耕と牧畜以外に特段の産業がなく，都市らしい都市も存在していなかったケニアの内陸部に，ナイロビ（鉄道倉庫）やキスム（ヴィクトリア湖の港湾都市）などの都市が形成されはじめた。こうしてナイロビのほか，モンバサ，キスム，エルドレット，ニェリ，メル，ナクルなどの主要都市が形成された（図11-1）。

　今日，ケニアの人口はアフリカで7番目に多い約4300万人である。42種の

第11章 ケニア

図11-1　東アフリカにおけるケニアと近隣諸国
出所：www.nc.cdc.gov/travel/destinations/traveler/none/kenya より筆者作成。

民族から構成され，また南スーダン，ウガンダ，タンザニア，ソマリア，エチオピアと隣接し，古くから往来も多く文化的な多様性がみられる。人口の8割程度はキリスト教徒であるが，約1割のムスリムが居住し，残りの1割弱はほかの宗教に属するとみられる。2015年のGDPは552億ドル（1人当たりGDPは1246ドル）である。2013年時点ではGDPの30％は農業が占めており，続いて金融・不動産が15％，製造業が11.7％を占めている（Odero et al. 2015）。国土面積は58万2650平方km^2で，47の地方自治体からなる。

　急速に発展したケニアは，南半球の多くの途上国同様，貧困，環境汚染，人権侵害，民族紛争，干ばつなどの課題を抱えている。国際連合人間居住計画（ハビタット）の報告によれば，アフリカの都市は年間平均3.5％の割合で都市化を続けており，それが2050年まで続くとみられている。東アフリカはそのなかでも遅れて都市化した地域であるが，今日において急激に進展し，都市人口は2020年までに2010年時点の約2倍，2040年においては約5倍に膨れ上がるとみられている。インフラ，サービス，住宅，公共施設の整備に加え，発展にともなう都市空間の変容への対応も，地域に共通する喫緊の課題である。

247

ナイロビは，今日人口300万人を擁するケニアの首都である。ケニア国内のみならず中央・東アフリカの社会経済的ハブとされ，ナイロビだけで国家GDPの半分以上，国の雇用の半分以上を占めている。そうした重要都市でありながら，ナイロビは，都市形成の歴史的経緯に起因する不平等，無秩序な開発，交通混雑，住宅不足，そして空間的・民族的・社会経済的分裂に苛まれている。

2　変わりゆくアイデンティティ——ナイロビの事例

こうした諸問題をナイロビにもたらした歴史的経緯を，スミスおよびランバの議論に基づいて見ていこう。ナイロビは約100年間の歴史において，「植民都市」，「多民族アフリカ都市」，そして「社会経済的分裂都市」の3様態を経験してきた（Smith & Lamba 2000）。

植民都市ナイロビ

ナイロビの起源は，1896年にケニア＝ウガンダ鉄道の建設開始にともない，駅舎および資材倉庫が設置されたことにさかのぼる。当時ナイロビは，マサイ語で「冷たい水の湧く場所」を意味する「エンカレ　ニイロビ」の名で知られていた。1896年に労役用の家畜農場に最初の倉庫が建設されると，徐々にヨーロッパ型の宅地形成が進み，現地人の住宅は後背地に追いやられた（White et al. 1948）。当時の英国の政策は現地人とヨーロッパ人の分離政策であり，都市行政にもヨーロッパ中心主義が反映されていた。ケニアが英国の公式な植民地となった1920年の時点でも，都市は基本的には英国人のものであり，都市景観から行政システム，さらには記念碑や建築物などの地名に至るまで，英国的な理念・方式が採用され，土着的な文化はほとんど顧みられていなかった。

今日のナイロビの社会空間構造は植民地時代の名残であると，スラウターはいう（Slaughter 2004）。実際，歴代の都市計画としては，1898年に「鉄道街のための計画（Plan for a Railway Town）」，1926年に「開拓者の首都のための計画（Plan for a settler capital）」，そして1948年に「植民地の首都のためのナイロビマスタープラン（Nairobi Master Plan for a Colonial Capital）」が，いずれも英国人技師によって計画された。このうち1898年と1926年の計画では，ヨーロッパ

第11章　ケニア

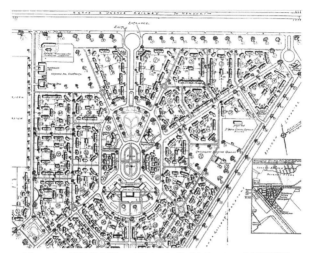

図11-2　田園都市型のデザインに基づくカロレニ地区計画図
出所：Makachia 2013

人居住地を西部と北部の高台に配置し，環境的に劣る東部と南部にケニア人居住地が計画された。これはたとえばモロッコなど，北アフリカの旧フランス領においても同様の政策がとられておりアフリカで広く実施された政策といえる（Matsubara 2014）。さらに，小規模のアジア人の集落が，北部と東部に存在していた。

　デザイン面においては，エベネザー・ハワードの田園都市論に基づくデザイン・コンセプトが採用された箇所もある。田園都市論とは文字通り田園と都市を結合させることで自律可能な都市を実現させようとする理念であるが，植民地時代に市街地東部に実現されたカロレニ地区はその事例である（図11-2）。アフリカ住宅委員会委員長でケニア植民地政府の大臣であったシャルル・モルティメ卿がその導入を提唱し，第2次世界大戦後の1945年から48年にかけて実現した住宅地である。建設はイタリア軍の捕虜を徴発して行われ，住宅は軍功のあったアフリカ人将兵らに供与された。中央公園を中心に，放射状の緑道が構成され，学校，子供の遊び場，バス停，ショッピングセンターなどが計画されている。街区内の住宅は小型で植栽とともにゆとりをもって構成されている。カロレニ地区は現在でも存続しており，本家英国の田園都市同様，カロレニ住宅協会によって保全活動がなされている（Makachia 2013）。

第Ⅱ部　アフリカ諸国の課題

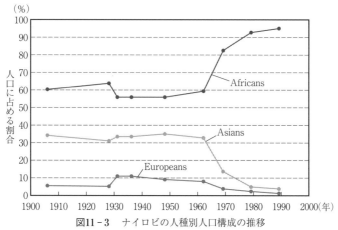

図11-3　ナイロビの人種別人口構成の推移
出所：The East African Statistical Department (1986) および Republic of Kenya (1966, 1971, 1981, & 1999) より筆者作成。

多民族アフリカ都市

　植民地化から43年が経った1963年，ケニアは英国からの独立を果たし，それまで「現地人」であったケニア人は，晴れて独立国の国民となり将来への希望に溢れていた。植民地経営の最盛期には人口の1割を占めたヨーロッパ系住民は，独立とともに帰国し，またそれ以上に多かったアジア系（インド人や中東系）住民も徐々に減少していった（図11-3）。

　これを機に，都市空間においても英国的な土台のうえにケニア的，あるいはアフリカ的な文化が徐々に浸透していく格好となる。まず，町中に点在していた植民地時代のイギリス人行政官・軍人などの像が撤去され，独立運動の立役者らの像に置き換えられた（写真11-1）。続いて，植民地時代にイギリス人や英国の地名にちなんで付けられていた通り名や広場名もまた，ケニアに由来するものへと変更された。

　また，装飾にはケニアの国旗の色が積極的に用いられた。たとえば，独立期を扱ったングギ・ワ・シオングの小説『一粒の小麦（A Grain of Wheat）』において，主人公ギコンヨは，変容するナイロビの景観について次のように語っている。

　　ウフル・ハイウェイ（旧エリザベス王女通り）の両脇は黒と緑，赤で彩られ

た無数の新しいケニア国旗によって飾られていた。しばらくの間，ギコンヨは国旗と同じように自らの心がはためくのにわれを忘れていた。彼はバスからおりると，あたかも通りがすべて自分のものであるかのように感じながらケニヤッタ大通りを歩いて行った。　　　　　　　　　　（Thiong'o 1967）

　独立以後，都市景観の脱植民地化は新生ケニアの最優先課題とされたが，その最初の施策が植民地時代の通り名や建物名の変更であった。いまやケニア人こそが主要な居住者であり，自由に都市を歩き，仕事を見つけ，生きていくことができるようになった。これは確かに，植民地時代に比べれば大きな相違であった。

　しかし，ナショナリズムに浮き立つ歓喜がひと段落したところで，都市構造そのものをどのように再構築していくのかという現実の課題が明らかとなった。独立期においては，感染病の拡大を抑制するという名目で市街でのアフリカ人居住者の数は制限されていたが，独立後はすべての国民が好きな場所に居住する権利を付与されていた。その結果，膨大な数の農村居住者が，雇用と教育，ビジネスチャンスを求めて都市に流入をはじめたのである。ナイロビはこれらの人口流入に対し，インフラ面においても行政面においても完全に準備不足であった。

　また，ケニアは複数民族国家であり，民族主義の前にはナショナリズムも統一原理とはならず，国勢調査では42民族が公的に承認された。なかでもキクユ，ルヒヤ，カレンジン，ルオ，カンバのアフリカ系5民族が拮抗しながらケニアのマジョリティを構成しており，居住エリアや政治的役職などをめぐって日常的な民族対立の火種となっている。また，宗教的には沿岸部に古くから居住するムスリムが人口の1割を占めており，差別的な扱いに不満を持つとも言われる。

写真11-1　撤去されるデラメア像
出所：Larsen 2012

第Ⅱ部　アフリカ諸国の課題

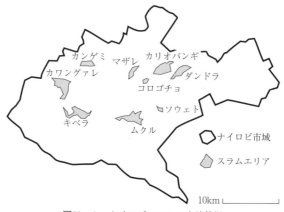

図11-4　ナイロビのスラム立地状況
出所：Obudho, R.A. and Aduwo, G.O., *The nature of the urbanization process and urbanism in the city of Nairobi, Kenya*, 1992.より筆者作成。

　1973年には独立後10年目にして初めてとなるナイロビ都市計画（1973 Growth Strategy）が策定されたが，植民地時代の都市計画の多くを無批判的に継承しており内容的な刷新には至らず，人種的・空間的・社会的分裂を解消することはできないままであった。

社会経済的分裂都市
　1980年代後半には政党政治が開始され，富裕層から貧困層までさまざまな立場を代弁する声が国会に届くようになったが，都市の社会的分裂はいっそう深刻となっていた。農村人口の急激な都市流入によって，既存の都市サービスは飽和状態に陥っていた。たとえば住宅分野においては，低所得者層が集住するいわゆるスラムの形成と拡大を招いた。
　ナイロビ市内には，人口と密度の点でアフリカ最大といわれるキベラ・スラムのほか，マザレ，ムクル，カンゲミなどのスラムが形成された（図11-4）。スラムは市街地において増殖し，今日では実に半数以上の都市住民がスラムに居住しているといわれる。しかし，その面積は都市全体の1％，住居地域の5％に満たず，居住者人口に対してきわめて狭小な実態が明らかである。
　市民生活の再構築，とりわけ都市貧困層の救済は声高に訴えられているが，かならずしも成功していない。貧富の差は拡大する一方，政府の対策資金は乏

しく，スラムをスクラップする方法ではイタチごっこを招き効果がなかった (Obudho & Aduwo 1989)。また，低所得者向け住宅はむしろ中所得者層によって横取りされる傾向にあった。スラム問題は，住宅，社会，経済だけの問題ではなく，時に関連する地元政治家を巻き込んでの政治問題へと発展することも珍しくなく，簡単に手を付けられないほどに複雑化している。

そうしたなか，日本の国際協力を主導してきたJICAは，「ナイロビ総合計画2014-2030 (Nairobi Integrated Urban Master Plan 2014-2030)」を提案した。その特徴は，従来のトップダウン方式を改め住民参加型プロセスを計画に盛り込むことであった。その成否は，今後の政府および自治体のオーナシップに基づく都市運営にかかっている。

3　空間の政治学

都市アイデンティティとさまざまなアクター

グローバリゼーションの時代において，ナイロビは世界各地からの人と組織の受容を通じて新しい理念と技術を取り込んできた。今日のナイロビは中央・東アフリカ地域におけるビジネスと技術の核となろうとしている。

都市分野においては，国際協力を通じた諸外国との協力が進展している。注目されているのはアジア-アフリカ協力であり，先述のJICA提案のナイロビ都市計画はその成果である。その後，JICAはモンバサの都市計画においても同様の国際協力を展開しており，植民地時代以来の都市問題の解決に期待がかかっている。

一方，民間企業が都市開発に果たす役割も大きい。空間利用においてはパブリックとプライベートの関連のあり方が議論の的となっており，なかでも公共空間の私的利用 (POPS：Privately Owned Public Spaces) と，官民連携 (PPP：Public Private Partnerships) はその中心である。

ここでも都市アイデンティティにかかわる変容がみられる。ケニアにおいては，PPPは公共空間の民間への払い下げや，ネーミングと運営権の売却などにおいて活用されている。近年では，政府の運動公園運営委員会がナイロビのモイ国際スポーツセンターの命名権を通信事業最大手のサファリコムに売却し，現在同センターはサファリコム・スタジアムとして知られている。これは，企

第Ⅱ部　アフリカ諸国の課題

写真11-2　以前のモイ国際スポーツセンター(左)と現在のサファリコム・スタジアム(右)
出所：http://www.mashada.com/blogs/p/1491/safaricom-stadium-kasarani-unveiled

業が施設の再活性化を資金面から支援する一方，施設には名称変更にともない新しいアイデンティティが付与されるという意味がある。すなわち，POPSやPPPといった官民連携の都市活動を通じて，私有地の空間が公共に使用されることで公的なアイデンティティを持ちうる一方，逆に公的空間が私的なアイデンティティを持つことも可能となっている。これはグローバリゼーション下の変化における，都市アイデンティティの形成と変容の新たな事例と位置づけられよう。

ナイロビの将来と都市アイデンティティ

創建以来100年にわたる発展のなかで，ナイロビの都市アイデンティティを形成してきたのは，政治・文化・社会・経済などの多岐にわたる要因であった。英国の影響を受けた植民都市から出発したナイロビは，1963年の独立後，当時国内を席巻していたナショナリズムと汎アフリカの影響を受けて多民族アフリカ都市となった。そして今日，急激な発展の最中に到来したグローバリゼーションは，スラム問題に代表されるナイロビの社会的分裂をいっそう深刻なものとしている。

ケニアの限られた資源は，そうした分裂のなかで効率的に活用されているとは言い難い。また，宗教対立がともすればテロを引き起こす過激派に付け込まれる土壌になっている面も否めない。こうしたなかで，日本や中国といったアジアからの国際協力は，土地や住宅の公平な配分を含む包括的な都市計画によって分裂を緩和することを狙っているが，それは地方都市をもグローバル都市へと変貌させることを意味する。これらの新しいパートナーシップもまた，都

市の将来に新たな方向性を与える可能性を秘めている。

　都市アイデンティティは，物理的／非物理的なシンボルによってのみ決定されるものではない。それは住民自身の都市空間形成への参加のあり方によっても異なるであろう。ナイロビでは多年にわたり多くの都市計画が策定されてきたが，個々のコミュニテイレベルでの計画はなされてこなかった。住民参加型の議論に基づく，よりボトムアップ型のアプローチが求められている。たとえば，先述のカレロニ地区においては，参加型地理情報システム（PGIS：Participatory Geographical Information System）を用いて，遊び場や学校，病院などが住民にとって大切な施設であることをあらためて皆で共有し，保全活動に活かしている。保全活動のリーダー，レイチェル・キートンは，住民の夢は将来ユネスコの世界遺産に地区が登録されることだという。普段意識されにくい住民の嗜好をきめ細かに掬い上げビジュアル化して共有することで，地区への愛着が生まれているのである。これは都市のアイデンティティ形成の１つの事例であろう。

参考文献

Larsen, L., "Re-placing Imperial Landscapes : Colonial Monuments and the Transition to Independence in Kenya," *Journal of Historical Geography*, 38(1), 2012, pp. 45-56.

Makachia, P., "Design Strategy and Informal Transformations in Urban Housing," *Journal of Urban Housing*, 28(1), 2013, pp. 167-186.

Matsubara, K., *Conservation et Modernisation de la ville historique de Fès, Maroc*. Tokyo : l'Institut de Recherches sur les Langues et les Cultures d'Asie et d'Afrique (ILCAA), Série Monographique ; 2014.

Obudho, R. A. & Aduwo, G. O., "Slums and Squatter Settlements in Urban Centres of Kenya: Towards a Planning Strategy," *Netherlands Journal of Housing and Environmental Research*, 4(1), 1989, pp. 17-29.

Odero, W. O., Reeves W. A. & Kipyego N., *African Economic Outlook Kenya*, 2015.

Slaughter, J., "Master Plans : Designing (National) Allegories of Urban Space and Metropolitan Subjects for Postcolonial Kenya," *Research in African Literatures*, 35(1), 2004, pp. 30-51.

Smith, D. L. & Lamba, D., "Social Transformation in a Post-colonial City : The Case of Nairobi," in M. Polese & R. Stren (eds.), *The Social Sustainability of Cities* (335). Toronto. University of Toronto Press, 2000.

第Ⅱ部　アフリカ諸国の課題

Thiong' o, N., *A Grain of Wheat*, Penguin Modern Classics, 1967.
UN-Habitat, *The State of African Cities 2014 : Re-imagining Sustainable Urban Transitions*, 2014.
White, L. W. T., Silberman, L. & Anderson, P. R., *Nairobi : Master Plan for a Colonial Capital. A Report Prepared for the Municipality of Nairobi*. HMSO, London, 1948.

第12章　タンザニア
——社会主義国家の現在——

阪本公美子

1　タンザニアとは

　アフリカの10年と呼ばれた1960年代に独立し，新たなアフリカ的社会主義として注目されたタンザニア。半世紀を経て，アフリカ各国が急速なグローバリゼーションに飲み込まれつつ，経済成長を成し遂げるなか，タンザニアはどのような道を歩み，人々はどのような状況を生きているのだろうか。
　本章では，アフリカ的社会主義の誕生から今日まで，時代を追って，タンザニアの政策と，民衆の生活を理解する。そして，タンザニアの将来と，私たちとの関係を考察する。
　タンザニアは，アフリカの東海岸に位置する国で，アフリカ最高峰のキリマンジャロ山と，アフリカ一深いタンガニーカ湖がある。面積が日本の2.5倍の土地に，人口5076万人（世界銀行，2014年）が暮らす。
　民族は120以上の民族（スワヒリ語ではカビラ（kabila）。正確な翻訳ではないが，今日「部族」という表現にも抵抗があるため，便宜上「民族」とする）が居住するが，バントゥ系の民族が多く，なかでも最大多数のスクマ，ついで，ニャムウェジ，マコンデ，ハヤ，チャガなどがいる。バントゥ系ではない民族としては，牧畜民のマサイ，ダトーガ，ルオ，農牧民のイラクやゴゴ，狩猟採集民の名残を持つサンダウェやハッツァなどがあげられる。歴史をさかのぼると北のヴィクトリア湖周辺にはハヤなどの大国が栄えていた。全国的には父系的民族が多いが，南東部に暮らすマコンデなどは，もともと母系的民族であった。
　それぞれの民族は言語を持つが，スワヒリ語が国語，英語が公用語として指定されている。宗教に関する正確な統計はないが，伝統的な土着宗教をベースに保ちつつ，イスラーム教とキリスト教が拮抗する割合で信仰されている。植民地化以前からアラブとの交流があった海岸沿いのスワヒリ地域や，交易ルー

ト沿いの地域や都市ではイスラーム教徒が多く，英国やドイツの植民地として好まれた涼しい高地ではキリスト教徒が多い。

　タンザニアは，初代大統領のニエレレのもとアフリカ的社会主義を進めるが，退任後1985年からムウィニが社会主義的政策の緩和，経済自由化を推進し，1992年に複数政党制を導入した。1995年の初の複数政党制大統領選挙では，与党革命党（CCM）のムカパが選出され，2005年にはキクウェテが選出された。島嶼ザンジバルには，連合共和国政府とは別の独自の司法・立法・行政自治権があり，CCMと野党市民統一戦線（CUF）との勢力が拮抗している（外務省）。タンザニアでは2015年10月に，大統領選挙が実施され，都市部では野党に対する期待がこれまで以上に高まっていたが，与党の勝利に終わった。

　政治的な首都はドドマであり国会もあるが，事実上の首都機能や経済の中心となっているのは，ダルエスサラームである。ただし2016年には，新大統領マグフリが，政府移転を発表し，急ピッチで準備が進んでいる。

　GDPは，492億米ドルであり（世界銀行，2014年），その割合は，サービスが50％，農林水産が23％，製造・建設などが22％にあたる（タンザニア財務省，2012年）。農業従事者は，労働人口の7割を超えており，1人当たりGNIは960米ドル（世界銀行，2014年）である。主要農産物としては，コーヒー，茶，綿花，カシューナッツ，サイザル麻，タバコ，クローブ，トウモロコシ，キャッサバなどがあげられる（外務省／Sakamoto 2009）。経済成長はここ10年間ほど7％前後の成長率を保っているが，物価もつねに上昇している。

2　「ウジャマー」の誕生

アルーシャ宣言

　1961年にタンザニア本土はタンガニーカとして独立し，1964年には島嶼ザンジバルとともにタンザニアとして改めた。その後，ニエレレはかの有名なアルーシャ宣言にてウジャマー政策を打ち出す。

　「ウジャマー（ujamaa）」とは，スワヒリ語で拡大家族を意味し，アフリカ的拡大家族の概念を国家政策に転用しようとした試みである。1990年代にも，同胞のことを親戚という意味の「ンドゥグ（ndugu）」という敬称を名前につけて，呼んでいた年配の公務員もいた。

ウジャマー政策は，集村化，そして農業の共同体化を進め，それぞれの村において学校や診療所などのサービスを国民に提供することが構想されていた。

　集村化は，当初，自発的な移動を促していた。しかし，すべての国民がかならずしも自発的な移動を希望していなかったため，地方自治体に集村化の実現を数値にて可視化させ，強制的な移動も行われるようにもなった。

　農業の共同化は，10世帯をグループとして奨励された。集村化によって移転してきた世帯が，偶然，隣り合っている世帯の住民と機械的にグループになるケースも少なくない。

　教育については，ウジャマー集村化した村のほとんどに，小学校が実際に建設された。学校建設とセットとなっていたのが，国語としてのスワヒリ語の活用である。120以上の民族が暮らすタンザニアにおいて，アラブ交易の時代から植民地時代まで使用されていたスワヒリ語を，国語として推進したのである。この政策は，多くのアフリカ諸国が西洋の言語を公用語として推進したなか，際立った政策だったといえよう。

　保健医療については，各村に診療所が構想されていたが，これは小学校の建設とは異なり，かならずしも実現しなかった。

　また，当時から10世紀以上前から交易のためにタンザニアに渡っていたアラブ人，植民地時代から中間職などに携わっていたインド人のなかで，富を築いていた者もいた。それらの富を再分配するという意味もあり，私企業やプランテーションが国有化された。たとえば，当時，有力な換金作物であったサイザル・プランテーションも国有化された。

国際的な評価

　ウジャマー政策は，1975年に発表されたハマーショルド財団の「もうひとつの発展」の事例としても取り上げられ，世界的な注目を浴びることとなった。そこでは，タンザニアの発展・開発戦略を，ウジャマー政策と自助努力によって村を中心に据え，お金ではなく人に焦点を当てた「もうひとつの発展」として評価していた (Hammersköld 1975)。なかでも，北欧諸国は，タンザニアのウジャマー政策に関する最たる理解者であり，アフリカ的社会主義のサポーターであった。

　その後，鶴見和子もハマーショルド財団の報告を受け，内発的発展の事例と

して「タンザニアのウジャマ（＝家族）村落共同体の伝統的な自治を基礎とした，農民の自力更生にもとづく，農業の共同運営方式」（鶴見1996：10）とも紹介している。

ちなみに，この頃，タンザニアは中国とも関係が深く，ニエレレは，中国を訪問した実績もある。また今日も使用されているタンザン（タンザニア＝ザンビア）鉄道は，1970年代から中国の援助で建設された。多くの中国人が渡航し，建設に携わり，セメントの枕木1つひとつにも「中華人民共和国」と刻印されている。その過程で犠牲となった中国人もいるというが，かならずしもタンザニアの人々との交流の形跡は感じられない。

この時期タンザニアの周辺国との関係はかならずしも友好的ではなかった。植民地時代から続いていたケニアやウガンダとの東アフリカ共同体は，1977年に解体し，1978年からウガンダとの戦争に突入した。ウジャマー政策を打ち出した傍ら，軍事費も財政的な負担となった。

民衆にとってのウジャマー政策

ウジャマー政策の今日にも続く影響は，スワヒリ語の普及を通して「タンザニア人」という国民アイデンティティを創造したことである。経済的失敗をはじめとしてウジャマー政策の問題は多く挙げられるが，スワヒリ語の普及は，政治的な統一へとつなぐことができた貢献といえる。地方より都市の方がその傾向が強いが，実際，自らを「タンザニア人」として認識している人はタンザニアに多い。このことは，民族対立が絶えない隣国のケニアや，内戦と大量虐殺を体験したルワンダ，そして多くのアフリカ諸国を見渡してみると，その特異性が際立つ。

しかし，ウジャマー集村化による強制移動や，農業の共同化は批判されてきた。たとえばジェームズ・スコット（Scott 1998）は，強制移住を強いられた結果，地域に根ざした知識や慣習が失われた，と分析している。そして農業の共同化は，かならずしも農民の労働意欲を促進させなかった。南東部のある村では，人々がウジャマー集村化によって現在の村に移住し，道を挟み住居を一列に並ぶように建設したが，現在もその並びが残っている。当時，偶然そこに並んで建設した家10軒が，機械的にグループとして指定された。ある堅実な農民は，グループ化されたが，ほかのメンバーが農作業をまじめにしなかった

ため，その制度に不公平を感じたという。そして共同農場も長くは続かなかった。このような集団農業に対する不満は全国的に存在し，農業効率はむしろ停滞し，ウジャマー集村化と農業共同化は経済的には大失敗であったという評価がなされている。後日談として，「ニエレレは，富よりむしろ貧困を平等に分配した」と揶揄されるようにもなった。

アジア（インド・アラブ）系タンザニア企業の没収については，当然，当事者から不満はあったが，アフリカ系タンザニア人からは共感があった。ただ，国有化によって生産性はむしろ停滞し，富の再生産にはかならずしもつながらなかった。

そもそもウジャマー政策は，農業を重視し，ニエレレがそうであったこともあり，父系的民族やキリスト教徒を念頭に入れた政策であった。裏をかえすと，農業を行っていない，狩猟採集民・牧畜民・漁民などの営みが充分勘案されていなかった。たとえば，集村化によって定住を促し，スワヒリ語教育を行う政策は，移住を前提とする狩猟採集民や牧畜民のライフ・スタイルに合致するものではない。また漁民も，生業を聞かれると「漁業」のみと答える人は少なく，多くは「農業と漁業」をしているという。ある海岸部の村の村長は，真意はともかく「農業だけを営んでいる住民はいるが，漁業だけを営んでいる住民はいない」と言い切り，農業重視・漁業軽視の現実を明らかにした。

さらに母系的民族に関しても，かならずしも勘案されていない。当時闘争中であったモザンビークと国境が接していることもあり，積極的にウジャマー集村化が進められたタンザニア南東部は，もともと母系的民族が，妻方居住にて氏族単位で生活していた。そこではかならずしも女権的とまではいえないとしても，土地の母系的継承や，婚資労働の制度もあり，父系的社会とは異なるジェンダー関係が存在した。ほかの父系的社会では，夫となる男性が，妻となる女性の父親に，家畜や現金を婚資として支払う。それに対し，母系的社会では，妻となる女性の実家にて男性が婚資労働をし，夫として迎え入れられる前にその労働能力を示す必要があった。タンザニア南東部では，妻方居住に基づく氏族単位の自然村から，ウジャマー村に集められた。その結果，母系的氏族社会の実態は解体され，名目的な氏族名称継承に矮小化されるようになった。

ウジャマー村における土地の扱いは，父系的継承を前提としており，これまでの母系的社会であれば土地を相続できていた女性たち——寡婦など——が，

相続できなくなった事例も多発するようになった。さらに，婚姻関係をみると，夫方居住や独立居住への転向が顕著であり，これまで女性たちが母系的親族によって守られていた妻方居住がほぼ壊滅した。近代化によってゆがめられた母系的社会として，婚資が低く，結婚制度が重要視されない特徴だけが残り，南東部では他地域と比較して，未婚女性や離婚女性が多い。

　近代的な学校も，昔はイスラーム教徒にとって親近感のあるものではなかった。年配のイスラーム教徒の話によると，昔は「学校に行くとキリスト教徒にされる」，という恐れを感じていたという。植民地時代から教会による教育に慣れていたキリスト教徒とは異なる感覚である。このような温度差から由来し，今日においても，キリスト教徒が多数暮らす地域と，イスラーム教徒が多数暮らす地域における教育水準の違いは顕著である。このことから，社会進出に関する差異も見られる。

　ちなみに，タンザニア政府は独立してから10年に1度の頻度で国勢調査を行っているが，1度たりとも民族や宗教に関して調査を行っていない。民族や宗教による構成を，国家が把握しない，そして民衆自身にも把握させないことによって，民族対立や宗教対立を回避する工夫である。水面下においてわだかまりがないとはいえないが，表面化されていないことを鑑みると，今のところその効果はある。

　ゴラン・ハイデンは，ウジャマー政策の失敗は，住民が国家に「捕捉されず」「退出」可能であったからであったという。とくに，人々が自給的な生業によって自活することが可能であったがため，かならずしも国家が住民を捉えきれなかった（Hyden 1980）という。強制移住や農業の共同化，スワヒリ語による学校教育といったさまざまな方法で，タンザニア政府は国民を捕捉しようとした。しかし，移住による弊害もあり，共同農場については，人々が次第に放棄するようになった。多くの人々が受け入れたタンザニア国民というアイデンティティすら逃れる民もいた。国勢調査においてあえて調査しないということも，あえて把握しないことによって曖昧さを担保する役割を果たしている。ハイデンがいうような「捕捉」されない「退出」可能性は，マイノリティの視点からするとそのことはむしろ評価される点であろうか。ウジャマー政策が人々を「補捉」できなかったのは，国家としては失敗であったが，人々にとっては自在性を確保できたのである。

3　構造調整と転換

構造調整と経済自由化

　1980年代は，アフリカにとって失われた10年とも言われている。

　華々しい独立を遂げたアフリカ諸国であるが，多くは経済停滞に陥り，融資した債務返済の目処が立たないため，世界銀行やIMFによって，各国に融資の条件（コンディショナリティ）として構造調整が課された。国営企業の民営化，公務員の削減などさまざまなリストラが求められたが，なかでも，それまで無償だった教育費や医療費が有料化され，民衆の生活を直撃した。多くのアフリカ諸国で共通した現象がみられたが，タンザニアも例外ではなかった。

　タンザニアにおいても，共同農業や国営化企業の不振，国家による支出の累積により，経済状況が悪化した。実際，1980年代には都市の店でトイレットペーパーや歯磨き粉などの物資を入手できないような物不足もあったという。当時の農村社会における生活にかかわる物資ではないが，都市において一定水準以上の生活者にとっては，生活レベルの低下といえよう。

　世界銀行やIMFの勧告を受け，タンザニアも少しずつ構造調整に取り組むようになった。人々の経済活動への影響は，複雑であった。経済自由化によって，既得権益のあった一部男性が経済不利益を感じた反面，これまで所得にアクセスできなかった女性が，アクセスできるようになった，という報告もあった。しかし，全般的には，貧困層の生活を直撃した。教育分野においては，教育費の一部有料化により，1980年代に，一時90％台を超えてきた初等教育就学率が，1980年代後半から60％台にまで低下した。また，医療費の有料化によって，経済的理由によって医療サービスを享受できなくなる人々も出現した。1980年代には，保健スタッフによって出産をしていた女性が70％に達していたにもかかわらず，1990年代には，40％前後に低迷している（Sakamoto 2009：287-290）。

　アフリカ諸国に対する構造調整が，教育や保健医療分野までおよび，人々の福祉をも脅かしたことは，NGOや市民のみならず，これらの分野におけるミッションを持つ国際機関からも批判されるようになった。ユニセフは，「顔のみえる構造調整」を求め，聖域なき構造調整を批判した。

1990年代の転換

 タンザニアにおいて，世銀・IMFの指導のもと構造調整を実行したものの，国営企業の民営化や，公務員の削減などはかならずしも迅速に進められなかった。1970年代に，ニエレレのウジャマー政策のサポーターであり，タンザニアにおいても有力な援助機関であった北欧諸国とも，1980年代から関係が変化していく。北欧諸国は，これまで距離を置いていた世銀・IMFとも接近・同調し，構造調整や経済自由化を迫るようになる。また各援助機関も，これまで各々の地域や分野においてそれぞれ援助を行ってきたが，この時期，援助協調が強調されるようになった。このような援助環境の変化も，タンザニアが経済自由化に舵を切るきっかけとなった。政治面では1992年に複数政党制も導入された。

 タンザニアの経済自由化が進む時期に，奇しくも南アフリカ共和国のアパルトヘイトが，1994年に撤廃された。このことは，南アフリカに暮らす人々の人権にとって喜ばしい画期的な出来事であった。他方，アパルトヘイト撤廃を主張して南アフリカとの国交を断絶していたタンザニアにとって，経済的な変化をもたらすものでもあった。これまで，アジア系タンザニア人がほぼ独占していた市場に，南アフリカ系企業が参入してきた。これまで閉鎖されていた市場において，突如，外国資本による都市開発が進み，とくに都市に暮らす人々に「南アフリカによる植民地化」と驚異すら与えるようになった。

民衆にとってのニエレレ

 ニエレレは1985年に引退し，その時期を機に，社会主義から市場経済への移行が図られた。ウジャマー政策そのものについては，その成功を語る者は稀であるものの，多くの人，とくに比較的年配の人々は，ニエレレを，「ムワリム（先生）」もしくは「ババ（父）」と呼び，引退後も慕っていた。

 1999年にニエレレは死去するが，その葬式においても多くの人々が駆けつけた。筆者も当時ダルエスサラームに在住しており，仕事帰りにニエレレの葬儀に参列する民衆と遭遇した。多くの人が集まりニエレレがいかに慕われていたかがうかがえる光景であった。また，この時期ニエレレの写真付きのカンガ布も，売り出された。

 企業などを没収された富裕層のいるアジア系国民や，政策と合致していなか

った狩猟採集民や牧畜民が，どこまでこのような親しみを抱いていたかどうかは，確認できていない。しかし，2001年に訪問したタンザニア南東部の農村においても，ニエレレの顔写真が入ったシャツを着ていた年配の男性も見かけた。ニエレレは，政策については批判が絶えないが，人物としては比較的好感を持たれ続けたといえるだろう。

4　経済自由化・開発とグローバリゼーション

貧困削減・債務削減・経済自由化

1990年代に巻き起こった国内外の構造調整に対する批判，NGOや市民社会による債務削減の要求，1995年の社会開発サミット後さらに数値化されたミレニアム開発目標が，タンザニアの政策現場においても1990年代末に織り交ぜられながら形となっていく。

1996〜99年の間，タンザニアの国連開発計画（UNDP）の「貧困撲滅プログラム」に専門家として携わる機会があった。その仕事に対して，今は亡き祖母に，「それでタンザニアの貧困は撲滅したの？」と聞かれ，答えにつまったが，当時のタンザニア政府の担当者は，のらりくらりと「貧困」に取り組んでいた。それが，1990年代後半に，世界銀行による債務削減と経済自由化をセットとしたスキームの入口として，「貧困削減戦略文書（PRSP）」の作成が政府に課せられ，政府の対応が激変した。PRSPは，債務を削減する条件として，貧困削減と経済自由化への道筋を各国が，数値目標を明記しながら描くことを課したのである。

2000年に，数値目標をともなう8つの目標が国際的に合意されたことも，特記に値するとともに，タンザニアの政策決定に影響を与えた。

経済成長と格差拡大

タンザニアは，これまでの農業に加え，観光や鉱業，不動産やIT産業などにも積極的に取り組み，2000年になってから年平均7％の経済成長を達成した。

2001年からタンザニアにほぼ毎年通っているが，とくに2010年頃からのタンザニアの都市開発は目覚ましいものがある。それまで比較的古い街並みが残

っていたダルエスサラーム市街地であるが，多くの貴重な古い建築物がとり壊され20階・30階建ての建物が乱立するようになり，現在も，さまざまな工事が進行中である。また店も，これまでは市場や個人経営の小さな売店が多く，スーパーマーケットは数えられるほどであったが，郊外に巨大スーパーマーケットやデパートが目立つようになった。自動車も圧倒的に増えた。

携帯電話は1990年代から存在したが，2000年代には，小型の携帯電話も普及するようになった。公的な料金を支払う用意があっても，賄賂をわたさず自宅に電話線をひくのが困難であった1990年代を振り返ると，携帯電話が急速に普及するのは，不思議ではない。今や小型どころか，町で見かける若者やインテリが最新型のスマートフォンを所有している。またインターネットも簡単につなげるようになった。携帯電話会社に出向いて，インターネットの接続を依頼すると，技術的な訓練を受けた若いタンザニア人が育っている印象も受ける。

電気や道路などのインフラも，拡大してきている。タンザニア南東部ムトワラ州で開発されたガス田の貢献もあり，村も含む全国レベルでの電気の普及が実現間近である。また，1990年代のタンザニアの主要道路は外国からの援助がほとんどであったが，2000年代に入ってから，政府の予算に対して中国などが入札を行って建設するものに代ってきた。

1990年代と2010年代を比較すると，アフリカ系タンザニア人の購買力が備わってきていることや，人材が育っていること，そして政府の予算が健全化していることは，実感できる。1990年代に，近代的なスーパーや比較的高いレストランへ行ったり，車・PC・電話を所有したりしているのは，ほとんどが国際機関や大使館などで働く外国人やアジア系アフリカ人であった。アフリカ系タンザニア人の場合，政府高官，もしくはその子息，という例外的な存在であった。2010年代に入ってから次々と建設されるスーパーマーケットや，多数輸入されるようになった自動車や携帯電話を利用できるアフリカ系タンザニア人が急増しており，購買力が拡大している。ただ，すべてのアフリカ系タンザニア人が，奢侈品にアクセスできるわけではなく，タンザニア全土を見渡すと，それは一握りであり，大多数のタンザニア人は今も，低所得にて生活をしている。外国人だけが富を所有しているのでなく，より多くのアフリカ系タンザニア人も所有することとなったが，貧困層からみると格差は決して縮小して

いるとはいえない。富そのもののパイが拡大しているにもかかわらず，貧困者の生活には変化なく，むしろ富が目立つ分，格差をより強く感じるようになったのではないだろうか。

　また，都市における開発のほとんどが外国資本による，ということも経済的な持続性を考えると不安定である。正式な統計は存在しないが，南アフリカ資本によるスーパーマーケットや，アラブ系資本によるホテルなども多い。中国からは，道路建設にともなう労働者だけではなく，小規模経営を行う労働者もタンザニアで増加している。花売りなどの小売業のようにタンザニア人がインフォーマル・セクターで行ってきた商売にまで参入し，危機意識を持つタンザニア人もいる。

　土地制度の変化もあり，これまでの慣習法に基づく土地の所有に変化もみられる。外国資本による介入もみられるが，国内的な問題もある。たとえば，多数民族が，他民族が暮らすタンザニア北部や中南部において，家畜をともない移住し，土地を収得し，大型農業をはじめている事例も報告されている。このような囲い込み農業にともない，それまで細々と小規模農業や狩猟採集を行っていた住民が行き場を失う危険性もある。また村のなかでも，読み書きができ，目端がきく村民が土地を登録し，読み書きができない，もしくはのんびりした村民が出遅れる，という現象も起こっている。土地制度の自由化は，国内外の強者にとってより有効に土地を活用する道を開いたが，弱者の生活手段を奪うことにもなりかねない。

ミレニアム開発目標

　人々の生活に焦点を当てたミレニアム開発目標は，以下の8つであるが，2015年に目標年を迎え，タンザニアではどのような状況であろうか。

1．極度の貧困と飢餓の撲滅
2．普遍的な初等教育の達成
3．ジェンダー平等の推進と女性の地位向上
4．乳幼児死亡率の低下
5．妊産婦の健康の改善
6．HIV/エイズ，マラリア，その他の疾病の蔓延防止

7．環境の持続可能性の確保
8．開発のためのグローバルなパートナーシップの推進

　おもに UNDP タンザニア発表の情報を参照しながら，それぞれの目標を概観し，考察したい。
　貧困率は，2001 年の 35.7％から，2007 年にはかすかに 33.6％に（世銀推定によると 2013 年に 28.2％まで）減少している。しかし，目標の半減からは程遠く，近年の経済成長は貧困削減につながっていない。
　初等教育の普及については，ほぼ達成しており，男女の比率もほぼ同等となっている。しかしながら，中等教育の女性の比率は 8 割，高等教育では目標に程遠い。女子の進学を妨げている 1 つの要因である在学中の妊娠による退学は今なお重要な課題である。
　乳幼児死亡率については，3 分の 2 に削減するという目標を達成しつつある。5 歳未満幼児死亡率は，タンザニア本土で，1990 年の 1000 人当たり 191 から，2005 年に 133，2010 年に 81，さらに 2012 年に 67 に減少した。ザンジバルにおいても，202（1990 年）から 101（2005 年），さらに 67（2012 年）に減少した。乳児死亡率も，本土では 115（1990 年）から 68（2004 年），51（2010 年），さらに 46（2012 年），ザンジバルでは，120（1990 年）から 83（2005 年），さらに 46（2012 年）に減少した。マラリア対策，急性呼吸器疾患，下痢，衛生管理，予防と治療の保健サービスの改善などが，おもな要因とされている。
　妊産婦死亡率は，4 分の 3 に削減することが目標とされているが，10 万人当たり 578（2005 年）から 529（1999 年），さらに 454（2010 年）と達成は難しいが改善はみられる。HIV/エイズやマラリアについては，減少傾向がみられる。
　実際，筆者が，乳幼児死亡率がもっとも低いタンザニア南東部リンディ州，および中部ドドマ州にて各 100 人の女性のインタビュー質問票調査を実施したが，そこでも，幼児死亡の減少を確認した。半数以上の女性達が子どもの死亡を経験していたものの，その比率は，圧倒的に年配の女性達（50 代以上）に多く，若い女性たち（40 代以下）の間では少なかった。また出産に関しても，伝統的産婆による自宅出産よりも，看護士や医師の介助による診療所や病院での出産が多くなっている。
　とはいうものの，多くの地方の病院は，かならずしも安心して母親が出産し

たり，子どもが診断・治療されたりする環境とはいえない。スタッフ（質・量ともに）不足，設備・薬不足など，さまざまな問題が山積している。ドドマ州のある農村の診療所では，医師1人と看護師2人が配置されていたが，医師は診療所に出勤することはなく，もう1人の看護士も休暇中で，1人の看護士のみが診療所にて，母親や子どもの定期検診，子どもの予防接種，出産補助など，悪戦苦闘していた。リンディ州のある農村の診療所では，病院で処方箋が出されるものの，薬は病院では常備されておらず，民間の薬局で買うしか選択肢がなかった。しかも，そのお金がない母親は，薬が買えず，子どもの症状が改善しないのを，手をこまねいて見ているしかなかった。ちなみに，村の病院で常駐している医師は，サイドビジネスとして薬局を経営していた。

　環境については，タンザニアの自然森林が国土に占める割合が，46％（2005年）から36％（2007年）に減少しているという。環境問題については，後述の通り，多岐にわたる問題が予見される。

　8つ目の目標については，タンザニア政府が各種制度の自由化，構造調整，そして腐敗防止に向けた改革を実行し，より多くの国際機関や援助機関の援助を主として財政支援という形で受けるようになったことが報告されている。ただこれらの「パートナーシップ」が，第1〜7の目標である貧困，教育，ジェンダー，生存，環境といった分野につながっているのかは，疑問が残る。

　2013年に，ユニセフのタンザニア事務所スタッフに聞いた話によると，ミレニアム開発目標の達成年を目前に，目的達成のための「効率的な援助」が求められ，以前重視されていた人々の参加や権利は二の次となっているという。もちろん生存に関する目的は重要であるものの，人々の生活背景や意思に基づく発展が必要である。

環境問題

　ミレニアム開発目標では，森林減少に焦点が当ててあり，実際，森林減少も大きな問題であるが，問題はより複雑で深刻である。

　まず大都市ダルエスサラームでは，自動車の増加とともに渋滞も悪化し，排気ガスもますます増加している。それと並行して，ビル建設や工場も集中し，大気汚染がますます進行していることが実感できる。大気汚染に関する観測も不十分であるが，ダルエスサラーム在住の住民に，呼吸系の障害などの発生が

心配される。

　タンザニアの経済活動を牽引している鉱業も，環境面では危うい。周辺の金鉱山によってヴィクトリア湖が水銀汚染されている事実は1990年代から問題となっている。その後の状況は明らかにされていないが，ヴィクトリア湖からの魚類が広く消費されていることを考えると，水俣病をはじめ，さまざまな健康被害の危険性が考えられる。在来漁やテラピアはタンザニア国内で消費されており，ナイルパーチは国際的に取引されている。

　タンザニアでの金鉱山は各地に散らばっており，小規模のタンザニア資本によるものも多い。経済面だけを問題とすると自国内の国内産業が育っていることは評価できる。しかしそれらの金鉱山では，低コストである水銀を金の抽出に使用している。2007年頃，タンザニア南東部内陸の金鉱山を，管轄内の村行政官をともない訪問する機会があった。運営者は紳士であり，丁寧に鉱山を案内してくれ，またその地区の治安も，悪くないようであった。しかし地元民である村行政官の視点からすると，鉱山の発見により森から突如あらわれた金鉱山は脅威であり，また単身男性労働者が不特定多数の女性と関係を持つことによりHIV感染の元になっているという。何よりも驚いたのが，運営者が水銀を使っていると見せてくれたが，その危険性を筆者が指摘すると，「水と分離するから問題ない」と信じていることであった。ヒューマン・ライツ・ウォッチの報告によると，多くのタンザニアの金鉱山では水銀が使用されており，児童がその労働にも関与している。

　また近年，ウラン鉱山開発も大きな問題となっている。ユネスコの世界遺産に指定されているセルー保護区を含む南部地域においてウラン鉱山開発が進んでいる。ユネスコも一時期，開発の保留を求めたが，2012年には付帯条件付きであるものの，その開発が認められた。中部ドドマ州バヒやシンギダ州においてもウランが認められ，試掘が進められるなか，水源汚染などの危険性について地元政治家とドイツのNGOが提言を行ってきた。また試掘に携わった労働者や，近隣に畑を持つ人々の健康被害についてもマスコミ報道があった。そのためか，その後ウラン開発は一時停止したが，北部にもウランの鉱脈が発見されたという情報もあり，本格的な掘削による水源汚染，さらには労働者や近隣住民の被ばくなど，将来に対する不安はつきない。

　森林の減少は，工業開発・大規模農業開発・鉱産開発をはじめとするさまざ

まな状況とも関連している。また，農民の日常的な生計戦略とも密接にかかわってくる。ドドマ州のある農村では，近年需要が高まっているゴマを生産するために，山を切り開き，栽培していた。しかしあまりに森林伐採が激しかったため，村政府はゴマ栽培を禁止したという。それでも生計を立てるため栽培を続ける者も少なくない。

　また，全国的に現金収入のために木炭づくりも盛んである。木炭は薪と異なり，生木を使用する必要があるため，森林の減少を引き起こす可能性が高い。そして木炭は，地方の村で作られるが，ほとんどが都市で使用される。つまり，都市生活者のため，村の資源と労働を移出して，村民が生活のための現金を獲得しているのである。ただ都市の中流階級の間では，より経済的であるという視点でガスによる調理も選択肢となりつつある。

　タンザニアにおけるゴミ問題も今後，大きな課題となるであろう。都市ではようやく近年，ペットボトルやプラスチックを回収するようになった。村ではバケツを修理して長く使うなど，ゴミそのものの排出は先進国こそ見習うべきだが，それでも増加する近代的なゴミを回収・処理するようなサイクルは限られている。20年前は，土に帰らないビニールなどのゴミは限られていた。筆者が村で滞在する場合も，ゴミを出さないように極力配慮をするようにした。しかし今日，ビニール袋などのゴミが売店でふんだんにサービスされ，青や黒のビニールが村の至るところに散乱，もしくは残っていた。燃やしても有害物質が発生するため，処理のしようもない。そのことを指摘すると，そこで暮らす住民もかならずしもよしと思っているわけでもなく，「ヤギが食べても有害だし」と，その害も理解している。しかし，2014年に訪問した海岸沿いの美しい村で，無数のビニールが散乱している光景には愕然とした。その反面，世界有数の観光地・ザンジバルでは，買い物をしたらビニール袋ではなく紙袋に入れてくれるといった観光地ならではの工夫もある。新大統領は，タンザニアでのビニール袋を禁止する発表をしたが，今後の展開が注目される。

5　「私たち」にとって

タンザニアと「私たち」

　これまでタンザニアにのみ焦点を当て話を進めてきたが，上述したことは日

本とも無関係ではない。

　在タンザニア大使館によると政府レベルでは，1966年に最初の借款供与，1967年に青年海外協力隊員を派遣しはじめ，道路・電気・水道などの経済社会インフラ，稲作・灌漑技術の移転などの分野で援助してきた。貿易についても，独立当時から関係があり，1980年代，1990年代はタンザニアの経済状況によって停滞していたが，2000年代になってあらためて活発化している。

　筆者の父は，独立後間もない時代に，当時，繊維を担当する商社マンとして，サイザル麻の買い付けのためタンザニア北部海岸沿いタンガ州の国営企業に海外出張で出向いたという。その頃，サイザル麻などの天然素材は需要が大きかったが，その後化学繊維が世界的な主流となりタンザニアの生産・輸出も，1970年をピークに激減した。日本は，2008年まで細々と輸入していたが，2009年には輸入量0となっている。

　日本の商社も，1960〜70年代には，こぞってアジア・アフリカの現地事務所開設を目指したが，1990年代になると，アフリカではすみわけをして現地事務所を効率化したという。

　2000年になってからは，日本とタンザニアの貿易は活発化した。日本からの輸出は自動車が半分以上を占めており，そのことは，タンザニアを走る日本車からも推測できる。他国を介在していることも多い中古車も含むと，その割合はさらに多いであろう。

　タンザニアから日本への輸出も増加している。内訳は，貴金属（108億円），コーヒー豆（53億円），ゴマ（20億円），タバコ（7.9億円），冷凍魚（7.8億円）となっている（2011年）。

　銅については2001年〜04年，貴金属について2002年から急増しているが，2011年には，日本の輸入の半分以上を占めるようになった。鉱業がタンザニア経済に大きなシェアを占めるようになったことを考えると不思議ではない。他方タンザニアにおける環境負荷と私たちは決して無関係ともいえない。たとえば，日本の独立行政法人石油天然ガス・金属鉱物資源機構（JOGMEC）は，すでにタンザニアが産出している金やダイヤモンドのほか，ウランやニッケルなどのレアメタルにも注目し，2010年からタンザニアのエネルギー鉱物省地質調査所と関係を深めてきた。さらに，2014年には，タンザニア南東部ムトワラ州マサシにおいてカナダの企業とのレアメタルの共同探鉱契約を締結した。

コーヒー豆は,「キリマンジャロ」で有名なアラビカ種が多い。鉱物と比較し,トレースすることも可能であり,産地との顔のみえる関係や,よりフェアな関係を構築しようとする試みもある。

ゴマは,中国における需要の増大とともに世界的な需要が高まっている換金作物であるが,前述のとおり,森林伐採の促進にもつながっている。また,農薬使用による農民の健康被害や土壌劣化の可能性も否定できない。

冷凍魚は,インド洋マグロも含むが,ヴィクトリア湖で獲れるナイルパーチがほとんどであり,日本にも輸出されている。ヴィクトリア湖の水銀汚染についてはすでに述べたが,ナイルパーチの弊害については,映画『ダーウィンの悪夢』に詳しい。そもそもナイルパーチは,植民地時代にヴィクトリア湖に放たれた外来魚であるが,この映画では近代的な漁法や工場によって漁業が潤う一方,在来漁の駆逐になぞって,在来漁法による漁民や貧困層の生活が廃れる構図が描かれていた。ちなみに,タンザニアでは本映画が重要な産業の妨害として上映禁止となり,先進国ではナイルパーチの不買運動が起こった。

将来の展望

現在,タンザニアでは,スワヒリ語が通じない地域は限られている。たとえば,ドドマ州でゴゴ語しかわからない年配の女性には会ったものの,若い人々のほとんどは,流暢なスワヒリ語を話しており,むしろ民族語の喪失すら危ぶまれる。ウジャマー政策によるスワヒリ語の普及の影響が強く感じられる。

人々の健康状況は,食べ物や生活の近代化により都市中心に糖尿病などの成人病が増加しているが,母子の健康には改善の兆しが見られる。年配の女性たちは,伝統的な産婆のもと自宅で出産をしてきたが,近年の若い母親たちの多くは,好んで診療所や病院での出産をしている。そして実際,乳幼児死亡率も低下してきている。過去と比較すると,子どもの扶養に関する共同性が減少している傾向もみられるが,それでも子どもの成長の日常および非日常に,親戚や近隣住民は知らず知らずとかかわっている。

タンザニア国民は,独立後,農業における共同化以外にも,国家建設のためのボランティア(kujitolea)に借り出された。独立直後は,国民の間である程度の期待があり,誇りを持って働きに出ていた。しかし,政府は国民の期待にかならずしも応えられず,さまざまなレベルでの政府の腐敗も明らかになり,

近年は,「ただ働き」として住民に嫌がられる労働である。リンディ州のとある村で,住民がボランティアで中学校建設に労働奉仕をしたが,村政府の汚職により,建設がストップしたという出来事に遭遇したこともあった。

　このような政府の呼びかけによる労働に対する抵抗はあるものの,住民間の冠婚葬祭に対する協力や参加は盛んである。結婚・成人儀礼・葬式で振舞う食事の脱穀をするために女性達が呼ばれた場合,よほどの用事がなければ顔を出す。このような顔が見える関係を構築することによって,万が一の時の頼みの綱をつくっておくのである。農村の人々は,とくに食料不足の際,他人への協力を惜しまない,というモラルがある。

　ウジャマー政策における農業の共同化は,国家の政策として導入され失敗した。しかし,伝統的な相互扶助関係は,形を変えながらも継続している面もある。農村での互酬労働は,労働交換や日雇い労働というような形で存続している。日雇い労働は,たんに賃金を対価とした労働にも見られうるが,むしろ,労働者の状況を慮る行為であることもある。農民は,自らの畑で失敗し,食料に困った場合,他の人の畑で働かせてもらうのである。雇用者は,可能な限り依頼者に仕事をつくる。過去には,食料で対価を支払っていたことが多かったが,近年は,現金による支払いが喜ばれる。

　筆者がタンザニアとかかわりはじめた1990年代から今日までの20年間,農村には変わらない,ゆるやかな時間が流れる風景がある傍ら,都市は急速に変化し,農村の一部にもその兆しがある。

　2000年代には,地方農村に行くと,携帯電話が通じる箇所が限られており,その場所に出向いて電話をした記憶がある。また,病院で雨水を溜める金属製のタンクがあり,そこによじのぼって電話をした,という笑い話もあった。2010年には,各種電話会社が電波塔を効率的に建設し,多くの村で携帯電話が簡単に通じるようになり,携帯電話の所有者も増えた。村で,太陽電池を使用した充電サービスを商売にする者もいる。

　ゴミの増加もさることながら,村における電気の普及も間近である。ここ10年間ほど,地方の村にも電気がくる,ということは話には聞いていたが,実感することはなかった。しかし,2014年の訪問の際,多くの農村で電柱が立ちはじめており,2015年には電気がつながっている家も見られた。とはいうものの,電気代を支払う用意のある世帯にのみ電気が支給されており,村の

なかでの格差がさらに可視化されることが懸念される。すでに村人達は，誰が電気を享受できるかできないか，ねたましい気持ちとともにうわさをする。

　さらに村にも及ぶ近代化を牽引している鉱物資源や観光，不動産やITは，外部経済に依存する産業や，不確実性のある産業である。また，鉱山運営や都市開発をみると，環境面での不安も大きい。貴金属を輸入する日本人にとっても無関係ではない。

　このような村にも到来する近代化の流れに反して，村の中心から僻地にもどる人々も存在する。集村化されたものの，ドドマ州のある村では，家畜がより飼いやすい広い土地に，リンディ州でも村の中心から離れたもともとの土地にもどり，生活している人々もいる。いずれの村においても，村の中心地に暮らし，水を享受し，近くの診療所で出産し，子どもを学校に通わせている大多数の住民からすると，水・学校・診療所などのサービスが一切ない僻地にもどる合理性が理解できない。しかし，サービスの享受とは異なる次元での価値観が存在することは確かで，国家や市場から「退出」しているとまではいわずとも，敬遠している事例といえるだろう。

　ウジャマー政策によるアフリカ的社会主義は，多くの教訓を残し，かならずしも民衆の生活を改善したとはいえなかった。他方，近年の社会開発への傾倒は，子どもの生存の改善という重要な成果を残した。ただ同時に進行してきた経済自由化は，パイを拡大し，恩恵をうけた国民は確かに存在するが，それは一部の国民であり，格差はむしろ拡大したといえる。またその近代化の道は，将来にも影響しうる環境の犠牲のうえに立脚しているのである。日本に暮らす私たちもその近代化に直接的・間接的に加担している。新大統領マグフリは，汚職に関与してきた公務員を解雇し，勤勉も求めてきたが，ニエレレ回顧主義ともささやかれている。今後，タンザニアのそれぞれの人々はどのような生活を選んでいくのであろうか。タンザニアの人々のさまざまな生きざまから学びつつ，同時代に先の見えない経済自由化・近代化の道を率先して走ってきた日本人としてどのような貢献ができるのか，考えてみたい。

参考文献

外務省「タンザニア」http://www.mofa.go.jp/mofaj/area/tanzania/data.html#section2
　（2015/9/16 閲覧）．

栗田和明・根本利通『タンザニアを知るための60章』明石書店，2015年。
在タンザニア日本大使館 http://www.tz.emb-japan.go.jp/tanzania/boeki.htm（2015/3/21閲覧）。
阪本公美子「東アフリカの内発的発展」西川潤編『社会科学を再構築する──地域平和と内発的発展』明石書店，2007年，220-234頁。
鶴見和子『内発的発展の展開』筑摩書房，1996年。
吉田昌夫『東アフリカ社会経済論』古今書店，1997年。
吉田昌夫・赤坂賢ほか「タンザニア」伊谷純一郎ほか監修『アフリカを知る事典』平凡社，2001年，265-269頁。
Hammersköld, Dag Foundation "What Now ? The 1975 Dag Hammerskjöld Report", Seventh special session of the United Nations general Assembly, *Development Dialogue*, Nos., 1-2, 1975.
Human Rights Watch "Tanzania: Hazardous Life of Child Gold Miners", http://www.hrw.org/news/2013/08/28/tanzania-hazardous-life-child-gold-miners（2015/3/21閲覧）。
Hyden, Goran, *Beyond Ujamaa in Tanzania : Underdevelopment and an Uncaptured Peasantry*, University of California Press, Berkeley, 1980.
Sakamoto, Kumiko, *Social Development, Culture, and Participation : Toward Theorizing Endogenous Development in Tanzania*, Shumpusha, 2009.
Scott, James, *Seeing Like a State : How Certain Schemes to Improve the Human Conditions Have Failed*, New Haven : Yale University Press, 1998.
Tanzania, United Republic of, *Mortality and Health*, Dar es Salaam National Bureau of Statistics, Ministry of Finance and Office of Chief Government Statistician, Ministry of State, President Office, State House and Good Governance, 2015. www.nbs.go.tz/nbs/takwimu/census2012/Mortality_and_Health_Monograph.pdf（2016/3/27閲覧）。
UNDP in Tanzania "The Millennium Development Goals : Eight Goals for 2015", http://www.tz.undp.org/content/tanzania/en/home/mdgoverview/（2015/9/17閲覧）。
World Bank "Data-Tanzania" http://data.worldbank.org/country/tanzania（2015/9/18閲覧）。

コラム5　タンザニアの女性と教育・保健

11:55, 5:40, 2:00, 3:00。これは何の数字だと思われるでしょうか。成田→ドバイ→ダルエスサラーム→ムワンザ→シニャンガという旅程にかかる時間です。ジョイセフはタンザニアのこのシニャンガという場所で2011年3月から4年間にわたり「地域と保健施設の連携によるリプロダクティブ・ヘルス（RH）サービスの強化」プロジェクトを実施しました。リプロダクティブ・ヘルスとは、人々が安全で満ち足りた性生活を営むことができ、生殖能力をもち、子供を産むか産まないか、いつ産むか、何人産むかを決める自由を持つことを意味します。プロジェクトでは妊娠・出産関連の正しい情報の伝達、保健施設で提供されるサービスの質の向上などの活動を展開しました。

では次に、「6と410」、「100と49」、「100と26」。これは何の数字でしょう。これはそれぞれ日本とタンザニアの「妊産婦死亡率（出生10万対）」、「専門技能者の立ち会いの下での出産の割合」、「女性の中等教育就学率」です。非常に大きな差がありますが、タンザニア国内でも地域格差があり、とくにシニャンガにおける保健指標は教育指標とともに、全国平均より低いと言われています。この地域一帯は保守的で、女性は早くに結婚し、たくさん子供を産むことを期待されています。そして、この地域では大切な財産とされている牛が結納金として機能しており、娘が結婚することで富が増えるため学校に対して自分たちの娘を早く落第させてほしい、そうしたら結婚させられるからと頼む親もいると聞きます。そういった状況のためか、若年結婚、若年妊娠が非常に多く、プロジェクト実施中に行った小規模な調査では、産前健診にきた妊婦のうち約3割が15～19歳という状況でした。まだ身体ができあがっていない若年の妊娠は妊産婦死亡のリスクを格段に上げます。健康面での影響だけでなく、教育を受ける機会、将来の収入を得る手段にも直接影響を及ぼします。

さらに、小学校に行っていなかったため国語であるスワヒリ語ができない女性が約3割いました。保健施設にいる医療従事者は、公務員で全国から赴任してくるため、その土地の言語ができない人もいます。教育の機会が得られないことが、命にかかわるコミュニケーションができないという状況もみられるのです。

文中で紹介した保健指標は、ただの数字ではなくその後ろに予防可能な原因で亡くなる女性たちの人生があります。プロジェクトは、女性がRHサービスを利用しやすくなることに貢献しました。でも1つのプロジェクトが対応できる課題はごく一部です。世界は2015年を境に、新たな開発枠組みに目を向けることになります。いまだに基本的な保健・教育システムの整備がなされていない地域の課題を、この枠組みが解決に向けて主導していけるものとなるよう期待されています。

参考文献

国連人口基金『世界人口白書 2014』2014 年,106, 108 頁。

(矢口真琴)

第13章　マラウイ
―― 社会保障システムの課題と展望 ――

ムテンジェ・トム

1　マラウイとは

　マラウイは南東アフリカの小さな内陸国であり，ザンビア，タンザニア，モザンビークと国境を接している。英国の植民地として1891年に国家が建設され，後に同国の保護領ニヤサランドと呼ばれた。当時の先住民はさまざまな民族集団が含まれ，農業を行ったり，アラブ人やポルトガルとの交易を行ったりしていた。英国によるニヤサランド統治は1964年まで続き，独立にともないマラウイに国名を変更した。独立以後30年間は一党独裁政権にあったが，1994年に多党制民主主義が導入された。

　現在の人口は1700万人，全体の52％が女性であり，49％が15歳以下である。出生率は女性1人当たり5.7と高く，人口増加率は2.9％ときわめて高い。人口密度は約139人/km^2，地域平均の約42人/km^{2}と比較すると，南部アフリカ諸国でも人口密度の高い国の1つである。平均寿命は54.8歳と低い。

　人口の85％は農村部に居住し，5人のうち3人は自給自足農業で生計を立てている。農業部門は労働人口の80％以上を占め，経済総生産の35％以上と外貨収入の80％以上を占めている。タバコ，綿花，茶，砂糖が主な換金作物である一方，主食用作物であるトウモロコシが小規模農家により栽培されており，耕作面積の80％を占める。労働力の大部分は生産性が低い非熟練労働である。正規賃金雇用に従事しているのは労働者の10％にすぎない（van de Meeredonk et al. 2016）。

　国民の50.7％は貧困ライン以下の生活レベルにある。生計の収入源が限られていることと不測の事態に対してダメージを受けやすいことが貧困の主な要因である。生活源の制限は狭小な土地所有，低い農業生産性，天候に依存する農業，農業以外の雇用機会の欠如に由来し，世帯の脆弱性は不規則な降雨量，

食料価格の変動，病気や死による（GoM 2012）。非識字率は成人の 20％，HIV 陽性は 15～49 歳の成人人口の 9 人のうち 1 人に上る。

　洪水や干ばつのようにきまぐれな天候は，多くの脆弱な世帯に慢性的な極貧と飢餓をもたらしており，気候に関連するリスクは予め想像できるものである。マラウイの脆弱性はある 1 つの要素よりも，経済，農業，保健，栄養，人口構造など複数の要因が組み合わさったものにしばしば由来する。このためリスクは大きくなり，危機に対処する能力が低下する。過去の危機から十分に回復しないままでは，家計資産を枯渇させ，資産を再構築する能力を低下させ，さらに大きな貧困に陥る。このように，影響を受けた国民の間にある脆弱性や危機再発の循環を断ち切ることも必要である。マラウイの社会保障（social protection）は，脆弱性に取り組み，貧困の悪循環を断ち切るための重要なメカニズムである。

　基本的に社会保障は，ある社会の構成員の最低の生活水準を守るために，社会経済的リスクと脆弱性を軽減することを目的とした行動とメカニズムの集合体と定義される。おもな枠組みとして，社会支援（social assistance）と社会保険（social insurance）がある。社会支援は貧窮している社会のなかでもっとも脆弱な人々を保護することを目的とする一方で，社会保険はリスクを軽減し，社会の成員が貧困に陥ることを防止するためにある。広く捉えると，社会保障システムの不可欠な要素として，保健・教育の無償提供または援助などの社会サービスも含まれる。

2　社会保障の変遷

伝統的社会保障

　多くの社会は，社会支援と社会保険の機能の両方あるいはいずれかを担う活動と制度を保持しており，社会的価値を反映しながら，社会の物理的環境や経済システムに対応している。マラウイもその例外ではない。たとえば先住民社会では，一般的に子供，女性，高齢者に対して食料供給，住居，身体的危害からの安全という保護を提供していた。世帯と共同体の間に交わされる取り決めや関連する規則，規範，慣習をともなう集団生活は，単純ではあるが効果的なリスク管理や保護を提供する。かつて子供たちは，この社会保障システムのな

かで重要な柱を構成し，時が経つとリスク管理の手段として機能した。家族にとって，老齢期に達する親を支援するために，成人期まで生き残れる子供が少しでも多くいるように，多産が重要な考え方だった。また，家畜の数を増やしたり，穀物を蓄積したりする文化的慣行も重要であり，疾病，死亡，婚姻，その他の普段の家計に加わる負担となる催事の出費に備える自己保障の一形態だといえる。

　婚姻などの家族制度はこれらの社会保障を強化する役割を果たした。一夫多妻という文化的慣習は，家族構成が女性の生物学的限界に制限されないように，子供の数を最大化することが目的だった。同族婚が文化的に禁止されるようになったのは，社会保障の適用範囲を地理的に広めるためだった。結婚による絆は，地域における飢饉や他の氏族との争いなどの，一族の存続の危機が起こる際に対処するメカニズムとして機能する。また，妻相続制は，家長である男性が死亡した場合に，残る未亡人や子息が困窮することを避ける制度といえる。さらに，一族の宝である子供たちが氏族内に留まることを保障することはより重要だろう。このように，共同体内の取り決めは，育児，食糧生産，病人や高齢者のケア，野生動物や敵対的な氏族からの安全保障などを担うものだったといえる。

　経済はおもに狩猟採集と原始農業を中心に組織されていた。共同体の共同菜園や食糧貯蔵は，全世帯から寄せられる労働と食糧の持ち寄りのうえに成り立った。共同作業の賜であるこれらの産物は名目上首長のためだが，同時に首長は見返りとして必要に応じて成員の生活を支援する義務を負った。疾病，身体障害，死亡などにより生産性が制限された世帯を支援するために，作業の割り当てという典型的な集団対応もあった。健常な共同体メンバーによる参加は，近親間の連帯原則を通して保証され，不幸にも逆の状況になった際には互恵的に応じてくれるという期待があった。土地所有の取り決めが緩いことから集団移住も可能であり，洪水，干ばつ，害虫，疫病による飢饉のような地域の危機に対処するメカニズムとして機能した。

植民地時代

　19世紀末頃にはじまった英国による植民地支配は，土着の社会経済システムを大きく変えた。それとともに，以前は社会成員すべての基本的ニーズを満

たすのに十分だった，既存の社会保障の取り決めをも変えてしまった。宗主国は資本主義システムを導入し，農業の産業組織の原則にしたがい大規模農場の出現をもたらし，採掘事業をはじめとする企業の商業的活動を前提とした。同時に，キリスト教的な社会教育を中心に組織された新たな社会化アプローチがまず導入され，引き続いて欧米の価値観や規範を中心に構築された。より世俗的で「近代的」かつ教室学習を基盤においたこのような教育システムと同時に，公共サービスの提供を含む欧米型の国家概念も導入された。

植民地時代には交通通信網の改善がもたらされた。これにともない，人やモノの移動が容易になり，とりわけ若年層男性がより良い経済的機会を求めて，新たにつくられた国境を越えて移動しはじめた。マラウイからはザンビア，ジンバブエ，南アフリカに移動した者が多かった。これらの隣国では，巨大な鉱物資源にもとづく大規模な産業化が進んでおり，移民労働者に大きく依存していた。鉱山労働者からの送金は，当初は祖国に残された家族にとって重要な収入源だった。しかし，家族のつながりは遠距離で弱められ，インフォーマルな社会保障メカニズムのために重要な柱であった家族の連帯ネットワークが崩れてしまった。鉱山に出稼ぎにいった若者たちは，異国にて自分の家族を形成することもあった。これは，かつて年老いた両親の世話ができないことは恥と捉えられていたが，このような社会通念で部分的に成り立っていた高齢者支援がもはや保証されえないことを意味する。以前は子供たちが両親の近くに住めば世代間の支援が容易だった。

異国の文化との出会いはグローバル化のはじまりを告げる衝撃的なものだったが，同時に基本的ニーズの概念を変化させた。食料供給と安全保障に必要な物質的条件の範囲を拡大し，これまで基礎的な住居，食料，衣類，社会化に限られていたものが，公的な教育，近代的な保健サービス，近代的な住宅，そしてその他の物質的要素を含めるようになった。植民地政府は基本的な保健・教育サービスを提供したが，都市部あるいは商業農園のある場所のように，おもに労働力の供給源を中心に行われた。それは，植民地の産業活動のために労働力の安定供給を形成するのに必要なものに限られた。つまり，公共サービスの提供はニーズと権利に基づくというよりも，たんに実利主義から来るものだったといえる。

植民地政府は，鉱業，農園農業，インフラ整備，近代的な行政システムに加

えて，欧米の産業的概念である財産権に基づく新しい土地所有システムを導入した。土地は，共同で所有し，必要に応じて個人に割り当てるために，首長が委託されて統治するものではなくなった。土地は個人に所有され，自由保有賃貸契約の下で永久に独占権を持つ土地所有者が現れた。これは先住民を主要な生産手段である土地から疎外した。賃金労働と貨幣経済の導入により，親族を基盤とした生産システムが崩れてしまった。ただ，親族の連帯と相互扶助はやや弱まったものの，主要な生産活動として自給自足農業を行う先住民の大部分にとって，依然として社会保障の重要な要素であり続けた。

独立後

植民地時代の後，新たに独立した国家は「近代的」時代のなかで地歩を固めようとした。1964年に民主選挙で選ばれた新政府は，モノとサービスの提供を担う役割を引き継いだ。主要な公共サービスには，教育，保健，水，電力，交通，その他の無償あるいは低価格のサービスで占められていた。国家は食料生産において積極的な役割を果たし，とりわけ農業振興や主食（トウモロコシ）市場の規制・管理を行った。価格統制や農業生産や販売のための補助金は脆弱な社会層や貧困層のみならず国民全体に提供された主要な社会保障メカニズムだといえる。公共部門や民間部門の正規雇用に従事する少数の富裕層にとって，雇用，年金，雇用者負担の健康保険が親族基盤の社会保障メカニズム，国による公的社会サービスや食糧供給保障を補完する支援となった。都市で人口が増加するにつれて，伝統的な社会保障メカニズムは都市の状況に合わせるようになった。これらのメカニズムはたんに親族関係に依存するのではなく，物理的な近接性や宗教の帰属に基づくことが多くなった。近くに住む人々あるいは同じ場所に礼拝に行く人々は，病気や不幸の際に経済的にも物質的にも精神的にも支援し合うようになった。

1980年代と1990年代には，世界銀行や国際通貨基金（IMF）が構造調整プログラムを推進すると，多くの国家主導の社会サービスや食料生産および流通機構は解体し，市場ベースのシステムに移行した（Chirwa 2005）。国民皆補助金や価格統制が廃止された。無料保健サービスは維持されたが，授業料は上がり，農業市場はトウモロコシを含めて自由化された。対象が制限された食料救済プログラムが実施される緊急時を除いて，社会保障システムは実質上なくな

ったといってよい。社会保障メカニズムが地域全体に悪影響を及ぼす危機(天候不順による不作,紛争の勃発,伝染病の蔓延など)への対応に的を絞ると,高齢すぎるため,障害を抱えているため,あるいは貧乏であるために慢性的に脆弱である個人やその日の暮らしもままならない困窮した個人が考慮に入らないことになる。これらの個人は,不平等社会のなかで排除されたため,あるいは救いの手を差し伸べてくれる社会的正義の措置がなかったため,脆弱なのであり,困窮していたのである。このように社会保障メカニズムからこぼれる個人は少なくなかった。

独立以来続いた一党独裁政権から1994年の多党民主主義体制に移行してから,政策転換やガヴァナンス環境の大きな変化が見られた。「マラウイ貧困削減戦略(Malawi Poverty Reduction Strategy)」の下で初等教育の無償化が行われた(Kadzamira & Rose 2003)。農業生産と市場の自由化は維持されたが,政府は初の公式な社会保障プログラムである「国民セーフティネットプログラム(National Safety Nets Programme:NSNP)」を確立した。NSNPは,世帯の食料安全保障に悪影響を及ぼす干ばつ,洪水およびほかの周期的な危機が起きた際に,労働対価として現金や食料をセットで提供するプログラムである。これは,食糧難の際に一般市場で食品購入がままならないもっとも貧しくもっとも脆弱な世帯を対象とした。市民社会団体も社会セーフティネットの活動を行うために初めて公共スペースを与えられた。しかし,これらの活動は質の面でもカバーする地域においてもほとんど調整されておらず,効果は限られていた(GoM 2012)。

現存する社会保障プログラムでは,運用を試行錯誤するなかで,貧困層や脆弱な人々に社会保障が届くように異なる種類の業務が統一され,調整される努力が払われた。労働対価現金支給(cash-for-work)を活用した公的労働食料支給プログラム,無条件現金給付制度,学校給食プログラム,信用方式制度や集団貯蓄の促進が社会保障プログラムに含まれる。「国民社会支援政策プログラム(National Social Support Policy and Programme:NSSP)」は,異なる社会保障の事業を支援および実施する政府,国際開発機関,国内および国際NGOの集まりに対して政策指針と実施枠組みを提供するために開発された。NSSPは運営機構を立ち上げ,達成目標を設定しながら,全ステークホルダーのための共同責任の枠組みをもたらした。

NSSPの主力事業は「社会現金給付プログラム（Social Cash Transfer Programme：SCTP）」である。これは，労働ができない深刻な貧困世帯に対して無条件に現金を給付するものである。高齢者，子供，障害者が世帯主であるケースのように，労働対価給付型の支援を受けられない世帯を対象とする。現金支給プログラムは，その起源であるラテンアメリカで大きな成果を収めて，マラウイを含む他のグローバル・サウス諸国で模倣された。公的賃金に対する現金給付や，非課税子供助成金，高齢者助成金，子供・高齢者・貧困家庭のために貧困助成金を与える社会的現金給付は効果的に機能した。貧困は，多種多様な形態の欠乏が複雑にからみあった結果として引き起こされ，原因を特定することがしばしば難しい。現金給付制度の成功は，問題がこの点にあると理解できたにもかかわらず解決策が示されてこなかった。これは，公共政策の不備にほかならない。特定のニーズに対処できる物とサービスの両方を熟知しているのは貧困層以外にないことを現金給付の成功は証明している。現金給付を通して与えられる自律性のおかげで，世帯はニーズの優先順位に応じて消費でき，一般的な現物支給プログラムよりも各世帯が直面する独自の状況へより的確に対応できるのである。

3 現代の社会保障

公的社会保障のメカニズム

グローバル化の影響で基本的なニーズが拡大したため，伝統的な社会保障システムでは十分とはいえず，公的な社会保障システムが重要になっている。公的社会保障システムは国のHIV/エイズ対策戦略の重要な柱であることが示された。つまり，伝統的な社会保障システムの重要な部分をなす家族連帯ネットワークに伝染病が悪影響を及ぼさないように機能するのである。公的社会保障システムは，同時に貧困層に対して公共サービスが効果的であることを示した。現金が不足する農村経済を機能させ，均等な成長を容易にし，困難な経済改革を政治・行政手段で実現可能にするのである。

伝統的な社会保障は現状の維持を目指したものであり，隣近所の誰もが同じであればよしとするいわば「静的」な健康観・幸福権を特徴とする健幸の基準を保持するものである。初期の貿易商や宣教師よりもたらされたグローバル化

と植民地時代の遺産，後に続く近代的輸送システムと大衆通信網の発達は，新たな健康・幸福観の「グローバル」スタンダードを導入し，社会保障の枠組みに2つの概念を加えた。1つはグローバルな規範に適合するように生活水準を向上させる「促進」，そしてもうひとつは文化的規範に挑戦する「変革」である。後者は，支配する者と支配される者，女性と男性，人とその環境，資本の所有者と労働の提供者の間にある力関係に関連するものを含む。公的な社会保障システムは，共同体の感覚に対して増大する個人の自己の形成や拡大家族に対する核家族の概念の浸透により部分的に正当化された。この変化により，相互扶助と連帯のネットワークに依存していた伝統的な社会保障メカニズムは弱体化してきた。

公的な社会保障システムの発展におけるもう1つの重要な要因はHIV/エイズの壊滅的な影響だった。この伝染病はこれまで想像のつかない苦難を生み出した。従来の社会保障メカニズムや公的な社会サービスでは不十分であり，孤児の発生，孫の介護を背負う社会支援のない高齢者，子供の世話をする子供，慢性的に病気である多くの患者をはじめとし，もっとも生産性の高い24〜49歳の成人層の間できわめて高い死亡率からなる状況に対処できないことを示した。成人した子供の支援に囲まれて安らかに隠居することを期待していた高齢者は，「二重苦」に直面した。つまり，老齢支援システムが崩壊していくのを見ただけでなく，自身が介護を受ける必要にある時に孫に介護を行わなければならない状況に陥った。相互扶助ネットワークは共同体全員に降りかかった苦難を前に瓦解した。そこで，国民HIV/エイズ対策戦略の主要な形である無条件現金補助金の形で行われる社会保障は，伝染病の影響を軽減するのである。HIV/エイズ問題は同時に一夫多妻と妻相続などの文化的慣習を危険にさらした。男女平等の世界的な流れと一夫一妻を求めるキリスト教の宗教的価値観の確立とともに，これらの慣習は悪いレッテルを貼られてしまい，以前提供していた社会保障が機能しなくなった。

社会保障の波及効果

社会保障システムは貧困層のための公共サービスの機能を改善した。貧困層により多くの社会サービスを提供することで，人的資本の開発に大きな効果があることが示された。現金給付は社会サービスのための費用を間接的に生み出

すので，親は子供たちを学校に送り出し，子供たちの健康に気を遣うようになる。子息の通学，医療手当ての励行，食生活の改善を家庭が行うことで，子供の健康，教育，栄養面が改善される（Abdoulayi et al. 2015）。より健康でより長い教育を受けた子供は，より高い所得を獲得する可能性が高くなり，貧困に陥る可能性も下がる。このように，社会保障は貧困の世代間伝達を断ち切るための重要な政策手段である。

　社会保障は，対人関係や社会観念を変革する可能性もある。ジェンダー問題を例に取ろう。伝統的に，マラウイは家父長制社会であり，男尊女卑の傾向が非常に強い。男性は政界，実業界，家庭において支配的な地位を占める存在である一方，女性は所得，教育，健康の面で平均より劣っている（GoM 2014）。脆弱である女性を対象にした社会保障プログラムは，家庭や地域社会における男女関係を変化させている。女子は通学するようになり，世帯の所得，貯蓄，その他の経済的決定について女性が発言権を持つようになり，共同体運営構造のなかで女性の存在感がより大きくなった（Mtenje 2015）。社会保障による女性のエンパワーメントは世帯，共同体，国家の利益につながっている。

　社会保障はまた，世帯における子供の交渉力を変化させる可能性を秘めている。子供を対象として社会的な現金給付の使用条件を規定すると，家庭内の所得を子供向けの教育や保健サービスおよび子供向けの食料により多く支出するように仕向けることができる。ほかの手段で生み出された家計収入の場合，このような支出は困難だろう。

　公的社会保障プログラムは，成長が全体に行き渡るように配慮されている。現金給付を通してより高い所得を得た貧困層の需要を喚起し，地元の商品やサービスが売れる土壌を形成した。したがって，社会保障プログラムは事業収益性の改善，雇用の創出や賃金の増加に結びつき，地域経済を底上げする潜在力を持つ。現金給付のようなプログラムは，より多くの人々を貨幣経済の大きな流れに引き寄せる。このように，以前は経済活動に参加していなかった世帯も，より多くの納税で国庫に貢献することで社会保障の再分配機能のなかで大きな役割を果たし，国民全体の経済行動を誘導するために政府が使用する財政・金融政策の措置に反応するようにもなる。

　重要な経済改革を導入するにあたり，社会保障は政治的にますます大きな位置を占めるようになると見られている。たとえば，価格非表示で持続可能でな

い高価な商品やサービスの価格引き下げ，国民皆に行き渡るべき教育や保健サービスなどの補助金，燃料の無償配給，食料や農業生産のための補助金などが挙げられる。マラウイの場合，社会保障サービスの拡大やとりわけ現金給付プログラムが，2012年に固定為替レートから自由変動為替相場に移行した際に，貧困層へ及ぼす悪影響に対する緩衝材だと謳われたものだ（IMF 2012）。

社会保障提供への課題

　マラウイの社会保障プログラムは，実施に際して多くの課題に直面している。まず，プログラムの大部分を自律的に実施するための財源と技術力が不足していることである。マラウイは，正規賃金雇用に従事する国民の割合が低く，納税者数が少ないため，社会サービスに使える財源がおのずと限られる状況にある。また，拠出制社会保障方式へ参加できる国民も多くない。さらに，公共サービスの質が高くないことから，無償社会サービスがもたらすべき社会保障の成果の低下が懸念される。加えて，国民皆が貧困だと思っており，受給希望者数が社会保障プログラムの限界を越える恐れがある。したがって，プログラムを配給制にし，最貧困層の認定方式を整備する必要がある。ただし，プログラムの対象から外れた人々の妬みに発展する危険もあり，社会保障の実施が政治的に支持されないおそれもある。

　もっとも脆弱な社会層に対する基本的な社会サービスと社会援助を提供するマラウイ政府独自の財源は非常に限られている。現在のところ，予算の約40％が政府開発援助（ODA）により支援され，社会保障予算の90％以上をドナー諸国が拠出している状況にある。社会保障に当てられる国内原資がこれだけ少ないと，プログラムが将来継続できるのか見通しがつかない。社会保障政策が統一されているにもかかわらず，社会保障事業は外部資金のプロジェクトベースで運営されている。外国の技術支援はプログラム実施の原動力になっている。このように，政府には独自の技術的および財政的能力が欠如しているため，公共サービス枠組みでプログラムを制度化する余裕がほとんどないといえる。

　正規賃金雇用に従事している国民は10％に満たず，大部分は収入を自営業か不規則な臨時雇用に頼っている。したがって，雇用保険や老齢年金のような拠出制社会保障メカニズムが該当する国民の割合はきわめて低い。インフォーマル・セクターにある国民の大半が正規税制対象から外れるため，直接税を払

っていないことになる。つまり，国庫に貢献する国民の割合と無償公共サービスの恩恵を受ける国民の割合との間に大きな不均衡がある。インフォーマル・セクターの国民は，所得不安のなかで無保険という生活リスクに晒されており，社会保障のない状況では，問題が起きるとより深刻な貧困に陥る。

政府が提供する公共サービスのなかには，応募超過で，質が保障されないものがいくつかある。実施時に無償であっても，移動や購買などにかかる他の間接費用のせいで，これらのサービスがもっとも脆弱な社会層に届かないことがある。予算の制約のため，教育サービスを受ける者はしばしば学習教材を自費で購入する必要があったり，極端な場合，病院で診察を受ける際に患者は食料や薬を自ら購入しなければならないこともある。社会保障を受けるために，別の公共サービスを利用しなければならないことで，サービスの質をさらに悪化させるという状況はまったくの皮肉である。

一般に，貧困とみなされる国民が多いと，貧困プログラムは負担超過で機能しない。的を絞ることも必要であるが，誰もが貧しいと考える状況下ではそれも難しい。貧困は一時的よりもむしろ恒常的なものである。人々はしばし貧困に陥っては抜け出すという移動を繰り返すというように，貧困層と非貧困層の間の差は小さい。所得，消費，支出の詳細で検証可能なデータがない限り，ほぼ皆国民ターゲット方式は実に粗雑で恣意的な選定手段であるし，大部分の国民が資格を有する状況においては，対象外にする者を決めることはきわめて困難である。

社会保障プログラムの該当する範囲を制約すると，とくにプログラムの原資の大部分に貢献する中産階級から不満が生じるおそれがある。社会保障への取り組みが貧困層の福祉依存を生み出し，働く動機を削ぐと思われることもあるが（Kalebe-Nyamongo & Marquette 2014），事実ではない。実際に，社会保障は労働市場に参加するにあたり，貧困層の自信を高め，労働市場の活性化に資することが示されている。現金給付のおかげで，農業活動をより生産的にするために，世帯は土地や労働に投入する補完的購買ができるようになり，結果として貧困層は自分の菜園でより長時間の労働に携わることが可能になる（Abdoulayi et al. 2015）。基礎教育や保健サービスの無償化のような国民全体プログラムは，全員が恩恵を受けると捉えられており，異なる貧困層の市民から多くの支持を集めている。政治的にも大きな支持を得ているといえる。

4 社会保障の将来

　公的ではない伝統的社会保障のメカニズムは，社会経済環境の変化という流れのなかで，もはや同じ水準の保障を提供しえないが，公的社会保障がスキームを強化する役割はある。伝統的な社会保障機能の土台は連帯と互恵である。公的方式は，以前に困窮した者を再び互恵ネットワークに参加させ，そこから提供される社会保障の恩恵を受けさせることを可能にする。公的・非公的な社会保障システムの間にある相補関係により，社会保障プログラムの範囲は拡大し，各システムが受益者に提供しうる効果は高まるだろう。

　社会保障は，包括的な一連のサービスが貧困層や脆弱な社会層に提供される場合に，よく機能すると考えられている（UNICEF 2012）。したがって，社会サービスとして重要な社会保険と社会扶助で構成される社会保障の主要メカニズム間の連携を強化することで，よりよい結果が期待される。いくつもあるニーズと脆弱のカテゴリに対処する複数の事業を持つプログラムは，貧困と脆弱性に対してよりよい取り組みに結びつく可能性が高い。多くの人々が拠出制社会保障方式に参加できるようになったり，納税を通して間接的に貢献できるようになったりすれば，より大きな社会保障プログラムの提供を可能にする国内予算が増大する。社会保障プログラムが長期的に持続可能になることで，貧困から救い出されうる人々が増えるだろう。

参考文献

Abdoulayi, S. et al., *Malawi Social Cash Transfer Program Midline Impact Evaluation Report*, Chapel Hill, University of North Carolina at Chapel Hill, 2015.

Chirwa, E. W., *Macroeconomic Policies and Poverty Reduction in Malawi : Can We Infer from Panel Data*, Washington, Global Development Network, 2005.

GoM, *National Social Support Programme*, Lilongwe, Government of Malawi, 2012.

GoM, *Malawi country report : Implementation of the Beijing Declaration and Platform for Action* (1995), Lilongwe, Government of Malawi, 2014.

IMF, "Statement at the Conclusion of an IMF Staff Mission to Malawi", 2012 (http://www.imf.org/external/np/sec/pr/2012/pr12115.htm, 2014/3/30 閲覧).

Kadzamira, E. & Rose, P., "Can Free Primary Education Meet the Needs of the Poor?

Evidence from Malawi", *International Journal of Educational Development*, Vol. 23, No. 5, 2003, pp. 501-516.

Kalebe-Nyamongo, C. & Marquette, H., *Elite Attitudes towards Cash Transfers and the Poor in Malawi*, Birmingham, Developmental Leadership Program, 2014.

Mtenje, T., Gender Analysis of the National Social Protection Programme Malawi, Lilongwe, GIZ, 2015.

UNICEF, *Integrated Social Protection Systems: Enhancing Equity for Children*, New York, UNICEF, 2012.

van de Meeredonk, A., Cunha, N.; Juergens, F., *Social Protection Floor Financial Assessment and Costing of Policy Options Report for Malawi*, Lilongwe, International Labour Office, 2016.

（翻訳：木田剛）

第14章　南アフリカ
――「虹の国」への道のり――

網中昭世

1　アパルトヘイト廃絶後の風景

　1990年2月11日，人種隔離政策に対する解放闘争の指導者ネルソン・マンデラ（Nelson Mandela）が釈放された。南アフリカのアパルトヘイト体制によるマンデラの投獄は，1964年以来，26年間にも及んだ。マンデラが再会した妻ウィニー（Winnie Madikizela-Mandela）の手を取り，右手の拳を高々と掲げながら歓喜溢れる群衆に迎えられ，歩み出す姿は，南アフリカの将来に希望を抱かせるものだった。その様子は，世界中から集まった報道陣を通じて，反アパルトヘイト運動を支援してきた国々をはじめ，国際社会に伝えられた。南アフリカ政府がアパルトヘイトを廃絶したのち，1994年に同国史上初めて全人種が参加した総選挙では，マンデラが大統領に選出された。反アパルトヘイト運動の象徴であったマンデラは，新生南アフリカの象徴となった。そのリーダーシップのもとで，南アフリカは，全人種・民族が融和する「虹の国」となることを目指した。

　それから十数年が経過した2008年5月，南アフリカ社会に衝撃が走った。ヨハネスブルグの旧黒人居住区タウンシップの1つであるアレクサンドラで，南アフリカのアフリカ人が外国籍とみられるアフリカ人を標的とした襲撃事件が発生した。襲撃はほかの主要都市にも拡大し，襲撃事件に乗じた略奪行為も発生して，南アフリカ人自身も被害者となった。最終的に推定2万人が国内避難民となり，3万人以上の移民が近隣の出身国へと一時的に退避した。人種対立を終わらせた南アフリカで，アフリカ人同士の大規模な暴力が発生したのである。

　アパルトヘイト廃絶後初代の大統領となったマンデラは，1999年に大統領の職を1期のみ務めて潔く退き，2013年12月5日に死去した。南アフリカの

象徴的存在であったマンデラの葬儀は国葬として執り行われた。葬儀に際しては国内外の多くの人々がその死を悼みながら，あらためて反アパルトヘイト運動の歴史を振り返り，マンデラの功績を讃えた。

しかし，それから1年余りが経過した2015年には，再び外国人排斥が発生した。2015年の外国人排斥のきっかけとなったのは，ある企業で南アフリカのアフリカ人が解雇され，代わりに雇用されたのがアフリカ系の外国人だったという出来事だった。アパルトヘイトという過去の忌まわしい経験を踏み台にして，民主的社会の構築に向けて邁進しているはずの南アフリカで，なぜ外国人排斥という形で暴力が発生してしまったのか。2008年，そして2015年に再び外国人排斥の発生したとき，南アフリカ人自身がそう問いかけ，暴力を批難しながらも同時に，多くの人々が起こるべくして起きた事件だと感じていた。なぜならば，南アフリカの大多数のアフリカ人の間には，アパルトヘイト廃絶に際して抱いていた社会経済環境の改善に対する期待が裏切られたという失望感が漂っていたからだ。

アパルトヘイトの廃絶から20年以上が経過した現在，こうした暴力を引き起こしている南アフリカの社会はどのような課題を抱え，それに挑もうとしているのか。この問題に答えるため，本章では，まず，過去のアパルトヘイト政策を概観し，同時代に抵抗した人々の活動の足跡をたどる。そして，アパルトヘイト廃絶後の南アフリカ社会の取り組みと，周辺地域との関係性の変化について論じ，現代南アフリカの置かれた立場を明らかにする。

2 アパルトヘイトの起源と変遷

人種隔離政策の前史

アパルトヘイトは，南アフリカ社会の構成員を白人と黒人，その狭間に位置するカラードに分類し，白人の社会経済的優位性を保つために，黒人および「カラード」と分類された人々のあらゆる政治的権利を剥奪した政策であった。僻地に設定された黒人居留地ホームランドは過剰人口を溜め込み，都市に出ればホームランドから来た「外国人」として扱われるアフリカ人労働者は，南アフリカの法律で保護されることなく搾取された。こうした体制に反発する人々は，その体制を覆すための政治活動すら禁じられ，最終的には，人種差別国家

対テロリズムという形で暴力を用いて応酬することになった。本節では，その政策を生んだ各時代の社会経済的要求をふまえ，過去のアパルトヘイト政策の変遷を概観する。

狭義のアパルトヘイトは，南アフリカの白人のなかでも，オランダ系移民の子孫からなるアフリカーナー民族政党である国民党（National Party）が「分離」を意味するこの言葉を掲げて政権与党となった1948年の総選挙以降を指す。それに対して，より広義に，白人の社会経済的優位性を保つ仕組みとしてのアパルトヘイトは，その源流を20世紀初頭から本格化した金鉱開発に求めることができる。まず，ここでは白人対アフリカ人という人種対立を生み出す以前に存在した，オランダ系移民アフリカーナーと英国系移民の対立について説明しておく必要があるだろう。

南アフリカにおけるオランダ系移民アフリカーナーと英国系移民の対立の起源は，17世紀半ばにオランダ東インド会社が設立したケープ植民地に続き，その地が英国領植民地となった18世紀末にさかのぼる。アフリカーナーは，農業を生業とし，ケープ周辺の先住民であるコイサン，アジアから導入したマレー系の人々を奴隷として農業労働力を確保していた。ケープ植民地が英国領となったのは，まさに英国が主導する奴隷貿易・奴隷制廃止運動が活発化する時期であった。英国支配を嫌ったアフリカーナーは，1830年代からより内陸に「グレート・トレック」と呼ばれる移動を開始し，1854年にオレンジ自由国，1852年にトランスヴァール共和国を建国した。同時期にアフリカーナーは，文化的にもオランダ改革派の教義をもとに独自の選民思想に基づく民族主義を発展させた。

しかし，稀少な鉱物資源の相次ぐ発見は，否応なしに同地の統治をめぐる政治的関心を呼ぶことになった。1867年にオレンジ自由国のキンバリーでダイヤモンドが発掘されたのち，同国は1871年に英領ケープ植民地に編入された。また，トランスヴァール共和国も1877年に英国に併合され，1881年に一度は独立を回復するが，1886年に金鉱脈が発見されると，政治的対立から南アフリカ戦争（1899〜1902年）が勃発し，アフリカーナーが敗北して最終的には南アフリカ連邦に併合された。

また，英国はトランスヴァールで金鉱脈が発見された翌1887年に近郊のズールー王国も併合している。英国支配下に置かれたアフリカ人農村社会には税

金が課され，貨幣経済が浸透すると，多くのアフリカ人男性が女性や子供を農村部において鉱山や都市に出稼ぎに出た。英国とズールー王国と同様の関係は，当時植民地化の進む南部アフリカ地域の随所で見られ，とくに初期の鉱山開発には，数十万人規模の労働力を必要としたため，南アフリカのみならず南部アフリカ全域からアフリカ人男性が集められた。

とりわけ大規模な導入が図られた地下労働者については，労働力不足に起因する賃金の上昇という問題が経営者にはつねに課題となっていたため，鉱山業界としてこの問題に取り組んだ。個別の鉱山会社の間で労働力の獲得競争が起こり，労働者の賃金が引き上げられるという結果を回避するために，多数の会社が参加する鉱山会議所を設け，一元的に労働力の調達に当たった。さらには，恣意的に異なる労働者集団を導入し，新規に導入された集団に対して安価な賃金を設定することで，既存の労働者の賃金を抑えることを試みた。こうして20世紀初頭，南アフリカでは世界の金の半数を産出するに至る。

南アフリカ戦争は，その後のアパルトヘイトの素地をつくるという役割も果たすことになった。アフリカ人の土地において，白人の2派が争うという構図は，アフリカ人の目にも白人支配者が一枚岩ではないという事実を晒すものだった。英国とアフリカーナーという2つの白人支配集団は，戦後の政治的和解をもって亀裂を修復し，共通の敵であるアフリカ人を隔離し，資源を収奪していく体制を確立するのである。勝者である英国も，当時の白人人口の3分の2を占めるアフリカーナーを懐柔しないわけにはいかなかった。これが戦後の移行期間を経て，1910年に英国連邦の一部として南アフリカ連邦が成立した背景である。

労働空間から社会空間への拡大

南アフリカ戦争後，政治的には英国系白人とアフリカーナーが和解したものの，黒人が圧倒的多数を占める南アフリカ社会のなかで白人でありながら没落し，困窮化するアフリカーナーが現れた。もともと農業を生業としていたアフリカーナーが戦後，土地を失い，都市に流入し，最終的には困窮する状況が「プア・ホワイト問題」として懸念された。この問題を解消するために施された救済策が，広義のアパルトヘイトとして捉えられる20世紀前半の人種隔離政策の骨子となる。

それは当時の基幹産業であった鉱山業からはじまった。鉱山労働法（1911年），通称「ジョブ・カラーバー」によって鉱山業における職種や賃金を人種別に制限し，アフリカ人が熟練労働に就くことを妨げ，賃金を低く抑えたのが代表的な例だ。1926年の産業調停法は，白人労働者の保護を目的とした保護立法であり，アフリカ人労働者にはストライキ権も含めた交渉権は与えられず，法によって保護されることもなかった。

また，南アフリカ政府は，安価なアフリカ人賃金労働者を必要とする産業界の要望に応え，アフリカ人の生活を支えていた土地資源へのアクセスを制限した。1913年原住民土地法および1936年の原住民信託土地法を通じて南アフリカ政府は，国土の7％をアフリカ人の居留地と定め，アフリカ人が居留地外で土地取得や保有，貸借することを禁じた。これらの土地法によって，南アフリカの土地に対する所有権は人種ごとに制限され，国土のわずか13％の土地が当時の人口の7割を占めるアフリカ人の土地，原住民居留地に指定された。アフリカ人は労働力として都市や白人の生活空間に立ち入ることを許されるが，生活者としては隔離された。人口過密となった原住民居留地では，農業によって生計を立てることはもはや不可能となり，アフリカ人世帯からはより多くの者が出稼ぎに出ることになった。

生み出された多くのアフリカ人賃金労働者は，第2次世界大戦中の戦時特需によって南アフリカ国内の雇用が拡大したこともあって，結果的に熟練労働にも進出することになった。戦時は，南アフリカとヨーロッパをつなぐ物流が途絶え，同時にさまざまな物資を供給する側であったヨーロッパの産業が破壊され，逆に南アフリカがその需要を満たす一翼を担うようになっていた。戦時中に南アフリカの経済は，従来の農業と鉱物資源開発のいわば1次産業一辺倒の産業構造から2次産業を発達させ，多角化を遂げていた。

そして，白人同士の対立の妥協の産物として生まれた初期のアパルトヘイト，とくに土地法が，皮肉にもアフリカーナーへの新たな脅威の根源となった。アフリカ人は，土地法によってわずかに与えられた土地からも人口圧力によって押し出され，都市部に流入し，戦時中に拡大した雇用を経た。その一方で，第2次世界大戦のはるか以前に「プア・ホワイト問題」への対策としてはじまった人種隔離政策にもかかわらず，英国系とアフリカーナーの経済格差は縮まらなかった。戦後，増大したアフリカ人労働者階級は，アフリカーナーにとって

は社会階層の下層からアフリカーナーを脅かす脅威として捉えられた。

国民党政権下の政策強化

　この状況を利用したアフリカーナーの民族主義政党である国民党が，1948年の白人だけの総選挙でアパルトヘイトを掲げ，過半数を獲得して国民党政権が成立した。国民党政権は，白人とアフリカ人は別の「分離発展政策」を掲げてアフリカ人を10個の民族集団に分け，民族ごとの領土と政治的代表権を与えてホームランドあるいはバンツースタンと呼ばれる「独立国」とする方針に沿い，異人種間の混交を禁止した雑婚禁止法（1949年）ならびに背徳法（1950年）を設け，人口登録法（1950年）によって人種分類の基準を定めた。そして，これらを基準に，分離施設留保法（1953年）では公園，公共交通機関，飲食店，学校等々の公共空間をことごとく人種別に隔離した。また，先のホームランドには，バンツー自治法（1959年）によって自治権を付与し，バンツー・ホームランド市民権法（1970年）によって「独立」させた。

　ホームランドの「独立」は，1960年前後からほかのアフリカ植民地が相ついで独立していったことに対する詭弁的な措置であった。実際には，農耕にも牧畜にも適さぬ辺境に位置したホームランドの「独立」によってアフリカ人は，南アフリカ人としての市民権を与えられず，経済的には南アフリカに依存するほかない「外国人労働者」として搾取されるのであった。これらの独立ホームランドは，いずれも国際社会から認知されることはなかった。1983年に南アフリカの研究者と反アパルトヘイト活動家によってまとめられた報告書『南アフリカにおける強制移住』によれば，強制移住がもっとも盛んに行われた1960年から83年の23年間に移住を強いられた人々は，推定345万8900人にも及んだ。それは1980年当時の南アフリカ人口の12％に相当した。

3　抗う民衆の歴史

人種主義国家による法の支配

　前節でみたとおり，アパルトヘイト国家は，人種差別的な多数の法律によってそこに住む人々の行動を制限した。当然ながら不条理に行動を制限される人々は，国家の定めた法には従おうとはしなかった。しかし，人種差別に抵抗

する人々が,たとえ今日的観点から正当な主張をしていたとしても,その行為は,当時のアパルトヘイト国家の法に照らして合法・非合法の判断が下された。法をつくる国家の人種主義的性質に鑑みれば,法に照らした司法の判断と,法と司法の機能の正当性は別の問題として考える必要があるだろう。いずれにしても,南アフリカのアパルトヘイト体制に抗う人々は,その体制の当初からさまざまな形で活動した。抵抗運動はしばしば,南アフリカという1つの国の領域に留まらず,隣国や近隣地域,そして国際的な人々の交流のなかで支持をとりつけ,活動を展開していった。本節では,前節で挙げた各法制度を参照しながら,それと対になる形で,アパルトヘイト体制に抵抗した人々の活動に焦点をあてる。

植民地経済開発と労働者

　アパルトヘイトの原型が,20世紀初頭の基幹産業であった鉱山業からはじまったことはすでに述べたが,時をほぼ同じくして,抵抗は労働運動という形で現れていた。白人入植者の開始した資源開発の場は,賃金労働者となった多くのアフリカ人との日常的かつ長期的な利害対立の空間であった。資源開発を行う産業界が,開発費用を抑えるために,年間数十万規模で導入されるアフリカ人労働者の賃金を引き下げようとすれば,アフリカ人労働者は容易に労働市場から撤退した。具体的には,1926年の産業調停法によってアフリカ人のストライキ権が否定されていなかった時代には,ストライキという形態をとることもあったし,個人による逃亡という場合もあった。後者の場合には,労働契約を結んだはずのアフリカ人労働者も,労働条件に不満を抱いたり,郷里が農繁期になったりすれば,容易に鉱山から帰郷してしまうのであった。鉱山会社にしてみれば,それは契約違反の逃亡であり,労働者の徴用のために支出した費用が無駄になり,ますます人件費がかさむ一方で生産性が伸びないという悪循環に陥る問題であった。

　そのために,産業界を代表する南アフリカの鉱山会議所が,労働力の調達を一元化する一方で,労働者の管理を厳格化していった。その過程で,南アフリカ領内のアフリカ人のみならず,南部アフリカ全域から移民労働者を大々的に導入した。南アフリカ領外の遠隔地から——実際には500キロ離れたポルトガル領モザンビークから1500キロも離れた英領マラウイまで幅広く——わざ

わざ移民労働者を導入するには相当の理由があった。

　遠隔地出身の移民労働者には，鉱山会議所が南アフリカ鉱山までの交通手段を提供した。逆に言えば，その交通手段なくしては個人の帰郷は前途多難であるから，逃亡のリスクは低くなると考えられた。さらに，鉱山会議所と労働契約を結ぶアフリカ人は，家族の同伴は許されず，単身男性が鉱山地帯に設けられたコンパウンドと呼ばれる閉鎖的な宿舎で生活し，コンパウンドでの生活や外への移動は厳しく管理された。コンパウンド形式による移動の管理は，キンバリーのダイヤモンド鉱山開発の時代に原石の盗難を防ぐために採用されたものであったが，トランスヴァールの近郊地帯では，労働者の管理と逃亡を防ぐために採用されたのであった。雇用契約期間も12ヵ月から18ヵ月に設定され，契約期間満了後は郷里に返され，人口の再生産のために最低6ヵ月間滞在した後に，健康上の問題がなければ再契約を結ぶ。

　多くのアフリカ人男性は，生涯を通じて複数回の契約を結ぶことになった。鉱山会議所と労働契約を結ぼうとするアフリカ人男性には，同時期に進行する植民地支配のもと，各々の出身地で植民地政府から課せられた税金を支払う必要があったために，選択肢は多くはなかった。納税を怠れば，自らが投獄され，しばしば低賃金か無給で，道路や港湾といったインフラ建設のための労働者として動員されるか，家族が代わって投獄された。

　遠隔地からの移民労働者の導入に加えて，産業界からの圧力を受けて南アフリカが制定したのが1913年以降の土地法である。郷里が農繁期になれば帰郷してしまうような南アフリカ領内のアフリカ人も，「郷里」とは無縁の狭隘な原住民居留地を設定し，そこで人口過密ゆえに営農が成り立たなくなれば，賃金労働者とならざるを得ない。そして，南アフリカ領内の原住民居留地も，南部アフリカ遠隔地の移民労働者を送出した地域も，鉱山労働者とその家族の社会的費用──1人の人間が労働者として職に就くまでの養育費と，退職以降の老後を支える社会福祉にかかる費用──を負担する労働力供給地とされたという点では同じであった。

　こうして，南アフリカのヨハネスブルグ周辺の鉱山地帯には，南アフリカのみならず，南部アフリカ全域から，鉱山の過酷な地下労働に耐えうると判断されたアフリカ人男性が集められた。ヨハネスブルグ周辺は，金が発見された1887年時点では人口3000人程度を抱える採掘キャンプにすぎなかったが，南

アフリカ戦争直後にその人口はおよそ10万人を超え，そのうちおよそ7万人がアフリカ人労働者であった。労働力を確保するためには大規模なアフリカ人人口が必要だが，それは同時に白人人口にとっての脅威となりえた。だからこそ，鉱山会社の側も，労働者の単なる逃亡だけでなく，日常的な生活を可能な限り管理しようとした。半ば猜疑心に捕われた白人支配者層は，しばしば発生する疫病に対する対策として，公衆衛生上の理由をつけてはアフリカ人を白人の空間から隔離した。さらにはアフリカ人の民族の区分を恣意的に強調し，アフリカ人社会を分断することを試みた。

社会空間の変容と思想の受容

　一方，アフリカ人の視点から見れば，ヨハネスブルグ周辺の鉱山地域は，多様なルーツを持つ一定年齢のアフリカ人男性が，人生のもっとも活動的な一時期を過ごす社会空間となっていた。移動を制限され，鉱山とコンパウンドの往復に終始しがちな日常ですら，刺激に満ちていた。ほかの民族集団の存在を意識しつつも，時に共有すべき課題を見出し，労働争議へと発展させることもあった。また，数少ない週末の余暇として許されたキリスト教教会活動での活動は，その教義自体のみならず，むしろ聖書を通じた文字・識字能力の会得，ひいては英語の習得を通じた白人の情報源へのアクセスといった面で，アフリカ人の意識に計り知れない影響を及ぼしていた。

　折しも勃発した第1次世界大戦では，南アフリカのアフリカ人がヨーロッパ戦線に動員され，ドイツ領東アフリカ（現タンザニア）周辺で東アフリカ戦線が繰り広げられ，アフリカ大陸各地から100万人以上のアフリカ人が従軍を強いられた。従軍したのは，鉱山労働契約を結ばざるを得ないのと同様の理由による。南アフリカ戦争以来，再び起きた白人同士の戦争にアフリカ人が動員されるという不条理に，当然ながらアフリカ人社会のなかでも反発が起きた。

　たとえば，英国領ニアサランド（現マラウイ）のアフリカ人牧師ジョン・チレンブウェ（John Chilembwe）が率いたチレンブウェの武装蜂起（1915年）がある。この運動では，米国留学中に黒人解放運動に接した主導者が，キリスト教という西欧的価値観と英語による論法を身に着けながら，帰国後にアフリカ人の立場を代表して白人の戦争へのアフリカ人の動員に反対を訴えたものである。東アフリカ戦線では，英国軍の側に従軍した111万8000人以上のアフリカ人

のうち，推定およそ9万5000人が死亡もしくは行方不明となった。無事に前線から戻った人々は，除隊後，白人には支給される軍人恩給がアフリカ人には支給されないといった差別に不満を募らせていくことになる。

そうした不満が解消する間もなく，ヨハネスブルグ近郊のアフリカ人鉱山労働者たちは，労働空間特有の経験を遂げていくことになる。それは，1922年に鉱山地帯で起きた白人労働者によるストライキとその暴力的鎮圧である。ここで特筆すべきは，白人労働者のストライキに対して南アフリカ政府が国軍を動員し，空爆をしてまでも沈静化を図ろうとした事実である。

南アフリカでは，1912年にアフリカ民族会議（African National Congress：ANC，1923年設立）の前身となる団体が設立され，1919年にはニアサランド出身の移民労働者クレメンツ・カダリー（Clements Kadalie）が指導者となってのちの産業商業労働者組合（Industrial and Commercial Union：ICU）が結成していた。ICUの運動は，前述のチレンブウェの蜂起とは異なる労働運動ではあったが，同時代に米国で展開されていた黒人解放運動からも影響を受けて展開した点は共通している。それぞれの運動が，地域横断的な移動と密接に関連していた。

さらに，1922年ストライキの前年には，1917年に起きたロシア革命の影響を受けて，南アフリカ共産党が設立されていた。南アフリカの白人政権が1922年に白人労働者の労働運動を鎮圧する際に用いた暴力は，人種を越えた労働者階級の連帯を謳う社会主義的思想の存在に怯えていたことの裏返しであった。南アフリカ政府はこの後，1937年移民法で共産主義者の入国を禁じている。それでも，一度，南アフリカ社会に根付いた労働運動の種は，内外からの影響を吸収し，芽吹くことを止めなかった。1939年から48年の間にヨハネスブルグ近郊の鉱山地帯では100件以上の「騒乱」が報告されている。

4　国際的な連帯の時代

南部アフリカにおける地域機構の原型

第2次世界大戦直後にアジア植民地が独立した後，アフリカでは1957年にガーナが独立したことを皮切りに，植民地の独立が相次ぎ，1960年は「アフリカの年」と呼ばれた。ところが，その国際的な流れに逆行するかのように，南アフリカでは同年3月に抗議運動をした群衆に対して警察が発砲し，69名

が亡くなり，200名近くが負傷するというシャープヴィル虐殺事件が起きた。これに対して国内各地で抗議運動が行われたが，南アフリカ政府は，さらにおよそ1万8000人を拘留し，非常事態宣言を発令したうえに，運動を主導したANCおよびパンアフリカ会議（Pan-Africanist Congress, 1959年ANCから分裂して設立）を非合法化した。この事態は国際社会にも重く受け止められ，国際連合の安全保障理事会が虐殺を批難する決議を可決した。なお，その決議の際にはフランスと英国が棄権している。

シャープヴィル虐殺事件の翌年，南アフリカ連邦は共和国宣言を行い，英国連邦から脱退し，アパルトヘイト体制を以前にも増して強化した。マンデラが逮捕されたのもその直後，1962年である。1960年代，南アフリカの反アパルトヘイト運動は困難な局面を迎えるが，政府の取り締まりを逃れるために，多くの活動家が国外に亡命して活動を続けた。抵抗運動を続ける南アフリカの活動家を政治活動の面でも，生活の面でも支えたのは，南アフリカよりも先に独立を遂げたアフリカ諸国や，反アパルトヘイト運動を支持する非アフリカ諸国であった。南部アフリカ地域では，1961年にタンザニア，1964年にマラウイ，ザンビアが独立していた。

その一方，同じ南部アフリカ地域にあっても，白人入植者社会の存在という国内的要因，あるいは東西冷戦という国際的要因によって独立が遅れた植民地も多かった。ジンバブエでは1960年代から独立を目指した解放闘争が行われていたものの，白人入植者社会を抱えていただけに，独立に至る障壁は高かった。1965年には南アフリカに並ぶかのように共和国宣言をし，人種差別政策を進め，独立は1980年まで遅れた。

ポルトガル領モザンビークおよびアンゴラは，宗主国のポルトガルが北大西洋条約機構の創設（1949年）メンバーとして，米国から中東への給油基地となる軍事基地用地を提供していたために，ポルトガルにおける長期の独裁政権も，植民地の保有も，事実上，黙認されていたに等しかった。モザンビークおよびアンゴラが独立に至るのは，ポルトガル独裁政権がクーデターによって崩壊した翌年の1975年となった。両国は独立後，マルクス・レーニン主義を掲げた社会主義国となった。

南アフリカも含め，いまだ植民地支配下にあった国々の解放闘争運動の指導者たちは，早々に独立して社会主義を掲げたタンザニアや，ザンビアなどの周

辺諸国に亡命し，祖国の独立運動の一翼を担った。先に独立を遂げていた国々は，いまだに白人支配体制が残る国々に対する解放のための前線という意味で「フロントライン諸国」と呼ばれた。これには，続いて独立した国々も加わり，1980年以降，アパルトヘイト体制を維持する南アフリカに政治イデオロギーとしては真っ向から対立しながらも，経済的依存を余儀なくされる状況をいかに克服し，新興諸国の経済社会開発を行うべきかという課題を分かち合う場となった。これが今日の南部アフリカ開発共同体（Southern African Development Community：SADC）の原型である。

国際関係のなかのアパルトヘイト

南部アフリカの新興諸国の多くが，国づくりの方針として社会主義を選択した。それは，この思想が，植民地期の政策によって分断された民族主義や人種主義を克服するための枠組みを提供すると期待されたからであった。そして思想を同じくしながら，亡命を余儀なくされる南アフリカの反アパルトヘイト運動家たちを受け入れた。亡命者は ANC のアフリカ人活動家のみならず，当時の南アフリカでは肌の色に関係なく処罰の対象であった南アフリカ共産党員の白人活動家も含まれていた。

代表的な人物として，南アフリカ共産党の書記長を務め，後のマンデラ政権において住宅大臣を務めたジョー・スロヴォ（Joe Slovo 1926～95年）とルース・ファースト（Ruth First）夫妻が挙げられる。スロヴォは，リトアニア出身のユダヤ系移民の2世という出自を持ち，彼のなかで，国民党政権に加担することは，ホロコーストの「論理」を認めることに直結していた。スロヴォは，1963年から1990年まで政治活動を理由に英国，モザンビーク，アンゴラ，ザンビアに亡命し，政治活動を続けた。没後は，多くのアフリカ人民衆に見送られながらヨハネスブルグ近郊に位置するソウェト（South Western Township：SOWETO）と呼ばれる旧黒人居住区タウンシップの墓地に埋葬された。

また，同じくユダヤ人のファーストも，ANC の支持者であり，反アパルトヘイトの活動家であったために，1963年に白人女性として初めて拘留され，翌1964年以降，英国，タンザニア，モザンビークに亡命し，政治活動を続けた。しかし，1983年に当時の勤務先であったモザンビークの大学に南アフリカ秘密警察の送りつけた郵便爆弾によって殺害された。（後述する真実和解委員

会 (Truth and Reconciliation Committee: TRC) の審査の結果, 2000 年に実行犯には恩赦が与えられた。)

　こうした例からも分かるように, 南アフリカは, 社会主義を掲げて反アパルトヘイト運動家たちに支援を差し伸べる隣国を, 自らの体制を揺るがす脅威と捉えた。人種主義体制を維持する南ローデシアと南アフリカは, 新興国を転覆させるために「不安定化工作」と呼ばれる反政府勢力の軍事的支援, 直接的攻撃を続けた。とりわけ, 南ローデシアと南アフリカと国境を接するモザンビークとアンゴラでは, 南アフリカを含めた東西両陣営の双方が介入を続け, 東西冷戦の「代理戦争」という性格を持つ内戦が繰り広げられた。これらの紛争は, 東西冷戦後に東側陣営の後ろ盾をなくした後も泥沼化し, モザンビークにおいては 1992 年まで, アンゴラでは 2002 年まで続いた。

　非合法化された ANC や共産党メンバーが亡命先での活動を余儀なくされる一方, 南アフリカ国内に留まったメンバーは地下活動を継続したし, 新たに活動を担う世代も誕生していた。学生運動家であったスティーブ・ビコ (Steve Biko) が抑圧された民衆に意識改革を呼びかけた「黒人意識運動」は, 白人支配優位の社会によって劣等感を植え付けられていた学生たちに広く支持された。その運動は, タウンシップの中高生が担い手となったソウェト蜂起 (1976 年) に少なからぬ影響を及ぼした。アパルトヘイト体制に対する抵抗運動は, ことごとく非合法と判断され, 新たな抵抗運動が生まれれば, それを非合法とするための立法化が進むという一進一退の連続であった。活動家は投獄され, 尋問に際して拷問を受け, 獄中で命を落とすものも多かった。ビコも, 1977 年に 30 歳の若さにして投獄後の拷問の末に亡くなった。

　南アフリカ政府による弾圧と反アパルトヘイト運動家ならびに民衆の抵抗運動の応酬は, 1980 年代にピークを迎えるが, 体制維持を一義的に行動する南アフリカ政府の姿勢は, 国内からつねに支持を得られていたわけではなかった。近隣諸国にまで介入する不安定化工作には莫大な軍事費を要したし, 国内の白人のための治安維持は財政負担となる一方で, アフリカ人の賃金は依然として低く設定されているために, 国内の消費市場は拡大せず, 労働生産性も伸び悩んだ。経済的にみても非効率なアパルトヘイト体制は, 白人が担う経済界からも見限られつつあった。

　そして同時期の国際情勢の変化は, 南アフリカ政府とその利害関係者に, 否

応なしに南アフリカの近い将来について考えさせた。それは,東西冷戦の終結を象徴するベルリンの壁の崩壊(1989年)とソビエト連邦の解体(1991年),これに触発された東欧の民主化,なかでもユーゴスラビアの国家の解体過程で起きた内戦であった。強権的体制が崩壊した後,民主的体制が確立するまでの期間に政治が不安定となり,その末に隣人同士が殺し合うという状況は,南アフリカ人にとって他人事とは思えなかった。

5 民主化後の取り組み

民主的社会の産みの苦しみ

1990年に釈放されたマンデラが民衆の歓喜によって迎えられたことは冒頭で述べたとおりである。しかし,マンデラの解放が,南アフリカ社会のすべての問題を解決するわけではなかった。マンデラが釈放されてから1994年の総選挙を通じて公に国民党の単独支配に終止符が打たれ,ANC政権が樹立するまでには4年間の政治的な空白期間が存在した。その間にまず,アフリカ人政治勢力同士の政治的暴力が頻発した。ズールー民族主義者による集団インカタ(Inkatha, ズールー語で「王」を意味する)がANC支持者の市民を殺害し,それに対する報復が繰り返された。南アフリカ人種関係研究所は,この政治暴力による死者数が,1990年から94年までの間に1万6022人に達したと報じている。また,体制の終焉にともない,白人支配と黒人の被支配という権力関係の構図が反転すれば,当然ながら白人優位の社会が国家によって保たれることはもはやない。これを案じ,さらに1994年以降の20年で,推定44万人の白人人口がアパルトヘイト末期から国外へと流出したことは確かだった。

1994年の総選挙直前までアフリカ人同士の政治的暴力を経験してきただけに,マンデラ政権の誕生当時,南アフリカ社会は期待と高揚感に満ちていた。アパルトヘイトの廃絶は,それまでの白人支配による事実上の植民地支配の終焉,いわば「独立」といっても過言ではなかったし,人種の別を問わず,暴力の蔓延した社会に疲弊したすべての人々が,その抑圧感から解放されることを望んでいた。

実際に,南アフリカの「独立」は,入植者やその子孫である白人を追放して黒人国家を建設するというものではなかった。1994年の総選挙で大統領に選

出されたネルソン・マンデラは，現実的に，アパルトヘイト後の南アフリカには，それまでに築かれてきたアフリカ随一の経済力と，その担い手であった国内の白人社会が必要であることを十分に理解していた。そこで，マンデラ政権の樹立後は，人種対立の過去を克服して，共生可能な社会を創るためのさまざまな取り組みが行われた。

南アフリカの挑戦とさらなる課題

その1つが，1996年から2000年の間に行われた国家プロジェクト「真実和解委員会（Truth and Reconciliation Committee：TRC）」の活動であった。「真実は和解への道」という崇高な理念を掲げたこの委員会の活動は，アパルトヘイト時代の対立に関する証言を聴取し，加害者と被害者が赦し合うことを目指すものであった。そして加害行為が政治的理由に基づくものであったと認定された者は，それ以上の訴追を免除するという形で特赦が与えられた。委員会による審理の対象には，政治家からごく普通の人々まで含まれ，公聴会の様子は連日テレビやラジオを通じて伝えられた。委員会によって聴取された証言者の数は2万1300人，審理の件数は7100件にも上った。その末に新生南アフリカの人々は和解を果たしたのかといえば，かならずしもそうではなかった。公聴会の場で，アパルトヘイト時代に特権を享受していた白人たちが時代背景を盾にして自己弁護を行うにつれ，多くの人々が「和解」が必要であると感じながらも，「和解」に対して無関心になっていった。それでもなお，体制の終焉を政治家レベルの合意で締めくくるのではなく，忌まわしい過去を直視するという困難な課題に国民レベルで取り組んだことは事実である。

過去の人種対立を克服し，共生可能な社会をつくるという課題への取り組みは，マンデラ政権の経済政策においても具体化された。1994年当時，南アフリカ社会の失業率は20％，さらに求職意欲を失って求職活動をしない人々も含めるとその数値は36％にも上り，白人とアフリカ人1人当たりの経済格差は11.8倍に及び，アフリカ人人口のおよそ6割が貧困ライン以下の生活を強いられていた。こうした差別を是正するために，マンデラ政権は，アファーマティブ・アクションをとり，アパルトヘイト期に不利な立場に置かれていたアフリカ人，女性，障害者などを，それまで白人が支配してきた経済の主要部門に積極的に登用し，昇進を促した。この取り組みが総じて「黒人経済強化

（Black Economic Empowerment：BEE）政策」と呼ばれた。

　BEE政策は，ブラック・ダイヤモンドと呼ばれるアフリカ人の新興中間層を生み出した。ブラック・ダイヤモンドのなかでもとりわけ目立つ富裕層は，旧白人居住区や新たに郊外に開発された「ゲーテッド・コミュニティ」に住み，ブランドもののスーツに身を包み，高級車を乗り回すというような生活を送る。こうした人々は，民主化の際に既存の白人大企業の子会社を譲り受けるか，合弁事業のパートナーとして複数の企業の役員を兼任するなどして，資産を築いた少数の富裕層である。こうした一部の富裕層は，既存の，つまり白人主導の経済界のイニシアティブによる黒人起業家の育成の流れのなかで誕生したのである。

　ケープタウン大学のユニリーバ研究所は，ブラック・ダイヤモンドを，平均月収6100ランド（2010年当時約7万円）以上のアフリカ人層と定義し，その数は2005年の200万人から2008年には389万人と推計されている。その規模は，当時の総人口の6.2％にすぎないが，このアフリカ人中間層は2007年初頭の時点でアフリカ人の全購買力の54％を占めていた。

　しかし，これらの数値は，裏返せば，依然として人口の大半は，これらの経済政策の恩恵を受けられずにいるということを示している。OECDによれば，南アフリカの所得格差を表すジニ係数は，2008年に0.62であったが，2013年には0.70へと悪化している。経済格差が拡大する状況のなか，当然ながらアフリカ人貧困層は，期待を裏切るANC政権に対する不満を募らせていた。いまやANC政権は，過去の経済的不平等を解決できていないだけでなく，アフリカ人貧困層の抱える不満を助長する新たな人種内の不平等，すなわち，ポストアパルトヘイト社会における社会経済的な格差を生み出す政策を採用してきた当事者であった。南アフリカのアフリカ人貧困層が引き起こすアフリカ系外国人に対する排斥は，アパルトヘイト廃絶時に約束されたはずの住宅，失業，貧困，人種間の不平等といった未解決の問題に対する不満が，アフリカ系外国人に向けて噴出したものだ。こうした暴力の発生は，これらを未だ解決できていないANC政権に対する「督促状」である。

第Ⅱ部　アフリカ諸国の課題

6　アフリカの一国としての歩み

域内大国としての南アフリカ

　現代の南アフリカ社会は，同国のアフリカ人貧困層から見れば，未だにアパルトヘイト廃絶時の約束が果たされない不満の募る社会である。しかし，それでもなお，南アフリカ社会は，アフリカ大陸のほかの多くの国々と比べれば，さまざまな機会に恵まれた魅力的な社会である。それは，経済的機会や教育的機会であることもあれば，アパルトヘイト廃絶に裏打ちされた政治的な自由であることもある。そのために，南アフリカで散発的に外国人排斥が起ころうとも，アフリカ大陸の各地から南アフリカに人が流入する。さまざまな動機を抱えて移動する人々を後押しするかのように，アパルトヘイト廃絶後，南アフリカを含む南部アフリカ地域の再統合は進んでいった。南アフリカには，2013年時点で政府統計に示される正規の移民だけでも，およそ100万人が滞在する。これに加えて非正規移民の全体数は摑みようがなく，年によって4万人台から10万人近くまで幅のある強制送還数から推察するほかない。いずれにせよ，アパルトヘイト後の南アフリカが，アフリカ大陸という域内の大国であることには違いない。

　しかし，南アフリカは国内にアフリカ人貧困層を抱え，高い失業率が問題となっているため，労働市場という観点から見れば，労働者を移民として受け入れる経済的動機はきわめて低い。国内のアフリカ人貧困層の視点からは，移民に雇用を与えるならば，南アフリカ人に雇用を与えるべきだという論調が声高に唱えられ，アフリカ系外国人の排斥につながっている。国内の貧困，高い失業率という問題と，地域大国という役割を担うという課題の狭間にあってANC政権の対策は揺れ動いている。

　たとえば2013年当時の正規移民のおよそ半数を占めたジンバブエ人は，2000年代初頭からの出身国の政治経済的混乱を避けて南アフリカに入国した人々であったが，それに劣らぬ規模（もしくはそれ以上）の人々が非正規に入国していた。なお，ジンバブエの混乱が，植民地期に白人に接収された土地を再配分するという課題に取り組む過程で生じたことは特筆しておきたい。最終的に欧米諸国による経済制裁の結果，ジンバブエ経済はハイパーインフレーショ

ンに陥った。都市生活者の生活は困窮し，多くの者が南アフリカをはじめとした国外に経済的機会を求めて経済移民となったり，政治亡命者となったりした。ジンバブエ人の大量流入という事態に対して，ANC政権は，当初，積極的に強制送還を行ったが，2009年から2010年，2014年には2017年までという期間限定ではあるが，人道的な観点からジンバブエ人を移民法の適用外とする寛容さを示した。しかし，その後，2015年に再び外国人排斥が起きると，その直後にはジンバブエ人を含む多数が強制送還された。

グローバル化のダイナミズムのなかで

　度重なる外国人排斥に対して，主要な移民の送出し国ではさまざまな抗議が行われた。ナイジェリアでは，同国下院で南アフリカとの国交断絶を求める改正案が否決されたものの，被害の実態を調査するために南アフリカ大使を召還する動議が可決された。ジンバブエでは，市民が南アフリカの国歌「神よ，アフリカに祝福を」を合唱し，南アフリカ大使館までデモを行った。外国籍のアフリカ人を排斥する南アフリカの国歌が，南アフリカだけを謳うのではなく，アフリカそのものについて謳っていることを皮肉った抗議だった。また，マラウイやザンビアでは南アフリカ製品のボイコットが呼びかけられ，ザンビア最大のラジオ局は，南アフリカの楽曲の放送を中止した。また，モザンビークでは，同国内で操業する外資系企業で雇用されているモザンビーク人が，同じ職場で働く南アフリカ人の国外退去を要請し，企業側がそれに応じて南アフリカ人従業員を一時帰国させた。

　南アフリカは，アパルトヘイト期の国際社会による経済制裁による孤立を経て，アパルトヘイト廃絶後に国際社会への復帰を果たし，自国に外国資本投資を呼び込む一方で，自国もSADC内外で対外投資を行う存在となった。南アフリカの経済進出は，アフリカ地域経済の農業，鉱山業，製造業，小売業，銀行業，通信産業など幅広い分野に及んだ。今や，アフリカ各地に南アフリカ資本の大型スーパーが見られ，南アフリカ系の携帯電話会社が一定のシェアを誇っている。こうした南アフリカの経済進出を円滑に進めるためには，当然ながら南アフリカは進出先の社会と良好な関係を築いていく必要に迫られる。それにもかかわらず止まらない外国人排斥に対して，移民の送出し国の社会は，結果的に南アフリカ企業に実害を強いるような抗議運動を展開した。めぐりめぐ

って，南アフリカ産業界からANC政権に対しては，外国人排斥を防ぐために，失業・貧困といった状況改善のための要求が突きつけられるだろう。

ANC政権下の南アフリカが向き合う対象は，国内の貧困層，南アフリカ経済界，南アフリカ資本ならびにそれも含む多国籍企業，そして南アフリカへの移民の送出し国であると同時に経済進出先であるアフリカ諸国である。あたかも四面楚歌の状態にあるように見えるが，それぞれの不満の矛先をそらすのではなく，対象と真摯に向き合い，時間をかけてでも対話を重ねてでも取り組むことが，アパルトヘイト廃絶時に掲げた理想とする民主的社会の実現への道だろう。

参考文献

阿部利洋『紛争後社会と向き合う――南アフリカ真実和解委員会』京都大学学術出版会，2007年。

網中昭世『植民地支配と開発――モザンビークと南アフリカ金鉱業』山川出版社，2014年。

網中昭世「国家・社会と移民労働者」小倉充夫編『現代アフリカ社会と国際関係』有信堂，2012年。

ウェスタッド，O・A（佐々木雄太監訳）『グローバル冷戦史――第3世界の介入と現代世界の形成』名古屋大学出版会，2012年。

佐藤誠編『越境するケア労働――日本・アジア・アフリカ』日本経済評論社，2010年。

佐藤千鶴子『南アフリカの土地改革』日本経済評論社，2009年。

永原陽子編著『植民地責任論――脱植民地化の比較史』青木書店，2009年。

牧野久美子・佐藤千鶴子編『南アフリカの社会経済変容』アジア経済研究所，2013年。

終章　アフリカ史とグローバリゼーション

竹内幸雄

コンゴそしてサハラ以南のアフリカの困難

　21世紀に入る時点で，アフリカ史を対象にもっとも反響が大きかった本は『レオポルド王の亡霊』(1999年) である。著者ホックシルドはその序文で，彼が19世紀末から20世紀初頭に起きたアフリカ史上もっとも凄惨な原住民抑圧の歴史を語るきっかけとなった事柄について以下のように述べている。およそ40年前の1961年，彼がコンゴに訪問学生として滞在していた時，あるCIA局員が，酒の勢いもあったのか彼に，ベルギーから独立したその国の初代首相ルムンバが，数ヵ月前どこでどのように殺害されたかについて詳細にかつ満足げに語った。アメリカ人の学生ならあの危険な左翼のトラブルメーカーの死に共鳴するはずだというかのようにである。彼はその後そのことを思い起こすことはあまりなかったが，偶然手にした本の注釈で，コンゴでの強制労働とその結果として数百万の規模でコンゴ人の命が奪われたこと，それに対してイギリス人を中心とした人道主義に基づく国際的反対運動があり，それにアメリカ人マーク・トウェインが参加していたことを知る (トウェインはこの運動のために『レオポルド王の独白』(1907年) を書いた。ベルギー王レオポルド2世はこの「独白」で，人道主義者である自分が虐殺者として非難されていることを嘆くというプロットで逆説的にその犯罪を告白する。トウェイン独特の「風刺小説」である)。同時にホックシルドは，若いころ読んだジョセフ・コンラッドの『闇の奥』(1899年) が，実際はコンゴ川流域で起きたこの虐殺をモチーフとしていたことを再認識した。こうして彼はこの虐殺について本格的な研究を行うことになったというのである。

　アフリカ大陸の中央部を流れる大河コンゴとコンゴ盆地は，アフリカにおいてあらゆる意味で中心にある。その地理上および人口での大きさに加え，ゴム，銅，錫，ダイヤモンドなどの資源の多さと豊富さ，スタンリーなどによるアフ

リカ探検の中心地，1884年ベルリン西アフリカ会議における議論と協定での中心地，ベルギー王レオポルド2世支配下における強制労働と虐殺，20世紀に入ってからの資源開発での投資の大きさ，独立後における政治の混迷，独裁の継続と多国籍企業の経済支配，そして21世紀に入っても続いた近隣諸国を含む内戦と戦争（第1次・2次コンゴ戦争）等々，すなわち，アフリカ分割，帝国主義，脱植民地化，グローバリゼーションなどにそってアフリカ史を語る際，つねに最大の対象となるという意味でそうである。ここでは，アフリカの歴史を，経済を中心に近年のグローバリゼーションに関係させて概略するが，コンゴについて何回か触れていくことになる。

「近年のグローバリゼーション」と述べたが，グローバリゼーションが本格的な様相を表し，また一般に語られるようになったのは1990年代においてである。グローバリゼーションが世界経済の一体化を主要な内容とするものであるなら，その開始はおおよそ15世紀末の「新大陸の発見」を契機とした，大西洋経済の出現とアジア貿易の拡大である。その後，停滞と前進を繰り返しつつ数百年間，世界は商業的連携を強めてきた。これを世界経済の拡大，世界システムの形成とも表現できる。19世紀以降における先進国民国家と経済の成長そして諸国間，諸地域の連携を国際経済の進展と表現できるが，世界経済，世界システム，グローバリゼーションは，国際経済を一局面とする，より広い連携あるいは一体化を意味する。以下では，グローバリゼーションをまず世界経済の展開と連動させて便宜的に5期に分け，アフリカのそれへの包摂の過程を叙述していきたい。

重商主義と大西洋経済——第1期グローバリゼーション

16世紀から18世紀にかけての重商主義時代において，スペイン・ポルトガル，オランダ，イギリス・フランスと中心的通商国家を変化させつつ，各国は遠隔地貿易をそれぞれの植民地拡大とともに図っていった。それぞれの国と植民地との関係は，重商主義規制によって拘束されており，国家間の競争は英仏植民地戦争・7年戦争などとして，また植民地との矛盾はアメリカの独立などとして現われたものの，世界的規模での商業の拡大は大きかった。

この期間アフリカは，アジアへの通商の中継地として，またアメリカ大陸各地への奴隷の供給地として存在した。中継地は西・南・東アフリカへと広がり，

奴隷貿易の拠点は西アフリカの沿岸部に集中した。18世紀に最盛期を迎えた奴隷貿易はその世紀だけで500万人を超えており，その数に比例するヨーロッパからアフリカへの商品の移出，それに数倍する規模のカリブ海，北アメリカ南部などからの砂糖を中心とした産品のヨーロッパへの移出があった。これは大西洋間の交易総額のおよそ3分の1を占めていた。奴隷貿易はヨーロッパ商業の拡大に有利なものであったが，アフリカの自給的・自律的経済の成長をおおいに阻害した。

19世紀「自由貿易の帝国主義」時代——第2期グローバリゼーション

18世紀後半の産業革命以降，世界の商業はヨーロッパの工業製品とその他地域の原料・食糧の交換に転化していった。19世紀半ばにおいて，イギリスは世界の工場，商人，金融業者として自由貿易を宣言し，フランスなどが追随したことから，この時期は自由貿易の時代と理解されてきた。しかし，この時代は自由貿易と通商を後進諸地域に強制する「自由貿易の帝国主義」の時代であった。公的な植民地の拡大は多くはなかったが，イギリスの商業・金融によって包摂・支配される非公式帝国の拡大を特徴とする通商圏拡大の時期であった。

19世紀の前半においてヨーロッパ各国では奴隷貿易と奴隷制の廃止が続いた。それらが産業革命以降の原料や商品の生産と労働力の編成において非経済的なものとなりつつあったからである。アフリカの商業は奴隷以外の「合法的」商品，パームオイル，落花生，木材，象牙などを扱うものに転換した。西アフリカで奴隷貿易にかかわっていた首長や王たちは，これら商品の集荷業者，仲買人に転化していった。内陸部でこれら商品を生産する小農民，その産物を集荷する現地仲買人，それを商品としてヨーロッパに移出するヨーロッパ商人という商業システムが出来上がった。

19世紀末帝国主義・アフリカの分割——第3期グローバリゼーション

1873年から1890年代初頭まで続いたヨーロッパでの不況は，産業革命後の主要製品，すなわち繊維製品，鉄製品，機械製品などの販売停滞と価格低下をもたらした。「大不況」と呼ばれるほどの長期停滞であった。しかし新しい産業，化学，電気，鉄鋼，自動車などにとっては第2次産業革命と呼ばれる技術

革新をともなう成長の機会でもあった。ドイツとアメリカはこの先頭に立ち，イギリスとフランスは相対的に後れをとった。イギリスはこの後れに，商業・金融国家として，以前にも増して世界の通商拡大に責任を持つ世界商業の中核国として行動することで対応しようとした。1890年代後半から第1次世界大戦までの好況の継続期，「良き時代」における世界商業の拡大・グローバリゼーションはイギリスの主導の下に行われたが，その経済的・イデオロギー的装置は自由貿易，金本位制，そして「開かれた帝国」であった。

アフリカの分割

アフリカの分割はこの世界商業の拡大を前にした不況を契機に起こった。繊維製品を中心とした既存製品の製造業者と商人は不況による需要停滞・過剰生産・価格低下に対して新しい市場を求めた。当時のイギリスの輸出のなかで，アフリカの占める割合は南アフリカを含め5％，分割の主要な対象地西アフリカは1％前後であった。「現存市場の重要性による植民地領有＝アフリカの分割」という帝国主義の擁護論には当時でも反対論があり理論的にも無理があった。しかし当時のイギリス商人たちは「将来の市場」の可能性を大きくとらえ政府を動かそうとした。そこに2つの懸念材料が加わった。第1は，現地仲買人と現地進出イギリス商人との間での，内陸部通商権と現地産物の購入価格をめぐる対立の激化である。第2は，フランスの西アフリカへの進出の拡大，フランス支配地域の保護関税による囲い込みの可能性である。

1884年のベルリン西アフリカ会議は，上記の軋轢を調整しようとしたものであったが，イギリス主導で終始した。会議で決められたのは，列強によるアフリカの分割と支配のルールであった。第1に，ニジェール川，コンゴ川の自由航行および流域での自由貿易の順守と奴隷貿易の禁止が宣言され，第2に，コンゴ盆地の大部分が英仏に中立的との理由でベルギー王レオポルド2世に任され，第3に，植民地支配の条件として実効支配（行政と治安組織の設置）が規定された。レオポルド2世の支配は自由貿易の遵守を条件に了承されているという点もあり，この協定はすべての面でイギリスの利害と要求に沿うものであった。

イギリスはこれらの条項を盾に，商人層の要求に応じ西アフリカの各地（内陸部を含め）を植民地化していった。また東アフリカでは自由貿易を標榜する

ドイツとの間で交渉と協定による分割に成功した。南アフリカでは，金鉱山開発の自由およびイギリスの主権を名目にボーア人（オランダ系先住農民）による独立国家の成立を阻止し，さらにはアフリカの南部全域にあたる広大な地域を資源開発のために領有していった。スーダンにおけるファショダ事件での英仏による対立と危機を例外に，1900年までにはアフリカは「平和的に」分割され，列強によって共同的に支配される「超帝国主義」的な状況に入っていった（アフリカ人の各地での激しい抵抗があったものの）。

分割と開発の開始

こうしてアフリカは本格的な開発の時代に入ることになったが，開発のされ方は各地で異なっていた。西アフリカは小農民生産を基礎に，パームオイル，落花生，カカオ，木材などを先進地域と交易する「まともな商業＝健全な帝国主義」の範疇に入るものとなった（小農民生産に代わる大企業によるプランテーションは植民地政府によって1930年代までは禁止状態にあった）。これに対立する開発が中央アフリカで発生した。フランス領中央アフリカとレオポルド2世の「コンゴ自由国」である。土地は大規模に私企業に分譲（コンセション）され，そこでは現地民をゴムや象牙の採集に駆り立てるか，プランテーションでのパームオイルやカカオの生産に従事させた。農民生産は許されず強制労働が一般化した。レオポルド2世のコンゴ自由国での強制労働は，村落・共同体の破壊，虐殺をともない，国際的なスキャンダルとなった。それへの反対運動の主体は，西アフリカ商業にかかわりのある人々であり，彼らは「健全な帝国主義」に対する「狂気の帝国主義」としてレオポルド体制を批判した。1908年，コンゴはベルギー政府の直轄植民地に転換された。しかしその後，自給的農民生産は許されたもののプランテーションと大型資源開発の地域となった。

南アフリカは，金とダイヤモンドの鉱山業を主体とし，現地および移住のアフリカ人労働力を低賃金で大規模に雇用する地域であった。いかにアフリカ人の低賃金労働を確保するかで原住民土地法（指定地）などの政策がとられたが，イギリス人とボーア人（アフリカーナー）は1910年の南アフリカ連邦成立以降，そうしたアフリカ人政策をもとに政治的経済的同盟関係に入った。この種の白人支配体制はローデシアなど南部アフリカ全域に拡大していった。東アフリカでは，農民生産は残ったものの，それを大きく侵食する白人農場経営によるコ

ーヒー，綿花，麻などの輸出品生産の地域となった。

第1次世界大戦，戦間期そして第2次世界大戦

　第1次世界大戦は世界経済・世界貿易をおおいに阻害した。戦後の再建好況は間もなく終わり，1920年代半ばの停滞を経て大恐慌に突入し，その後30年代にはブロック経済化により世界貿易は停滞したままであった。さらに不況と価格低下はより大きく低開発地域とりわけアフリカの諸商品に影響した。1913年から45年にかけて，サハラ以南のアフリカの貿易額はやっと2倍になっただけである。アフリカの経済活動すなわち農民生産，プランテーション，白人農場経営，資源開発企業の成長は抑制された。しかしその傾向は不均衡であり，商業，金融，プランテーション，鉱業の各分野での集中化，独占化，多国籍化が進行し，とりわけ南部アフリカの鉱業では，金，ダイヤモンドに加え銅などで1930年代後半期には規模の拡大と輸出額の増大があった。

　第2次世界大戦後，世界経済は本格的な拡大期を迎えた。アフリカにおいてもビジネス帝国主義といってよい多国籍企業による資源開発を中心として経済成長がはじまっていた。1945年から60年にかけてサハラ以南アフリカの貿易額は5倍になった。各宗主国には植民地を保持する経済的メリットについての有力な議論があった。しかし政治的には，1920・30年代からのナショナリズムの動きに続き，戦後のアジア，とりわけインドの独立などから影響を受けた独立運動の高まりに抗することは，もはや不可能であった。

アフリカの独立——第4期グローバリゼーション？

　1960年代前後のアフリカ諸国の独立を，経済的自立と成長の機会，アフリカの世界経済との新しい関係構築の機会と考えれば，独立以降をアフリカにとっての第4期グローバリゼーションと仮定することもできる。しかし，80年代末まで，アフリカ諸国の経済的自立と経済成長は，社会主義的なものも，資本主義的なものも失敗した。アジア諸国のそれと比較して，その後れと停滞は大きい。その要因には，内的なものと外的なものがある。前者は容易に外から観察できる現象である。すなわち，共和国として独立した多くの国が独裁政権（その多くが軍事クーデターにより）に転化し，さらには民族と資源をめぐる内戦と地域紛争が多発し，国内の雇用と消費に基づく内発型の経済成長を不可能に

し，輸出向けの経済すら停滞を続けたという諸事実である。たしかにこの状況の発生には，外的な影響，旧宗主国と多国籍企業の政治的経済的介入，そして冷戦体制下での両陣営の介入による内戦と戦争の継続，さらには南アフリカ，ローデシアなどの人種主義国家の介入があった。しかし「植民地主義の遺産によるアフリカの困難」論は，80年代前半までは一定の説得力を持ったものの，それ以降も引き続く諸困難の説明には，アフリカ内部におけるより「内省的」なものが必要とされた。

現代グローバリゼーションとサハラ以南のアフリカ

1990年代以降，冷戦体制の終結とグローバリゼーションのなかでアフリカにも変化が起きてきた。冷戦下での対立を名目とした戦争や独裁政権の維持は不可能になった。内戦や紛争への国連の介入，アフリカ諸国連合による関与がより大きな実効性を持つようになった。国際的な人権や民主主義制度に関する合意が，アフリカにも影響を与えだした。クーデターの減少，民政移管と選挙，政治ガヴァナンスの改善が目に見えるようになってきた。

1980年代におけるいわゆる構造調整による経済援助方式の転換，さらに90年代に入っての構造調整政策の改訂，さらにはアフリカの巨額債務の帳消しなどにより，21世紀に入り，アフリカ各地域で初めて持続的な経済成長が起こった。

しかしグローバリゼーションは，各国の名目上の経済成長の裏面として経済格差を着実に拡大しつつある。貧困撲滅は容易ではなく足踏み状態にある。グローバリゼーションはまさに両義的な影響を及ぼしている。アパルトヘイト以後の南アフリカでは新たな政治的経済的黒人エリート層の形成が，国民間での格差を拡大させている。

本書の各章は，こうしたグローバリゼーション下におけるサハラ以南アフリカの変化をさまざまな面から明らかにしようとしたものである。

さて冒頭に述べたホックシルドの『レオポルド王の亡霊』は，ベルギー王の支配下における虐殺，国際的反対運動などを自らの歴史叙述でまったく無視してきたベルギーに反省を求め，ブリュッセルの王立中央アフリカ博物館の展示の改正を実現させた。奴隷貿易禁止200年を契機に，植民地支配の責任論が議論され，不十分ではあるが世界的にまた各国で歴史責任認識の動きが続いてい

る。その動きが中断されることなく，内容ある実質的な援助が積み重ねられることによって，またそれ以上に，サハラ以南アフリカの各国や地域協力・連合の自主的な努力によって，この地域の経済と人々の生活の向上が継続していくことになるであろう。

参考文献

井野瀬久美恵・北川勝彦編著『アフリカと帝国――コロニアリズム研究の新思考にむけて』晃洋書房，2011年。

竹内幸雄『イギリス人の帝国――商業，金融，そして博愛』ミネルヴァ書房，2000年。

Forbes-Munro, J., *Africa and International Economy 1800～1960*, London, 1976（北川勝彦訳『アフリカ経済史1800-1960』ミネルヴァ書房，1987年）。

Hochschild, Adam, *King Leopold's Ghost*, London : Macmillan, 1999.

Pakenham, Thomas, *The Scramble for Africa*, New York : Random House, 1991.

関係年表

年	世界の動き	アフリカの動き
1898	4月米西戦争,12月パリ条約により米国,フィリピンを領有。キューバ,保護国化。	
1899	10月ボーア戦争(〜1902年)。	
1900		3月「ヤア・アサンテワ戦争」,アフリカのジェンダー抗争(於ガーナ)。7月汎アフリカ会議(於ロンドン)。
1901		ウガンダ鉄道の開通(モンバサ〜フローレンス港・現キスム間)。1月西アフリカ銀行(BAO)の設立(仏領西アフリカの発券銀行)。ナイジェリア,正式に英保護領。
1902		10月ダカール,仏領西アフリカ(AOF)の首都に。
1903		5月ナイジェリア北部のソコト帝国,英国植民地軍に占領。
1904	2月日露戦争(〜1905年9月)。	
1905		7月タンザニアで「マジマジの反乱」,タンガニカ(現タンザニア)における独植民地政府に対する反乱(〜1907年7月)。
1908		11月コンゴ(現DRC),ベルギー植民地に。
1910	8月韓国併合に関する日韓条約調印。	1月仏領赤道アフリカの成立(首都ブラザヴィル)。5月南アフリカ連邦,英連邦内で独立。6月「南部アフリカ関税同盟(SACU)」の設立(本部:ナミビア・ウィントフック),世界初の関税同盟。
1911	10月イタリアのリビア植民地支配(〜1943年9月)。	

1912		1月「アフリカ民族会議（ANC）」の前身「南アフリカ原住民民族会議（SANNC）」の設立（1923年にANCに改称）。10月西アフリカ・カレンシーボード（WACB）の設置（於英領西アフリカ）。
1914	**7月第1次世界大戦**（～1918年11月）。	1月北部ナイジェリア保護領と南部ナイジェリア保護領の統合。5月セネガル人ブレーズ・ディアニュ，アフリカ人初の仏国会議員に。**7月第1次世界大戦**，植民地支配下にあるアフリカも参戦（～1918年11月）。
1915		7月南ア，「国民党（NP）」の結成。
1916		8月英軍，独領東アフリカに宣戦布告。
1917	11月バルフォア宣言。ロシア十月革命。	
1918		11月「1919年エジプト革命」，エジプトの独立戦争（～1919年7月）。
1919		2月第1回汎アフリカ会議（於パリ，主催者デュボイス）。
1920	1月国際連盟発足（ベルサイユ協定発効日）。6月国際商業会議所（International Chamber of Commerce）設立。	8月ケニア植民地，英領に編入。
1921		第2回汎アフリカ会議（於ロンドン，パリ，ブリュッセル）。
1922	7月国際連盟，英国によるパレスチナ委任統治の承認。11月クーデンホーフ＝カレルギー，「汎ヨーロッパ主義」を提唱。	2月エジプト王国の独立宣言。
1923		第3回汎アフリカ会議（於ロンドン，リスボン）。
1924		セネガル，ダカール＝ニジェール鉄道の開通（ダカール＝ンジュルベル間）。
1925		「カッパーベルト」の発見，北ローデシア（ザンビア中部とDRC南部）の銅の大鉱脈。

1927		第4回汎アフリカ会議（於ニューヨーク）。
1928		6月スワヒリ語に関する領土間会合（於モンバサ），標準化と正書法の決定。
1929		11月「アバ女性戦争」（於ナイジェリア）。
1930		11月ハイレ・セラシエ1世，エチオピア帝国の皇帝に即位（アフリカ最後の皇帝）。
1931	9月柳条湖事件。日本軍，軍事行動を開始（「満州事変」）。	12月「ウェストミンスター憲章」，英連邦諸国の主権を認める。
1934	6月南アフリカ連邦地位法が可決され，**南アフリカ，英連邦内で独立**。	8月**南アフリカ，英連邦内で独立**。
1935		10月「第2次エチオピア戦争」，伊軍がエチオピアに侵攻（～1936年5月）。
1936		5月伊，エチオピアの併合宣言（1941年終焉）。
1937	7月盧溝橋で日中両軍衝突。12月日本軍，南京占領。	
1939	**9月第2次世界大戦**（1日，独軍ポーランド侵攻。～1945年9月2日，日本降伏文書調印）。	8月「フラン圏」という表現が初めて登場（仏植民地における通貨交換管理に関する法令の中）。**9月第2次世界大戦**（～1945年9月）。
1940	3月全インドムスリム連盟（1906年設立），ラーホール決議採択。9月日本軍，「仏印進駐」。	10月仏，「帝国防衛委員会」の設置（於コンゴ・ブラザヴィル），ドゴールの「自由フランス」の活動拠点。
1941	5月ホー・チ・ミン，ベトナム独立同盟（ベトミン）を結成。7月スピネッリらレジスタンス運動家による「ヴェントテーネ宣言」。8月**大西洋憲章署名**。12月日本軍，ハワイ真珠湾・マレー半島コタバル攻撃。	5月エチオピア独立回復（セラシエ国王，首都に帰還）。8月**大西洋憲章署名**。
1943	9月イタリア降伏，休戦協定調印。	ルワンダとブルンジで大干ばつ発生（～1944年），30万人以上が餓死・難民。
1944		1月「ブラザヴィル会議」開催，「国

		民解放仏委員会（CFLN）」が戦後植民地の発展と自治権拡大を謳う。
1945	3月アラブ連盟の成立。5月ドイツ降伏。8月広島，長崎への原爆投下。日本，ポツダム宣言受諾，降伏。インドネシア独立宣言（スカルノ初代大統領）。オランダとの間で独立戦争（〜1949年12月）。9月ホー・チ・ミン，ベトナム民主共和国独立宣言。10月国際連合発足。12月国際通貨基金（IMF），国際復興開発銀行（世界銀行）設立。	10月第5回汎アフリカ会議（於マンチェスター）。12月通貨「仏領アフリカ植民地フラン（CFAフラン）」と「仏領太平洋植民地（CPAフラン）」を仏領植民地に導入。
1946	6月アルゼンチンでペロン政権成立（〜1955年9月）。7月フィリピン独立。9月チャーチル，チューリヒで「ヨーロッパ合衆国構想」を提唱。12月第1回国連総会でUNICEF（国連国際児童緊急基金）を創設。インドシナ戦争始まる。	
1947	2月イタリアと連合国間でパリ講和条約調印（全植民地の放棄）。8月インド独立，パキスタン成立（英連邦内自治領。1956年にパキスタン・イスラーム共和国として完全独立）。11月国連パレスチナ分割決議案の採択（国連総会決議181）。	2月リビアの一部，伊から独立。
1948	**5月南ア，国民党勝利，アパルトヘイト政策を実施**。イスラエル独立宣言，第1次中東戦争の勃発。8月大韓民国政府樹立。9月朝鮮民主主義人民共和国政府樹立。12月第3回国連総会で「世界人権宣言」採択。	**5月南ア，国民党勝利，アパルトヘイト政策を実施**。
1949	9月ドイツ連邦共和国（西ドイツ）が米英仏占領地区に成立。10月ドイツ民主共和国（東ドイツ）がソ連占領地区に成立。中華人民共和国成立。	
1950	6月朝鮮戦争起こる（1953年7月，休戦協定調印）。12月国連難民高等弁務官事務所設立。	

関係年表

1951	7月「難民の地位に関する条約」採択。9月サンフランシスコ講和条約調印。	12月リビア連合王国の成立（国連議決）。
1952	4月ボリビア革命（スズ国有化，農地改革，普通選挙，教育の無償化）。7月パリ条約に基づく石炭鉄鋼共同体（ECSC）設立。	7月南ア，アパルトヘイトの象徴「パス法」を制定（16歳以上の黒人に身分証携帯を義務付ける規則）。「1952年エジプト革命」，ナギブ将軍とナーセルらによるクーデター（翌年，エジプト共和国成立）。9月エチオピア・エリトリア連邦の成立。10月「マウマウ団の乱」，ケニア民族独立運動（〜1960）。
1953	7月カストロらキューバ・モンカダ兵営襲撃。	5月ナイジェリアで「カノ暴動」，ヨルバ人とイボ人の間の抗争。8月ローデシア・ニヤサランド連邦（中央アフリカ連邦）の結成（現マラウイ，ザンビア，ジンバブエ含む）。
1954	5月仏軍要塞ディエンビエンフー陥落。6月周恩来・ネルーが会談，平和5原則発表。7月インドシナ休戦協定（ジュネーブ協定）調印。臨時軍事境界線（北緯17度線）の北にベトナム人民軍，南にフランス連合軍が集結。	3月「アンゴラ北部人民同盟（UPNA）」の結成（後のFNLAの前身）。7月「タンガニーカ・アフリカ民族同盟（TANU）」の結成。10月「アルジェリア民族解放戦線（FLN）」の結成。11月アルジェリア独立戦争（〜1962年9月）。
1955	4月「アジア・アフリカ会議」通称「バンドン会議」開催（於インドネシア・バンドン）。10月ゴー・ディン・ジェム，ベトナム共和国（南ベトナム）樹立宣言，初代大統領に。	4月「アジア・アフリカ会議」通称「バンドン会議」の開催（於インドネシア・バンドン），平和十原則発表。8月「第1次スーダン内戦」，スーダン南北間の民族対立，50万人が犠牲（〜1972年3月）。
1956	10月スエズ危機（第2次中東戦争）。	1月スーダン共和国，エジプト・英から独立。3月モロッコ王国，仏から独立。チュニジア王国，仏から独立。翌年共和制に移行し，社会主義政策を推進（初代大統領ハビブ・ブルギバ）。6月ナーセル，エジプト共和国大統領に就任，スエズ運河国有化を断行（社会主義政策を推進）。12月「アンゴラ解放人民運動（MPLA）」の結成，キューバ，ソ連など東側陣営の支援を受

323

			けてアンゴラ独立を目指す。
1957	3月ガーナ共和国，英から独立（ンクルマ初代大統領）。12月「アジア・アフリカ人民連帯会議（AAPSO）」の開催（於カイロ），「アジア・アフリカ人民連帯機構」の結成（～1958年1月）。		3月ガーナ共和国，英から独立（ンクルマ初代大統領）。
1958	国連アフリカ経済委員会（UNECA）の設置（本部：エチオピア・アディスアベバ）。エチオピア北部で大干ばつ発生，10万人以上餓死。1月ローマ条約に基づく欧州経済共同体（EEC）・欧州原子力共同体（EURATOM）・欧州投資銀行（EIB）設立。7月イラク共和革命。10月ギニア共和国，仏から独立（セク・トゥーレ初代大統領）。		エチオピア北部で大干ばつ発生，10万人以上餓死。4月「アフリカ独立諸国会議（CIAS）」の開催，アクラ宣言採択（於ガーナ・アクラ）。10月ギニア共和国，仏から独立（セク・トゥーレ初代大統領）。12月「第1回全アフリカ人民会議（AAPC）」の開催（於ガーナ・アクラ）。
1959	1月キューバ革命勝利。5月ベトナム労働党，南ベトナムにおける武装闘争発動を決定。		4月西アフリカ諸国中央銀行（BCEAO）の設立。
1960	**アフリカの年**。7月「コンゴ動乱」，現DRCの内戦（～1965年11月）。7月「国連コンゴ活動（ONUC）」国連初の平和維持活動（PKO）（～1964年6月）。12月南ベトナム解放民族戦線結成。		**アフリカの年**。（アフリカ17ヵ国が独立）。1月仏領カメルーン，仏から独立。「第2回全アフリカ人民会議（AAPC）」の開催（於チュニジア・チュニス）。2月仏，サハラ砂漠で核実験。3月「シャープヴィル虐殺事件」パス法に対するデモ隊に警察が発砲し，多数の死傷者。4月「第2回アジア・アフリカ人民連帯会議（AAPSO）」の開催（於ギニア・コナクリ）。セネガルとマリ，マリ連邦として仏から独立。トーゴ，仏から独立。6月「アフリカ独立諸国会議（CIAS）」の開催（於アディスアベバ・エチオピア）。マダガスカル，仏から独立，英領ソマリランド，英から独立（後にソマリアに統合）。ベルギー領コンゴ（現DRC），ベルギーから独立（カサブブ大統領とルムンバ首相就任，直後に内戦に）。

関係年表

		7月伊領ソマリア，伊から独立（英領ソマリランドと統合後に内戦）。「コンゴ動乱」，現DRCの内戦（～1965年11月）。「国連コンゴ活動（ONUC）」国連初の平和維持活動（PKO）（～1964年6月）。8月ダホメ（現ベナン），ダホメ共和国として仏から独立。ニジェール，仏から独立。オートボルタ（現ブルキナファソ），仏から独立。コートジボワール，仏から独立（ウフェ＝ボワニ初代大統領）。チャド，仏から独立（後に内戦に）。中央アフリカ共和国，仏から独立。仏領コンゴ（現コンゴ共和国），仏から独立。ガボン，仏から独立。セネガル共和国，マリ連邦から離脱（サンゴール初代大統領）。マリ連邦の解体，マリ共和国に改称（モディボ・ケイタ初代大統領），社会主義政策を推進。10月ナイジェリア，英連邦の一員として英から独立。11月モーリタニア，仏から独立。12月コンゴ共和国（現DRC）でクーデター，ルムンバ首相逮捕。
1961	2月アンゴラ解放人民運動（MPLA）蜂起により，アンゴラ独立戦争勃発（～1974年4月）。5月カストロ，キューバ社会主義共和国を宣言。韓国で朴正煕らの軍事クーデター。ケネディ米大統領，ベトナムへの特殊部隊と軍事顧問の派遣発表。9月「第1回非同盟諸国首脳会議」（於旧ユーゴスラヴィア・ベオグラード）（ほぼ3～5年間隔で2012年まで16回開催）。12月第16回国連総会「第1次国連開発の10年」採択。	1月「カサブランカ会議」，アフリカの連邦制を提唱。2月アンゴラ解放人民運動（MPLA）蜂起により，アンゴラ独立戦争勃発（～1974年4月）。3月「第3回全アフリカ人民会議（AAPC）」の開催（於カイロ）。4月シエラレオネ，英から独立。5月「モンロヴィア会議」アフリカの国家連合を提唱。南アフリカ連邦，英連邦を離脱，南アフリカ共和国に改称。9月エリトリア独立戦争（～1991.05.29）。10月英領カメルーン，英から独立（南部は仏領カメルーンと連邦制を形成，北部はナイジェリアと合併）。12月フランツ・ファノン死去，『地に呪われたる者』の没後出版。タンガニーカ（現タンザニアの大陸部分），英連

		邦の一員として独立（初代首相ジュリウス・ニエレレ）。
1962	2月キューバ，第2ハバナ宣言。6月社会主義民族解放組織「モザンビーク解放戦線（FRELIMO）」結成，独立運動を開始（ソ連・中国・キューバの支援を受ける）。10月キューバ危機。	3月「エヴィアン協定」FNLと仏によるアルジェリア独立戦争の和平交渉。4月UPNA，武装組織「アンゴラ民族解放戦線（FNLA）」に再編。5月西アフリカ通貨同盟（UMOA）結成（本部：コートジボワール・アビジャン）。CFAフランを「アフリカ金融共同体フラン」に改称。**6月社会主義民族解放組織「モザンビーク解放戦線（FRELIMO）」結成，独立運動を開始（ソ連・中国・キューバの支援を受ける）。**7月ブルンジ王国，ベルギーから独立。ルワンダ，ベルギーから独立。アルジェリア，仏から独立（社会主義政策を推進）。8月ネルソン・マンデラ逮捕。10月ウガンダ，英から独立（初代首相ミルトン・オボテ），社会主義政策を進める。12月タンガニーカ，共和制に移行（初代大統領ジュリウス・ニエレレ）。
1963	5月アフリカ統一機構（OAU）発足，OAU憲章採択。	1月ギニアビサウ独立戦争（〜1974年9月）。5月「アルフェラガ」第1次トゥアレグ反乱（於マリ北部〜1964年8月）。**アフリカ統一機構（OAU）発足**（本部：エチオピア・アディスアベバ，初代議長セレシエ1世エチオピア皇帝）。8月アフリカ開発銀行（AfDB）設立（本部：コートジボワール・アビジャン）。10月ナイジェリア，共和制に移行。12月ザンジバル王国，英から独立。後に革命が起こり，ザンジバル人民共和国に改称。ケニア，英連邦の一員として独立（初代首相ジョモ・ケニヤッタ）。ローデシア・ニヤサランドが連邦解消，北ローデシア（現ザンビア），南ローデシア（現ジンバブエ），ニヤサランド（現マラウイ）に分離。

1964	1月パレスチナ解放機構（PLO）設立。3月ブラジルで軍事クーデター、軍事政権発足（4月）。6月国連貿易開発会議（UNCTAD）開催。8月「トンキン湾事件」。10月第2回非同盟諸国首脳会議（於カイロ）。	4月タンガニーカとザンジバル合併、タンザニア連合共和国が成立（ジュリウス・ニエレレ初代大統領）。7月「ローデシア紛争」、中ソの支援を受けたアフリカ系反政府勢力（モザンビークのFRELIMO、南アのANC）によるローデシア白人政府に対する抗争（〜1979年12月）。マラウイ（ニヤサランド）、英連邦の一員として独立。9月「モザンビーク独立戦争」ポルトガル植民地政府に対するモザンビーク解放戦線（FRELIMO）の抗争（〜1974年9月）。10月ザンビア（北ローデシア）、英から独立、社会主義路線を推進。12月中部アフリカ関税経済同盟（UDEAC）を合意するブラザヴィル会議の開催（1966年1月発効）。ケニア、共和国制に移行（初代大統領ジョモ・ケニヤッタ）。
1965	3月ジョンソン米政権、ベトナムに戦闘部隊派遣、恒常的北爆開始。6月日韓基本条約調印。8月シンガポールが分離独立、現在のマレーシア形成。9月インドネシア9・30事件。10月アメリカ合衆国において1965年移民国籍法成立、国別割当制度の廃止。	2月ガンビア、英から独立。6月アルジェリアでクーデター発生。11月「チャド内戦」勃発、仏が政府軍を支援。南ローデシア（現ジンバブエ）、白人中心のローデシア共和国として英から独立、人種差別政策アパルトヘイトを推進。コンゴ共和国でクーデター発生、モブツ大統領就任、国名をザイールに改称。
1966	1月三大陸人民連帯会議開催（ハバナ）。2月ガーナでクーデター、ンクルマ失脚。5月中国で文化大革命起こる（〜1976年10月）。	アパルトヘイトを行うローデシアに対する国際社会の経済制裁（ザンビアの銅輸出に支障）。1月中央アフリカ、軍事クーデター発生（翌年ボサカ大統領に就任）。ナイジェリア、イボ人による軍事クーデター発生。2月ガーナで軍事クーデター、ンクルマ失脚。3月「アンゴラ全面独立民族同盟（UNITA）」独立を目指す武装組織として結成（米国と南アによる支援）。6月反体制武装勢力「チャド民族解放戦線（FROLINAT）」の結成（〜1993年1

関係年表

327

		月)。7月マラウイ共和国，一党制国家の宣言（独裁政権の始まり）。8月「南アフリカ国境紛争」南アと周辺国（ナミビア，ザンビア，アンゴラ）の国境を巡る紛争（〜1990年3月）。9月ベチュアナランド，ボツワナとして英から独立。10月レソト，英から独立。
1967	1月「難民の地位に関する議定書」採択。6月第3次中東戦争勃発。7月欧州共同体（EC）設立。8月東南アジア諸国連合（ASEAN）結成。9月カナダ，新移民法施行。10月ゲバラ，ボリビア政府軍により射殺。	ナイジェリアで大干ばつ発生（〜1970年）100万人以上餓死。1月トーゴ，無血クーデターによりニャシンベ大統領就任（以後，38年間長期独裁政権）。2月タンザニア，ニエレレ大統領による「アルーシャ宣言」（社会主義宣言）。7月「ビアフラ戦争」ナイジェリア・イボ人がビアフラ共和国の樹立を宣言，内戦に発展し，100万人以上餓死。12月オマール・ボンゴ，ガボン大統領に就任（以後，42年間長期政権）。
1968	1月南ベトナムで解放勢力のテト攻勢開始。3月インドネシア，スハルト大統領就任。	サヘル地域（西アフリカ）の大干ばつ発生（〜1973年）。3月モーリシャス，英から独立。9月スワジランド，英から独立。10月赤道ギニア，スペインから独立。ソマリア，軍事クーデター発生，以後社会主義と一党独裁を推進。11月マリ，軍事クーデターでケイタ失脚，社会主義路線を廃止。
1969		9月リビアでカダフィ（ガッダーフィ）大佐による軍事クーデター，リビア共和国成立。12月コンゴ共和国（現コンゴ共和国），国名をコンゴ人民共和国に改称，社会主義政策を推進。
1970	3月国際フランコフォニー組織（OIF）の結成。11月チリ人民連合勝利，アジェンデ大統領選出。	1月ビアフラ戦争終結，ビアフラ臨時政府崩壊でイボ人敗北。7月中国，無利子借款によるタンザン鉄道建設に調印（ザンビア＝ダルエスサラーム間）。エジプト，アスワンハイダム完成。9月「第3回非同盟諸国首脳会議」（於ザンビア・ルサカ）。ナーセル大統領

		急死。サダト大統領就任。経済自由化を推進。
1971	8月ニクソン米大統領、金・ドル交換停止。12月第3次インド・パキスタン戦争、バングラデシュ民主共和国、独立。英国によるスエズ以東撤退（湾岸諸国の独立）。	ボツワナ、ダイヤモンド鉱山（オパラ鉱山）の発見。1月ウガンダで軍事クーデター、イディ・アミン大統領就任（独裁政治の開始）。7月バンダ・マラウイ大統領、終身大統領宣言。
1972	2月ニクソン訪中。9月フィリピン・マルコス大統領、戒厳令布告。日中国交回復。	サヘル地域の大干ばつにより、死者百万人を越える。2月「アディスアベバ合意」第1次スーダン内戦終結。5月ボサカ、中央アフリカ終身大統領を宣言。50年代より慢性的に続くエチオピアの干ばつで最悪の事態、6万人以上餓死（～1973年）。
1973	1月韓国朴正煕大統領、重化学工業化宣言（大統領年頭記者会見）。ベトナム和平協定調印（於パリ）。9月チリでピノチェト将軍による軍事クーデター。10月OPEC、石油戦略発動。第4次中東戦争。アルゼンチン・ペロン政権発足。	中部アフリカで干ばつ発生、60万人以上死亡（～1975年）。「ポリサリオ前線」、西サハラで活動開始（1976年西サハラ民主共和国樹立宣言）。9月「第4回非同盟諸国首脳会議」（於アルジェリア・アルジェ）。
1974	4月国連資源特別総会、「新国際経済秩序に関する宣言」採択。11月PLOをパレスチナ人の唯一正当な代表と認める国連総会決議（3236号）。	4月「カーネーション革命」ポルトガル独裁体制の崩壊、以後ポルトガル植民地が独立。6月第6回汎アフリカ会議（於タンザニア・ダルエスサラーム）。9月モザンビーク独立戦争の停戦合意。ギニアビサウ、ポルトガルから独立。エチオピア、陸軍によりセレシエ皇帝逮捕、廃位。
1975	4月カンボジアでポル・ポト政権誕生、大虐殺始まる。ベトナム人民軍の大攻勢でサイゴン陥落、ベトナム戦争終わる。6月第1回世界女性会議開催（於メキシコ）。11月「アンゴラ内戦」、米ソ代理戦争（～2002年4月）。12月ラオス民族連合政府、王制廃止とラオス人民民主共和国樹立を宣言。	スペイン、西サハラから撤退（マドリード協定）。2月「ロメ協定」、ACP諸国・欧州間の通商経済協力を謳う条約。3月エチオピア、「臨時軍事行政評議会（PMAC）」の発足、社会主義体制に移行（粛正が始まり、約50万人死亡）。5月西アフリカ諸国経済共同体（ECOWAS/CEDEAO）、ラゴス条約締結を受けて設立。6月モザンビーク共和国、ポルトガルから独立、

		FRELIMOが社会主義政策を推進。同時に反共「モザンビーク民族抵抗運動（MNR/RENAMO）」も結成（後に内戦に）。7月カーボヴェルデ，ポルトガルから独立。コモロ共和国，仏から独立。サントメ・プリンシペ，ポルトガルから独立。ベナン，国名をベナン人民共和国に変更し，社会主義政策を推進。10月西サハラ戦争（～1991年9月）。11月ダホメ共和国，ベナン人民共和国に改称し，社会主義政策を推進。「緑の行進」35万人のモロッコ市民による西サハラへ向けたデモ行進。アンゴラ，ポルトガルから独立（初代大統領アゴスティニョ・ネト）。同時に内戦が勃発し，MPLA（ソ連とキューバの支援）とUNITA（米と南アの支援）とFNLA（米の支援）の抗争が続く（東西代理戦争）。
1976	7月ベトナム社会主義共和国樹立。	2月アンゴラ人民共和国の樹立，社会主義政策を推進。ポリサリオ前線，アルジェで亡命政権サハラ・アラブ民主共和国（SADR，西サハラ）建国宣言。3月モザンビーク，白人国家ローデシアに対して経済封鎖措置。セネガル，複数政党制を導入。6月南ア「ソウェト蜂起」，教育言語としてアフリカーンス語導入に対する抗議運動。セーシェル共和国，英から独立。7月タンザン鉄道開通（カッパーベルトとダルエスサラーム港が結ばれる）。8月ローデシア軍，モザンビークに侵攻，3000人を殺害。12月中央アフリカの帝国宣言，ボカサ大統領が皇帝即位。
1977	3月PLOによる「ミニ・パレスチナ国家」構想の承認。	ワンガリ・マータイ，「グリーン・ベルト運動（GBM）」の開始。2月東アフリカ共同体の解体。5月「モザンビーク内戦」南アに支援された反政府勢力「モンザンビーク民族抵抗運動」（RENAMO）とソ連・キューバに支

			援された政府軍 FRELIMO の抗争（〜1992年10月）。6月ジブチ，仏から独立。7月「オガデン戦争」，（エチオピア・ソマリア戦争）東西代理戦争（〜1978年3月）。
1978		8月日中平和友好条約調印。11月ユネスコ，人権および人種差別に関する宣言。12月中国の改革開放政策始まる。	1月「チャド・リビア国境紛争」（〜1987年9月）。4月ローデシア，黒人・白人の臨時政府を結成し，アパルトヘイト政策を廃止。8月ケニヤッタ・ケニア初代大統領死去。10月「ウガンダ・タンザニア戦争」リビアがウガンダを，ソ連がタンザニアを支援（〜1979年4月）。
1979		1月カンボジアのポル・ポト政権崩壊。米中国交樹立。2月イラン・イスラーム革命の達成，湾岸諸国のシーア派蜂起。中国軍，ベトナムに侵攻（中越戦争）。3月欧州通貨制度（EMS）・欧州通貨単位（ECU）運用開始。7月ニカラグアでサンディニスタ革命，ソモサ独裁倒れる。12月ソ連軍，アフガニスタン侵攻（1989年2月，ソ連軍，完全撤退）。「女性差別撤廃条約」採択（於第34回国連総会）。	2月チャドでクーデター，第1次チャド内戦が終結するものの，1979年11月から第2次内戦が始まる。4月ウガンダのイディ・アミン大統領失脚，亡命。8月赤道ギニアでンゲマによる軍事クーデター発生，軍事政権樹立。モロッコ，西サハラにおけるモーリタニア領土を併合。9月アンゴラ，MPLAの議長ドス・サントス大統領就任，社会主義政策を進める。中央アフリカ，仏軍による無血クーデターでボサカ失脚（共和制に復帰）。
1980		4月在イラン米国大使館占拠事件。米国とイラン断交。	コートジボワール，セネガル，ケニア，マラウイ，モーリシャス，トーゴで構造調整プログラム開始。ウガンダで干ばつ発生，3万人以上餓死，25万人以上食糧難（〜1983年）。4月 SADC の前身である南部アフリカ開発調整会議（SACDD）の設立（本部：ボツワナ・ハボローネ）。ローデシア，ジンバブエ共和国に改称。8月モロッコ，西サハラにおいて「砂の壁」の建設を開始（〜1987年）。12月「マイタツィン反乱」，ボコ・ハラムの源流といわれる（於ナイジェリア・カノ）。セネガル，サンゴール大統領退任，ディウフ大統領就任。

1981	6月「バンジュール憲章（人及び人民の権利に関するアフリカ憲章）」採択（於ナイロビ第18回OAU首脳会議）。12月マレーシア・マハティール首相が「ルック・イースト（東方政策）」発表。	サヘル地域の大干ばつ発生（〜1984）。モザンビーク南部で大干魃、死者10万人。マラウイで構造調整プログラム開始。2月「ウガンダ内戦」の勃発（〜1986年1月）。5月ECOWAS諸国，相互防衛援助に関する議定書に署名（於シエラレオネ・フリータウン），「同盟共同体連合軍（AAFC）」の創設。6月ウガンダ，後の大統領ムセヴェニを中心に反政府勢力「国民抵抗軍（NRA）」を結成。「バンジュール憲章（人及び人民の権利に関するアフリカ憲章）」採択（於ナイロビ第18回OAU首脳会議）10月エジプト，サダト大統領暗殺，ホスニ・ムバラク大統領に就任。
1982	6月マルビーナス（フォークランド）戦争でアルゼンチン，英国に敗北。	2月セネガルとガンビア国家連合「セネガンビア」の形成。12月「カザマンス紛争」分離独立派「カザマンス民主同盟」（MFDC）とセネガル政府軍の衝突（〜2014年5月）。
1983	エチオピアの大干ばつ，100万人以上が餓死，1,000万人を越える難民発生（〜1985年）。	エチオピアの大干ばつ，100万人以上が餓死，1,000万人を越える難民発生（〜1985年）。4月「第2次スーダン内戦」，黒人を中心とした反政府組織スーダン人民解放軍（SPLA）が戦闘開始（〜2005年1月）。5月「スーダン人民解放運動（SPLM）」の結成，南スーダン独立を目指す。6月サンゴール前セネガル大統領，アフリカ人初の仏アカデミー会員に選出。8月オートボルタ（現ブルキナファソ）で軍事クーデター，トーマス・サンカラ大統領に就任（〜1987年10月）。チャド紛争に仏軍介入。10月中部アフリカ諸国経済共同体（ECCAS）の設立（本部：ガボン・リーブルヴィル）。
1984	3月国際人口会議（於メキシコシティー），「人口と開発に関するメキシコシ	チャド湖，ほぼ干上がる。サヘル地域の大干ばつ，餓死（〜1985年）。8月

	ティ宣言」採択。	オートボルタ,ブルキナファソに改名,社会主義政策を推進。10月南ア・ツツ司教,ノーベル平和賞。
1985	12月ダッカにて南アジア地域協力連合（SAARC）が発足。	11月タンザニア,ニエレレの退任後にムウィニ大統領就任,社会主義路線から市場経済へ移行。
1986	7月**構造調整プログラム開始：ブルンジ,ギニア,ニジェール**。10月「バンジュール憲章」発効。12月ベトナム共産党第6回党大会開催,ドイモイ（刷新）政策を提起。	ブルンジ,ギニア,ニジェールで**構造調整プログラム開始**。1月ウガンダで反政府組織「国民抵抗軍（NRA）」によるクーデター,ムセヴェニ大統領就任。2月第1回国際フランコフォニー組織政府首脳会議（於ヴェルサイユ）。4月ムスワティ3世,スワジランド国王に即位（絶対王政）。7月南ア・アパルトヘイトの象徴である「パス法」を緩和（1986年11月に廃止）。8月ウォーレ・ショインカ（ナイジェリア）,ノーベル文学賞受賞。
1987	4月国連環境と開発に関する世界委員会「われら共有の未来」発表。6月韓国,6・29民主化宣言。7月単一市場構築に関する「単一欧州議定書」発効。	サヘル地域の大干ばつ。中央アフリカ,ガンビア,ガーナ,ギニアビサウ,モーリタニア,ザイール（現DRC）で構造調整プログラム開始。1月ウガンダ北部,反政府武装組織「神の抵抗軍（LRA）」の結成。2月エチオピア,国民投票により「エチオピア人民民主共和国」に改称,社会主義政策を推進。10月ブルキナファソ,仏軍の支援で軍事クーデター,コンパオレ大統領に就任。11月チュニジア,無血クーデターによりブルギバ失脚,ベンアリ大統領就任。12月ロバート・ムガベ,ジンバブエ大統領に就任。
1988	8月国連安保理イラン・イラク停戦決議598号が発効。11月国連環境計画（UNEP）と世界気象機関（WMO）,「気候変動に関する政府間パネル」（IPCC）設立。PLO民族評議会,パレスチナ国家の独立宣言。12月「第1次国連アンゴラ検証団（UNAVEM	コンゴ共和国で構造調整プログラム開始。12月「第1次国連アンゴラ検証団（UNAVEM I）」アンゴラ内戦後のPKO（〜1991年5月）。

	I)」アンゴラ内戦後のPKO（〜1991年5月）。マルタ会談により，冷戦終結。	
1989	2月「国連ナミビア独立支援グループ（UNTAG）」，ナミビア独立戦争後のPKO（〜1990年3月）。4月経済通貨同盟（EMU）設立に関する「ドロール・レポート」公表。「ベルリンの壁」崩壊。6月中国で天安門事件起こる。7月カンボジアからベトナム軍撤退。11月第44回国連総会で子どもの権利条約を採択。	サヘル地域の大干ばつ発生。ベナン，カメルーンで構造調整プログラム開始。民間軍事会社（PMC）「エグゼクティブ・アウトカムズ（EO）」設立（於南ア），複数の紛争に関わる（1998年解散）。2月アルジェリア，複数政党制を導入。「**国連ナミビア独立支援グループ（UNTAG）」，ナミビア独立戦争後のPKO（〜1990年3月）**。5月第3回国際フランコフォニー組織政府首脳会議（於セネガル・ダカール）。6月スーダンで無血クーデター，バシール大統領就任。8月南ア，デクラーク大統領就任（アフリカ最後の白人大統領），民主改革路線を推進。9月セネガンビア国家連合を解消。12月第1次リベリア内戦（〜1997.01）。
1990	2月「アフリカ人民参加憲章（開発と変化への人民の参加のためのアフリカ憲章）」採択（於アルーシャ）。デクラーク大統領，**ネルソン・マンデラ釈放**。3月チリで民政復帰，エイルウィン大統領就任。6月日本において出入国管理及び難民認定法が改正，施行。7月ペルーで第1次フジモリ政権発足。8月イラクによるクウェート侵攻（湾岸危機の発生）。	サントメ・プリンシペで構造調整プログラム開始。「第2次トゥアレグ反乱」（於マリ北部およびニジェール，〜1995年）。2月カーボヴェルデ，複数政党制を導入。「**アフリカ人民参加憲章」採択（於アルーシャ）**。南ア・デクラーク大統領，国会でアパルトヘイトの廃止を表明。**ネルソン・マンデラ釈放**。3月ベナン，国名を改称し社会主義を放棄，複数政党制を導入。ナミビア，南アから独立。8月サントメ・プリンシペ，複数政党制を導入。「西アフリカ諸国経済共同体監視団（ECOMOG）」の創設，リベリア内戦に介入。9月カーボヴェルデ，複数政党制を導入。ガボン，複数政党制を導入。10月コートジボワール，初の複数政党制大統領選挙。ルワンダ内戦（〜1993年8月）。11月ニジェール，複数政党制を導入。12月チャドでク

			ーデター，イドリス・デビが政権掌握。ソマリア内戦，反政府勢力間の抗争が泥沼化。カメルーン，複数政党制を導入。ベナン人民共和国，ベナン共和国に改称，複数政党制を導入し民主化を推進。
1991		1月湾岸戦争の勃発，イラク軍がクウェートから撤退。4月「国連西サハラ住民投票ミッション（MINURSO）」西サハラの住民投票の治安確保。5月「第2次国連アンゴラ検証団（UNAVEM II）」，アンゴラ内戦後の停戦監視（～1995年2月）。6月南ア，アパルトヘイト体制終結宣言。8月ベトナムと中国が関係正常化で合意。10月カンボジア問題パリ和平会議，最終合意文書調印。11月米空軍クラーク基地，フィリピンに返還（米海軍スービック基地は1992年11月）。12月独立国家共同体（CIS）の創設とソ連の消滅。	マラウイ，50年間で最悪の干ばつ発生。ブルキナファソ，マリ，ルワンダで構造調整プログラム開始。ソマリアで大干ばつ発生，30万人以上餓死，200万人以上の難民（～1992年）。3月マリ，民主化を求める大規模な市民デモ。シエラレオネ内戦（～2002年1月）。4月「国連西サハラ住民投票ミッション（MINURSO）」西サハラの住民投票の治安確保。5月エチオピア，社会主義政権の崩壊。エリトリア，エチオピアより独立。「第2次国連アンゴラ検証団（UNAVEM II）」，アンゴラ内戦後の停戦監視（～1995年2月）。アンゴラ，MPLAとUNITAの間で停戦協定調印，社会主義を放棄。6月ブルキナファソ，複数政党制を導入。「アブジャ条約」の締結「アフリカ経済共同体（AEC）」，「アフリカ中央銀行（ACB）」，「アフリカ裁判所（ACJ）」，「全アフリカ議会（PAP）」の創設とアフリカ単一通貨「アフロ」の導入を謳う。7月モーリタニア，複数代表制を導入。10月シエラレオネ，複数政党制を導入。ザンビア，初の複数政党制選挙を実施。11月赤道ギニア，複数政党制を導入（事実上は一党独裁状態）。12月ケニア，複数政党制を導入。アルジェリア，イスラーム救国戦線（FIS）が総選挙で勝利，国軍のクーデターにより選挙が無効に。ソビエト連邦崩壊，ロシア連邦成立。アルジェリア内戦（～2002年2月）。
1992		1月ロシアで価格・貿易自由化開始	ウガンダ，ジンバブエで構造調整プロ

	（10月バウチャー民営化の開始）。4月「第1次国連ソマリア活動（UNOSOM I）」（〜1993年3月）。6月ブトロス＝ガリ国連事務総長が『平和への課題』を公表。ブラジル，リオデジャネイロにおいて「環境と開発に関する国連会議（UNCED）」開催，政治宣言とアジェンダ21採択。ガリ国連事務総長，「平和への課題」を発表，予防外交，平和創造，平和構築，平和強制の概念を提唱。12月「国連モザンビーク活動（ONUMOZ）」（〜1994年12月）。	グラム開始。アンゴラ，MPLA（北部，油田）とUNITA（南部，ダイヤモンド）間で内戦再発（東西代理戦争から資源戦争に変質）。4月「第1次国連ソマリア活動（UNOSOM I）」（〜1993年3月）。ガーナ，複数政党制を導入。5月タンザニア，複数政党制を導入。8月コンゴ人民共和国（現コンゴ共和国）初の複数政党制大統領選挙。南部アフリカ開発共同体（SADC），SADCCを改組して設立（本部：ボツワナ・ハロボーネ）。9月ジブチ，憲法改正により複数政党制導入（事実上は一党支配）。マリ，初の複数政党制による大統領選挙。10月モザンビーク，FRELIMOとRENAMOの間で「ローマ和平協定」を締結（モザンビーク内戦終結）。12月米，平和維持軍（PKF）をソマリアへ派兵（〜1994年3月）。「国連モザンビーク活動（ONUMOZ）」（〜1994年12月）。
1993	3月「第2次国連ソマリア活動（UNOSOM II）」（〜1995年3月）。6月「国連ウガンダ・ルワンダ監視団（UNOMUR）」（〜1994年9月）。9月イスラエルのラビン首相とPLOアラファート議長，「オスロ合意」調印。「国連リベリア監視団（UNOMIL）」（〜1997年9月）。10月「国連ルワンダ支援団（UNAMIR）」（〜1996年3月）。第1回アフリカ開発会議（TICAD-I）開催（於東京）。11月マーストリヒト条約に基づく欧州連合（EU）設立。12月マンデラおよびデクラーク大統領，ノーベル平和賞。	エチオピアで構造調整プログラム開始。アルジェリア，「武装イスラーム集団（GIA）」の活動開始。3月「第2次国連ソマリア活動（UNOSOM II）」（〜1995年3月）。6月マダガスカル，複数政党制を導入。ブルンジ，初の複数政党制選挙を実施。マラウイ，複数政党制を導入。「国連ウガンダ・ルワンダ監視団（UNOMUR）」（〜1994年9月）。7月セーシェル，複数政党制を導入。「コトヌー包括和平協定」の合意（第1次リベリア内戦の終結）。8月トーゴ，複数政党制移行後の初の総選挙（事実上は一党支配）。「アルーシャ和平協定」の合意（ルワンダ内戦の終結）。9月「国連リベリア監視団（UNOMIL）」（〜1997年9月）。10月中央アフリカ，複数政党制選挙を実施。

関係年表

			「ブラックホールダウン事件」、モガディシュの戦闘で米軍のソマリア介入の失敗。**「国連ルワンダ支援団(UNAMIR)」**（～1996年3月）。**第1回アフリカ開発会議（TICAD-Ⅰ）開催（於東京）**。オマル・アル=バシール、スーダン大統領に就任。第5回国際フランコフォニー組織政府首脳会議（於モーリシャス・グランドベ）。「ブルンジ内戦」、ツチ人とフツ人の抗争（～2006年4月）。11月欧州連合（EU）発足。12月ウフェ=ボワニ初代大統領死去。**マンデラおよびデクラーク大統領、ノーベル平和賞**。
1994	1月北米自由貿易協定（NAFTA）発効。4月「ルワンダ虐殺（ジェノサイド）」（～1994年7月）。5月ネルソン・マンデラ大統領就任。		シエラレオネで構造調整プログラム開始。「神の抵抗軍（LRA）」の反乱再発（於ウガンダ、～2002年）。1月「西アフリカ諸国経済通貨同盟（UEMOA）」の設立、CFAフランの50％切り下げ。4月第7回汎アフリカ会議（於ウガンダ・カンパラ）。「ルワンダ大統領専用機撃墜」ハビャリマナ・ルワンダ大統領とタリャミラ・ブルンジ大統領死去。**「ルワンダ虐殺（ジェノサイド）」**、フツ過激派によりツチ人とフツ人穏健派が殺害される（～1994年7月）。**5月ネルソン・マンデラ大統領就任**、アパルトヘイト撤廃。30年間政権にあった「マラウイ会議党」の選挙敗北、バキリ・ムルジ大統領選出。7月「ルワンダ愛国戦線（RPF）」、ルワンダ全土を制圧。ギニアビサウ、初の複数政党制選挙。10月「ルサカ停戦合意」、アンゴラ内戦の停戦。11月ルワンダ国際刑事裁判所（ICTR）の設置（於タンザニア・アルーシャ）。12月東南部アフリカ市場共同体（COMESA）の結成（本部：ザンビア・ルサカ）。
1995	1月世界貿易機関（WTO）設立。2		2月「第3次国連アンゴラ検証団

337

	月「第3次国連アンゴラ検証団 (UNAVEM III)」アンゴラ内戦後の停戦監視と国民和解 (～1997年6月)。3月シェンゲン協定発効, ヨーロッパにおいて協定圏内の自由移動が可能に。7月米越国交正常化声明。ベトナムがASEANに加盟。8月戦後50年の村山首相談話, 侵略・植民地支配への「お詫び」表明。9月第4回世界女性会議 (於北京) 開催。	(UNAVEM III)」アンゴラ内戦後の停戦監視と国民和解 (～1997年6月)。5月エチオピア初の複数政党制選挙。11月タンザニア初の複数政党制大統領選挙。12月南ア,「真実和解委員会設置」(ツツ司教議長), 翌年よりアパルトヘイト後の和解プロセスを開始。第6回国際フランコフォニー組織政府首脳会議 (於ベナン・コトヌー)。
1996	12月南ア, 新憲法採択。	3月チャド, 複数政党制を導入 (実際は事実上独裁政権)。7月中部アフリカ経済通貨共同体 (CEMAC) の設立 (本部：中央アフリカ・バンギ)。ブルンジでクーデター, ツチ系軍事政権樹立。10月米軍「アフリカ危機対応イニシアティヴ (ACRI)」を設立。コンゴ, 反モブツ勢力の「コンゴ・ザイール解放民主勢力連合 (ADFL)」を結成 (ローラン＝デジレ・カビラ議長)。11月「第1次コンゴ戦争」アンゴラ, ブルンジ, ルワンダ, ウガンダ出兵 (～1997年5月)。
1997	1月アナン第7代国連事務総長就任 (～2006年12月)。6月「国連アンゴラ監視団 (MONUA)」の設立 (UNAVEMの後身, ～1999年2月)。7月アジア通貨危機の発生。香港, 中国に復帰。ミャンマーとラオスがASEANに加盟。12月「京都議定書」採択。	1月アナン第7代国連事務総長就任 (～2006年12月)。5月モブツ・ザイール大統領亡命 (9月死去)。ザイール, コンゴ民主共和国 (DRC) に改称, ローラン＝デジレ・カビラ大統領就任。シエラレオネでクーデター, 軍事政権樹立。6月コンゴ共和国で内戦, 仏系石油企業が関与 (～1997年10月)。「国連アンゴラ監視団 (MONUA)」の設立 (UNAVEMの後身, ～1999年2月)。8月ECOMOG, シエラレオネに軍事介入開始。
1998	3月「国連中央アフリカ共和国ミッション (MINURCA)」, 中央アフリカの政情不安の安定化 (～2000年2月)。5月民主化運動によってスハルト大統領辞任, ハビビ大統領就任。6月欧州	武装過激派「サラフィスト集団 (GSPC)」の結成 (AQIMの前身)。スーダンで干ばつ発生, 7万人以上が餓死。3月「国連中央アフリカ共和国ミッション (MINURCA)」, 中央ア

		中央銀行（ECB）設立。7月「国連シエラレオネ監視団（UNOMSIL）」、シエラレオネ内戦におけるPKO（～1999年10月）。8月ロシア通貨・金融危機。在ケニアおよびタンザニア米国大使館爆破事件。	フリカの政情不安の安定化（～2000年2月）。5月エリトリア・エチオピア国境紛争（～2000年6月）。6月欧州中央銀行（ECB）設立（本部：フランクフルト）。ギニアビサウ内戦（～1999年5月）。OAU首脳会議、アフリカ人権裁判所の設立に関するバンジュール憲章議定書に調印。7月「国連シエラレオネ監視団（UNOMSIL）」、シエラレオネ内戦におけるPKO（～1999年10月）。8月ECOMOG、ギニアビサウ内戦の停戦監視。在ケニアおよびタンザニア米国大使館爆破事件。米軍、スーダン誤爆（米大使館爆破事件の報復）。「第2次コンゴ戦争」、ジンバブエ、ナミビア、アンゴラ、チャド参戦、ウガンダ、ルワンダ、ブルンジも関与（～2002年7月）。9月「サラフィスト集団（GSPC）」が設立（AQIMの前身）。第12回非同盟諸国首脳会議（於南ア・ダーバン）。10月第2回アフリカ開発会議（TICAD-II）の開催（於東京）。
1999		1月ユーロ導入。2月ベネズエラでチャベス政権成立。10月UNOMSILの後身「国連シエラレオネ派遣団（UNAMSIL）」、シエラレオネ内戦後平和構築のためのPKO（～2005年12月）。11月「国連コンゴ民主共和国ミッション（MONUC）」、第2次コンゴ戦争の停戦監視、国連PKO初の平和執行部隊。	ザムファラ州などナイジェリア北部にシャリア法の導入。東アフリカで大干ばつ発生、1500万人以上食糧難（～2000年11月）。2月中部アフリカ諸国経済共同体（ECCAS）、域内紛争予防と解決組織「中部アフリカ平和安全保障委員会（COPAX）」を創設。3月「ロメ和平合意」、シエラレオネ内戦の停戦（治安は改善せず）。4月第2次リベリア内戦（～2003年8月）。5月ナイジェリア、初の複数政党制の選挙でオバサンジョ大統領就任、民政に移管。9月OAU総会、アフリカ連合（AU）設立決議（シルト宣言）。10月ニエレレ・タンザニア初代大統領死去。UNOMSILの後身「国連シ

		エラレオネ派遣団（UNAMSIL）」，シエラレオネ内戦後平和構築のためのPKO（～2005年12月）。11月「国連コンゴ民主共和国ミッション（MONUC）」，第2次コンゴ戦争の停戦監視，国連PKO初の平和執行部隊。第1回G20財務大臣・中央銀行総裁会議開催（於ベルリン）。
2000	3月プーチン，ロシア大統領に当選（～2008年，2008～12年首相，2012年～大統領）。7月「国連エチオピア・エリトリア派遣団（UNMEE）」エチオピア・エリトリア国境紛争の停戦監視（～2008年7月）。8月第1回南米首脳会議開催（ブラジリア）。9月国連ミレニアム・サミット開催，「国連ミレニアム目標」（MDGs）を採択。10月第1回中国アフリカ協力フォーラム（FOCAC）開催（於北京）。11月国連，「人身売買議定書」採択。	4月セネガル，40年間続いた社会党の敗北，ワッド大統領選出。「ジブチ会議」ソマリア国民和平会議開催（於ジブチ），暫定国民政府の成立。ポール・カガメ，ルワンダ大統領に就任。5月シエラレオネ内戦でUNAMSILの要員500人が人質に（於シエラレオネ・フリータウン）。6月「エチオピア・エリトリア国境紛争」，OAUの調停により停戦合意。「コトヌー協定」ロメ協定に取り代わるEUとACP諸国の間の通商経済協力条約（2010年改正）。7月MONUC，「コンゴ民主共和国を安定化するための国連ミッション（MONUSCO）」に改称。東アフリカ共同体（ECA）の再結成（本部：タンザニア・アルーシャ）。ロメOAU首脳会談，アフリカ連合（AU）設立条約。「国連エチオピア・エリトリア派遣団（UNMEE）」エチオピア・エリトリア国境紛争の停戦監視（～2008年7月）。8月ジンバブエの「ファスト・トラック法」（白人農地の強制接収制度）。9月国連ミレニアム・サミット開催，「国連ミレニアム宣言」採択（於ニューヨーク）。10月第1回中国アフリカ協力フォーラム（FOCAC）開催（於北京）。ロラン・バグボ，コートジボワール大統領就任，イボワール人重視政策「イボワリテ」を推進。
2001	9月米国同時多発テロ事件。10月コ	マラウイ，干ばつと洪水による飢饉拡

	フィ・アナン，国連とともにノーベル平和賞受賞。米軍によるアフガニスタン侵攻。**「アフリカ開発のための新パートナーシップ（NEPAD）」**。12月中国WTO加盟。	大。1月「ミレニアム開発目標（MDGs）」の策定。西アフリカ通貨協会（WAMI）設立。7月「新アフリカ・イニシアティヴ」の採択（於ザンビア・ルサカ，第37回OAU首脳会合）。OAU集団安全保障の枠組み「アフリカ平和安全保障アーキテクチャー（APSA）」の整備開始。10月**「アフリカ開発のための新パートナーシップ（NEPAD）」**発足（於ナイジェリア・アブジャ，アフリカ政府首脳実施委員会）。12月TICAD開発会議閣僚レベル会合（於東京）。サンゴール・セネガル初代大統領死去。
2002	7月アフリカ連合（AU）発足。8月イランにおける秘密裏の核施設の存在が発覚（「イラン核開発問題」の発生）。11月**「キンバリープロセス承認制度（KPCS）」の発足　紛争ダイヤモンド取引制限のための原産地証明制度。**	過激派組織「ボコ・ハラム」の設立（指導者モハメド・ユスフ）。1月「シエラレオネ特別法廷（SCSL）」の設置（於フリータウン）。4月1975年より続いたアンゴラ内戦，和平協定調印により終結。6月中部アフリカ諸国経済共同体（ECCAS）の安全保障機構，「中部アフリカ多国籍軍（FOMAC）」の創設。**7月アフリカ連合（AU）発足**（本部：エチオピア・アジスアベバ）。AU，「アフリカ相互審査メカニズム（APRM）」の創設（於南ア・ダーバン，AU首脳会談）。AU平和維持軍「アフリカ待機軍（ASF）」の創設（本部：エチオピア・アジスアベバ）。米軍，「アフリカ緊急作戦訓練支援（ACOTA）」の設置。8月「アクラ包括和平合意」第2次リベリア内戦終結。9月「第1次コートジボワール内戦」，ムスリム系北部とキリスト系南部の民族紛争，仏の軍事介入（〜2007年3月）。11月**「キンバリープロセス承認制度（KPCS）」の発足　紛争ダイヤモンド取引制限のための原産地証明制度**。12月「プレトリア包括和平合意」ルワンダとDRCの間の

		第2次コンゴ戦争終結。
2003	1月ブラジル，ルーラ労働者党政権発足。2月ダルフール紛争（於スーダン，2016年11月現在進行中）。3月イラク戦争の勃発。4月イラクで連合国暫定当局（CPA）による暫定占領統治開始。5月キルチネル政権発足。6月赤道原則（Equator Principles）の開始。9月「国連リベリア・ミッション（UNMIL）」の活動開始。	2月ダルフール紛争（於スーダン，2016年11月現在進行中）。3月中央アフリカ，チャドのデビ大統領支援によるクーデターでパセタ政権崩壊，ボジゼ暫定政権。**イラク戦争の勃発**（第2次湾岸戦争～2011年12月）。5月ルワンダ，複数政党制を導入。6月「エクエーター原則（赤道原則）」の導入大規模開発事業の融資に環境や地域社会への適合を条件とする原則。7月女性の権利に関するバンジュール憲章議定書。「マプト議定書」（人及び人民の権利に関するアフリカ憲章）。AU司法裁判所設立議定書が採択（於AU会議）。ECOMOG，第2次リベリア内戦の停戦監視（ECOMIL）。8月「アクラ和平協定」第2次リベリア内戦の終結。米国，平和維持軍（PKF）をリベリアへ派兵（～2003年9月）。9月ギニアビサウ，無血クーデター。**「国連リベリア・ミッション（UNMIL）」の活動開始**。第3回アフリカ開発会議（TICAD-III）を開催（於東京）。12月第2回中国アフリカ協力フォーラム（FOCAC）を開催（於エチオピア・アジスアベバ）。リビア，大量破壊兵器開発計画の放棄を表明。
2004	4月アジア海賊対策地域協力協定（ReCAAP）の採択（2009年9月発効）。5月「**国連ブルンジ活動（ONUB）」ブルンジ内戦後の停戦監視**（～2006年12月）。10月国民による初の直接投票でユドヨノがインドネシア大統領に選出。11月ASEAN非公式首脳会議で「人身売買に対抗するASEAN宣言」を採択。	ナイジェリアのニジェール・デルタにおける武力闘争の活発化（2016年11月現在進行中）。1月米軍，「アフリカ緊急作戦訓練支援計画（ACOTA）」の設立。アフリカ人権裁判所に関する議定書を採択。3月「全アフリカ議会」の発足（本部：南ア・ミッドランド）。4月ソマリア暫定国民政府（TNG）の解散，ソマリア暫定連邦政府（TFG）を組織。5月AU，「平和安全保障委員会（PSC）」の設置（本部：エチオピア・アジスアベバ）。「国

関係年表

		連ブルンジ活動（ONUB）」ブルンジ内戦後の停戦監視（〜2006年12月）。6月米国，「多国間平和活動イニシアティヴ（GPOI）」を提唱（於G8サミット）。7月「AUダルフール派遣団（AMIS）」AUより派遣されたダルフール紛争の平和維持部隊（〜2007年6月）。11月「第1次中央アフリカ共和国内戦」（中央アフリカ・ブッシュ戦争，〜2007年4月）。TICAD「アジア・アフリカ貿易投資会議（AA-TIC）」（於東京）。第10回国際フランコフォニー組織政府首脳会議（於ブルキナファソ・ワガドゥグー）。12月ワンガリ・マータイ，ノーベル平和賞。スーダンと反政府勢力が停戦合意（1975年より続いた内戦の終結）。
2005	3月「国連スーダン派遣団（UNMIS）」第2次スーダン内戦後のPKO（〜2011年9月）。4月バンドン会議50周年記念会議。12月ロシア・ウクライナガス紛争（〜2006年1月）。国連で平和構築委員会の設立が決定。	マラウイ，大干ばつ再発による被害拡大。スワヒリ語，ウガンダの公用語に。1月「ナイヴァシ合意」第2次スーダン内戦の南北包括和平合意。3月トーゴ，ニャシンベ大統領死去，息子のフォール・ニャシンベが暫定大統領に就任。「国連スーダン派遣団（UNMIS）」第2次スーダン内戦後のPKO（〜2011年9月）。4月バンドン会議50周年記念会議（於インドネシア・バンドン）。7月ウガンダ，国民投票による憲法改正で複数政党制を導入。国際刑事裁判所（ICC/CPI）初の逮捕状（「神の抵抗軍（LRA）」幹部に対して）。11月サーリーフ，リベリア選挙で勝利（アフリカ女性大統領誕生）。12月チャド内戦の勃発（〜2010年1月）。
2006	1月ボリビアでモラレス政権発足。10月北朝鮮の第1回核実験（2009年第2回，2013年第3回，2016年第4回）。	2月TICAD「平和の定着会議」（於エチオピア・アディスアベバ）。3月テーラー・リベリア元大統領逮捕，戦争犯罪および人道に対する罪でシエラレオネ特別法廷に起訴。6月「イスラ

343

		ーム法廷同盟（UIC）」（アルシャバブの前身），モガディシュを占領（～2006年12月）。7月アフリカ人権裁判所の設置（本部：タンザニア・アルーシャ）。DRC，複数政党制による初の選挙実施（結果を巡り両陣営が対立）。11月第3回中国アフリカ協力フォーラム（FOCAC）を開催（於北京）。12月「ソマリア戦争」エチオピア軍のソマリア制圧，ソマリア暫定政府が掌握（～2009年1月）。
2007	1月エクアドル，コレア大統領就任。**7月「国連アフリカ連合ダルフール派遣団（UNAMIS）」AMIS を引き継ぐ平和維持軍。**8月サブプライムローン問題表面化。**9月「国連中央アフリカ・チャド・ミッション（MINURCAT）」。**	「AQIM（イスラム・マグリブ・アルカーイダ機構）」GSPC を改組して主にサヘル地方で活動開始。1月米空軍によるソマリア南部空爆（アルカイダ訓練所）。イスラム系武装組織「アルシャバブ」，ソマリア南部を中心に活動開始。AU 平和維持軍「ソマリア駐留アフリカ連合平和維持部隊（AMISOM）」の創設。2月「不朽の自由作戦・トランスサハラ（OEF-TS）」米国とサヘル諸国によるテロ掃討活動（2016年11月現在活動中）。米国，「アメリカアフリカ軍（AFRICOM）」を創設（司令部：シュトゥットガルト）。3月 TICAD「持続可能な開発のための環境とエネルギー」閣僚会議（於ケニア・ナイロビ）。4月中央アフリカ，停戦合意により内戦が終結。7月「国連アフリカ連合ダルフール派遣団（UNAMIS）」AMIS を引き継ぐ平和維持軍。9月シエラレオネ，内戦後の大統領選挙，民主化プロセスが始まる。**「国連中央アフリカ・チャド・ミッション（MINURCAT）」。** 12月ケニア大統領選の結果に対する暴動（死者1000人超），コフィ・アナンの仲介で鎮静化（～2008年2月）。
2008	2月ラウル・カストロ，キューバ国家	国際言語年（アフリカ言語遺産に関心

	評議会議長に就任。8月イタリア・リビア友好協定（ベンガジ協定）締結。9月世界金融危機（リーマン・ショック）。	が高まる）。1月「パリ・ダカール・オートレース」，モーリタニア政情不安のため中止。5月第4回アフリカ開発会議（TICAD-IV）開催（於横浜）。6月ロシア海軍，ソマリア沖への海軍艦艇派遣を発表。7月AU会議，アフリカ司法及び人及び人民の権利裁判所（「アフリカ司法・人権裁判所」）規程に関する議定書採択。中部アフリカ諸国経済共同体（ECCAS）主導の「中部アフリカ多国籍軍（FOMAC）」による「中央アフリカ共和国平和固定化ミッション（MICOPAX）」。9月アメリカアフリカ軍（AFRICOM）が始動。11月第1回G20首脳会合（サミット）開催（於ワシントンDC）。マダガスカル政府，韓国の大宇グループに130万ha（国の全農地の過半）を99年間無償貸与と発表。12月ギニア，クーデター発生により混乱。EU海軍部隊アタランタ作戦（EU-NAVFOR-ATALANA）」ソマリア沖の海賊対策。中国，ソマリア沖海賊対策のための艦艇派遣，中国初の領海外軍事活動。
2009	5月スリランカで1983年以来のスリランカ政府とタミル・イーラム解放のトラ（LTTE）との内戦終結。10月政権交代を契機として，ギリシャで財政・債務の危機的状況が露呈。12月リスボン条約（EU条約・EC条約を改正する条約）発効。	1月ソマリア沖多国籍艦隊「第151合同任務部隊（CTF-151）」を設立。マダガスカルの政変（現職大統領の失脚）。2月バシール・スーダン大統領，国際刑事裁判所（ICC）からダルフールでの人道に対する罪・ジェノサイド罪で起訴。カダフィ（ガッダーフィ），AU議長就任。9月ボンゴ・ガボン大統領死去（41年間長期政権の終焉），翌月息子アリ・ボンゴ大統領に就任。7月第15回非同盟諸国首脳会議（於エジプト・シャルム＝エル＝シェイク）。ボコ・ハラムの大規模な暴動。11月第4回中国アフリカ協力フォーラム（FOCAC）の開催（於エジプ

		ト・シャルム=エル=シェイク)。
2010	5月欧州金融安定化メカニズム (EFSM) 設立。6月欧州金融安定ファシリティ (EFSF) 設立。	スワヒリ語、ケニアの公用語に。サヘル地域の大干ばつ、1000万人以上が食糧難。ソマリアの大干ばつ (～2012年) 推定26万人以上の餓死、200万人以上の難民。1月AU首脳会議「アフリカにおける情報とコミュニケーションの技術―発展のための課題と展望」。4月セネガル独立50周年記念銅像「アフリカ・ルネッサンス」がダカールに完成 (高さ50m)。6月アフリカ大陸初のサッカー・ワールドカップ開催 (南ア)。7月カンパラ (ウガンダ) でイスラーム系過激派組織「アルシャバブ」による連続爆破テロ。9月国連「ミレニアム開発目標 (MDGs)」サミット (於ニューヨーク)。12月コートジボワール、バグボ大統領が選挙敗北を認めず、ワタラ大統領との二重政府状態 (～2011年5月)。アルジェリア、反政府抗議運動 (～2012年10月)。
2011	1月ベン・アリー大統領亡命 (チュニジア革命)、カイロのタハリール広場でムバーラク大統領に辞任を求める若者たちのデモ。**2月ムバラク大統領辞任。7月「国連南スーダン派遣団 (UNMISS)」の活動開始。9月「国連リビア支援ミッション (UNSMIL)」の活動開始。**11月オバマ米大統領、ダーウィン (豪州) でアジア太平洋地域への「リバランス」を宣言。12月オバマ大統領、米軍戦闘部隊完全撤退によりイラク戦争終結を宣言。	1月ベン・アリー大統領亡命 (チュニジア革命)、南部アフリカで洪水発生 (500人以上死亡、6000人以上が難民)。南スーダン、独立住民投票。「2011年エジプト革命」、**ムバラク大統領辞任**、エジプト軍最高評議会に全権が移行。2月2011年リビア内戦 (～2011年10月)。反体制派「リビア暫定評議会」の結成 (内戦終結とともに2002年8月に解散)。3月ソマリア沖商船三井タンカー襲撃事件。5月コートジボワール、バグボ失脚、正式にワタラ大統領就任。7月東アフリカで大干ばつ、推定26万人餓死、950万人以上が食糧難。南スーダン共和国、スーダンから独立。**「国連南スーダン派遣団 (UNMISS)」の活動開始**。ベルベル語、アラブ語とともにモロッコの公用語に。

		8月リビアの指導者カダフィ（ガッダーフィ），スルトで死亡。9月「**国連リビア支援ミッション（UNSMIL）」の活動開始**。10月「アザワド民族解放運動（NMLA）」の活動開始，マリ北部を中心に活動するトゥアレグ反政府武装勢力。「西アフリカ統一聖戦運動（MOJWA）」の活動開始，サヘル地域を中心に活動するイスラーム系反政府武装勢力。エレン・サーリーフ・リベリア大統領およびレイマ・ボウィ，ノーベル平和賞受賞。11月自衛隊南スーダン派遣。
2012	1月米，「新国防戦略指針」発表。10月欧州安定メカニズム（ESM）設立。	3月「アンサール・ディーン」の結成，サヘル地域を中心に活動するイスラーム系反政府武装勢力。マリで軍事クーデター発生，政府の不十分な治安対策に不満を持った軍による。4月ギニアビサウ，軍事クーデター発生。テーラー・リベリア前大統領，シエラレオネ国際戦犯法廷で有罪判決（於ハーグ）。5月「アフリカ持続可能性のためのハボローネ宣言（GDSA）」自然資本の概念。6月エジプト，革命後初の大統領選でムルシー氏当選，イスラーム的憲法制定を試みたため，抗議運動が起こる。7月リビア，革命後初の総選挙（40年ぶり），以後政党間の対立により政情不安。第5回中国アフリカ協力フォーラム（FOCAC）開催（於北京）。トンブクトゥの世界遺産の一部がイスラーム系武装組織AQIMにより破壊。8月サヘル地域で大雨・洪水による大規模な被害。ソマリア暫定憲法採択，暫定連邦政府（TFG）解散。スーダン軍需工場に空爆。9月「イノセント・オブ・ムスリム事件」，米在外公館襲撃（リビア，エジプトなど）。10月第14回国際フランコフォニー組織政府首脳会議（於DRC・キンシャ

		サ)。11月エジプト市民，イスラーム化する政府に対する抗議運動に発展，軍事クーデターで政権崩壊 (〜2013年7月)。12月中央アフリカ共和国でクーデター，第2次内戦勃発 (〜2013年3月)。
2013	11月ウクライナ・マイダン革命 (〜2014年2月)。	1月「セルヴァル作戦」，マリ北部における武装組織に対する仏軍の安定化活動 (〜2014年7月)。「アルジェリア・イナメナス天然ガスプラント人質事件」サヘル地方のイスラーム系武装勢力AQIMによる。「アフリカ主導マリ国際支援ミッション (AFISMA/MISMA)」ECOWAS主導のマリ北部治安安定化作戦 (〜2013年7月)。2月「EUマリ訓練ミッション (EUTM Mali)」治安悪化にあるマリを支援するEU多国籍軍軍事訓練ミッション (〜2013年7月)。4月「国連マリ多元統合安定化ミッション (MINUSMA)」AFRISMA/MISMAを引き継ぐ。5月ニジェール・ウラン鉱山AQIM襲撃事件。6月第5回アフリカ開発会議 (TICAD-V) 開催 (於横浜)。9月「第3次中央アフリカ共和国内戦」国内がほぼ無政府状態に陥る (〜2014年7月)。「ナイロビ・高級ショッピングモール襲撃事件」死傷者約240人，イスラーム系過激派組織「アルシャバブ」による。10月ガンビア，英連邦離脱を発表。「ランペドゥーザ島難民船沈没事故」伊近海でアフリカ人360人以上死亡。12月ネルソン・マンデラ死去。国連安保理の議決によるAUと仏主導の「中央アフリカ支援国際ミッション (MISCA)」の開始 (MICOPAXを継承)。「サンガリス作戦」仏軍の中央アフリカ平和維持活動 (〜2016年10月)。
2014	8月米国，対「イスラーム国」軍事作	2月エボラ出血熱，西アフリカで大流

関係年表

	戦開始。9月シリア領内でもアメリカ主導の「有志連合」によるISに対する空爆開始。**MISCAを継承する「国連中央アフリカ安定化多次元統合ミッション（MINUSCA）」の開始。**	行。4月ボコ・ハラム、240人女子生徒の拉致事件。アルジェリア大統領選、ブテフリカ大統領の3選。6月エジプト、選挙により軍出身のシシ大統領が就任。8月「バルカンヌ作戦」ニジェールの武装組織に対する仏軍の安定化活動。9月**MISCAを継承する「国連中央アフリカ安定化多次元統合ミッション（MINUSCA）」の開始。**10月チュニジア、革命以来初の総選挙。11月第15回国際フランコフォニー組織政府首脳会議（於セネガル・ダカール）。12月国連特使ベルナディノ・レオン、リビアを無政府状態と表明（於EU外議会外務委員会）。
2015	4月バンドン会議60周年を記念する首脳会議（於ジャカルタ）。9月「国連持続可能な開発サミット」開催、「持続可能な開発のための2030アジェンダ」および行動計画「持続可能な開発目標（SDGs）」を採択。11月フランスでパリ同時多発テロ事件。12月地中海を越えてヨーロッパへ渡った難民が100万人を超える。ASEAN共同体（AC）・ASEAN経済共同体（AEC）発足。	2月エジプト軍、過激派に対するリビアへの空爆。3月第8回汎アフリカ会議（於ガーナ・アクラ）、21年ぶりの開催。「チュニジア・バルド国立博物館銃乱射事件」、日本人を含む外国人観光客22人死亡、42人負傷。4月「地中海難民船イタリア沿岸沈没事件」、ボートピープルを乗せた複数の船が沈没、死者1400人以上。「ケニア・ガリッサ大学襲撃事件」、イスラーム系過激派組織「アルシャバブ」による、147人死亡、80人前後負傷。**バンドン会議60周年を記念する首脳会議（於ジャカルタ）。**5月ナイジェリア、非常事態宣言の発令（対ボコ・ハラム）。「チュニジア・スース銃乱射事件」外国人観光客28人死亡、36人負傷。9月ブルキナファソで軍事クーデター、暫定政府（翌月、民主選挙の実施）。ミレニアム開発目標（MDGs）最終年。**「国連持続可能な開発サミット」開催、「持続可能な開発のための2030アジェンダ」および行動計画「持続可能な開発目標（SDGs）」を採択。**12月第6回中国アフリカ協力フォーラム

		（FOCAC）開催（於南ア・ヨハネスブルグ）。
2016	1月アジアインフラ投資銀行（AIIB）開業。	アフリカ各地でエルニーニョ現象による干ばつ被害，3600万人以上が食糧難，南東部アフリカで深刻な被害。1月国際刑事裁判所（ICC／CPI）初の首脳経験者の裁判（バグボ・コートジボワール前大統領）。2月国際商業会議（ICC）国際海事局（IMB）海賊情報センター，2015年の東アフリカ沿岸海賊0件と発表。ベルベル語，アラビア語とともにアルジェリアの公用語に。ウガンダ，議会・大統領選挙，現職のムセヴェニ大統領の7選（1986年から政権）。中央アフリカ，大統領選挙で無所属のトゥアデラ氏当選。3月ニジェール，現職イフス大統領再選。4月ベナン，実業家タロンが大統領就任，民主化推進を表明。チャド，現職イドリス・デビ大統領5選（1990年から政権）。赤道ギニア，現職ンゲマ大統領7選（1979年から政権）。7月コンゴ共和国，現職サス＝ンゲソ大統領5選（1997年から政権）。8月第6回アフリカ開発会議（TICAD-VI）開催（於ナイロビ，アフリカ諸国の要望で3年に一度に変更）。11月第16回国際フランコフォニー組織政府首脳会議（於マダガスカル・アンタナナリヴォ）。

人名索引

あ行

アナン, K. 45
アモノ, D. 183
イドリス・デビ 49
イブン・バトゥータ 72, 73
王毅 59

か行

カダフィ, M. 25, 138, 143
カダリー, C. 301
カバー, A.T. 212, 213
カルドア（カルドー）, M. 11, 44, 126
川端正久 178
キクウェテ, J. 258
クィウォンパ, T. 203, 204, 207
クーパー, F. 11, 15, 42
クルーズオブリアン, D. 160
クロマー, A. 204, 208
ケインズ, J.M. 69
ケニヤッタ, U. 143
コーベ, M. 215
コリアー, P. 12, 43, 60
コロマ, E.B. 222
コロマ, J.P. 212
コンパオレ, B. 207
コンラッド, J. 311

さ行

サーリーフ, E.J. 217
サルコジ, N. 49
サンコー, F. 206, 210, 213, 214
サンゴール, L.S. 164, 167, 171, 179, 180
シェカウ, A. 148
ジョナサン, G. 148
ジョンソン, P. 208, 222
ジョンソン, R. 208

スコット, J. 260
スティーヴンズ, S. 205, 206
ストラッサー, V. 211
スミス, A. 69, 153
スロヴォ, J. 303
セイ, J.-B. 69
センベーヌ・ウスマン 187, 188, 190, 196

た・な行

チレンブウェ, J. 300
鶴見和子 259, 260
ディウフ, A. 183, 192
テイラー, C. 137, 138, 202, 206, 209, 210, 214-217, 222
トゥーレ, S. 81
トウェイン, M. 311
ドゥニ・サス・ンゲソ 48
ドー, S. 202, 207, 208
ドーア, R.P. 179
ドゴール, C. 81
ナイム, M. 45, 62
ニエレレ, J. 258, 260, 261, 264, 265

は行

ハイエク, F. 89
ハイデン, G. 262
バグボ, L. 50, 143
バシール, O. 143
ハビャリマナ, J. 48
ハブレ, H. 145, 147
バボ, L. 216
バラッサ, B. 83
ハワード, E. 249
バンバ, A. 159
ビコ, S. 304
ファースト, R. 303
フェデルブ, L. 157

フォン, T. T.　191
ブラ, M.　217
ブライアント, C.　217
ボズラップ, E.　118
ポランニー, K.　67
ボンゴ, O.　49

　　　　ま 行

マグフリ, J.　258, 275
マンデラ, N.　11, 124, 292, 302, 305, 306
ムウィニ, A. H.　258
ムカパ, B.　258
ムガベ, R.　63, 145
ムヒカ, J.　195

モブツ・セセ・セコ　48
モモ, J. S.　206, 210

　　　や・ら・わ 行

ヤラデゥア, U. M.　148
ユースフ, M.　148
ユスフザイ, M.　13
ルト, W.　143
ルムンバ, P.　311
ロールズ, J.　19
ロドリゲス, D.　55
ワッド, A.　192
ングギ・ワ・シオング　250

事項索引

あ 行

アカン語　155
アグロフォレストリー　232, 236, 237
アジア・アフリカ会議　11
アジア・インフラ投資銀行（AIIB）　102
アジア・カリブ太平洋＝欧州連合
　　（ACP-EU）　22
アシャンティ連合王国　114
「新しい戦争」　11, 44, 126, 127, 147
アタランタ作戦　45
アディスアベバ　98
アデン湾　1, 45, 50, 55, 59
アパルトヘイト（政策）　15, 24, 134, 154,
　　264, 292-298, 302-310, 317
アビジャン　50
　——和平合意　212
アファール盆地　2
アブジャ　97
　——合意（Abuja Accord）　209
　——条約　84
アフリカーナー　294-297
アフリカーンス（語）　154
アフリカ　1-16, 20, 52, 56, 60, 63
　——開発会議（TICAD）　96, 101, 107
　——開発銀行（AfDB）　97, 169
　——開発のための新パートナーシップ
　　（NEPAD）　11, 39
　——危機対応イニシアティブ（ACRI）
　　54
　——緊急作戦訓練支援（ACOTA）　54
　——経済共同体（AEC）　84
　——子供の権利委員会　27
　——司法・人権裁判所　26-29
　——社会の自律性　42, 313
　——主導マリ国際支援ミッション（AFIS-
　　MA）　50
　——人権裁判所　25, 26, 144
　——大陸　1-3, 150, 177, 311
　——待機軍（ASF）　59, 63
　——（の）地域構成　8
　——的社会主義　257-262
　——統一機構（OAU）　11, 24, 25, 84
　——の希望　227
　——の角　1, 3
　——の角における不朽の自由作戦
　　（OEF-HOA）　55
　——の年　42, 115
　——の若者のための産業人材育成（ABE）
　　イニシアティブ　102
　——の優等生　178, 227
　——票　57
　——分割　11, 16, 312-314
　——平和安全保障アーキテクチャー
　　（APSA）　49, 50
　——民族会議（ANC）　301-305, 307-
　　310
　——民族主義　42
　——優先政策　48
　——連合（AU）　1, 11, 24-31, 49, 55, 59,
　　62, 63, 144
　——連合（AU）ガヴァナンス憲章　12
アムネスティ・インターナショナル　31,
　　58
アメリカアフリカ軍（AFRICOM）　54, 55,
　　58
アメリカ植民協会　201
アメリコ・ライベリアン　198, 201
新たな依存関係　47
新たな市場の開拓　57
アラビア語　153, 156
アラビア半島　1
アラブ　1, 257
　——人　259, 279

353

──系資本　267
アル＝シャバブ　44
アルーシャ　31
　──宣言　258
アルジェリア　8, 54, 56, 102
　──戦争　81
アンゴラ　3-6, 43, 44, 48, 56, 57, 77, 97, 302
　──銀行　77
安全保障　7-12, 19, 41-64, 99, 105, 281
　──・開発ネクサス　43, 44
　──援助　41-64
　──援助の非中立的性格　61
　──援助の倫理性　42
　──環境　11, 12
　──協力　9, 41, 51
　──能力　42
　──の正当性　44
　──の輸出　62
　──部門の改革　44
安定（化）　41-44, 46, 56, 60-62, 64
　──の維持・回復　42
域内貿易　7, 152
イスラーム
　──学校　148
　──教　161, 182, 184, 190, 257, 258
　──教徒　178, 227, 246, 262
　──商人　73
　──法　148
イタリア　42, 249
一帯一路　98
一党独裁政権　279, 284
一夫多妻（制）　281, 286
違法（金融）取引　45, 55
違法（な）殺害　56
イボ（人／語）　148, 155
イマジナリー貨幣　67, 68
移民　12, 14, 164, 205, 282, 292, 294, 303, 308-310
　──労働　282
イラク（人）　257
医療費の有償化／有料化　263

インカタ　305
インド　63, 246
　──交易　2
　──人　259
　──洋　1-3, 246
インフラ　13, 247, 251, 266
　──基金　52
　──建設／整備　47, 59, 282
インフォーマル　7, 282
　──部門（セクター）　7, 131, 188, 267, 288, 289
　──就業　7
インフレ率　4
ウィーン宣言（1986年）　21
ヴィクトリア湖　2, 152, 257, 273
　──の水銀汚染　270
ウォロフ語　154-164, 171, 178, 188, 191
ウガンダ　5-9, 44, 53-55, 62, 152-154, 246-248, 260
　──政府　144
ウジャマー　15, 258-262, 264, 273-275
ウラン　61, 272
　──鉱山開発　270
英語　152, 155
英国／イギリス　42, 43, 73, 101, 113, 227, 228, 231, 246, 248, 250, 258, 279, 281, 302, 312
　──型都市構造　15
　──連邦　295
エイズ　→　HIV／エイズ
英領西アフリカ銀行（BBWA）　76
エグゼクティブ・アウトカムズ社　212
エジプト　7, 8, 56, 97, 112
エスクード　82
エスニック集団　156, 161-163
エチオピア　5-9, 42, 52-54, 95, 97, 247
　──高原　2
エボラ出血熱　52
エリトリア　5, 6, 8, 9, 42, 53
　──・エチオピア戦争　10, 57
エレクトロン・コイン　67

事項索引

援助　12, 41-64
　――の説明責任　57, 58
黄金海岸　2, 76
欧州　2
　――開発基金　169
　――理事会の人権に関する宣言　22
　――列強　11, 42, 228
　――連合（EU）　22, 23, 41, 45, 62
欧米（諸国）　58, 59
　――の価値観　282
　――型の国家概念　282
王立国際問題研究所　61
オートヴォルタ　85
汚職　47
オランダ　73, 138, 165, 222, 228, 231, 312

か　行

ガーナ　5-9, 42, 44, 45, 53, 56, 58, 80, 84, 86-88, 114, 227-242
カーボヴェルデ　77, 82, 84, 88
外交　57, 60, 61
　――政策　12, 60
　――の道具　57
外国
　――援助の依存体質　43
　――軍事資金調達（FMF）　51-53
　――資本　264, 267
外国人排斥　15
皆国民ターゲット方式　289
回収条項　30
海上保安能力　55
海賊（行為）　27, 45
　――対処／対策活動　12, 55, 59, 99
開発　19, 44, 118, 178
　――援助　47
　――援助委員会（DAC）　41, 58, 92, 95, 101, 102, 110, 111
　――途上国　3, 20
　――と女性（WID）アプローチ　118
　――理論　118
カカオ　227, 229, 231, 234-236, 238, 240,

242, 315
化学肥料　232
格差　19
　――原理　19
　――（の）拡大　15
革命運動／政府　57
革命統一戦線（RUF）　137, 138, 206, 208, 209, 214, 222
過激派　11, 12, 44, 45, 50, 51, 54, 60
カザマンス　161, 163, 178
　――民主勢力運動　178
仮想通貨　13, 90
家族／家庭　15, 157, 281
　――（の）連帯ネットワーク　282, 285
ガチャチャ　145
学校運営委員会（CGE）　181
学校給食プログラム　284
ガボン　3, 5, 8, 9, 44, 47-51
カナダ系鉱山企業　272
家父長制　113, 115, 118, 287
貨幣　12, 67-74
　――経済　162, 169, 283, 287, 295
　――中立説　69
カマジョー　211, 212
神の抵抗軍（LRA）　10, 44, 55, 144
神の見えざる手　153
カメルーン　5-9, 44, 47, 49, 56, 57, 115
　――人民同盟（UPC）　48
カラード　293
カリブ地域　228
カレンジン　251
カレンシーボード　80
カロレニ地区　249
環境　14, 19, 34, 268, 269, 275
　――意識／価値　237
　――汚染　232, 247
　――問題　15, 16, 245, 269
換金作物　4, 74, 118, 157, 259, 273, 279
観光資源　3, 234
環サハラテロ対策パートナーシップ（TSCTP）　54

355

慣習　68, 111, 113, 117, 260, 280, 286
　——法　13, 112, 114-116, 135, 145, 146, 267
関税同盟　9
関税通貨共同体　9
間接統治　160, 167, 200, 228
カンパラ条約　9
ガンビア　5-9, 36, 53, 56, 76, 80, 84, 86, 87, 167, 170, 178
官民連携（PPP）　253, 254
ギオ人　198, 203, 204, 207
危機　60, 284
　——に対応する能力　280
　——予防　59
飢饉　124, 281
キクユ　152, 251
　——語　152, 153
気候　3
　——変動　111, 234, 239, 240, 244
　——の調整　235
　——によるリスク　280
技術移転　104
北アフリカ　1, 3, 7, 8, 56, 249
北大西洋条約機構（NATO）　41, 302
ギニア　5-9, 45, 47, 51-53, 56, 57, 81, 84, 198, 199, 211, 214-216, 218
　——湾　2, 51, 73, 227
ギニアビサウ　5-9, 43, 44, 58, 82
　——内戦　11
ギネ（藍染綿布）　73
基盤サービス　234
キベラ・スラム　252
基本的ニーズ　281
キャパシティ・ビルディング　98
教室学習　282
強制移住　260
救援活動　52
旧宗主国　4, 7, 12, 13, 80, 81, 84, 85, 92, 113, 127, 164, 171, 179, 317
教育　13, 14, 16, 94, 95, 107, 111, 117, 119, 179-187, 251, 259, 269, 282, 283, 287, 288

　——機会　13, 117, 177, 181, 183, 277
　——機会の不平等　21
　——言語　156, 179, 188
　——システム　282
　——の無償提供　280
　——費の有料化　263
共産党　304
共通言語／共通語　153-155, 157, 164
共通通貨　13
共同訓練　54
共同農場　261, 262
共同体　15, 22, 23, 32, 68, 280, 281, 286, 287, 315
　——内の取り決め　281
　——の感覚　286
協力軍事活動　46
拠出制社会保障方式　288, 290
キリスト教／教徒　114, 178, 227, 247, 257, 258, 262
　——的な社会教育　286
キリマンジャロ山　2, 257
金　45, 227, 228, 231, 246, 272
　——交易　228
　——鉱脈／鉱山　270, 294
禁輸措置　58
金融　47, 69, 80, 95, 313, 316
　——規制　54
銀行学派　75
近代貨幣　69
近代化論　118
近代（的）輸送システム　286
クーデター　35-37, 43, 48, 62, 127, 178, 192, 202, 203, 205, 206, 211-213, 219, 220, 227, 302, 317
グッド・ガヴァナンス　→　良きガヴァナンス
クラン人　198, 203, 204, 207, 216
グランドベイ宣言　12, 33-35
クリティカル・エコシステム・パートナーシップ基金（CEPF）　235
グレート・トレック　294

事項索引

クレオール　163, 172
グローバル
　——・ガヴァナンス　19
　——化（グローバリゼーション）　11, 12, 14-16, 43, 45, 87, 173, 192, 282, 285, 312-318
　——化の戦争　45
　——訓練・装備権限（Global Train and Equip）　55
　——経済　15, 99, 173
軍事　47, 61
　——援助　12, 41-64
　——介入　46-48, 50
　——革命評議会（AFRC）　212, 213, 222
　——技術／兵器システムの職業化　53
　——基地　47, 50, 51
　——技術援助（協定）　41, 46, 47
　——訓練／教育　41, 46, 48, 49, 53, 58, 62
　——顧問　48, 56
　——作戦　51
　——作戦援助／支援　41, 46, 49-51, 63
　——支援　47
　——・政治・ビジネスの関係　48
　——装備　57, 58, 62
　——的・技術的助言　43, 46
　——独裁政権　43
　——力　46, 51
軍人／軍隊　49, 50
　——訓練　53, 57, 60
軍隊／軍　46, 54
　——の職業化　54
　——の即応機動力　50
　——の対応能力　54
　——の制度的能力　54
経済　14, 15, 43, 45, 47, 61
　——改革　287
　——開発　19, 20
　——格差　15
　——協力　57, 61
　——協力開発機構（OECD）　41, 47, 58,

95, 110
　——共同体　9
　——支援　52
　——自由化　263, 264
　——成長（率）　4, 151, 152, 227, 258
　——（の）多角化　4
　——通貨共同体　9
　——（の）停滞　16
　——的利益　12, 61, 62
　——統合（通貨統合）　7, 13, 82, 89, 90
　——特区（SEZ）　97, 101, 104
　——発展　44
携帯電話　266, 274
ケニア　14, 53-55, 88, 112, 114, 116, 117, 142, 143, 152-154, 226, 246-255, 260
　——＝ウガンダ鉄道　246, 248
現金給付　284-289
言語　12, 13, 112, 150-173
　——浄化　14
　——消滅　151
　——多様性　150, 151
健康　234, 287
原始貨幣　70, 71, 74, 79
原始農業　281
現地軍人養成校　49
現地軍の支援　46
憲法に反する政府変更の禁止　37
原油　48, 57, 165, 229, 231
交易　71, 74, 154, 200, 218, 246, 259, 279
　——言語　2
鉱業　265, 270, 272, 282, 316
公共
　——空間の私的利用（POPS）　253-254
　——サービス　15, 94, 282-290
　——財　60, 62
高山気候　3
香辛料　246
構造調整（プログラム）　11, 15, 191, 206, 219, 263-265, 269, 283, 317
公的社会保障システム　285
公的労働食料支給プログラム　284

357

後発開発途上国（LDC）　3
合法性　42, 298
鉱物資源　59, 103, 214, 275, 282, 294, 296
公務員の削減　264
拷問　56, 145, 304
公用語　152, 154-156, 179, 257
高齢者　280-282, 286
　――支援　282
　――助成金　285
コートジボワール　2, 5-9, 44, 45, 47, 49-51, 61, 78, 85, 95, 121, 198, 199, 227, 231
　――内戦　11, 220
コードスウィッチング　152
コーヒー　201, 240, 241, 258, 272, 273
コーラン教育　184
ゴールド・コースト（黄金海岸）　2, 76, 227, 228
国際
　――アクター　60
　――安全保障援助／支援　41, 43-45
　――環境NGO　236
　――NGO　224, 225, 284
　――援助／支援　13, 44
　――機関／組織　7, 11, 12, 20, 44, 45, 57
　――軍事教育訓練（IMET）　51-53
　――関係　7-12, 14
　――刑事裁判所（ICC）　27, 142-144
　――協力　15, 253
　――言語年　151
　――社会　19, 20, 43, 59
　――残余メカニズム　136
　――システム　45
　――政治　45
　――通貨基金（IMF）　206, 219, 263
　――連合人間居住計画　247
　――労働機関（ILO）　7
黒人意識運動　304
黒人経済強化政策　306
黒人貧民救済委員会　200
国内総生産（GDP）　3, 7, 88, 93, 229, 244, 247, 258

国内要因　217, 218, 221
『国富論』　153
国民皆補助金　283
国民社会支援政策プログラム（NSSP）　284
国民セーフティネットプログラム（NSNP）　284
国民党（National Party）　294, 297, 303
国民／民族イスラム戦線　44
国有化　259, 261
国連　1, 11, 12, 14, 38, 41, 43-45, 48, 49, 57, 61, 62, 120, 178, 192, 213, 317
　――委任（下）　50, 59
　――安全保障理事会（安保理）　27, 57-59, 136, 302
　――安全保障理事会常任理事国　59
　――開発計画（UNDP）　19, 232, 268
　――緊急展開待機軍（SHIRBRIG）　59
　――共同人権オフィス報告書　56
　――経済社会理事会（ECOSOC）　30
　――決議　47
　――コンゴ活動（ONUC）　43
　――シエラレオネ派遣団（UNAMSIL）　214
　――食糧農業機関（FAO）　167
　――人権高等弁務官事務所（OHCHR）　21
　――人権理事会　21
　――ソマリア活動（UNOSOM）　44
　――中央アフリカ・チャド・ミッション（MINURCA）　49
　――ナミビア独立支援グループ（UNTAG）　129
　――難民高等弁務官事務所（UNHCR）　22, 224
　――平和維持活動（PKO）　47, 49, 54
　――平和構築委員会（PBC）　129, 135
　――マリ多元統合安定化ミッション（MINUSMA）　45, 60
　――南スーダン派遣団（UNMISS）　60
　――モザンビーク活動（ONU-MOZ）

44
――リベリアミッション（UNMIL） 217
――ルワンダ支援団（UNAMIR） 44
国家 19, 20, 45, 61, 180, 287
――間紛争 44
――建設 43, 131
――暫定統治評議会（NPRC） 211, 212
――の危機 54
――崩壊／分裂 45
国境 43, 53, 54, 199, 212, 218, 221, 282
――管理 53
――警備の強化 54
――を越えた危機 54
互恵 281, 290
ゴゴ（人） 257
コトヌー条約 23
子供 280, 281, 285-287
子供の権利と福祉に関するアフリカ協定 24
コペンハーゲン社会開発宣言 21
ゴミ問題 271
コミュニケーション革命 172
コモロ 2, 5, 6, 8, 9, 47, 54
子安貝 72
雇用機会 279
雇用創出 7
雇用保険 288
ゴルゴルイスム 191
ゴレ島 157
コンゴ 16, 43, 62, 311-318
――共和国 5-9, 48, 56, 57
――解放民族戦線（FNLC） 48
――民主共和国（DRC） 5-9, 44, 47, 52-57, 59, 63, 97, 121, 154
――民主共和国を安定化するための国連ミッション（MONUSCO） 45
――動乱／危機／紛争 10, 43, 44, 57
――盆地 2, 3, 311

さ 行

サービス 192-194
在アメリカ・リベリア人協会同盟 202
ザイール 48
災害救援 55
サイザル麻 258, 272
財産権 283
財政支援／援助 43, 47, 49
最貧困層 19, 288
サヴァンナ気候 3
砂漠気候 3
サハラ以南のアフリカ 1-12, 42, 53, 56-58, 150, 156
サハラ砂漠 1-3
サハラ砂漠交易 2, 72
サファリコム 88, 253
サヘル地方（地域） 2, 3, 50, 51, 228
三角協力 13, 92, 103, 105, 108
サンガリス作戦 50
産業
――開発特区 101
――革命 16, 231, 313
――商業労働者組合（ICU） 301
――組織の原則 282
サンゴ語 155
ザンジバル島／島嶼 2, 154, 258, 271
サンダウェ（人） 257
サントメ・プリンシペ 5, 6, 8, 9, 77
ザンビア 31, 56, 57, 96, 279, 282, 302
サンルイ 157
ジェノサイド 23, 27, 34, 139
シエラレオネ 5-9, 14, 43, 44, 53, 56, 57, 76, 78, 80, 84, 198-223
――人民党（SLPP） 205, 212
――特別法廷（SCSL） 138, 221, 222
――内戦 7, 10
――反政府勢力 57
ジェンダー 12-13, 110-111, 287
――・エンパワーメント指数 232
――と開発（GAD）アプローチ 118

359

識字率　4, 14, 121, 181, 182
自給自足農業　279, 283
事業の報告義務　42
資金（の）供与　46, 47, 61
市場　4, 61, 283
　——経済　19, 264
　——の規制・管理　283
　——の自由化　284
自然　14, 228, 231
　——環境　244
　——資本　239-242
　——資本モデル　14
　——保護プロジェクト　229
持続可能性（な）　12, 19, 233, 236, 237, 245
　——開発目標（SDGs）　11, 14, 240-244
　——開発による安全保障　19
自治の権利／自治権　42-43
失業率　4, 229
児童労働　239
ジハード　148, 196
ジブチ　5-9, 43, 45, 47, 48, 50, 51, 53, 54
ジブラルタル海峡　1, 2
司法　58, 298
　——介入　148
　——／警察能力構築に関する協力　58
資本主義システム　282
市民革命　16
市民社会　36, 284
市民社会団体　284
市民の保護　62
市民防衛隊（CDF）　213, 215, 222
シャープヴィル虐殺事件　302
社会　14, 15, 19, 43, 60, 280
　——開発　15, 19, 20, 265
　——教育　14
　——空間構造　248
　——経済的分裂都市　248
　——経済的リスク　280
　——現金給付プログラム（SCTP）　285
　——サービス　280, 283, 286, 288
　——支援（social assistance）　280

　——資本（整備）　15, 240
　——主義（イデオロギー／政策／国）
　　　15, 57, 257, 258, 301, 302, 304
　——セーフティネット　284
　——保険（social insurance）　280
　——保障（システム／メカニズム／プログラム）　12, 15, 279-290
　——保障の再分配機能　287
借款　41
若年結婚　277
若年妊娠　277
借用語　153
ジャパン・プラットフォーム（JPF）
　　　224-226
就学環境の改善　237, 239
宗教　12, 45, 158, 235
　——間（の）対立　44, 60
重商主義　16, 231, 312
重債務貧困国（HIPC）　3
集村化　259
集団
　——移住　281
　——間の闘争　44
　——殺害　146
　——貯蓄　284
　——農場　261
自由　43
　——化　283
　——の尊重　43, 62, 64
　——変動為替相場　288
　——貿易　313, 314
住民参加型プロセス　253
主権　42
　——の尊重　59
熟練労働　296
首長　156, 199, 201, 281, 283
狩猟採集　257, 265, 281
小規模農業／農家／農園　229, 239, 279
商業農園　282
勝者の正義　137
少数民族　151, 164, 172

事項索引

常駐軍事基地　50
情報監視偵察（ISR）能力　55
情報交換　41
小農民生産　315
消滅危機言語　151
ジョオラ語　163
女家長制　13
植民都市　248, 249
植民地　48, 156, 228, 279
　──経済　312
　──システム　42
　──支配　42, 228, 231, 281, 302
　──時代　7, 12, 42, 228, 248, 251, 282
　──政策　11, 157
　──政府　158, 160, 249, 282
　──都市　157
食糧自給率　166
食料流通機構　283
女性　14, 24, 187-190, 280, 281, 286, 287
　──議員比率　113, 119-121
　──差別撤廃条約　110, 115
　──性器切除（FGM）　112-115, 117
　──のエンパワーメント　110, 287
初等教育　4
　──就学率の低下　263
　──の無償化　284
ジョブ・カラーバー　296
地雷対策（MA）　51
人権　12, 19, 20, 43, 49, 53, 58, 62, 64
　──侵害　47, 55, 62, 247
　──グループ　55
　──宣言　115
　──と民主化と開発の三位一体説　21
人口　3, 227, 279
　──増加　15, 166, 227, 235, 240
　──増加率　4, 227, 279
　──密度　4, 279
真実和解委員会（TRC）　134, 303, 306
人身売買　27, 44
人的資本の開発　286
人道

　──支援（活動）　16, 41, 52, 55, 224
　──主義　311
　──に対する罪　27, 34, 56, 144
ジンバブエ　5-9, 42, 44, 53, 56-58, 62, 282, 302, 308, 309
人民救済評議会（PRC）　202, 203
信用方式制度　284
侵略罪　139
森林　231-239
　──減少／破壊　232, 233, 235, 239, 309
　──生態系　231-235
　──保全　14, 229
　──の農地転換　14
水源涵養能力　237, 239
スウェーデン　228
スーダン　5-9, 43-45, 52-57, 59, 60-63
　──紛争　10, 59
スエズ運河　1
スクマ（人）　257
スターバックス　241
ステップ気候　3
スペイン　312
スマートフォン　266
スラム　15, 252-254
スワジランド　5, 6
スワヒリ語　2, 152-154, 257-262, 273, 277
スンニ派　148
正規雇用／労働　163, 279, 283, 288
正義　19, 20, 134, 137, 144, 284
政権転覆　48
政権保持　63
制裁対象国　58
政治　14, 63, 152
　──ガヴァナンス　317
　──体制　47
　──弾圧　62, 63
　──的影響力　61
　──的支援　47
　──統合　7
　──・発展モデル　52
脆弱　3, 11, 279, 290

361

――（な）国家／政府　55, 60, 62, 128
――な世帯／家庭／社会層　284, 288
政情（の）安定／不安　57, 58
製造業部門　4, 7
生態系サービス　233-235, 242
生態的プロセス　240
静的な健康観・幸福権　285
性的暴力　44
正当性／正当化　43, 48, 60, 298
政府　4, 13, 43
――開発援助（ODA）　47, 93, 100, 288
――間開発機構（IGAD）　225
生物多様性　3, 14, 233, 235, 236, 240, 244
――条約　232
――国家戦略　232
セウタ　2
セーシェル　2, 3, 5-9, 45, 54
世界　1, 150
――経済危機　152
――銀行（世銀）　3, 111, 169, 263, 283
――サミット会議　22
――システム　312
赤道ギニア　3, 5-9, 53
責任ある大国　59, 62
石油　59
――危機　219
絶滅危惧種　14, 233
セーファー（CFA）フラン　9, 81, 82, 170
セネガル　1, 5-9, 14, 47-54, 85, 88, 121, 177-196
――銀行　74, 75, 77
セルヴァル作戦　50
セレール語　157, 163
全アフリカ議会　27
選挙の監視　44
全人民党（APC）　205, 222
戦争　10, 16, 43
――犯罪　27, 56, 144
戦略的利益　42
全体政府開発支援　47
ソウェト蜂起　304

象牙　228, 246
――海岸　2
相互運用性　54
早婚　114, 117
装備（供給／供与）　46, 48-50, 53-58, 60
即応治安部隊　56
組織犯罪集団　60
ソニンケ語　163
ソ連／ソビエト連邦　43, 52
――の解体　11, 305
ソマリア　1, 5-9, 42, 44, 45, 53, 54, 56, 57, 60, 62, 99, 154, 247
――紛争　131

た　行

ダーラ　14, 159, 183, 184
ターリベ／タリベ　159, 183
第1次世界大戦　42, 300
第2次世界大戦　16, 42, 249, 301
第2通貨圏（WAMZ）　84, 86, 87
第3者認証　238, 239
第3世代の人権　24
対アジア貿易　7
対イスラム過激派活動／支援　51
対外援助予算／統計　42, 58
大規模農場　282
大恐慌　16, 316
大航海時代　11, 16
対クーデター支援　48
大衆通信網　286
大首長　201
大西洋　2, 198, 313
――憲章　42
大統領緊急計画（米国）　52
対テロ戦争　54, 61
対反政府勢力支援　48
ダイヤモンド　272, 311, 315, 316
台湾　61
代理政府軍　43
代理戦争　304
タウンシップ　292, 304

ダカール 50, 157, 162, 163, 178, 188
　――＝サンルイ鉄道　158, 159
　――＝ニジェール鉄道　158, 160
　――条約　9
多言語　13, 150, 151, 153, 155, 157, 172
多元的 PKO　45
多国間
　――安全保障援助　41
　――組織　41
　――平和活動イニシアティブ（GPOI）51, 54
　――（の）枠組み　49, 59
多国籍
　――企業　20, 312, 316, 317
　――合同演習「Natural Fire 10」　55
　――作戦　51
　――部隊　7
ダトーガ（人）　257
多党制　→　複数政党制
多産　281
脱植民地化　15, 251, 312
ダホメ　85
多民族　156, 250-252
ダルエスサラーム　258, 264, 266, 269
ダルフール　57, 59, 142
　――紛争　57
タンガニーカ　258
　――湖　2, 257
タンザニア　5-9, 15, 16, 31, 54-58, 152, 154, 247, 257-275, 277, 279, 300, 302
　――＝ザンビア鉄道　96, 260
淡水資源　14
治安　12, 42, 46, 48, 58, 61
　――悪化　1
　――維持　11, 44, 47
　――司法部門改革　134
　――部隊　55, 56, 63
地域　1, 8, 60
　――安全保障　60, 63
　――安全保障統合　49
　――協力　54

　――経済（共同体）　84, 153, 287
　――組織　1, 7
　――統合　12
　――の不安定化　62
　――紛争　55, 63
　――防衛テロ対策フェローシッププログラム（CTFP）　51
　――PKO　54
地球温暖化　11
地球環境ファシリティ（GEF）　239
地中海　1-3
知的財産　45
妻相続制　281, 286
チャガ（人）　257
チャド　5-9, 43, 44, 47-51, 54, 56, 63
　――国民解放戦線（Frolinat）　48
中央アフリカ　5-9, 44, 47, 48, 50, 53, 62, 63
　――支援国際ミッション（MISCA）　55
中華民国　57
中国　12, 13, 41, 42, 56-63, 92, 94-100, 103-108, 240, 246, 260, 267
　――・アフリカ開発基金（CADF）　96
　――・アフリカ協力フォーラム（FOCAC）　96
　――外務省／国防省／国務院　58
　――のアフリカ政策（China's African Policy 2006）　58
　――輸出入（EXIM）銀行　97
中所得者層　253
中心―周辺関係　80
中東　1, 2, 153
　――貿易　154
中部アフリカ　8, 44, 47, 55, 253
　――経済通貨共同体（ECCAS／CEEAC）9
チュニジア　1, 8, 54, 57
チョコレート　231
直轄植民地　200, 201
直接住民参加　15
チレンブウェの武装蜂起　300
賃金労働（者）　283, 296

363

通貨　68, 74-87
　　——学派　7
　　——同盟　76
ツワナ語　155
帝国主義　16, 312, 313
低所得者向け住宅　253
鉄棒　73
テムネ人　204
テラピア　270
テランガ　190
テロ（活動／リズム）　27, 45
　　——集団／組織　44, 54, 60
　　——の活動拠点　54
　　——対策　55
田園都市論　249
伝染病　284, 285
伝統　15
　　——社会　15
　　——的な社会保障（メカニズム／システム）　15, 283, 285
天然ガス　5, 6
天然資源　2-4, 57, 58
　　——の収奪　27, 44
デンマーク　228
銅　5, 6, 311
ドイツ　42, 98, 258
トゥアレグ暴動　45
東西冷戦　11, 304
同族婚　281
トーゴ　5-9, 44, 45, 47, 49, 56, 152, 227
トーテム　234, 235
東南アフリカ市場共同体（COMESA）　9
特殊作戦部隊　55
独立　13, 42, 279
　　——以降／後　16, 47, 164, 227, 279, 283
　　——戦争　10, 43
　　——国家　52
　　——リベリア愛国戦線（I-NPFL）　208
都市　15, 282, 283
　　——アイデンティティ　246, 254, 255
　　——化　12, 14, 161-164, 172, 247

——計画　248
——景観　15, 248
——人口率　4
——貧困層　252
土壌の生成・保持能力　237, 239
土地　160, 228, 267, 283, 289, 296
——制度　267
——所有　281, 283
——法　299
土着宗教　257
特権免除（不逮捕特権）　143
ドナー国／諸国　57, 60-62, 288
ドドマ　258
トランス・サハラにおける不朽の自由作戦（OEF-TS）　10, 55
トリリンガル　150, 172
奴隷　73, 199, 228, 312
——海岸　2, 16
——制廃止　228
——貿易　11, 16, 115, 157, 200, 313, 317
ドローダウン権限　55

な 行

ナイジェリア　2, 3, 5-9, 30, 44, 45, 52-57, 62, 63, 80, 84-87, 97, 112, 148, 154
ナイル川　2
内政干渉／不干渉　62, 105
内戦　43, 44, 260, 305, 316, 317
内陸開発途上国（LLDC）　3
ナイルパーチ　270, 273
ナイロビ　98, 112, 152, 246-255
——総合計画 2014-2030　252
——都市計画 1973　252
ナヴェタンヌ　161
ナショナリズム　251
ナミビア　5-9, 53
南南協力　13, 92, 95, 105, 106
南部アフリカ　2, 3, 15, 279, 302
——開発共同体（SADC）　9, 40, 303, 309
——関税同盟（SACU）　9

南北アメリカ　228
南北協力　13
2国間安全保障援助　41, 43
西アフリカ　2, 3, 13, 15, 227, 313
　　――・ギニア森林ホットスポット　233
　　――カレンシーボード　76-78
　　――銀行（BAO）　75
　　――経済通貨同盟（UEMOA）　84, 87
　　――諸国経済共同体（ECOWAS／CEDEAO）　7, 40, 50, 83, 84, 86, 208
　　――諸国経済共同体監視団（ECOMOG）　7, 49, 208, 213-215
　　――諸国中央銀行（BCEAO）　85
　　――通貨協会（WAMI）　84
　　――通貨同盟（UMOA）　84-87
　　――貿易　157
西サハラ　8
ニジェール　5-9, 44, 47, 48, 50, 54, 61, 85
　　――川　2
　　――デルタ　45
虹の国　15
ニッケル　272
ニポティズモ　21
日本　13, 15, 63, 92, 94, 95, 97, 100-108, 112, 113, 119, 224-226, 231, 234, 235, 253-255, 272
ニヤサランド　279, 300
ニャムウェジ（人）　257
乳幼児死亡率　15, 269
ニュルンベルク国際軍事裁判　138
人間　19-21
　　――開発指数（HDI）　232
　　――開発報告書（HDR）　232
　　――の安全保障　19
　　――の福祉　19, 240
妊産婦死亡率　277
ネストール作戦　45
熱帯林（熱帯雨林）　1-3, 231, 233
　　――の破壊　235
農家の高齢化　239, 240
農園農業　282

農業　14, 229, 280, 282
　　――市場の自由化　283
　　――（の）共同化　259-261
　　――部門　4, 7, 258, 279
農村の自由貿易化　170
農村経済　285
農地転換　232, 235
農牧民　257
農民騒動　166
農薬　232

は 行

バイリンガル　150
ハウサ語　154
ハウサ人　148
破綻国家　128
ハッツア（人）　257
発展　20, 43, 60, 62
　　――の権利　19
バベルの塔　151, 173
ハボロネ自然資本宣言　240
ハヤ（人）　257
バルカーヌ作戦　50
ハルマタン　193
反アパルトヘイト　293
汎アフリカ会議／パンアフリカ会議　302
汎アフリカ主義／パン・アフリカニズム　11, 13, 70, 89
半乾燥気候　3
バンギ　50
バンジュール憲章　12, 24-31
反政府運動／勢力／集団／組織　14, 42, 43, 48, 57, 63
バンツースタン　297
バントゥ系民族　257
バントゥ諸語　153
バンドン会議　11
バンバラ語　163
反乱　10, 44, 59
非拡散協力　44
非課税子供助成金　285

365

低い農業生産性　279
非識字率　280
非従来型安全保障　58
非市民社会　45
東アフリカ　2, 3, 8, 153, 247, 253
　　──共同体（EAC）　9, 260
　　──地域テロ対策パートナーシップ
　　　（PREACT）　54
非国家主体／アクター　12, 20, 44, 45, 58
非熟練労働　279
ピジン　172
ビットコイン　89
人の（強制）移動　43, 260
「ひも付き」援助　62
日向栽培　232
非民主的な政治体制　42, 48, 58, 62
ヒューマン・ライツ・ウォッチ　62, 103,
　　270
貧困　3, 4, 11, 177, 228, 247, 288-290
　　──家庭／世帯　13, 285
　　──削減　13
　　──削減戦略文書（PRSP）　265
　　──層　15, 235, 263, 283-290, 307
　　──層の福祉依存　289
　　──の悪循環　280
　　──の女性化　13, 116
　　──の世代間伝達　287
　　──の連鎖　116, 117
　　──ライン　279
　　──率　4
貧富の格差の増大　21, 252
プア・ホワイト問題　295, 296
フェアトレード　122
武器／兵器　41, 45, 48, 53, 63
　　──供与　43, 48, 57
　　──禁輸措置　57, 63
　　──密売／取引　44, 54
　　──輸出　57, 58
不均等発展　43
複数政党制　258, 264, 279, 284
　　──大統領選挙　258

父系的民族　257, 261
不処罰の文化　133
不測の事態　42
部族意識　228
部族間の紛争　228
部隊の現地訓練　46
物資調達支援協定　47, 49
物々交換　67
仏領／フランス領　74, 249
　　──赤道アフリカ　75
　　──西アフリカ　75
腐敗　27, 62
普遍的管轄権　145
富裕層　283, 307
プラール語　157
ブラック・アフリカ　1
ブラック・ダイヤモンド（黒人富裕層）
　　15, 307
フラニ語　163
フラニ人　148
フランサフリック　47, 49
フランス　8, 12, 41, 42, 45-51, 55, 60-63, 73,
　　101, 113, 157-167, 171, 302, 312
　　──外務省　46
　　──革命　115
　　──共同体フラン　85
　　──協力省　46, 167
　　──軍　49
　　──語　61, 152, 156, 171, 179, 182, 184
　　──市民　48
　　──（の）統合ドクトリン　46, 61
　　──防衛省　46, 50
　　──防衛政策白書　50
プランテーション　228, 259, 315, 316
武力紛争　14, 63
ブルキナファソ　5, 6, 47, 49, 50, 54, 61, 62
ブルンジ　5-9, 54-56, 62, 63, 154
ブレトンウッズ協定／体制　79, 80
フロントライン諸国　303
文化　14, 15, 61, 177, 235
　　──遺産　150, 151

事項索引

――的サービス　234
紛争　3, 7, 10, 43, 55, 58, 60, 63, 284
　　――後の復興／治安維持／平和構築
　　　11, 44
　　――ダイヤモンド　127
　　――の長期化　14, 57
　　――予防　54
文民統制（シビリアン・コントロール）
　　53, 55
「文明化の使命」　62
分離政策　248
平均寿命　4, 279
米国（アメリカ）　12, 41-43, 51-56, 58, 60-63, 101
　　――司法省　52
　　――国際開発庁（USAID）　51, 52
　　――国土安全保障省（DHS）　52
　　――国防総省　51, 52, 55, 56
　　――国務省　51, 52, 54, 55, 57
　　――麻薬取締局（DEA）　52
米ソ間のイデオロギー対立　42, 43, 73
平和維持活動（PKO）　12, 41, 43, 44, 46, 49, 50, 53, 54, 58, 59, 62
　　――訓練演習　49
　　――の交戦規則の制限　44
　　――のためのアフリカの軍事力の強化プログラム（RECAMP）　46, 49
　　――の非効率性　44
平和維持能力即応システム　59
平和構築　12, 44, 128, 132, 134
平和執行ミッション　60
ベナン　5-9, 44, 45, 47, 49, 53, 61, 159
ベルギー　42, 48, 311, 312
ベルリン会議　11, 312-314
ベルリンの壁の崩壊　305
法／法律　54
　　――執行力の改善　54
防衛　46-53
　　――協定／協力　46, 47, 50
　　――健康プログラム　52
　　――サービス　41

――装備品（EDA）　51-53
――能力　53
――武器　53
貿易（輸出）　6, 13, 44, 45, 47
――構造　13
――商社　158
防災機能　235
包括的和平合意（CPA）　224
暴動（鎮圧）　10, 48
亡命　138
ホームランド　293, 297
補完性の原則　139
北欧諸国　259, 264
牧畜民／放牧民　160, 257, 265
母系的社会　262
母系的民族　257, 261
保健サービス　282, 283, 287, 289
ボコ・ハラム　10, 16, 44, 56, 148, 149
保護領　200, 201
ポスト紛争　42
ボツワナ　5-9, 53, 56
ポリサリオ前線　10, 48
ポルトガル　42, 43, 73, 227, 279, 302, 312
　　――領ギニア（現ギニアビサウ）　77
ホロコースト　303

ま　行

マグリブ／マグレブ諸国　51, 54
マコンデ（人）　257
マサイ（人）　257
マダガスカル　2, 16, 47, 244, 245
マノ人　198, 207
マヨット　2
麻薬対策　41
麻薬取引　27, 44, 54
麻薬撲滅訓練支援（CDTS）　51
マラウイ　2, 5, 6, 56, 279-290, 298, 300, 302, 309
　　――貧困削減戦略　284
マラブー　159, 167, 169, 183
マリ　2, 5-9, 44, 45, 47, 49, 50-52, 54, 56, 60,

367

62, 63, 152
　──軍事クーデター　10, 11
マルチプル・マネー　71
マンディンゴ人　198, 204, 207, 216
水資源の浄化／涵養　235
南アフリカ（南ア）　2, 5, 6, 53, 103, 124,
　　264, 282, 292-310
　──系資本　267
　──共産党　301
　──真実和解委員会（TRC）　134
　──戦争　10, 294, 300
南オセチア紛争　142
南スーダン　5-9, 53, 54, 59, 60, 63, 99, 224,
　　247
ミュチュアリズム　190
ミレニアム開発目標（MDGs）　11, 15,
　　244, 265, 267, 268
ミレニアム宣言（2000年）　21
民間軍事会社（PMSC）　42, 212
民間資本　15
民間人の安全確保／保護　44, 46
民間人の標的化　44
民主化（プロセス）　12, 19, 20, 55, 62, 63
民主主義　20, 44, 47, 49, 178, 179, 284
　──制度の構築　44
　──の欠如　47
民族　12, 15, 42, 112, 156, 157
　──語　154-156
　──自決　11, 12, 42, 43
　──（間の）対立／紛争　12, 60, 220,
　　247
　──対立／紛争　12, 60, 220, 247
　──分断　15
　──浄化　44
無条件現金給付制度　284
無償軍事援助　57, 59
ムスリム　156, 247, 251
　──同胞団　160, 167, 171
無法国家　57
ムリッド教団　158, 159, 161, 167-169, 171,
　　183, 184, 190, 191

メンデ人　204, 211
モーリシャス　2, 5, 6, 33, 97
モーリタニア　5-9, 47, 48, 50, 54, 61, 85
モザンビーク　5-9, 43, 44, 53, 56-58, 95,
　　103, 154, 261, 279, 298, 302, 309
　──民族抵抗運動（RENAMO）　10, 44,
　　103
モロッコ　1, 8, 54, 249
モンバサ　246, 253

や　行

焼き畑　235
融資　41
ユーロ　82, 87
ユーゴスラビア　305
輸出管理規制　58
輸出品目　4-6
ユニセフ（UNICEF）　22, 263
ユネスコ（UNESCO）　20, 151, 255, 270
　──の民主主義宣言　20
ヨーロッパ中心主義　248
良きガヴァナンス（グッドガヴァナンス）
　　44, 57, 99
欲望の二重の一致　67
ヨハネスブルグ　97
ヨルバ（語／社会／人）　114, 148, 155

ら・わ　行

落花生　157-162, 164, 166-170
ラテンアメリカ　22, 285
ラテン通貨同盟　74
リビア　8, 42, 61, 99, 142
リプロダクティブ・ヘルス　277
リベリア　2, 5, 6, 14, 42, 44, 52-54, 59, 76-
　　78, 82, 84, 198-223
　──愛国戦線（NPFL）　202, 204, 207-
　　209
　──国家暫定政府（NTGL）　217
　──内戦　7
　──民主運動（MODEL）　216, 217, 222
　──民主解放運動（ULIMO）　208, 211,

213, 216
　——民主和解連合（LURD）　214-217,
　　　222
リュフィスク　157, 162
リンガラ語　154
リン鉱石　5, 165
倫理（観）　235
　——的な栽培　241
ルオ（語／人）　152, 153, 251, 257
　——語　152, 153
ルヒヤ　251
ルワンダ　5-9, 23, 43, 44, 53-56, 63, 113,
　　　119
　——愛国戦線（RPF）　136
　——虐殺（ジェノサイド）　11, 133
　——国際刑事裁判所（ICTR）　135-137,
　　　139, 260
レアメタル　272
冷戦（期／時代）　11, 12, 16, 43, 52, 56, 57
　——終結後／以降　12, 16, 19, 48
レイプ　56, 62
レインフォレスト・アライアンス　238
レソト　5-9
レッセフェール　153
レユニオン　2, 8, 9
連帯（原則）　281, 290
労働市場／人口　9, 289
労働対価現金支給（cash for work）　284
労働力移動　172
ローマ規程　139
老齢年金　288
ロシア革命　301
ロメ　25
　——サミット（2000年）　25
　——和平合意（協定）　137, 214, 215
ワシントン条約　244
ンジャメナ　51
　——条約　9

　　　　　　欧　文

ACOTA　→　アフリカ緊急作戦訓練支援

ACP-EU　→　アジア・カリブ・太平洋諸
　　　国＝欧州連合
ACRI　→　アフリカ危機対応イニシアティ
　　　ブ
AFISMA　→　アフリカ主導マリ国際支援
　　　ミッション
AFRICOM　→　アメリカアフリカ軍
AIIB　→　アジア・インフラ投資銀行
APSA　→　アフリカ平和安全保障アーキテ
　　　クチャー
AU　→　アフリカ連合
CDTS　→　麻薬撲滅訓練支援
CTFP　→　地域防衛テロ対策フェローシッ
　　　ププログラム
DAC　→　開発援助委員会
DRC　→　コンゴ民主共和国
ECO　　9, 70, 84, 87
ECOMOG　→　西アフリカ諸国経済共同体
　　　監視団
ECOSOC　→　（国連）経済社会理事会
ECOWAS　→　西アフリカ諸国経済共同体
EU　→　欧州連合
EU-NAVFOR　45
FMF　→　外国軍事資金調達
FOCAC　→　中国アフリカ協力フォーラム
GADアプローチ　→　ジェンダーと開発ア
　　　プローチ
GDP　→　国内総生産
GPOI　→　多国間平和活動イニシアティブ
HIV／エイズ　16, 52, 111, 124, 280, 285
ICC　→　国際刑事裁判所
IMET　→　国際軍事教育訓練
JICA　103, 106, 253
MA　→　地雷対策
MDGs　→　ミレニアム開発目標
MENA　6
MINUSMA　→　国連マリ多元統合安定化
　　　ミッション
MONUSCO　→　コンゴ民主共和国を安定
　　　化するための国連ミッション
M-PESA　88, 89

369

NATO	→ 北大西洋条約機構	RECAMP	→ 平和維持活動のためのアフリカの軍事力の強化プログラム
NEPAD	→ アフリカ開発のための新パートナーシップ		
NGO	20, 32, 42, 55, 120, 187, 224-226, 239	RUF	→ 革命統一戦線
		SDGs	→ 持続可能な開発目標
NPFL	→ リベリア愛国戦線	SEZ	→ 経済特区
OAU（仏：OUA）	→ アフリカ統一機構	TICAD	→ アフリカ開発会議
ODA	→ 政府開発援助	TSCTP	→ 環サハラテロ対策パートナーシップ
OECD	→ 経済協力開発機構		
OEF-HOA	→ アフリカの角における不朽の自由作戦	UNDP	→ 国連開発計画
		UNESCO	→ ユネスコ
OEF-TS	→ トランス・サハラにおける不朽の自由作戦	UNHCR	→ 国連難民高等弁務官事務所
		UNICEF	→ ユニセフ
PKO	→ 平和維持活動	UNMISS	→ 国連南スーダン派遣団
PREACT	→ 東アフリカ地域テロ対策パートナーシップ	WIDアプローチ	→ 開発と女性アプローチ

執筆者紹介（執筆順，＊は編者）

＊木田　剛　（きだ・つよし）　はしがき，序章，第7章，第13章訳

フランス国立マルセイユ＝ルミニ高等建築学院大学卒業，エクス＝マルセイユ第1大学大学院言語認知教育研究科言語学専攻博士課程（DEA）修了，同音声言語研究所博士課程修了，マルヌ＝ラ＝ヴァレ都市国土建築学院大学建築学修士課程修了，明治大学大学院商学研究科博士後期課程中退，言語学博士，建築学修士。現在，筑波大学人文社会系准教授。主な著作に，*Geste et appropriation : acculturation non verbale des étrangers*. Presses Universitaires de Provence（Aix-en-Provence, France）2014；『新自由主義に揺れるグローバル・サウス』（分担執筆），ミネルヴァ書房，2012年：「アフリカの通貨共同体——CFAフラン圏を中心に」（『経済』6月号）2014年。

＊竹内幸雄　（たけうち・ゆきお）　はしがき，終章

1944年生まれ。1967年明治大学商学部卒業，1974年明治大学大学院商学研究科修了，博士（商学）。元日本大学商学部教授。主な著作に，『自由主義とイギリス帝国——スミスの時代からイラク戦争まで』ミネルヴァ書房，2011年；『イギリス自由貿易帝国主義』新評論，1990年。

龍澤邦彦　（たつざわ・くにひこ）　第1章

1954年生まれ。1977年パリ第一パンテオン・ソルボンヌ大学第701研究単位卒業，1984年パリ第一パンテオン・ソルボンヌ大学法律科学群第701研究単位（国際組織・経済法系）第三課程後期卒業，法律学国家博士（Doctorat d'Etat en Droit）。現在，立命館大学国際関係学部教授。主な著作に，『改訂版宇宙法システム——宇宙開発の法制度』丸善プラネット，1998年；『原典宇宙法——宇宙法資料集』丸善プラネット，1998年；『日本と国際法の百年』（国際法学会編），第二巻「陸，空，宇宙（「国際宇宙基地協定」執筆）三省堂，2002年。

パレパ・ラウラ-アンカ　（Laura-Anca PAREPA）　第2章

北京言語大学卒業，ルーマニア国立政治行政学院大学院修士課程修了，広報コミュニケーション学修士。元ルーマニア防衛省 Foreign Liaison Officer および外務省アジア太平洋渉外部外交官。現在，日本学術振興会特別研究員および筑波大学人文社会研究科博士後期課程（国際公共政策専攻）。主な著作に，2014年："Challenges for Civil-Military Cooperation in Peace Support Operations : Examining the Framework of Comprehensive Approaches", *Peace and Progress* 2（United Nations University）2014；「上海協力機構と中央アジアにおける中国の戦略的利益」『アジア・アフリカ研究』（第54巻2号）2014年；"Emerging China-led Regionalism and Soft Balancing"（Alica Kizekova と共著），*East Asia Security Centre's Peer-Reviewed Publishing Site*（Bond University, Gold Coast, Australia）2016。

正木　響　(まさき・とよむ)　**第3章**
1969年生まれ。1993年大阪市立大学経済学部卒業，2001年神戸大学大学院国際協力研究科修了，博士（経済学）。現在，金沢大学経済学類教授。主な著作に，高橋基樹・北川勝彦編『現代アフリカ経済論』（分担執筆）ミネルヴァ書房，2014年；川端正久・落合雄彦編『アフリカと世界』（分担執筆）晃洋書房，2012年；「19世紀にセネガルに運ばれたインド産藍染綿布ギネ――フランスが介在した植民地間交易の実態とその背景」『社会経済史学』第81巻第2号，社会経済史学会，2015年。

マスワナ・ジャン＝クロード　(Jean-Claude MASWANA)　**第4章**
1965年生まれ。2003年名古屋大学大学院国際開発研究科修了，博士（学術）。現在，筑波大学大学院ビジネス科学研究科准教授。主な著作に，Shigeru Otsubo (ed.) *Globalization and Development Volume II*, "Recent Trends in African Economic Development in a Changing Global Economic Landscape"（分担章），Routledge, 2015；"Predicting the Determination and Performance Impact of Absorptive Capacity in China's SEZs in Zambia and Mauritius"（共著），*International Journal of Economics and Business Research*, 9 (1), 80-99, 2014；Gouranga G. Das (ed.) *Current Issues in International Trade: Methodologies and Development Implications for the World Economy*, "China-Africa's Trade Patterns and Potentials for Technology Upgrading in Africa"（担当章），Nova Science Publishers, 2014。

戸田真紀子　(とだ・まきこ)　**第5章**
1963年生まれ。1986年大阪大学法学部卒業，1992年大阪大学大学院法学研究科博士課程後期単位取得退学，博士（法学）。現在，京都女子大学現代社会学部教授。主な著作に，『アフリカと政治　貧困，紛争，ジェンダー――わたしたちがアフリカを学ぶ理由　改訂版』御茶の水書房，2013年；『貧困，紛争，ジェンダー――アフリカにとっての比較政治学』晃洋書房，2015年；『国際関係のなかの子どもたち』（共編著）晃洋書房，2015年。

クロス京子　(くろす・きょうこ)　**第6章**
1971年生まれ。大阪大学大学院国際公共政策研究科博士前期課程修了。神戸大学大学院法学研究科博士後期課程単位修得退学，博士（政治学）。現在，立命館大学国際関係学部准教授。主な著書に，『移行期正義と和解――規範の多系的伝播と受容過程』有信堂，2016年；遠藤貢編『武力紛争を越える――せめぎ合う制度と戦略のなかで』（分担執筆）京都大学学術出版会，2016年；「規範的多元性と移行期正義――ローカルな『和解』規範・制度のトランスナショナルな伝播メカニズム」『国際政治』第171号，2013年。

鈴井宣行　（すずい・のぶゆき）　第8章
1950年生まれ。1972年京都外国語大学外国語学部卒業，1974年京都外国語大学大学院外国語学研究科修士課程修了。1989年4月創価大学助教授。1990年4月同大学アフリカ研究センター所員。1994年10月〜1996年9月在セネガル日本国大使館専門調査員（文化広報官）。2006年10月〜2007年3月国立ダカール・シェック・アンタ・ディオップ大学FASTEF客員教授。現在，創価大学ワールドランゲージセンター教授。主な著作に，『西アフリカ・フランス語圏における開発と文化資源としての民衆思想——セネガルのコミュニティーと女性の日常生活活動の視点から』日本比較文化学会，2010年；『"Mondialisation"におけるアフリカ民衆の内在的思考と"Développement"の意義——セネガルの人々の社会的文化的「価値観」を通して』日本比較文化学会，2011年；『フランス語圏西アフリカ文学に湧出する＜人間＞の解放と民衆文化の思想——センベーヌ・ウスマン著『セネガルの息子』を中心に』比較文化学会，2012年。

岡野英之　（おかの・ひでゆき）　第9章
1980年生まれ。2004年国際基督教大学教養学部国際関係学科卒業，2013年大阪大学大学院人間科学研究科修了，博士（人間科学）。現在，立命館大学衣笠総合研究機構・専門研究員。主な著作に，『アフリカの内戦と武装勢力——シエラレオネにみる人脈ネットワークの生成と変容』昭和堂，2015年；「ブレトン・ウッズ体制と知識——シエラレオネ内戦の研究を事例として」『地域研究』第16巻12号，2016年。

日比保史　（ひび・やすし）　第10章
1969年生まれ。1991年甲南大学理学部応用物理学科卒業。1993年デューク大学環境スクール環境管理修士修了。現在，一般社団法人コンサベーション・インターナショナル・ジャパン代表理事，国際自然保護連合日本委員会副会長。主な著作に，『NGOから見た世界銀行——市民社会と国際機構の間』（共著）ミネルヴァ書房，2013年；『生態学から見た自然保護地域とその多様性保全』（共著）講談社，2008年；『森林環境2010——生物多様性COP10へ』（共著）朝日新聞出版，2010年。

ワンジル・メリッサ　（Melissa Wanjiru）　第11章
1988年生まれ。2010年ナイロビ大学都市・地域計画学部卒業，2014年筑波大学大学院システム情報工学研究科修士課程修了，修士（社会工学）。現在，同大学院同研究科博士課程在学中。主な著作に，"Street toponymy and the decolonisation of the urban landscape in post-colonial Nairobi", *Journal of Cultural Geography*, 2016. Vol. 33, No. 3, 1-23 doi : 10.1080108873631.2016.1203518.

阪本公美子　（さかもと・くみこ）　第12章
1992年東京外国語大学卒業，1994年早稲田大学大学院経済学研究科修士課程修了，2003年同大学院アジア太平洋研究科博士課程修了，博士（学術）。ユニセフおよびUNDPタンザニア事務所勤務等を経て，現在，宇都宮大学国際学部准教授。主な著作に，*Social Development, Culture, and Participation : Toward theorizing endogenous development in Tanzania*，春風社，2009年；『新生アフリカの内発的発展——住民自立と支援』（編著）昭和堂，2014年；西川潤他編『社会科学を再構築する——地域平和と内発的発展』（分担執筆）明石書店，2007年。

ムテンジェ・トム （Tom E. MTENJE）　第13章
1979年生まれ。マラウイ大学社会学科卒，英国ヨーク大学大学院社会政策社会事業学科修士課程修了，筑波大学大学院人文社会研究科経済・公共政策プログラム修士課程修了，公共行政・国際開発学修士，経済学修士。現在，Deutsche Gesellschaft fuer Internationale Zusammenarbeit (GIZ) GmbH, Malawi Country Office, 上級技術専門員（社会保障事業）。主な著作に，Is Cash King? A Closer Look at the Veneration for Cash Transfers as the Instrument of Choice for Poverty Reduction in Malawi（ヨーク大学修士論文）2015；Selection Effects on Season of Birth Variation in Later Life Outcomes : The Case of Education Attainment in Malawi.（筑波大学大学院修士論文）2015。

網中昭世　（あみなか・あきよ）　第14章
1976年生まれ。2000年京都外国語大学外国語学部卒業，2007年津田塾大学大学院国際関係学研究科修了，博士（国際関係学）。現在，アジア経済研究所地域研究センター・アフリカ研究グループ研究員。主な著作に，『植民地支配と開発──モザンビークと南アフリカ金鉱業』山川出版社，2014年。

牧野久美子　（まきの・くみこ）　コラム1
1972年生まれ。1996年東京大学大学院総合文化研究科修士課程修了，修士（学術）。現在，日本貿易振興機構アジア経済研究所副主任研究員。主な著作に，『新興諸国の現金給付政策』（共編著）アジア経済研究所，2015年；『南アフリカの経済社会変容』（共編著）アジア経済研究所，2013年；*Protest and Social Movements in the Developing World*（共編著）Edward Elgar, 2009年。

ンウェケ・イケンナ＝スティーヴ　（Ikenna Steve NWEKE）　コラム2
1982年生まれ。ナイジェリア・エヌグ州立工科大学卒，ナイジェリア・ジャーナリズム経営継続教育学院修了。元テレビアナウンサー・レポーター，元教師（英語，文学，歴史・政治）。現在，筑波大学国際総合学類4年次学生。主な著作に，Government without Tears, Networld Publishers (Onitsha, Nigeria), 2016；Glossary of Government Terms, Eagle Publishers (Onitsha, Nigeria) 2013。

板倉純子　（いたくら・じゅんこ）　コラム3
1977年生まれ。2000年芝浦工業大学工学部卒業，2003年慶應義塾大学大学院政策・メディア研究科修了。現在，ジャパン・プラットフォーム海外事業部チームリーダー。主に南スーダン，パレスチナ・ガザを担当。主な著作に，「下バルカル村シャイギーヤ族にみられる在来住居の研究──スーダンの乾燥地域における居住研究から」（2003年日本建築学会学術講演梗概集 E-2 建築計画2 農村計画 教育）。

ラジャオナリソン・ハジャ＝ミシェル　（Haja Michel RAJAONARISON）　コラム4
1986年生まれ。アンタナナリヴォ技術高等学院卒，立命館大学大学院国際関係研究科国際関係学専攻博士後期課程修了，国際関係学博士。博士論文『The New Political Economy of Agricultural Development and Food Security in Sub-Saharan Africa』。

矢口真琴　（やぐち・まこと）　コラム5
1977年生まれ。2001年立命館大学大学院国際関係研究科修了。現在，公益財団法人ジョイセフ開発協力グループプログラム・オフィサー。

グローバル・サウスはいま④
安定を模索するアフリカ

2017年3月20日　初版第1刷発行	〈検印省略〉
	定価はカバーに表示しています

編著者	木　田　　　剛	
	竹　内　幸　雄	
発行者	杉　田　啓　三	
印刷者	大　道　成　則	

発行所　株式会社　ミネルヴァ書房
607-8494 京都市山科区日ノ岡堤谷町1
電話代表　(075)581-5191
振替口座　01020-0-8076

Ⓒ木田・竹内ほか, 2017　　　　　　太洋社・新生製本
ISBN978-4-623-07628-4
Printed in Japan

グローバル・サウスはいま（全5巻）

監修：松下冽・藤田和子
体裁：Ａ５判・上製・平均350頁・本体価格3500〜4500円

*第1巻　グローバル・サウスとは何か　　　　松下　冽　編著
　　　　　　　　　　　　　　　　　　　　　藤田　憲

*第2巻　新自由主義下のアジア　　　　　　　藤田和子　編著
　　　　　　　　　　　　　　　　　　　　　文　京洙

*第3巻　中東の新たな秩序　　　　　　　　　松尾昌樹
　　　　　　　　　　　　　　　　　　　　　岡野内正　編著
　　　　　　　　　　　　　　　　　　　　　吉川卓郎

*第4巻　安定を模索するアフリカ　　　　　　木田　剛　編著
　　　　　　　　　　　　　　　　　　　　　竹内幸雄

　第5巻　ラテンアメリカはどこに行く　　　　後藤政子　編著
　　　　　　　　　　　　　　　　　　　　　山崎圭一

（＊は既刊）

―――― ミネルヴァ書房 ――――
http://www.minervashobo.co.jp/